还是小女孩时，桑德拉试图把野生动物变成宠物，包括一只叫鲍勃的短尾猫和一只小郊狼。她最喜爱的是一匹叫奇科的马，如果她从马背上跌落下来，它会等着她再次爬到马背上。

桑德拉出生时，雷兹彼还没有电、电话甚至热水。她回忆说："它不是一个为女人准备的领地，但我们仍把它想象为我们自己的领地。"

若风车坏了，他们必须赶在奶牛开始死亡前的 48 小时内将它修好。对桑德拉的父亲来说，不存在任何借口。

SWIMMING HOLE ON BIG OAK FLAT
ROAD — NEAR GROVELAND

离开学校休假，桑德拉在约塞米蒂国家公园附近的天
然泳池。在"西方文明"课程中，桑德拉是一个成绩
为 A 的学生。她喜欢在学生联谊会上"疯狂"跳舞，
并把斯坦福大学描述成乌托邦。

只有最优秀的学生才能进《斯坦福法律评论》。以班级几乎第一的成绩毕业的桑德拉向加州大约 40 家律师事务所递交了求职申请，但是没有一家愿意聘用她，只有唯一一家曾经面试她的律师事务所询问她打字打得怎么样。

桑德拉与同学威廉·伦奎斯特约会，他后来成为美国最高法院首席大法官。1952 年春，伦奎斯特向桑德拉求婚，但是她当时已经与约翰·奥康纳坠入爱河。

桑德拉的母亲艾达·梅和父亲哈里在桑德拉与约翰的婚礼上。哈里迷人、直率，但很难相处；艾达·梅有爱心和耐心。桑德拉看到他们之间有一种强烈的身体依恋感。

桑德拉放弃地区检察官助理的工作，跟随约翰去了德国。在那里，约翰担任军队律师，桑德拉则在军需部门工作。他们在那里待了3年，业余时间不知疲倦地滑雪，直到冰雪融化。

桑德拉穿着晚礼服。当约翰和桑德拉上场跳舞时，其他夫妇会驻足观看。

约翰在菲尼克斯一家顶级律师事务所得到了一份工作，但是桑德拉不得不和另一位律师在一个购物中心里挂起她的律师事务所招牌，并承接所有找上门的案子。

奥康纳夫妇搬到菲尼克斯郊区天堂谷的高档社区，并建造了一座 20 世纪中叶流行的现代化住宅，但是他们负担不起空调费用，就自己动手用脱脂牛奶密封土坯砖。

桑德拉、约翰及他们的三个儿子：斯科特、杰伊和布莱恩。只要孩子们不坐着看电视，他们可以自由活动。有一年，她为晚餐做了《朱莉娅儿童食谱》中的几乎每一道菜。

桑德拉当选为州参议院第一位女性多数党领袖。她以一本正经的样子而闻名，
她成功地忽视或摆脱了大多数愚蠢行为，并修改了几十条歧视女性的法律。

1981 年夏，桑德拉在其被提名为大法官的确认听证会上作证。在帮助奥康纳准备材料的司法部
年轻的律师当中，有一位是未来的首席大法官约翰·罗伯茨，他努力配合以应对她的需要。

首席大法官沃伦·伯格领着奥康纳走下最高法院台阶亮相。在她作为第一位女性大法官宣誓就职后，伯格对奥康纳很热情，但也表现出居高临下的姿态。

奥康纳说她从大法官瑟古德·马歇尔身上学到很多东西。马歇尔利用大法官每周私人会议的机会讲述他在美国南部腹地作为一名黑人律师的经历。

美国最有权势的女性与英国最有权势的女性玛格丽特·撒切尔握手。约翰开玩笑说，让撒切尔夫人的丈夫丹尼斯成为约翰发起的最有权势女性的丈夫俱乐部的成员。

首席大法官伦奎斯特与大法官拜伦·怀特、安东宁·斯卡利亚、安东尼·肯尼迪、桑德拉·戴·奥康纳、威廉·布伦南、哈里·布莱克门和约翰·保罗·史蒂文斯。奥康纳并不是人们所称的"摇摆票"，因为这暗指她变化无常，但她的投票经常是决定性的。

1994 年，与詹姆斯·赛明顿和乔治·H. W. 布什总统在阿尔法俱乐部晚宴上。奥康纳后来当选为阿尔法俱乐部主席，俱乐部每年都举办年度饮酒会，参加宴会的大多是男性权势人物。

奥康纳在苏格兰打高尔夫球，她用长杆，并且低差点。据她的高尔夫教练说，"即使在1摄氏度且雨夹雪的天气"，她也会去球场。

奥康纳喜欢飞蝇钓鱼。在阿拉斯加钓鱼时，她曾用一罐防熊喷雾驱赶一头灰熊。她的导游说，他从来没有这样害怕过，而奥康纳只是耸了耸肩。

在2000年的一个晚宴上，约翰坐在戴安娜·霍尔曼和凯·埃文斯中间。那天上午，他已经被诊断患有阿尔茨海默病。他和桑德拉仍然表演了一个小品，但效果不好。

奥康纳与露丝·巴德·金斯伯格在国会大厦雕像大厅。金斯伯格非常感谢奥康纳在她写第一份法律意见时及后来不得不面对癌症时给予的忠告。两人关系友好，但不亲密。

奥康纳取笑首席大法官伦奎斯特长袍上的金色条纹。

大法官奥康纳从最高法院退休，她想照顾约翰，他痴呆的症状正在恶化。但是在她辞职6个月后，她不得不把他送进护理机构。

当伦奎斯特的灵柩经过时，她在哭泣。两个人已经讨论数月：谁应该先离开最高法院？首席大法官决定留下来，但是不久就去世了。奥康纳后来后悔过早地辞职。

2009 年 8 月 12 日，奥巴马总统授予奥康纳"总统自由勋章"。他称赞奥康纳"为她身后跟随她的女性建造了一座桥梁"。

2013 年 3 月，奥康纳与前国务卿奥尔布赖特一起在纽约公共图书馆。奥康纳变得暴躁且缺乏耐心，她的工作人员开始注意到她越发健忘。一年后，她被诊断患有早期痴呆。

大法官露丝·巴德·金斯伯格、索尼娅·索托马约尔和埃琳娜·卡根一起为奥康纳鼓掌喝彩。索托马约尔说，对奥康纳的任命"改变了一切"，卡根说"没有人比她做得更好"。

优雅与公正

FIRST
Sandra Day O'Connor

美国最高法院首位女性大法官
桑德拉·奥康纳 传

[美] 埃文·托马斯（Evan Thomas） ／著　　仇京荣／译

中信出版集团｜北京

图书在版编目（CIP）数据

优雅与公正 /（美）埃文·托马斯著；仇京荣译
.--北京：中信出版社，2023.5
书名原文：First: Sandra Day O'Connor
ISBN 978-7-5217-5028-7

Ⅰ.①优… Ⅱ.①埃… ②仇… Ⅲ.①桑德拉·戴·
奥康纳—传记 Ⅳ.① K837.125.19

中国版本图书馆 CIP 数据核字 (2022) 第 257554 号

优雅与公正
著者： ［美］埃文·托马斯
译者： 仇京荣
出版发行：中信出版集团股份有限公司
（北京市朝阳区东三环北路 27 号嘉铭中心 邮编 100020）
承印者： 北京诚信伟业印刷有限公司

开本：787mm×1092mm 1/16　　　　插页：8
印张：28.5　　　　　　　　　　　　字数：435 千字
版次：2023 年 5 月第 1 版　　　　　印次：2023 年 5 月第 1 次印刷
京权图字：01-2023-1298　　　　　　书号：ISBN 978-7-5217-5028-7
定价：72.00 元

目 录

推荐序一

徐灵菱

企业法务经理，《令人心动的 offer》第一季带教导师

和所有读者一样，这本书最吸引我的不仅是桑德拉·奥康纳作为一名出生于牧场主家庭的小女孩，如何在女性成为律师都受阻重重的年代，成长为美国最高法院首位女性大法官的人生历程，更吸引我去探寻的是，究竟是何种力量源泉与非凡品格驱动一位杰出的女性终身不断突破与成长。

这本书给予了我很多不同维度的解答，桑德拉和所有获得非凡成就的女性一样，从不束缚于出身与家庭，从不囿于既往的角色与标签，更不受限于他人的偏见与歧视，我感受到的是她强烈的自驱力及对实现人生目标的执着。作为曾拥有极致权力的女性，除了拥有法律人惯常的强硬、严厉、苛刻的特质，她还保有强烈的优雅、克制与包容的女性特质，这些特质使其在职场中展现出不同的个人智慧与职业素养。她不仅在职场中独立成长，还能扮演好在家庭中的角色，在貌似不可能完美平衡的事业与家庭之间取得了特有的平衡，家人的需求也成为她下定决心辞去终身制大法官一职的重要原因。

作为曾登上美国法律界巅峰的女性，她一生致力于在男性绝对主导的法律世界中成为女性不断进步的标杆式"第一人"，我想无论是哪个国家、哪个年代的女性都可以从中感受到鼓舞与启示，这本书可以激励所有女性以自己独特的智慧与特质不断突破与成长。

推荐序二
别人家的故事，我们为什么要读

章敬平

金杜律师事务所合伙人

奥康纳是谁？知晓奥康纳其人其事者应该不会太多。奥康纳的故事，就是一个与我们无关的"别人家的故事"。在我应邀为奥康纳传记的中文版撰写推荐序时，我首先想到的是，于中国读者而言，别人家的故事，我们为什么要读？

我想，奥康纳的历史地位是我们要了解她的最重要的理由。她是美国最高法院第一位女性大法官，是美国历史乃至人类历史上性别平等的历史象征。1981年，奥康纳出席大法官提名确认听证会时，在场的美国记者人数超过了"水门事件"听证会现场，因为记者们都知道，女性大法官的出现必将改写美国历史。

这本奥康纳传记的作者埃文·托马斯就是一位当年出席听证会的记者，是我过去做记者写作非虚构作品的偶像级同行。中国读者未必熟悉他的名字，但早就读过他的书，30多年前的《美国智囊六人传》、10多年前的《奥巴马凭什么赢》都是他的作品。感谢这位屡获大奖的知名记者不遗余力地调查采访，让我们知道，奥康纳获任大法官的过程充满了怎样的政治权衡，她的丈夫、前男友、同事、好友为她获得提名费尽了怎样的周折，这位今年93岁、依然健在的美国历史的改写者是怎么从荒无人烟的美国西部牧场一步步走到我们面前，成为我们眼中"别人家的孩子"的。

奥康纳的生平提醒我们，男女平权既非古已有之，亦非从天而降，女性获得和男性平等的权利在漫长的人类历史上不过短短几十年。你可能不知道，中国历史上，第一位女性法学博士申请中国律师资格被拒绝，是因为北洋政府的律师法明确规定女性不能做律师。美国在男女平等方面并不比中国先进。1952年，奥康纳从斯坦福大学法学院毕业后去律师事务所求职，合伙人问她的第一个问题是："你打字打得怎么样？"言下之意是我们只能聘你做秘书。

译著是一座功德无量的文化之桥。通过这部译著，美国大法官的神秘感可以在一夜之间被消除，我们可以感受到他们作为凡夫俗子一面的真实，体悟政治与法律之间、理想与现实之间、伟大与平凡之间的距离。奥康纳是三个男孩儿的母亲，做过五年的全职妈妈，是一个情商很高的女性，她不会卖弄风情，却善于利用女性的性别优势。她在司法部长的两位助手去她家面试的时候，抽空给客人做了一顿午餐，这对总统顾问把她送进候选人名单多多少少起了点儿作用。奥康纳获任大法官的过程，是一个群策群力的政治活动。你想当大法官，就要去游说，让自己的名字进入候选人名单，否则你哪有机会通过儿时马背上的故事让总统下决心提名你？

品评奥康纳的个人经历，还有可能让我们在"公平"面前变得心平气和，让我们越来越尊重"运气"——这个我们时常觉得不公平的东西。奥康纳不是历史的创造者，她是历史的幸运儿。她不是前辈大法官卡多佐、霍姆斯那样光芒四射的法学家，如果不是因为男女平权的社会运动走到那一步，如果不是因为时任总统竞选时承诺当选后会提名一位女性大法官，我们今天就不会看到这本传记。与其说这是一本写给奥康纳的传记，不如说这是一本献给时代的传记。

在这本传记中，奥康纳的个性禀赋时常让我想起《红楼梦》中的王熙凤：漂亮，会说话，聪明伶俐，心思缜密，争强好胜，处世干练，行动果敢，有非常强大的自驱力，渴望抛头露面，站到前台，驾驭男人主导的世界。然而，"好风凭借力，送我上青云"，如果没有历史的助益，没有时代的加持，没有历史与时代交织而成的"运气"，《红楼梦》中天资再好的王熙凤也不可能变成美国《时代》周刊封面人物奥康纳。

几天前，我与律所三位女性合伙人吃晚饭。席间，她们问一位男性合伙人为什么热衷于读书？有人抢答道，为了像《夜航船》中的僧人那样"伸伸脚"。大家哄堂大笑。

"伸伸脚"，是明末清初学者张岱留给今人的笑话。昔日，有一僧人与一士子同宿夜航船。士子高谈阔论，僧人敬畏士子的学问，蜷缩双脚，睡在一个逼仄的角落。岂料，僧人越听越不对劲，觉得士子的学问有不少破绽，斗胆开口："请问相公，澹台灭明是一个人，还是两个人？"士子答曰两个人。僧人再问："照你这么说，尧舜是一个人，还是两个人？"士子自信地回答："自然是一个人。"不知道澹台灭明（孔子的弟子）是一个人勉强还可以原谅，不知道尧舜是两个人就太无知了，所以，僧人笑了："这等说来，且待小僧伸伸脚。"

如果您阅读奥康纳传记的理由是为了在夜航船这样的场合"伸伸脚"，当然无可指摘。任何人可以基于任何理由翻看任何一本书，我没有权力要求中国读者为什么阅读奥康纳传记，但我仍然诚挚地希望，面对这本山水画一样浅淡施色、着笔不多而蕴涵深广、尺幅千里的奥康纳传记，大家的阅读目的最好不止于"伸伸脚"。

序言

1981 年，当美国总统罗纳德·里根提名桑德拉·戴·奥康纳为美国最高法院第一位女性大法官时，这则公报当即上了全美各家电视台的新闻头条，美国和海外多家主流报纸也在头版刊载。《时代》周刊封面更是直白表达：公正——终于等到（JUSTICE—AT LAST）。

奥康纳的提名确认听证会在当年 9 月迅速成为重磅传媒事件，申请旁听证的记者人数远远超过 1973 年参议院"水门事件"委员会听证会的人数。国家借助有线电视网这一新媒介第一次全程直播大法官提名确认听证会的实况。成千上万的观众通过电视一睹这位有着淡褐色眼睛、举止娴静、浑身散发着光芒的女性的风采，并聆听她的声音。她微笑时露出宽大的齿缝，讲话时挥舞着异常宽大的手掌，整整三天在听证会上应对那些中年男性参议员的提问。这些男人举棋不定，不确定要继续质询，还是为她敞开大门。最终，参议员们一致投票通过，确认了大法官提名。[1]

在马德琳·奥尔布赖特就任美国国务卿之前的近 16 年，露丝·巴德·金斯伯格进入奥康纳任职的美国最高法院前的 12 年，萨莉·赖德实现太空飞行的前两年，桑德拉·奥康纳已经进入众所周知的"极少数人享有投票权的决策圈"。之前，还没有一位女性能坐在桃花芯木长桌旁的那九把椅子上，那里是美国最高法院的大法官们按照联邦法律审理案件的地方。直到 20 世纪 80 年代，女性开始突破职业限制，以及学术、军事领域中的性别障碍，但是还没有一位女性像奥康纳那样声名显赫，并获得如此重要的公共权力地位。法律领域尤甚，一直由男性主导，奥康纳 1952 年从斯坦福大学法学院毕业时，没有一家律师事务所会聘任女性律师，即使是像奥康纳这样在班上名列前茅的毕业生也是如此。

奥康纳并不认为自己是一个颠覆者，她的成功在很大程度上归功于她将雄心与克制相结合的能力。正如罗纳德·里根总统在提名她为最高法院大法官时所言：她是"一个四季之人"①。奥康纳将自己视为一座从一个女性受到呵护和唯命是从的时代通向一个真正男女平等的时代的桥梁。同时，她也意识到女性要想取得成功，需要加倍努力；男性可能受到威胁，或者至少对新秩序不那么确定，以及为此而烦恼是没有用的。奥康纳明白她正在被人密切关注着，她喜欢对她的律师助理说："要做就要做到第一，当然你自己肯定也不想做最后一名。"

1981 年秋，在最高法院，奥康纳的办公室中存放着用卡车拉来的上万封信件。这些信件多数是来自支持者的，也有些不是，少数愤怒的男人甚至寄来自己的裸照以示不满。奥康纳对这种粗鄙的抗议女性出任最高法院大法官的行为感到惊讶，但是她懂得如何忽视侮辱、抵制和暗讽，并把注意力集中在手头的工作上。

依照惯例，最高法院于每年 10 月的第一个周一开庭，奥康纳就坐在桃花芯木长桌的尽头，座位位于律师辩论席的上方。当第一个案件呈堂时，

① "一个四季之人"（a person for all seasons）的说法来源于一部美国电影，在此意为"奥康纳就像影片中的主角莫尔一样，是能辅佐国家的忠良之士，能在人生的四季更迭中坚守自己做人的原则，至死不渝"。——译者注

其他大法官立即向站在 10 英尺①开外的讲台上的律师发问。30 分钟里，围绕一桩错综复杂的石油租赁案，法律问题不断被抛出，与大法官们的询问交替出现，奥康纳则一直在静静地聆听。"我能提我的第一个问题吗？"奥康纳突然发声。"我知道记者们正在等待，所有人都准备听我的询问。"她在那天晚些时候写道，在日记里，她还原了当天开庭的场景。坐在她的高背椅上，奥康纳开始询问，但律师几乎同时给予回应。据奥康纳记述："律师大着嗓门，声音刺耳，想要把话一股脑儿地说完。我感到无比压抑。"

奥康纳并没有意识到路有这么漫长。简言之，她坚韧。她情绪化，让她笑很容易，她觉得私下里哭没什么羞耻的，尽管她也没有因尴尬或些许的怠慢而哭泣。她拒绝忧思，而是勇往直前，她知道自己比一起工作的大多数男性（有时是全部）都聪明，但是她从来都没想过显摆自己。

"法庭很大，很庄严，一开始我迷失了方向，"奥康纳在 1981 年 9 月 28 日的日记中写道，"还挺难适应'大法官'这个称谓的。"有几位大法官似乎"真心为我的加入而开心"，奥康纳继续写道。其他几位大法官则显得更谨慎些，不仅是对她这样，甚至他们之间也是如此。那一周，在大法官正式餐厅定期举行的午餐会上，仅有四位同事出席：首席大法官伯格、大法官史蒂文斯、布伦南和布莱克门。"餐厅好'冷'啊。"奥康纳写道。

奥康纳很快就开始"暖场"。当她惊讶地发现大法官之间很少交谈，而更愿意用备忘录沟通后，奥康纳创设了她的惯例——劝说同事们出席每周例行午餐会。为此，她有时甚至就坐在大法官们的办公室里，直到他们同意一起用餐。奥康纳一直认同一个简单的道理，就是人们在轻松的环境中交流更有可能找到共同点。早在 20 世纪 70 年代初，在亚利桑那州，作为州参议院第一位女性多数党领袖，奥康纳时常将来自两党的同僚聚集在一起，让大家围坐在她家的游泳池旁，为他们端上墨西哥食物（还有

---

① 1 英尺 ≈ 0.3 米。——编者注

"啤酒，无限量的啤酒"，她回忆道）。她需要了解他们，洞悉他们的想法；她需要他们投票支持她的议案。

作为美国最高法院新晋大法官，奥康纳要向同事们展示自己已融入这个圈子。10月下旬，开庭期的第三周，大法官刘易斯·鲍威尔给他的孩子们写信说："奥康纳正在开启令人印象深刻的航程，显然，她在智识方面完全胜任最高法院的工作。"慢慢地，尽管有些迟疑，其他大法官开始接纳她。次年1月，奥康纳出席总统向国会做国情咨文报告的会议，电视台向全国电视观众进行实况转播。奥康纳和其他大法官坐在众议院大厅第一排。为避免显示党派倾向，大法官们并没有像其他听众那样起立鼓掌。当时罗纳德·里根总统在讲台上赞扬自己对最高法院第一位女性大法官的任命，桑德拉在日记中写道："总统讲话时很自豪，微笑着看向我。我想给他一个拥抱，但还是保持了镇静。我身后的一位参议员拍了拍我的肩膀说：'你可以鼓掌啊！'我的同事们也鼓起掌来！"

3月，是烤架俱乐部举办一年一度的晚宴的日子，这是一个由华盛顿顶级记者、政治家、政策决策者参加的社交活动。欢宴的人们唱起了有关奥康纳的歌曲："我是一名女孩，是男孩堆中的一员。"答读者问专栏作家安·兰德斯告诉这位新任大法官应缩短她的裙子或加长她的长袍，并且问她是否还穿着亚利桑那州上诉法院的长袍。"'的确是。'我乐呵呵地回答，"奥康纳在日记中写道，"当我解释我舍不得扔掉旧衣服时，她有点儿惊讶。"

20世纪90年代中期，奥康纳与一位法律助理聊天时谈到，当露丝·巴德·金斯伯格在1993年加入最高法院时，她很高兴最高法院又多了一位女性大法官，从此她参加晚间活动时便不再有媒体评论她的着装。对此，她只是顺带一提，而在其他时候，她也许会更强烈地抱怨有关双重标准的问题，即关于女性如何被轻视、关于媒体从来不关注男性的着装问题。

但那不是奥康纳的行事风格，她会从自认为没有必要的争吵中跳脱，又从不回避大是大非的问题。她知道什么时候该揶揄、什么时候该奉承、什么时候该狠狠地回击恶人。她要为年轻的法律助理树立榜样，让他们知道如何把握自己、如何帮助他人。这些二十几岁的年轻人都是法学院的尖子生，被挑选到大法官办公室工作一年。奥康纳要确保她的助理中有一半是女性，她希望她们成为法官、顶级律师或教授，而她们也没有辜负她。[2]

在奥康纳任职期间，她是最高法院最有权势的大法官。从 1981 年 10 月到 2006 年 1 月，在最高法院工作的 24 年多的大部分时间里，她在许多重大的社会问题上（包括堕胎、平权法案及宗教自由等）左右着投票倾向，以至于媒体称最高法院为"奥康纳法院"。奥康纳是全球法律规则大使，对盯着她打破玻璃天花板的年轻一代女性来说，奥康纳作为榜样激励着她们，让她们相信自己也能做到。

在演讲中，奥康纳总喜欢朗读一首古老的诗歌，诗中描写了一个在朝圣路上成功穿越大峡谷的人，他后来又为在峡谷上建造桥梁而返回：

"长者，"近旁的一位朝圣同伴说道，
"您在这里建桥是白费力气，
您的行程将在日落时结束，
您永远不会再走这条路。
您已经跨过那深不见底的宽阔峡谷，
为什么还要在日暮时建桥？"

长者回答：建桥是为了让其他人可以跨过峡谷。其实，这也是奥康纳的答案。在追求女性权利的过程中，奥康纳从来就不是专制者，对于其他目标也是如此。部分原因是她一直是实践派，深知自己能做更多有益之事，可以借助自身的行动，通过一个又一个的案例为更多人的进阶打下基础。奥康纳明白大法官并不总是有最终话语权，他们应该更经常地制定灵活的标准，而不是订立一成不变的规则。她认为，国家权力下的立法、行政和司法三个分支是宏观层面上公民与之对话的必要伙伴。奥康纳坚定履行自己的公民义务，她珍视政府体制下的法律规则，毕生致力于支持并维护它。

奥康纳自信而谦逊，是个天生的政治家。她能有效地把控法庭，皆因她是个温和的人，坚信和解互让的作用。此外，她喜欢权力，并且懂得如何使用它。在 2016 年的一个颁奖典礼上，我看见她在能容纳 150 人的会场上悉心工作，在场所有人都为之倾倒。没有人知道，此时她已经被诊断患有痴呆，也许就是阿尔茨海默病。那时，她与往常一样，与人拥抱，兴高采烈，热情洋溢。

"从不抱怨，从不解释。"这也许就是奥康纳的座右铭。她不是一个频频回首往事的人，但从某种意义上讲，她从未离开过雷兹彼（Lazy B）牧场，因为那里是她出发的地方。虽然她大部分时间生活在城市，但她保持着与大自然亲密接触的习惯。她常说"拿不准的时候，就出去走走"，她会停下来，在雨中打高尔夫球或在暴风雪中滑雪。每年，奥康纳都会强迫手下超负荷工作的助理们与她一同走到美国国家广场，欣赏杰斐逊纪念堂附近盛开的樱花。她明白，在那一刻，他们被大自然精心创造的美丽包围，沉浸在令人敬畏的壮丽环境中。然后，再度投入工作。

少女桑德拉眼中的美国西南部开阔地带的景象一直停留在她的记忆深处。当老年奥康纳与朋友一起开车穿越房屋密集的弗吉尼亚乡村时，她说："我不喜欢这样。"奥康纳喜欢被公路两旁的高大树木包围的感觉。在她的内心深处，她思慕牧场的景色，那儿是她成长的地方。[3] 她想象着广袤的天空，回忆起雷兹彼牧场里那些她竭尽全力才领悟到的真理，那里广阔无垠的高地沙漠冷漠无情，她必须即刻学会无私和自力更生。

第一章

雷兹彼

在桑德拉·戴·奥康纳的一生中，
一提到雷兹彼，她的眼睛就会亮起来：
"那是最好的生活。"

小时候的桑德拉，大约 11 岁，与她的母亲艾达·梅，以及她的弟弟艾伦
和妹妹安。奥康纳只有 6 岁时就被送到远在埃尔帕索的学校，在那里她
与外祖母生活在一起，但她时常想念在雷兹彼牧场的日子。

从雷兹彼牧场的一端到另一端，骑在马背上的牧牛人需要花费一整天的时间，他要越过布满岩石的小山，在长满仙人掌的洼地跋涉，跨越砂砾遍布的荒蛮土地。牧场占地约250平方英里 ①，沿着亚利桑那州与新墨西哥州的边界扩展开，牧场内有起伏的高山，桑德拉·戴在父母卧室的躺椅上可以看到山体呈现完美的圆锥形，她喜欢在躺椅上蜷起身子看书。当她还是小女孩时，桑德拉就与父亲一起爬朗德山，小心翼翼避开响尾蛇。这位未来的大法官站在山顶上远眺，生发出苍茫之感，沧海桑田，在这块家族领地上，令人生畏的荒凉和生活的奇迹并存。桑德拉·戴·奥康纳回忆起戴氏家族一个多世纪以来一直生活的牧场时说："我们认为它是我们自己的国度。"[1]

遥远的山脉环绕着起伏的台地。如果冬天下雨，春天大地上就会盛开黄色和紫色的野花。夏季，灼热的太阳炙烤着牧场上珍贵的牧草。火山上散布着巨石，奥康纳在她有关雷兹彼的回忆录中曾生动描述"刺目暴烈的黑色和暗红色景象"，那其实是熔岩从地心向外迸发时突然冷却的结果。在东边平坦的土地上，丝兰属植物像哨兵一样站立，有种奇特的美感。它们的茎干枯萎后，"可以做成很好的赶牛棒，或

---

① 1平方英里≈2.59平方千米。——编者注

是孩子们玩打仗游戏时用的长矛"。没有河流经过雷兹彼，但是吉拉河——一条全年大部分时间水流和缓而暴雨时节洪流湍急的河流，环绕着牧场北部的地界。峡谷里有白垩悬崖，棉白杨树的树荫下是很好的野餐地。虽是女孩子，桑德拉却会爬进古印第安人的黑暗洞穴，或是让头发在风中飞扬，骑马疾驰，跨越空旷的牧场。在晴朗的夜晚，她与家人并排伫立，望着灿烂至极的群星"肃然起敬"，繁星掠过广阔无垠、清透的银河，进入更遥远的宇宙。在没有月亮、多云的夜晚，天空漆黑一片，桑德拉结束一天的游逛，骑马回家，马蹄铁撞击在岩石上产生的微弱火花引导着她，尽管如此，她还是被前面的骑手甩下。[2]

1930年3月26日，桑德拉·戴出生在得克萨斯州埃尔帕索市，这里算是雷兹彼牧场附近唯一离正规医院足够近的城市，即便如此，坐火车也要4个小时。出生几周后，经过200英里[①]的旅程，她被带回位于亚利桑那州牧场的家中——那栋呈正方形的四居室泥砖房子。房子坐落在距主干道8英里外的地方，被戏称为"总部"。每当公路上尘土飞扬时，人们就知道有访客来了。房子里没有自来水、室内厕所，也没通电，室内照明用煤气灯，浴室是一个木制的卫生间，在距离房子下风向75码[②]的地方。哈里、艾达·梅·戴和他们的宝贝女儿桑德拉睡在里屋，牧场的四五个牛仔睡在封闭的门廊。牧场里到处都是苍蝇。盛夏寂静的夜晚，天太热使人难以入睡，桑德拉的父母将她的床单浸泡在冷水中，捞出拧干再给她用以降温。"乡村里没有胆小鬼，"桑德拉回忆道，"我们在那里见过太多的生与死。"[3]

直到桑德拉9岁时，她都是家中唯一的孩子。她没有邻居玩伴，但她的生活中不缺少令人着迷和吓人的生物——动物、昆虫和鸟，包

---

① 1英里≈1.609千米。——编者注
② 1码≈0.914米。——编者注

括羚羊、领西猫、郊狼、短尾猫、蛇、吉拉毒蜥、沙漠地鼠龟、蝎子，以及各种类型的蜘蛛。它们大部分有牙、有角甚至有毒，但是桑德拉尝试着将它们当中的一些作为宠物饲养。直到她大约4岁的时候，桑德拉都喜欢和一只叫鲍勃的短尾猫玩耍，鲍勃会拱起背，对着新鲜的肉发出低沉的吼声，这可能表明鲍勃并不适合家养，后来在某个夜晚它偷袭了鸡笼后便消失了。①

那些年，桑德拉养过各种动物，包括一只被称为"希尔维斯特"的雀鹰，它在屋檐下栖息，警惕性极高。桑德拉的头发上经常溅满了雀鹰的粪便。还有一只学会了在冰箱旁等待食物的沙漠地鼠龟。"我们尝试饲养一只小郊狼作为宠物，但后来我们明白了牛仔们说得没错：你们不能把郊狼作为宠物。"桑德拉回忆道。5

牧场里除了牛，最重要的牲畜就是马。牛仔们给这些马起了五花八门的名字：子宫切除术（桑德拉回忆说"那是匹非常棒的马，它可以驮着牛仔一整天"）、疤痕、万字饰、白痴、痔疮（"骑着它一整天后，你会感到疲倦，身上青肿"），以及该死的贱人，它本是一匹温顺的马，曾经受过伤。桑德拉最喜爱的是一匹叫奇科的马，与大多数马不同，奇科在桑德拉被甩下或者跌落时不会跑掉，而是耐心地等待她爬上来。在《雷兹彼》一书中，桑德拉描述过当她还是个小女孩时是多么喜欢骑奇科：

> 我们一起行动，我感觉到马的律动，我感知到它的呼吸、它的汗水。当它停下来小便时，一股浓烈的尿液气味包围着我们，尿液浇在地面又溅到我的靴子上。当它放屁时，我能听到并感觉到。我骑马时，经常与马说话。6

---

① "我小时候曾经有一只宠物猫，"第四巡回上诉法院的 J. 哈维·威尔金森三世法官回忆道，"当桑德拉还是个孩子时，她也有一只类似的宠物，一只短尾猫。"4

天气炎热时，桑德拉时常会躺在父母卧室的躺椅上，手里拿着一本书。读书是戴氏家族的消遣之道。对牧场以外天下大事的渴望，令哈里·戴聚精会神地阅读数周前出版的《洛杉矶时报》《时代》周刊、《美国新闻与世界报道》和《财富》杂志。他的妻子艾达·梅则看《时尚》杂志、《纽约客》、《美丽房屋》月刊和《周六晚邮报》。成捆的《国家地理》杂志被堆放在角落，或者被塞在床底下。少女桑德拉读过《知识手册》《黑骏马》《玛丽·波平斯阿姨》，她喜欢的书还有《南希·朱尔》系列，这是一套描写少女侦探的书，主人公穿着裙子，自信又充满好奇心，崇拜她能力超群的律师父亲。[7]

一天，桑德拉正在看《南希·朱尔》推理小说时，父亲打断了她，他说："桑德拉，你最好别再盯着你的书本啦，跟我来，我带你看一些东西。"

桑德拉虽然有些不太情愿，但还是顺从地把书放在一边，爬上父亲的雪佛兰皮卡。他们驱车沿着一条土路，来到一片秃鹫在上空盘旋的地方。一头小牛躺在路上，流着血，呻吟着，它的尾部大部分都被狼咬掉了。"我们帮帮它吧。"桑德拉说道。那时，她才10岁。"我们不能帮助这头牛。"父亲回答道，他从皮卡前排座后面的枪架上拿起步枪。"哦，不要开枪打它！"桑德拉阻止道。父亲瞄准小牛两只眼睛的中央开了枪，小牛的头抽搐了一下，然后归于寂静。

"爹（DA），您怎能忍心？"桑德拉问道。她称父亲为爹（Dee-Ay），发音即如字母。父亲回答："这是我们唯一能做的事情。这头小牛走得太远，活不下去了。现在得派拉斯特斯去找母牛。"

拉斯特斯的真名叫拉斐尔·埃斯特拉达，是雷兹彼牧场的牛仔之一。他是一名来自墨西哥的非法移民，刚到牧场时只是一个帮着做家庭杂务的男孩，此后再也没有离开牧场。他生得矮小，又有残疾，不会读书写字，没有结婚，但他擅长自己所能做的事——饲养马匹和其他牲畜，而且他的标准很高，如果你达到了他的标准，便会得到他的尊重。[8]

第二天，拉斯特斯骑马去了牧场，掏出他的小折叠刀，割掉了已经死去的牛犊的大部分皮毛。母牛就在附近，呼唤着死去的小牛，它的乳房因没有小牛吸吮而肿胀。拉斯特斯驱赶着母牛回到"总部"的牛圈里。

拉斯特斯在那里发现了一头迷路的牛犊——它找不到自己的母亲，就把昨天死去的牛犊的皮毛绑在它的背上，然后将它与涨奶的母牛关在同一牛栏内。小牛号哭着，试图吸吮母牛的奶水，母牛将小牛踢开，但又闻了闻，闻出了自己孩子身上熟悉的气味。大约一个小时之后，母牛开始给小牛喂奶，小牛找到了新母亲。桑德拉观察着，学到了关于死亡、重生、生命前行的另一课。[9]

父亲是个有耐心的老师，他总是将桑德拉当作成年人来对话。他带着女儿在牧场四处走动，教她如何给小牛打烙印，如何使用步枪（在她 10 岁之前）。当她长到视线高过汽车仪表盘时，父亲就教她驾驶卡车。他还教她给纱门上漆。父亲是严厉的——对于她完成得粗糙不堪的工作，总是要求她重做，但是至少父亲与她在一起时还是很温柔的。[10]

对其他人来说，父亲可能有点儿苛刻。如果说雷兹彼牧场自成天地的话，那么哈里·戴就是绝对的统治者。他身材高大、英俊，鼻子很挺，留着稀疏的胡子，谢顶的头上戴着一顶永远浸着汗渍的斯特森牛仔帽。他抽"好彩"牌香烟，从衬衣口袋里取出香烟，装上老旧的银灰色烟嘴，像罗斯福总统，或是好莱坞大亨。他的手很粗糙，疤痕累累，但他细长的手指仍能完成精细的工作。他能为牛接合断腿，清洁受到感染的牛眼睛。他希望牛仔们能不用问他就自己明白该做什么，但是当遇到一些疑难状况或紧急情况，像干旱期间水井水泵坏了之类的情况，他总是坚持亲力亲为。他愿意倾听，他也从来不会错。[11]

牛仔们称他为戴先生，他们就像是他的孩子，他们敬他是当地最大的、最成功的牧场主。牛仔中的大部分人都在牧场度过自己的一生。如果他们刚来牧场时是文盲又酗酒，那么他们也会因此离开。在牧场，受伤是常有的事，而且医生住得很远。一个名叫吉姆·布里斯特的老手是个了不起的牧马人，曾经还是牛仔竞技明星，他的双臂、双腿、锁骨和几根手指都折断过，然而他几乎没有耽误过一天工作。在《雷兹彼》一书中，桑德拉与合著者，即她的弟弟艾伦描述了吉姆用一根带灼热刺钩的金属丝治疗自己的牙根管的情形："我们听到了刺耳的声音，看着烟从他嘴里冒出来。吉姆没有说话，坐在那里，丝毫不畏缩。"[12]

　　哈里·戴对于自己牧场的工人们和其他人在日常生活中发生的道德问题，大都处之泰然，十分包容。不用问就知道，厨师巴格·奎因时常消失在镇上那两家小酒馆中的一家，要么是邦尼·海瑟店，要么是斯奈克皮特店，醉酒的牛仔们常会在邦尼·海瑟店里斗殴后留下牙印，而巴格总是醒了酒后发现自己身在监狱里。[13]偶尔，哈里也会顺便去造访一个名叫吉姆·布莱克的开荒者，他的土地与雷兹彼牧场相邻。一次，桑德拉大约 13 岁时，与父亲一起去，注意到那男人的妻子脸上青一块紫一块。"爸爸，"桑德拉问，"吉姆的妻子出了什么事？"父亲回答："我也不清楚。"桑德拉说："不，您知道！她出事故了吗？"父亲答道："我猜想吉姆喝醉了，可能打她打得太重了。"桑德拉问："爸爸，您能不能为此做点儿什么？"父亲答道："不能啊，桑德拉，我想我不能做什么。"桑德拉说："好吧，我想我们应该把这件事告诉治安官。"父亲说："我认为我们最好还是听其自然吧，桑德拉。"

　　夏天的日子里，父亲会若有所思地凝视着南面山顶上那大片翻滚的乌云，墨西哥湾季风将温热潮湿的空气向北推进。他可以应对风车，却无法控制天气。农场主靠天赐甘霖滋养牧草来喂养牛。在雷兹彼牧场，牧草一年大约能长 10 英寸①，勉强够用，但有些年份，草量不够。有时候，闪电划过天空，远处的雷声隆隆作响，朦胧的灰色雨幕落下，却是在数英里外，由于距离太远，无法救助雷兹彼牧场那些被炙烤着

————————
① 1 英寸 =0.025 4 米。——编者注

的干枯牧草。父亲只能盯着牧场，以苦涩的口吻开玩笑说："在上帝的国度，天从来不下雨。"[14]

数十年之后，桑德拉·戴·奥康纳 86 岁高龄时，回忆起孩童时期在雷兹彼的情景，她靠在轮椅上，大声叫道："雨！雨！雨是一切！"[15] 在她的牧场记忆中，她描述了被拯救的那一天、那一刻：

> 突如其来的寂静——大地静默地等待着重大事件发生，然后闪电的裂痕带着宇宙所有的电能撞击着地球上的事物。几秒后，惊雷发出惊人的轰鸣，这声音因闪电穿过云层而产生，奇迹中的奇迹，先是几滴大雨点滴落……快乐！奇迹！来自天上奇异的礼物，我们的救赎——雨。

雷兹彼那被炙烤过的大地因干旱而毫无生机，此刻彻底醒过来了。小鸟发狂般叽叽喳喳地叫，兔子从洞里窥视着外边。当雨水打在灰绿色的肉叶刺茎藜灌木丛浓密而油滑的叶子上的时候，灌木丛会发出强烈的芳香味。奥康纳继续回忆：

> 所有激动和兴奋的情绪都来自下雨，没有人比父亲更兴奋。我们被拯救，再一次被拯救。雨使我们不再受到干旱、牛饲料短缺及焦虑的债权人的威胁，我们将活得更长久。
> 作为见证，我们惊喜地看到雨后天空中形成的彩虹。

桑德拉和父亲观察天空时，他们怀着无比的喜悦开始了一项祈祷雨延续的仪式。

父亲："你知道老一辈的人会怎么说？"

桑德拉："不知道。"

父亲："他们说彩虹尽头有一把金壶。"

桑德拉："不会吧，是真的吗？"

父亲："那是他们说的。"

桑德拉："您相信吗？"

父亲："当然，为什么不信呢？"

桑德拉："您自己见过它吗？"

父亲："没有，确实没见过。"

桑德拉："好吧，我们去吧。爸爸，我们去找它吧，它就在那里，您没看见吗？"

祈祷结束后，父女俩离开了那里。桑德拉乘坐父亲的皮卡疾驶在泥泞的道路上，打滑、颠簸。尽管如此，她还是怂恿父亲："噢，我们全速前进，让我们到达那里，找到金壶。"

过了一会儿，父亲结束了这场玩闹，说母亲会担心的。因为下雨可能导致峡谷的道路无法通行，有时道路会变成河流。每当这时，父亲会停下车，抱起桑德拉（在以后的日子，父亲同样会抱起桑德拉的弟弟和妹妹），蹚水过河，剩下的路他们只能走着回家。

"啊，艾达·梅，来一杯古巴酒庆祝一下怎么样？"父亲一进门就冲着一直等待他的妻子喊了起来。父亲将朗姆酒和可口可乐分别倒进两只玻璃杯，他那双淡褐色的眼睛机警而明亮，他开始不停地说呀说呀。"爸爸是个好听众，但他更是一个能说会道的人。"桑德拉回忆。

那天晚上，桑德拉躺在床上，倾听着蟾蜍从后院污水槽下面的洞里发出的叫声。那是一个人造池塘，现在已重新填满了水。沙漠锄足蟾把自己埋在干涸池塘下面的土壤里，如果有必要，它能保持冬眠状态数年。当池塘充满水时，雄性蟾蜍向外窥探，发出求偶的叫声。"夏天，我们最得意的夜晚是充足的雨水灌满了屋后水槽的那夜，我们一整夜都能听到蟾蜍的叫声。"奥康纳回忆。

黑夜里，桑德拉躺着睡不着。寂静的夜晚放大了牧场里的声音，郊狼的号叫声让她害怕得把自己卷进被子里。每当风吹过，她时常能听到那扇松动的门吱吱作响，或者风车深沉的嗡嗡声，而那高耸的木塔矗立在荒凉的台地上。她听见活塞杆抽动的声音，这是从地下深处抽水注满水槽以便喂牛。雷兹彼有 35 口家用水井和牧场用水井，其中一些有几百英尺深。风吹动时，镀锌钢叶片快速转动，活塞杆将水汲出，速度缓慢，每分钟仅能输出 4 加仑①水，形成一股细细的水流。当风车不转时，或者风车叶片折断，或者一些由风车动力带动的单缸发动机突然熄灭，便算是严重的事故。因为如果没有水，奶牛几天后就会因干渴而死亡。[16]

有井损坏的夜晚，整个牧场都会动起来。父亲和牛仔们会花费整夜的时间尝试着修理或者更换。雷兹彼周边看上去很像一座垃圾堆：损坏的风车、有故障的电机、齿轮、传动轴、泵杆……哈里·戴是个极为节俭的人，牧场没有雇用专门的修理工。维修水井，先要清除离井边最近的垃圾堆，哈里·戴会四处寻找适合丢弃废物的地方，然后着手解决井的问题。牛仔负责递给他工具。桑德拉站在一旁，有时读书，其他时候则与牛仔们聊天，观察着一切。[17]

桑德拉 4 岁就开始看书，这对宠爱她并以她为傲的父母来说是最快乐的时刻。1934 年，整个冬天都没有下雨，当年的夏天雨也没来。人们眼睁睁地看着牧草慢慢地枯死。在正常年景，雷兹彼 160 000 英亩②的牧场能供养大约 2 000 头奶牛、公牛和牛犊（每年它们当中的一半将被出售），但是，这一年，哈里·戴连买饲料的钱都负担不起。他不得不精简他的牛群，那是"大萧条"时期最艰难的阶段，牛的市场价格跌落到谷底。父亲赶着 800 头瘦弱的奶牛，试图以每磅 1.5 美分的价格出售，但他仍然一个买家都没找到。

父亲很沮丧，他担心他的妻子和孩子，害怕如果能找到接手的人，他将不得不卖掉牧场。

所幸，联邦政府开始实施救援，而且大力帮扶。作为（罗斯福政府）支持农业的"新政计划"的一部分，联邦政府愿意出资支持陷入

---

① 1 美制加仑 ≈ 3.785 升。——编者注
② 1 英亩 ≈ 4 046.856 平方米。——编者注

困境的牧场主，即每杀一头牛付给他们 12 美元。在政府官员巡视时，牧场主必须杀死并掩埋这些牛。据桑德拉回忆，对哈里·戴来说，他曾为饲养这些牛而拼命工作，真是"难以忍受"母牛和小牛被枪杀并被埋入深坑的情景。此后，政府改变了做法，以每头牛 18 美元的价格购买更多的奶牛，为困难时期正面临饥饿的人们提供食物。[18]

到了秋季，雨终于来了。草长起来了，雷兹彼活过来了。但是，哈里·戴和那些依靠政府慷慨救助而活下来的牧场主并没有对政府增添多少好感。戴氏家族拥有的全部土地大约只有 8 000 英亩，其余绝大部分土地都是租来的，其中大部分属于联邦政府，另一些属于亚利桑那州和新墨西哥州政府。

哈里·戴终其一生反对新政，反对"大政府"的保守，即使在农村电气化管理局为牧场稳定供电之后也是如此。桑德拉和弟弟艾伦生动地回忆起父亲对罗斯福总统的抨击："为什么？那个狗娘养的甚至要告诉我早上什么时候起床、晚上什么时候睡觉。"他抱怨罗斯福总统在第二次世界大战之初推行夏令时。[19]

哈里·戴很强壮，也不是个沉默寡言的人，他不会掩饰自己的激情。他不会为别人的抱怨而畏缩，但容易闷闷不乐，有时还抑郁。他是个真正的男子汉，扛起自己的责任，却并不默默无闻。

哈里·戴从未想过成为牧场主。他生长在加利福尼亚州帕萨迪纳一个富裕的家庭，在那里，他是高中游泳冠军，希望能考上斯坦福大学。但是，他的父亲去世了，牧场只能由合伙人打理，那个人把牧场管理得很糟。第一次世界大战结束后，哈里在军队服完短期兵役后回家，家族律师送他到雷兹彼，看看还能从牧场投资中挽回点儿什么。哈里写信给他的妹妹埃莉诺，讲述了吃咸猪肉干和睡在冻土上的悲惨境遇，他最后说："这的确是个糟糕的地方，我讨厌这里。"[20]

但哈里还是坚持下来，放弃了上大学。改变态度靠的是责任感和一股韧劲儿，他慢慢地让自己进入了牧场主的角色。他不是牛仔，他总是穿着卡其色的棉制或羊毛裤子，而不是像牛仔那样穿着李维斯牛仔裤。他是个节衣缩食的牧场主，与各种因素和厄运斗争，从未走过捷径。[21]

哈里早年孤独而沮丧，却因坠入爱河而获得了救赎，不再自暴自弃。哈里十几岁时去亚利桑那州旅行，认识了艾达·梅·威尔基——当地商人的女儿。1927 年 6 月的一个晚上，哈里在埃尔帕索的威尔基家里吃饭，又一次遇到了她，她当时 23 岁，哈里被她迷住了。父母之间的情书被桑德拉保存下来，并拿给自己的孩子们看，这些情书的字里行间洋溢着匮乏环境中的患难之情。

"强烈的渴望、痛楚、要与你在一起的欲望已经让我无法忍受，我想自己快要疯了。"这是哈里在 1927 年 8 月写给艾达·梅的信中的真情表白。他坚称自己配不上她："我得告诉你这些事实，我没有法律容许之外的聪明，我并没有达到应有的教育程度，我的社会地位是零，我是贫穷的化身。可以想见，未来我暗淡的前景……性格还很可怕——自私、残酷、固执且懒散。当然，我有一个可以弥补缺憾的特质，就是我很健康。"艾达·梅热情地回应他："哦，我多么想你，我的爱人——我爱你到永远——我迫切地想和你在一起！"用时兴的话说，她这是给他安慰，提升他的激情。她断言："你是一个完美男人的化身。哈里，我要使你笑起来，给你勇气、雄心和成就感。这样，我也能找到属于自己的东西。"[22]

他们订婚了，但是艾达·梅的母亲玛米并不同意这桩婚事，担心女儿与哈里在荒漠里的生活将充满艰辛。为此，哈里和艾达·梅私奔到新墨西哥州的拉斯克鲁塞斯。"艾达·梅，千万不要学给奶牛挤奶。"玛米警告她的女儿。[23]

艾达·梅并没有被牧场的生活磨砺得粗糙起来，尽管她一辈子住在牧场的房子里，但她仍然穿长裤，喷香水，即使是在她拿着苍蝇拍的时候。她不让阳光晒到皮肤，很少骑马。她很时髦，购买由《时尚》杂志上的设计师设计的亚麻连衣裙。她常看这本杂志，而且是完完整整地"从封面看到封底",桑德拉回忆。尽管她从未生活在漂亮的房子里,但她仍然保留着那些从讲住宅和花园的杂志上剪下的图片。早年间,她只能在盛满热水的浴盆里洗澡,浴盆就放在烧柴火的火炉上面。在她洗浴之后,牛仔们才轮流在越来越浑浊的水中洗澡。即使后来屋里通了热水,她每周仍要驱车 31 英里到新墨西哥州的洛兹堡赴一场美容院的约会。[24]

爸和妈(DA 和 MO,发音也类似于字母),孩子们这样称呼他们,他俩的婚姻稳固牢靠,偶尔会有些小摩擦。在《雷兹彼》一书中,桑德拉和艾伦写道:"爸爸和妈妈之间强烈的身体吸引力,帮他们克服了牧场生活中诸多的困难。"但是,这并不是一段容易处理的关系,哈里·戴言辞尖刻,很刻薄,他会在艾达·梅做好饭之后喋喋不休地批评她的厨艺——该不该做及牛肉的各种差异。尽管如此,就像桑德拉描述的那样,父亲从来没厌烦过吃母亲做的饭。戴氏家族常玩带有激起人好胜心的扑克牌和其他室内游戏,这也是桑德拉后半生常常玩的游戏,这给她和朋友们带来了快乐,偶尔也会闹些不愉快。输了必须承受,赢了则值得庆贺。在桥牌和金拉米纸牌比赛中获胜时,哈里会开心地炫耀一会儿。[25]

喝了一两杯之后,哈里可能会吹牛,变得暴躁,特别是在他生命的最后几年。艾伦回忆父亲时说:"有两个哈里·戴,一个是白天的哈里,另一个是夜晚的哈里。"作为唯一的儿子和牧场的法定继承人,艾伦时常得忍受来自父亲的嘲笑和奚落的重压。而当哈里纠缠和责骂时,艾达·梅常常变得很安静,她没有因丈夫的责骂和刻薄而心烦意乱,或者如果她真的心烦了,她也会隐藏起悲伤的情绪。有其他人在场时,她执着地保持着热情与优雅,拒绝被激怒。据桑德拉回忆,虽然没有很明确地表达过,但"母亲让艰难的生活看上去没那么难",无论是和哈里·戴的婚姻,还是在荒芜的牧场生活。只有在极少数场合,艾达·梅才承认哈里是个吝啬鬼。艾伦与母亲最亲近,他记得母亲曾经说:"不论怎样,我嫁给他了,有时的确是更糟糕了。"[26]

在《雷兹彼》一书中，桑德拉和艾伦提到，他们遗传了父亲那种不怎么讨喜的内心诉求，就是对任何问题都要强辩到底。[27] 成年后的桑德拉出名或是为人诟病都是因为"专横跋扈"，这是她描述自己的词语。然而作为女儿，通过观察母亲，她学到了很多别的东西。比如，她学会了如何不让恃强凌弱或怀有消极敌意的男性激怒自己，学会了不上钩。那也许是最有价值的教训。

＊　＊　＊

在桑德拉·戴·奥康纳的一生中，一提到雷兹彼，她的眼睛就会亮起来。她喜欢说："那是最好的生活。"[28] 戴氏家族在 20 世纪 90 年代初决定出售牧场时，桑德拉难掩失望与悲伤。多年来，身处华盛顿的美国最高法院办公室的她一直关注报纸上的全美气象预报，希望看到暴雨降临在雷兹彼的迹象。[29] 与家族里的其他成员不同，桑德拉再未回去看看换了新主人的牧场，她忍受不了这一切。

她对牧场的感情深厚至极——那种无条件的信仰，部分是由于一种热忱，以及一段离别的时光，而这让她对牧场越发满心向往。6 岁后，每年 9 月至次年 6 月，除了节假日，她都得离开父母，离开雷兹彼。

当她从蹒跚学步的娃娃长成小女孩，雷兹彼的偏远使戴氏家族处于两难境地。艾达·梅试图为小桑德拉在家授课，但她和哈里最终还是决定将他们早慧的女儿送到合适的学校，在那里她能够与其他孩子相处。

最近的学校位于新墨西哥州的洛兹堡和亚利桑那州的邓肯，都要花差不多一小时到达，并且质量很差。1936 年秋，经过一番极度痛苦的讨论，哈里和艾达·梅决定将桑德拉送到四小时车程之外的埃尔帕索市的学校。在那里，桑德拉与艾达·梅的父母住在一起。

此后，哈里与艾达·梅再也没有认真谈起过搬家的事。有些牧场家庭全家一起搬到埃尔帕索，他们把牧场留给工头管理，而这对哈里来说是难以接受的，因为哈里常记起他父亲管理牧场的时候，由于牧场主缺位，雷兹彼几乎被毁掉了。有些牧场家庭等到孩子上学的年龄，只让母亲搬到城市去陪读。这对哈里来说也是不可接受的，他要艾达·梅与他一起待在雷兹彼。在刚结婚那段时间，艾达·梅有一次在埃尔帕索待了一个月陪伴父母，哈里几乎是带着绝望给妻子写信："我想每时每刻都知道你在做什么、你在哪里、你和谁在一起。我不知道当我再次看到你的时候，你会是什么样子。你会被改变吗？我很担心你会变样。"[30]

每年9月，哈里和艾达都将女儿送上朝东开往得克萨斯的火车，哈里给乘务员小费，请他们照看桑德拉，那时她已经可以独自出行。父母同时告诫她，不要与当兵的和陌生人讲话。桑德拉勇敢地，或许是孤独地，向列车窗外的父母挥手，而后奔向那个被她称作"我的第二位妈妈"的人，桑德拉的语气中更多地带着一种公事公办的意味，而非真切的感情。[31]

艾达·梅的母亲玛米·斯科特·威尔基是一个顽固任性、极其好强的人，当她还是小女孩时，就乘坐一辆大篷车去得克萨斯旅行，从墨西哥横跨马德雷山脉时遭到潘乔·比利亚领导的起义军的追赶。艾伦回忆说玛米是一个"忠诚、无比硬气"的人，赢得了牛仔的高度赞扬。但是艾伦又补充道："她从不亲近任何人，她是你的后盾，但她从不鼓励你。"[32]桑德拉记得外祖母在去位于埃尔帕索边界对面的墨西哥华雷斯购物区时，全程有一种几乎古怪的傲气，当她不能或者不愿意平行泊车时，干脆将车停在马路中间就去购物，留下桑德拉对付警察。"就告诉他们，我们是谁。"外祖母向桑德拉指示道。[33]

后来，桑德拉·戴·奥康纳把她的外祖母描述为一位"专横的老太太，叫我做什么就做什么。她不停地说话，但凡她眯着眼睛，她的嘴唇就不停地动"。事实上，大法官奥康纳有非凡的能力专注于工作并排除干扰，还得归功于外祖母喋喋不休的唠叨，那时桑德拉能在餐厅饭桌上听着唠叨声做家庭作业。偶尔，桑德拉会叹气道"是的，外祖母"或"不是，外祖母"。[34]

同时，桑德拉也感受到外祖母玛米·威尔基的支持。桑德拉注意到自己一次又一次地听到一个特别的教诲：为成功而奋斗最重要，无论是生活还是事业。[35]奥康纳回忆说："外祖母喜欢与成功有关的故事，关注她认为活得成功的每一个人。她请这些人给她讲述他们的人生故事，这样她就能理解成功的真谛。"桑德拉的外祖母并未区别对待男人与女人，她认为重要的事情是成功。"去成为最棒的吧！"玛米·威尔基命令道。奥康纳说："你是不是女人无关紧要，你仍然可以创造你的生活。"玛米并不是一个真正的女权主义者，但她在痛苦的经历中懂得女人要有能力照顾自己。[36]

1936年，桑德拉抵达埃尔帕索后不久，她的外祖父 W.W. 威尔基意外身亡。外祖父是个赚了钱又赔了钱的牲畜经纪人，他留给玛米的除了债务，其他什么都没有（"我想外祖母从未原谅外祖父。"奥康纳回忆）。他的遗孀被迫开家庭旅馆以换取家用，小桑德拉不得不与负责巡检的石油工程师共用一个浴室。后来，哈里·戴动用自己的积蓄给玛米买了一幢小房子。[37]

小房子很舒适，配有东方的地毯，但是邻近的一些牧场主的大房子使外祖母的小房子黯然失色。这些牧场主把埃尔帕索的房子作为过冬的家。桑德拉回忆起同学邀请她到家里做客时，她看到人家的女佣们不停地忙碌、园丁照料着草坪和鲜花的情景，感到很尴尬。她在当地一所公立学校念完四年级后，哈里·戴进一步松开了自己钱包上的绳子，把桑德拉送到拉德福女子学校。那是一所正规的女子精修学校，学生们可以学习拉丁语和希腊语，以及芭蕾舞和钢琴。如果她们的父母还想更好地培养孩子，让孩子进修的话，就会让她们进入像史密斯和韦尔斯利这样的学院。[38]

在拉德福女子学校，女孩们在铺着白色桌布的餐桌上吃午饭，使用银质的餐巾套环，她们向费洛维德小姐（一位严厉的、长着火红色头发的戏剧艺术老师）学习朗读和发音。"这些都是可怕且痛苦的经历，但是坚持正确和清晰的单词发音、与台下观众对视这些习惯此后一直伴随着我。"桑德拉回忆道。[39]（后来的日子里，最高法院的法律助理们争相献出了对大法官奥康纳的最佳模仿秀，他们用她带着重音的、精雕细琢的腔调呼喊："哎—呦！天哪！"）拉德福女子学校邀请了鼓舞人心的演讲嘉宾，包括海伦·凯勒和埃莉诺·罗斯福。桑德拉特别回忆起第一夫人："她很朴实，但很有魅力"，她从豪华轿车上下来，戴着一顶宽边软帽，披着用狐狸迷人的尾巴做成的披肩，用她那贵族口音致辞。哈里·戴或许曾谴责过富兰克林·罗斯福是对人民生活、社会经济等强势控制的"大政府"越权者，但是桑德拉始终认为罗斯福夫人是她在公共服务领域的第一个女性榜样。"我不敢告诉我的父母。"桑德拉回忆道。[40]

桑德拉的成绩优异，因此跳了一级，在新的班级，她的年龄比大家小一岁，这一切令她感到不安。从她大约 10 岁时拍摄的一张合影中可以看到，其他女孩面带微笑、镇定自若，有些女孩炫耀般地在头上扎着五颜六色的蝴蝶结，桑德拉的黑发则蓬乱着，而且表情阴沉，看上去邋遢又闷闷不乐——她想家了。1980 年，她接受采访时说："直到今天，我都不喜欢埃尔帕索，很大程度上是因为我想家。"[41]

一个 6 岁的孩子很难理解为什么父母会让她与他们分开生活。桑德拉认为：如果雷兹彼是远的、遥远的，那么它一定是一个神奇的王国。在埃尔帕索和拉德福女子学校，尽管交了一些朋友（这为数不多的几位朋友会到牧场看望她，成了她终生的好友），但桑德拉仍感觉自己像一个外人。也许是迫不得已，她逐渐演变成一个不露锋芒的人。而她后来坚忍执着，或许是变得越发像她的外祖母了，却仍然悉心隐藏自己。即使她在埃尔帕索住了好几年之后，仍是常常缺乏安全感。桑德拉 11 岁时，她学校的一位朋友告诉她，她知道有关桑德拉与她母亲的秘密。是什么？桑德拉问她。"好吧，我母亲说，你妈妈是与别人结婚的，不是哈里·戴。""我不相信你！"桑德拉厉声喝道。

　　但是桑德拉的心里还是充满疑问，她回忆："我既震惊又害怕。我是被收养的吗？这就是爸爸和妈妈要送我来埃尔帕索的学校的原因吗？"在外祖母的小屋后面，桑德拉与她对质，外祖母小心翼翼地告诉桑德拉，她母亲的确曾与另一个男人结婚（这段婚姻只维持了几个月）。"我们不要谈论那件事了。"外祖母说道。那年夏天回到家，桑德拉鼓起勇气问母亲。母亲说："我从未再想过这件事，你爸爸是我的丈夫，你是我的女儿。"[42] 不要回首，不要后悔，接纳生命里到来的一切，让生命更加美好。这就是艾达·梅的处事方式，而这迟早也会成为她女儿的处事方式。

　　但是，小女孩桑德拉还是感到害羞和不自信。[43] 贝弗莉·廷伯莱克是桑德拉在拉德福女子学校的同学，她回忆说自己几乎是很快就喜欢和桑德拉一起玩，但她感到困惑的是，桑德拉的家庭不像其他牧场主家庭那样住在城里。她观察到，桑德拉不太能自如地与那些比较轻浮的同学相处。贝弗莉回忆说："周日有低年级社团组织的茶话舞会，桑德拉不愿意参加，她宁愿在牧场骑马。"贝弗莉的父亲拥有酒店、银行及牧场。一天晚上，桑德拉在廷伯莱克家做客时，廷伯莱克的父亲告诉贝弗莉和桑德拉："我认为你们俩需要进法学院，这样你们就能处理自己的家庭事务了。"桑德拉严肃地回答："好的，廷伯莱克先生。"贝弗莉则记得自己当时的想法："我爸真是疯啦，我只想开一辆敞篷车，感受风掠过我的头发。"[44]

　　当桑德拉最喜欢的表姐弗卢努瓦来与外祖母一起生活时，桑德拉高兴得不得了。弗卢努瓦比桑德拉大一岁，但由于桑德拉跳过级，所以她们在同一个班。弗卢努瓦迷人、活泼，由她的母亲伊芙琳（艾达·梅的姐姐）抚养长大。弗卢努瓦深谙社交之道，她一来就向害羞的桑德拉伸出了双手。[45] 桑德拉回忆说，她"喜欢这个可爱的姐姐，充满创意，幽默可爱，快乐且真挚"。夏天，桑德拉会带弗卢努瓦回雷兹彼，在那里，她们扮成印第安女孩，在马背上推拉打闹，或者避开酷暑，懒洋洋地躺在沙发上看书。[46]

在《雷兹彼》一书中，桑德拉回忆起在气温高达 38 摄氏度的日子里，她就和弗卢努瓦去游泳。那地方离"总部"大约 200 码距离，矗立着 6 英尺高、50 英尺宽的钢制水槽，它原是为牲畜饮水而建，是牧场游泳池的两倍大。水槽内有小团的水藻漂浮在水面上，但是水非常凉爽。弗卢努瓦和桑德拉坐在旧轮胎上，漂浮在水面上。

哈里·戴会过来喊她们回家。"桑德拉！弗卢努瓦！该回家啦！我们必须回去了！"父亲喊道。桑德拉抗议道："不，爸爸，我们要待在这儿。"哈里说："孩子们，现在就出来，我们必须离开了！"接下来是更多的抗议。

哈里就去谷仓，拿一根绳子回来，弄成套索说道："孩子们出来，否则我就要把你们拉出来了。"她们躲在水下，但当弗卢努瓦浮出水面时，"砰的一声，绳子套在了她的脖子上"，桑德拉在《雷兹彼》一书中回忆，哈里拽着绳子。"好吧，爸爸，我出去，让我走。勒得好疼啊！"弗卢努瓦说道。"现在，桑德拉。"父亲说，他教训了他的女儿。"哎哟，爸爸，太疼了！"她喊叫着。

"我们的脖子有点儿红，我们的自尊心也是。我们认识到，我们不能总是按自己的方式行事。"桑德拉写道，这是她在《雷兹彼》一书中提到的，哈里把她们从水池中拽出来，是为了带她们去洛兹堡购物。[47]在接受《人物》杂志采访时，哈里·戴讲述了相同的故事，只是结尾不同。哈里回忆道，他把女孩们从水里拖上来，把她送上回埃尔帕索的火车，离开家开始下一个学年的学习。[48]

在桑德拉于 1930 年出生之后，哈里和艾达·梅多年没能再生育。然而在 1938 年，令他们惊讶的是，艾达·梅怀孕了，生下了另一个女儿——安。一年后，他们又有了艾伦。牧场的生活激起了新浪花，哈里增加了新卧室、一间浴室，并为牛仔们新添了一间宿舍。

在埃尔帕索，桑德拉仍然想家，嫉妒别的孩子。1942 年夏，随着开学日的临近，她闷闷不乐，因为不得不登上回埃尔帕索的火车。桑德拉开始纠缠父母："为什么我不能待在家里，在这里上学？我愿意坐校车去学校，没问题。你们终究会明白的。"据桑德拉回忆，哈里和艾达·梅有些"疑虑"，但他们还是心软了。

上学的每一天，桑德拉都会在黎明前起床，她的母亲或父亲驾车带她走 8 英里的泥土路到 70 号高速公路边，在那里等校车。校车开往洛兹堡，沿途有许多站，耗费一个多小时。在桑德拉八年级的时候，她周围是一群墨西哥劳工的孩子，她感觉到自己被孤立。这些孩子就住在学校附近，早就是朋友了。老师们也没有给她留下什么印象。每天桑德拉回到雷兹彼的时候，天已经黑了。

在学年结束时，桑德拉决定回到埃尔帕索，但不是回拉德福女子学校，而是去男女合校的公立学校——奥斯汀高中。她的父母很高兴，在 70 多年后的一次采访中，桑德拉坚持认为那是她自己的选择。她眼睛放光，回忆说："我决定的。"[49]

在放牛的牧场，真正考验牛仔们的是围捕。在雷兹彼，他们每年进行两次围捕——仲春和中秋。这是牛仔给新出生的牛犊打上烙印，并将 1 岁的牛犊挑出来卖掉的季节。雷兹彼的牧场超过 250 平方英里，牛仔一天的工作大约能覆盖 10 平方英里，这意味着围捕将持续一个多月。日复一日，日出之前就开始，直到天黑之后才结束。牧草是分散的，牛群有时会成群结队地进到山里，或下到洼地。围捕工作要求很高，有时还挺恐怖。除了给小牛烙上"Lazy B"（雷兹彼）的印（小牛的侧面还横着一个"B"），牛仔还会在小牛的耳朵上开个小口，他们挖掉牛犊头部刚长成的角，还对小公牛进行阉割。[50]

如果一个男人、女人或孩子能够高效地做好围捕工作，没有抱怨，就能赢得牛仔的尊敬。相反，"他们会瞧不起你，你在他们的心目中就没有地位，他们会把你抛在脑后"，艾伦·戴回忆道。桑德拉的弟弟在谈到"成为一个围捕手"时几乎是虔诚的，"这是我人生最大的目标"，艾伦又回忆道，他 5 岁时第一次骑马围捕。[51]

由于桑德拉要离家回学校，所以她从未骑马参与过持续一个月的完整围捕，但是她在洛兹堡上八年级期间至少有几天参加了骑马围捕，有几次是她从埃尔帕索回家或从大学回来的时候参加的。与牛仔们在一起，她总是很舒心，这些人就像是小桑德拉的"保姆"，但他们爱抽烟、不修面、不洗澡。在险恶的地形环境中持续骑马 10 小时，只有几次休息时间喝水，或难得有机会蹲在仙人掌后面躲避阳光。这些经历增进了桑德拉与拉斯特斯、吉姆·布里斯特及其他牛仔的关系。在戴氏牧场，围捕是"纯男人的领域"，桑德拉回忆雷兹彼的情形时说："改变它，让它接纳女性，这也许是我第一次入会，加入男性俱乐部。这是我一生中做过不止一次的事情。"她继续回忆道："当牛仔们理解了一个女孩也能做好自己分内的事，把握自己的命运，那对于我的姐妹、我的侄女、其他女孩和年轻的女性来说，要在这个动荡混乱的世界里被接纳，就会容易许多。"在桑德拉被任命为美国最高法院大法官后，一个杂志记者采访雷兹彼的牛仔，桑德拉作为一个牧牛女孩表现得怎么样？牛仔回答："在大峡谷[①]，她与我们一起工作得非常好，她泰然自若。"[52]

1945 年 7 月，在桑德拉开始高中的高年级学年之前的那个夏天（她仅 15 岁，但是已经又跳了一级），她在家参与了一次小规模的围捕。哈里·戴担心在早春围捕时牛仔在"羚羊井"周围崎岖的小山上错过了几头小牛，于是他领着牛仔们回到极度炎热的地方去寻找剩余的小牛。

桑德拉那天的工作是给 10 个牛仔的工作队送午饭（巴格·奎因平时是负责这种出行餐食的厨师，那天因森林大火外出扑救去了），这是一项不轻的任务。桑德拉与母亲一起烹调了一罐烤肉，用辣椒、

---

① 大峡谷指亚利桑那州科罗拉多大峡谷。——译者注

第一章 雷兹彼

胡椒等重口味调料腌制了一整夜。牛仔们在黎明起床出发时，桑德拉就完成了这顿饭的准备工作，其中包括苹果酱蛋糕，接着将流动炊事箱装在皮卡上。7点刚过，她就行进在蜿蜒的土路上，穿过这些满是石子的土路，几乎没留下任何踪迹。一个小时的车程后，皮卡开始颠簸、打滑，她踩刹车，下车后发现轮胎漏气了。她知道没有人能来帮忙。她发现有两大块岩石卡住了前轮胎，便取出千斤顶，脱下外套，开始用曲柄转动皮卡的后部。当她试图拧开手柄螺母时，发现自己没有紧握住螺母。她把皮卡从抬着的状态放下，轮胎触到地面，她单薄的身体凝聚起全身的力气，站在手柄扳手上，在上面跳起来以发力。最终让手柄转动了一点点，她一个接一个地撬开其他螺母，用千斤顶将皮卡顶起来，把轮胎卸下来，换上备胎，拧紧螺栓，把皮卡放下。

桑德拉知道自己晚了，更换轮胎花费了一个多小时。她的父亲告诉她牛群会在9点30分至11点30分之间的某一时刻到达"羚羊井"。她知道牛仔们喜欢在用热烙铁给牛烙印、在牛耳朵尖处切小口和对小公牛阉割等粗野工作开始之前吃饭。

当桑德拉赶到"羚羊井"时，恰好在11点之前。透过从路面扬起的尘土，她看到并听到牛犊和母牛的叫声，牛仔们已经开始烙印和切割了。她闻到毛发烧焦的味道，直冲她的鼻孔。

哈里与牛仔们有点儿距离，他并未认出女儿。桑德拉开始生火，加热牛肉和咖啡。当牛仔们从远处来到皮卡旁吃午饭的时候，已经是中午1点半。没有人开玩笑甚至说话。父亲说："你晚了。""我知道，"桑德拉回答道，"皮卡轮胎在罗布斯井那边爆胎了，我必须更换它。"

"你应该早点儿出发。"父亲说道，他不再是那个温和的父亲。

"对不起，爸爸。我没有想到会爆胎，我能到这里已经很幸运了。"她回答道。

"出门时，你要预想到可能会发生任何事。"父亲说道。[53]①

大法官奥康纳将爆胎的故事讲给她在任时的法律助理听，也讲给她的朋友和熟人听。她经常在她讲演之后的问答环节讲述这个故事，甚至有时它与听众的提问并没有明显的关联。[55]桑德拉的热情描述与父亲的冷淡反应之间的对照，会令人有些不适。"我一直认为，这是一个关于女儿拼命想取悦父亲的悲哀故事。"露丝·麦格雷戈说，她是大法官奥康纳1981年在联邦最高法院的第一位法律助理，也是奥康纳日后最亲密的朋友。[56]对奥康纳的大多数法律助理来说，故事传达的信息很明确：不要找借口，把工作做完。"在公开场合，奥康纳很少点出故事的寓意，但是她也许会传递出一些信息。"罗纳尔·安德森·琼斯说，她也曾是奥康纳的法律助理，而且后来也成为她亲密的朋友及奥康纳许多演讲稿的撰稿人。其中一条信息简而言之就是：牧场生活——与其他有价值的工作一样——可能有些无情。"让每个人按时吃上午饭是首要任务，让你心情舒畅是不存在的。"琼斯说道。另一条信息是：困难的工作——奥康纳会以近乎神圣的虔诚去投入，却并不总是能获得预期的结果。奥康纳直率且坦诚，但她经常通过讲故事传递出一些难解的信息，时而迂回，时而尖锐。艾伦和桑德拉于1999年撰写《雷兹彼》一书时，桑德拉会用婉转的言辞转换或删除艾伦对父亲的大部分批评。但是她要让读者知道她深爱的父亲"并不总是好男人"，罗纳尔·安德森·琼斯说道。桑德拉也想讲述精巧创作的故事，相信读者能够理解并欣赏它，即使父亲可能不会明白。[57]

---

① 换轮胎事件发生后的几天——1945年7月16日，桑德拉要与父亲围捕"总部"附近大草地上的一些牛犊。大约早上5点半，父女俩清洗完盘子，看向朝着东北方向的窗外。黎明渐临，天空微微发亮。突然他们看到了一道强烈的闪光，没有听到声音，但是一股蘑菇云在天空升起。父女俩对视。他们刚才看到了什么？大约一个月之后，广岛原子弹爆炸的消息通过每周的邮报传递过来时，他们了解到在距离新墨西哥州180英里远的阿拉莫戈多进行了原子弹试验，而后意识到他们当时看到的是第一次原子弹爆炸。[54]

桑德拉·戴设宴请客是埃尔帕索报纸社会版的头条新闻。"威尔基夫人的家，精心布置上了花饰，对参加聚会的150位宾客来说，那真是漂亮的处所。"艾达·梅有时会乘长途火车去看望她的女儿和母亲，与她们一同主持为埃尔帕索社交界有身份的年轻女性举办的招待会。高挑、纤瘦、漂亮、深褐色的头发，桑德拉与她的七个或微笑或大笑的朋友站在一起十分出挑。[58] 尽管如此，桑德拉在奥斯汀高中还是过得不太开心。她的成绩在班上名列前茅，但她并不认为自己真正"成了班上的一员"，她承受着压力，要掩饰自己的聪明才智，以便能更顺畅地社交。"取得好成绩，并不能让你受欢迎，它只会让你与众不同，有点奇怪，"桑德拉回忆道，"所以你要有好成绩，但不要让任何人知道。"正因为如此，在拉德福女子学校，她并没有引起老师们的关注。[59]

她父亲的雄心（也是她的雄心）是让桑德拉上斯坦福大学，那是哈里曾经梦想的大学。奥斯汀高中"忘了告诉我，大学考试是什么时候举行，因为那里的孩子都不会参加考试"。桑德拉回忆道。校长不得不设法为桑德拉弄到临时许可，条件是在她到校时要通过一些考试。[60]

第二次世界大战期间，牛肉价格上涨，哈里赚了钱，买了一辆新车。1946年9月，哈里和艾达·梅开车送他们的女儿去加利福尼亚的帕洛阿尔托，那里有一个新世界在等待着她。

第二章

斯坦福

她可爱、风趣，但是她不会嫁给足球队或
曲棍球队的后卫，她要拯救世界。

Ready to go to Stanford

作为一个 16 岁就上大学的新生，桑德拉在短短六年时间里完成了斯坦福
大学本科和法学院的学业。她曾四次被求婚，两次正式订婚；她是班级
里的高才生，然而却很难在律师事务所谋得一份律师工作。

花了两天时间，他们驱车向西横跨亚利桑那荒原，穿越内华达山脉，然后北上到加利福尼亚中央大峡谷，跨越圣弗朗西斯科半岛南部，到达斯坦福大学校区。9月中旬，一个蓝天白云的上午，哈里·戴驾驶着他那辆新克莱斯勒汽车开上了1英里长的棕榈大道，开进了占地8 000英亩的校园。一排笔直生长的加纳利群岛棕榈树后是一个下沉式的椭圆形跑道，它们一起面朝一个宽大的文艺复兴风格的方形庭院。一路穿行过棕榈大道，桑德拉坐在车后座上，看到许多拱门向一座罗马式教堂敞开，教堂用一幅巨大的黄金镶嵌图案作装饰。桑德拉日后回忆到，自己被"这里无与伦比的美丽征服了"。

　　在进入20世纪之前，铁路大亨利兰·斯坦福委托波士顿建筑设计师H.H.理查森和景观设计师、纽约中央公园设计者弗雷德里克·劳·奥姆斯特德设计，设想这个校园将能与那些设在东海岸的、更成熟的、建立时间更久的大学校园媲美，或者超越它们。在拱门和拱廊、修道院和庭院中，设计师们将古罗马风格、中世纪欧洲和西班牙帝国的风格融为一体，这些建筑坐落在背朝圆润山丘的宽阔平原上。在加利福尼亚阳光明媚的日子里，黄色的砂岩墙和红色的瓦片屋顶洒满了温暖的阳光。多年后，桑德拉还能回忆起那金秋的下午和细雨过后春天里清新的绿色。[1]

1946 年 9 月的斯坦福大学方庭中"满是穿着飞行员夹克的微笑的男子"，桑德拉大学一年级的同学黛安·波特·库利回忆道。菲利普·罗斯在《美国牧歌》一书中将第二次世界大战结束时描述为"历史上最伟大的集体沉醉时刻"，他描述的是举国上下洋溢着欢庆、轻松和乐观的气氛，此外他还描述了当年秋天来到斯坦福的年轻人那纯粹的欢愉。[2] 他们中有一半是退伍兵，非常兴奋地回到家乡，很高兴能够追寻一个繁花似锦的未来，也希望能有一个妻子。

斯坦福大学的校园因返校老兵而人潮涌动，老兵与女大学生数量众寡悬殊，比例超过 3∶1。学校管理部门做出一些努力来保护这些女生——主要是男女之间的关系。女生联谊会因一位女生自杀而受谴责，已经被解散。每位新来的女生会收到一份印刷的小册子——《女学生守则》，守则中禁止学生过度消费和其他过分的行为，并且禁止发展排他性或非民主团体（兄弟会显然不受这条规则的约束）。同时对于品茶和旧金山舞会，斯坦福大学的服装预算建议是一两件丝绸服装，以及为更考究的校园舞会准备一两套正装，晚礼服则被认为是非必要的。[3]

在布兰纳宿舍——新生女子宿舍，桑德拉·戴是"最后一个出现的"，黛安·波特·库利回忆，她的房间在宿舍的另一头。"我们站在一起互相打量，她"嗖"地闪进来，穿着一套合身的衣服——定制的裙子和高跟鞋，没穿短袜和马鞍鞋。"妮娜·范·伦塞勒来自纽约一所很好的女子学校，她回忆起桑德拉穿着"时髦的苏格兰印花布"制的"广场午餐连衣裙"，就像库利记得的那样。

但是当桑德拉张口说话时，她的声音沙哑，听起来像沙尘暴，库利回忆。这位来自亚利桑那牧场的女孩说话很慢，带着单调的鼻音，她显得有点儿害羞，但非常讲究。她有一头黑黑的、短短的、细卷的头发——"婴儿卷发"，范·伦塞勒回忆道。"我们认为她的头发看起来不错，但她似乎认为这是个问题。"（桑德拉患上了一种疾病，这种疾病抑制了头发的生长，后来她咨询过一位在帕洛阿尔托的医生，直

到几年后她生了孩子，激素的变化才使她的头发变多。⁴）

布兰纳宿舍的女生们不知道如何看待这位新人。桑德拉仅有 16 岁，比大多数新生差不多要小两岁。带着露牙缝的微笑，以及一张清瘦的尖脸和瘦削的身材，她看上去有点儿瘦骨伶仃。但是她穿着时髦，她们很快就熟识起来。在第一个周六晚上，女生们一起参加了一个非正式的校园舞会——"欢乐舞会"。起初，桑德拉站在体育馆舞池的边上，沉默寡言，显得不太自信。"她不知道该怎么办，"住在布兰纳宿舍的另一个女生马尔蒂卡·鲁姆·索文回忆说，"她偶然间看到一个高个儿、帅气的男生，便邀请他跳舞。"⁵

他是安迪·坎贝尔，24 岁，比桑德拉大 8 岁。他曾是准备抵御日本入侵的舰队中的一名海军反潜作战军官。他在加利福尼亚理工学院接受过操作声呐设备的训练，二战结束后来到斯坦福大学攻读工程学学位。他驾驶一辆酒红色的配有 V8 发动机的敞篷车，车的侧壁是白色的。当坎贝尔在"欢乐舞会"的最后一支舞结束后将桑德拉送回宿舍时，那辆敞篷车引起了布兰纳宿舍女生们的艳羡。

坎贝尔被他的舞伴迷住了，直到 60 年后他还会兴高采烈地谈起桑德拉。"她自信吗？"他反问道，"是的，她自信。她是个非常漂亮的女生，并且很有自制力。我喜欢跳舞，她也喜欢跳舞。我是个很棒的舞者，我们去过很多舞场，我们尝试探戈舞、摇摆舞，我带她旋转。但我喜欢搂着她跳狐步舞。"安迪带桑德拉去卡帕西格楼和旧金山的圣弗朗西斯酒店跳舞。他们去看歌剧，去艺术馆观看"她从未看过、我也没看过"的法国电影，坎贝尔回忆道。他开着那辆红白相间的敞篷车，载着她去半月湾野餐，在那里他们点燃一堆篝火，安迪用班卓琴表演《她不甜蜜吗》和《一定是你》。"她想做许多事，想出去看看，开车兜风。"坎贝尔在大学的军乐队中演奏长号，但后来放弃了，他要和桑德拉一起去看足球比赛。考虑到她还年轻，坎贝尔并没有"拴"住她。"似乎没有别的什么人竞争，也没有刻意的安排。但是她邀请我在第一学年结束时去牧场，我认为这是一个相当好的信号。"坎贝尔回忆道。

坎贝尔在后来的岁月里一直留着一张桑德拉的彩色照片，身着短袖白色凸纹针织裙的她在雷兹彼爬上木制风车，看上去非常迷人。（"我从未见过她穿李维斯牛仔裤。"坎贝尔说。）去位于亚利桑那东南部的雷兹彼，坎贝尔开车用了两天时间，夜晚就在荒漠中睡觉，身边放着步枪和手枪。

桑德拉提醒她的求婚者关于她父亲的脾气秉性。"在我去牧场之前，她告诉我，哈里不喜欢不成熟或者爱炫耀的人，或者太爱说话的人。"坎贝尔回忆道。

像往常一样，雷兹彼那年夏天遭受干旱之苦，就在坎贝尔到达牧场的第二天，"不刮风了"。每座风车都有一个备用引擎，其中一个突然失灵。因此，哈里招呼安迪与他一起开车去查看。哈里问："你能修好它吗？"安迪的回答有点儿不太确定，他在与之类似的舷外单缸二冲程发动机维修方面有一些经验。他开始检查破损的发动机，而当他抬头看时，哈里的卡车已经开走了。"他只是向我挥了挥手！"安迪回忆道。坎贝尔歇了一口气，继续干活。过了一会儿，他设法调整了一下发动机，让它转了起来。"那里太热、太脏了。"他回忆道。然而，此时哈里和他的卡车并没有返回，坎贝尔躺下睡了一小会儿。"几个小时后，哈里回来接我，我意识到这是一次测试。"[6]

好多年后，回忆起他对桑德拉·戴的求爱，安迪·坎贝尔说："在那第一个夏天，我问她喜欢什么，她回答'西方文明'，她就喜欢这个。"回想起来，甚至在当时，对坎贝尔来说，桑德拉对"西方文明"的热爱胜过对他的爱。

桑德拉在晚年回顾"西方文明史"——从柏拉图到眼前的思想史研究课程时说："我喜欢它，我认为它很精彩，某些东西让我铭记在心。"所有修读"西方文明史"课程的新生，一周接一周，穿越了暴政和财阀统治阶段，进入革命与镇压时期，经过君主专制、法西斯主义的选择，直到第二次世界大战结束，他们带着新的向往走进自由民主。奥康纳认为西方文明是对理性和启蒙运动、法治、分权、个人自由与民主统治的平衡的歌颂，这些一直都是她的指路明灯；在随后的生活中，西方文明被学术领域当作"父权制"和"霸权主义"而驱逐，但奥康纳仍希望所有学生都学习它，这样他们便可以像她当年一样对西方文明中有关统治基础的理念有一定的认识。[7]

　　年底，在最后一次讲座中（"文明向何处去？"），学习"西方文明"课程的学生被问及"学习西方文明史在哪些方面改变了你的生活哲学"。奥康纳回忆，进入斯坦福大学之前，她"没有形成特别的生活哲学"[8]，她在学校方庭中的西方文明阅览室花费数小时来研究纸板衬纸复刻的油印本大部头著作。马尔蒂卡·鲁姆·索文回忆"那相当沉闷"，但是桑德拉不同意这种说法。一个周日的晚上，桑德拉在布兰纳宿舍的朋友贝丝·哈勒尔森·格罗登邀请她到自己的叔叔拉斯本教授家做客。在一间放满了墨西哥收藏品的灰泥墙的屋子里，两个女孩及其他幸运的学生一周又一周地坐在东方的地毯上听古典音乐，讨论哲学，静静地思考。"桑德拉被催眠了。"格罗登回忆道。[9]

　　在雷兹彼，桑德拉曾经问父亲："我们为什么不在周日去教堂？"哈里·戴回答，教堂太远了，传教士也不太好，其实"教堂总是围绕着我们"的。[10]夜晚仰望星空，"星星离我们如此近，仿佛你可以够着并摘下它们"。桑德拉感到敬畏，她是卑微的，而且十分渺小，但是并不是任何人都有这样的感受：她相信（或在拉斯本教授的指导下，希望相信）她生活在一个有序的宇宙中。宇宙中的每一件事和每一个人都有其存在的理由和目的，即使是上帝也不能总是给予大地足量的雨。

　　在周日晚上举办的沙龙上，拉斯本教授教导桑德拉和虔诚的学生们，他们是他宏伟设计的一部分。拉斯本教授宣称：每个人都有自己的宗教信仰，尽管他们可能不知道这一点。拉斯本曾在芝加哥大学教授的指导下做研究，该教授曾尝试将科学研究应用于《圣经》，像托马斯·杰斐逊用剃刀那样，拉斯本删除了福音书中不大可能的神迹，去揭示一些伦理方面的意义。从上帝那里学到的最重要的一课是：一个人，不管他看起来多么微不足道，都可以改变世界。[11]

在此后几年里，在拉斯本参与"禁止爆炸"和迷幻剂实验的相关活动之后，如果不是有点儿乖僻，他会被认为就像是新时代的萨满教法师。[12] 即使在他那个时代，他也被看作"有点儿狂热"，桑德拉的伙伴黛安·库利回忆道。但是拉斯本是一位颇受欢迎的教授，他的年度期末讲座"关于生命的意义"，让有 1 700 个座位的纪念教堂座无虚席。对一个未满 18 岁的女孩来说，拉斯本代表着一种启蒙。"我是一块大大的海绵。"奥康纳回忆。她全神贯注地倾听拉斯本精心准备的课程，包括已超越他们所在的 1947 年社会发展的前沿课程。"如果要成功地解决世界危机，妇女应当被给予（一些东西），应该占据她应有的位置，而它们属于男性迄今为止一直在拒绝女性进入的、由男性统治的领域。"拉斯本用郑重甚至有点儿夸张的语调说，这对桑德拉来说很有意义。"在实现这一平等的过程中，不仅女性必须主张自己的地位，男性也必须确保匹配给女性这些东西，男女一起才能创造一个新世界。"[13]

桑德拉不再是那个孤立无援的、要刻意隐瞒自己的好成绩的高中女生。她在家信中滔滔不绝地谈论她的新生活："大学生活实在是越来越好了，我认为那是我们研究过的历史上的哲学家们梦寐以求的乌托邦，它太棒了。"在第一学年的春天，桑德拉在写给父母的信中说："这儿的人不同于高中的人，他们真的是喜欢谈论政治和宗教。"[14]

一般来讲，桑德拉比大多数女生严肃。"她可爱、风趣，但是她不会嫁给足球队或曲棍球队的后卫，"库利回忆道，"她要拯救世界。"在奥斯汀高中，她因特殊荣誉或职位而被疏远，在斯坦福大学，她决心做一名"好公民"。她在一个委员会任职，向新生宣导《荣誉准则》，并在她本科的最后一年担任宿舍主管。[15] 在大学期间，她的才华被年长的学生（特别是退伍军人）压制了。她的创意写作课由华莱士·斯特格纳讲授（他后来成为西方伟大的小说家，桑德拉在《雷兹彼》一书中就模仿了他的写作风格），桑德拉觉得自己关于牧场生活的家乡故事难以与从前线归来的人讲述的未经雕琢的战争故事媲美（"我得了B-。"她回忆道）。[16] 作为一名新生，她感到孤独，有点儿为自己的前途担忧。贝丝·哈勒尔森回忆：桑德拉漫步在布兰纳宿舍，唱着"美丽、美丽、美丽的棕色眼睛"，那是一首悲伤的乡村歌曲，关于一个漂亮女人嫁给一个酗酒的虐待狂的歌曲。桑德拉在家信中说，她有些不必要的担忧，担心自己的成绩，这显露出她傻乎乎的一面。"安迪和我去参加卡帕西格舞会，那里演奏的都是旧时代的音乐（狄西兰爵士乐乐队演奏），你在那里转圈跳舞，这真的很疯狂，也真的很有趣。"桑德拉在本科第一学年期末给父母的信中写道。[17]

桑德拉主修经济学，当她回到家喋喋不休地谈论凯恩斯的赤字财政理论时，父亲并不高兴，哈里·戴是一个严格用多少花多少的人。"你的意思是告诉我，我花我辛苦挣来的钱把你送到一所教你垃圾玩意儿的学校？"他大发雷霆，但是他的可怕并未掩盖他的骄傲。看着桑德拉与父亲在餐桌上争论，弟弟艾伦认为他们父女俩像是"双胞胎"。[18]

到桑德拉大学三年级的时候，安迪·坎贝尔已经毕业去工作了，在俄勒冈州当了一名建造水坝的工程师，但是他仍继续向桑德拉求爱。1948 年秋将有一场足球比赛，他邀请桑德拉到俄勒冈州看他。感恩节过后，桑德拉来到了俄勒冈州森林中泥泞的乡村小镇，她向父母汇报说"玩得很开心"（桑德拉住在汽车旅馆，陪伴着安迪与他的母亲。安迪的母亲从帕萨迪纳一路开车过来，夜晚就睡在旅行车的后座上）。1949 年冬，桑德拉写信给她的父母说"安迪想下个周末来"，而且她进一步透露：

> 我真的觉得我最好告诉他，我并不爱他。打心底说，我不相信这事情会解决。我认定无论如何，爱情只是自我催眠，主要是我还没有做好结婚的准备，而且未来我可能会改变良多，以至于我们很难相处到最后。对安迪来说，让他觉得我对他在某种程度

上没有感觉是不公平的。这个想法已经在我脑海中很久了。我一直挺喜欢安迪，和他在一起很愉快，他是一个很棒的人，你们都喜欢他。但毕竟要使它变得完美，还必须有其他东西，世界上还有许多其他的男孩。[19]

安迪确实来到斯坦福大学，开车带着桑德拉去兜风，他向桑德拉求婚。"她没有说什么，"安迪很多年以后回忆道，"我们那时年轻又愚蠢。"带着一些痛苦，他坚持不懈地求婚，开车到雷兹彼。在厨房里，艾达·梅把安迪逼到水槽边，问："你不打算娶桑德拉，对吗？"

"我不知道说什么，"安迪回忆道，"她只是不停地说，第二天我又溜回了俄勒冈州的工作岗位。"他继续渴望那已失去的爱，但他试着去理解她。作为一名工程师的妻子，在俄勒冈州的森林生活"将是一种浪费"。多年后，安迪说："她妈妈看出了这一点，作为女人，桑德拉想要有一份职业。"

那一年早些时候，桑德拉纠结于加入年度"春唱"团体，还是成为斯坦福荣誉协会"毕业典礼礼服"的会员。她写信给父母："我进法学院的考试成绩非常好，在前 15%，所以我会毫无疑问地进法学院，那不是很好吗？"[20] 桑德拉是大学三年级的学生，只有 19 岁，但是她有资格在下一年进入法学院。合格的斯坦福学生——她的同班同学中大约 1/3 的人进入法学院——可以获得本科学位和法学学位，只需要 6 年，而不是通常的 7 年。对退伍军人来说，这是一个机会，可以弥补他们职业生涯中失去的时间。

桑德拉后来说，她受到拉斯本教授的启发，教授用他自己的法律训练方式来磨砺他的信念力量。桑德拉的父亲愿意付 600 美元的法学院学费（相当于 2018 年的 6 300 美元）。年轻的桑德拉和她在拉德福女子学校的朋友贝弗莉·廷伯莱克曾经想象一起拥有牧场。像贝弗莉的父亲一样，哈里似乎也没有考虑由女儿帮助管理家庭牧场，但是他确实想过作为一名律师的桑德拉对雷兹彼能有所裨益。哈里接手雷兹彼时，牧场正陷入一场关于他父亲财产的长达 10 年的诉讼，他痛苦地抱怨律师拿走了大部分的钱。[21]

桑德拉决定试读法学院一年，看看自己是否喜欢。她还有另外一个留在校园的理由，这是一个她从来没有说过的理由。黛安·库利说："在我们这个时代，一位从斯坦福大学毕业又没有丈夫的女士，即使她是在毕业典礼上致辞的最优秀的毕业生，也注定要去做秘书，因为没有其他提供给女性的工作。"1950 年的美国，新娘的平均年龄为 20 岁，只有大约 5% 的女性大学毕业。一个人们早已听烦了的笑话是，女人上大学是为了获得"太太"（MRS）学位。桑德拉的同学从不认为她是一个为"春天里的婚约"① 而寻找丈夫的人，但是她们相信，她对她们所有人都感受到的寻找伴侣的压力还是很敏感的。[22]

不管桑德拉在想什么，她的家书流露出她内心的混乱。事实上，她在斯坦福大学的六年里，被求婚四次，正式订婚两次，还有一次"非正式订婚"。[23]

在桑德拉读法学院的第一年，由于安迪·坎贝尔已不再追求她，桑德拉便接受了约翰·汉密尔顿的求婚。汉密尔顿是一位高年级学生，他的父亲管理着火奴鲁鲁商会，他本人打算进入学术领域，成为研究劳工关系的学者。他不是桑德拉的父母和外祖母心目中与桑德拉般配的理想人选，他们希望那个人离家近些、有更好的前景，他们甚至在寻找富裕的休斯敦家庭的后代作为更有资格的候选人来迎娶桑德拉。

桑德拉家信的言辞中马上透出恳求与反抗。1 月，桑德拉告诉父母，她打算戴上汉密尔顿送的戒指，在旧金山挑选一个合适而雅致的地方举办一场订婚派对。（"妈妈，"她写道，"玛丽·安托瓦内特餐厅

---

① "春天里的婚约"（ring-by-spring）缘于信仰基督教的女孩在大学毕业前的最后一学期订婚的习俗，由于最后一学期是在春季，所以女大学生在春天订婚，被称为"春天里的婚约"。——译者注

非常漂亮，里面有真正的古董，比如大理石台面的桌子。"）同时，她伤感地把她的未婚夫说成是"不受欢迎的男孩"，并与她的父母争吵。父母要她推迟戴上戒指和订婚的日期，期望她能遇到更合适的休斯敦男孩。这真没有道理，桑德拉嘲弄道："毕竟，如果我下了决心，我无论如何都很难接受那个从休斯敦选出的男孩，我能自己决定戴戒指或是不戴吗？"

她继续为自由而竭力争辩，希望能为自己做主。她的信凸显了一种决心（如果不是固执的话），那就是要过一种美好且有意义的生活：

> 这是我的生活，尽管我深爱着你们，但是无论如何我都无法一辈子和你们生活在一起。教导别人怎样才能快乐是不可能的。我想去过一种有趣的生活：我要学习，实践法律，并尝试所有这些事情。结婚并不会阻碍我，反而会成为我的助力——约翰与我志同道合，他会让我保持在我理想的状态。我十分高兴与一所大学或知识分子群体联系在一起，事实上，我想不出比这更好的了。请宽容我的想法，仅仅因为我想要的与你们不同，不要认为这就是错的，或者我做错了。

桑德拉为外祖母写了份条分缕析的简介，有编号的段落和字母分节。桑德拉了解外祖母，所以她强调了约翰的地位和成功。"约翰有着美好的未来……他的智商非常高……他的父亲把他介绍给市里很有影响力的人，这些人会在未来帮助他……"桑德拉试图扭转外祖母对其想法的不认可。"约翰性格不活泼，这符合我的个性（可能是因为你对我印象不深）。（1）我不活泼；（2）我喜欢书、教育，他也是。"桑德拉热情地总结说："他想：（1）在物质上丰富起来，有一个舒适、漂亮的家；（2）时时刻刻穿着得体；（3）快乐；（4）做一些有价值的事情。"[24]

婚约的破裂，就像那个年代经历了匆忙与远程正式求婚而迫切操办的订婚仪式一样。桑德拉与室友比阿特丽斯·查利斯·劳斯是最好的朋友，桑德拉进入法学院时全年级大约 150 名学生，她是除桑德拉外的其他 4 名女生之一（那班学生总是被老师们称为"男人们"或"男孩们"）。劳斯回忆，约翰·汉密尔顿（可能感觉到他遭到桑德拉家人的反对[①]）写信给桑德拉说他爱上了另一个女孩。"桑德拉崩溃了，"劳斯回忆道，"那大约持续了两周。"[26]

然后，她在法律学习上取得了进展。1950 年的斯坦福大学法学院仍然不是哈佛和耶鲁的有力竞争对手，二战期间它的规模缩小到只有大约 30 名学生。即使是在战后的繁荣时期，法学院也只录取了大约一半的申请者，包括一些乐于社交嬉游而并不怎么重视学业成绩的男生。法学院直到 1948 年才开始做《斯坦福法律评论》，这是让初出茅庐的人展示其法律头脑的传统阵地。1950 年 1 月，桑德拉在法学院的第一学年，法学院搬到了外方庭的前面。《斯坦福日报》感叹：楼的外立面装饰着彩色玻璃，还设有大理石楼梯，楼内装有"现代化"的油毡地板和照明的荧光灯。大多数学生经过学习成为商业律师，很少有人注意宪法提出的政策问题。[27]

一位教授指责桑德拉的同学劳斯："你占着法学院的名额，这本该属于一个现在无法入学的男生。你将来只会工作几年，便抽身去结婚。"但是桑德拉不记得她的男同学或教职员对她有什么怨恨和敌意。在第一学年的 5 月，她和 4 名斯坦福学生（两男两女，包括她的闺密黛安·波特·库利）参加挑战 5 位教授的电视智力竞赛节目（售票收入将捐助给慈善机构）。[28] 平日，她毫无顾忌地说出自己意见的时候并不多，但是当她这样做的时候，会用深思熟虑且敏锐的方式说出来，她的同学便全神贯注地倾听。[29] 在教室里、在模拟法庭上，她引人注目，

---

① 20 世纪 70 年代末桑德拉的父母在接受有关家庭口述史的采访时，在被问及约翰·汉密尔顿向桑德拉求婚的情形时，他们简单带过。"她让他远离这里，我们只是觉得她处理得不好。"哈里说道。"他不适合桑德拉，"艾达·梅说，"他本人挺好的。"[25]

她也是新《斯坦福法律评论》编委中聪慧勤奋的学生之一。^① 后来她回忆起自己做《斯坦福法律评论》时的深夜时光，与其他聪明又年轻的法学院学生编辑大量的法律评论，那是一种智慧的觉醒。她回忆说："我们有一种感觉，法律将是我们的生活。"[30]

据说，1952级最优秀的学生是身材颀长、留着平头的威廉·伦奎斯特，他是美国中西部人。一位同班学生回忆道，在教室里，教授们会用所谓的苏格拉底教学法拷问学生，领着他们走进逻辑的死局，借此找出他们思维上的错误假设。然后他们会向威廉·伦奎斯特寻求答案。

伦奎斯特天性乐观，有时古怪，很有主见。他喜欢挑起争论，这样他才能战胜对方。他是威斯康星州一位推销员的儿子，在二战中是美国驻北非部队的气象员。他喜欢炎热、干燥的沙漠气候，所以他回国时发誓要住在美国的西部或西南部。受弗里德里希·哈耶克于1944年出版的《通往奴役之路》的影响，他形成了强烈的自由主义倾向，并把美国西部视为自然的表达。他凭借关于《退伍军人权利法案》的论文获得了斯坦福大学学士学位，然后在哈佛大学待了一年，学习政治，同时强化了对东海岸"知识中心"的怀疑和对北方冬天的厌恶。他认为这些教授是"自由派空谈者"，他们对那些外省的"乡巴佬"摆出极大的优越感。[31]

1949年秋，伦奎斯特回到了斯坦福大学法学院，他坐在桑德拉·戴的旁边，他们分享着同样一丝不苟的笔记。到春季学期结束，桑德拉离开约翰·汉密尔顿时，她开始和伦奎斯特约会，他们出去看电影，并在半月湾野餐。伦奎斯特记得他与桑德拉在1950年春度过的田园诗般的时光。[32]桑德拉还未从婚约破裂的阴影中完全走出，但是她确实邀请了伦奎斯特回家见自己的父母。1950年夏末，伦奎斯特长

---

① 后来，有大规模的报道说，桑德拉·戴·奥康纳毕业时在班里排名第三。事实上，斯坦福并未做班级排名，她的同学们在离别聚会上穿着T恤衫，全都宣称"我是第二"。

途跋涉去了雷兹彼，在哈里和艾达·梅审视的眼神下，向桑德拉求婚。

这次旅行并不顺利。哈里在给牛烙印的火炉上烹调了一个公牛的睾丸，邀请伦奎斯特品尝。后者硬着头皮咽下所谓的"山牡蛎"，但他还是没能给桑德拉的父母留下好印象。他犯了个错误，称哈里·戴是"老牛王"，并且，至少根据家族传言，他在餐桌上的表现也冒犯了艾达·梅。[33]

后来，除了告诉斯坦福大学法学院校友杂志的采访者，伦奎斯特本人很少再提有关去雷兹彼和向桑德拉求婚的事情。"那年夏天，我拜访了她的家族牧场。我们在第二年有过一些约会，然后我们走上了不同的道路。"事实上，直到1950年12月，他们一直是一对关系稳定的情侣，到第二年也相处得很好。然后桑德拉告诉伦奎斯特她想分手，伦奎斯特被桑德拉的拒绝刺痛，他为自己的自以为是、心不在焉而自责。比阿特丽斯·查利斯·劳斯回忆说："他对她很有热情，她喜欢他，但她没有激情。"黛安·波特·库利认为伦奎斯特"只是个学习伙伴"。1950年晚秋，桑德拉的目光开始在另一个男生身上徘徊。[34]

对于爱情，桑德拉习惯于被追求，而不是做追求者。虽然她曾被约翰·汉密尔顿抛弃，但她认为和他在一起是一个无知的错误（不相信她父母对她的警告）。1951年冬季学期，她爱上了法学院的同学理查德·奈特，而他伤透了她的心。这次，她极其心烦，以至于考虑放弃从事法律工作的雄心壮志。在给父母的信中，她极度痛苦地讲述了这个故事：

亲爱的妈妈和爸爸：

唉！我从来没遇到过结果如此可怕的事情。我认为我想要什么和我想要找什么样的男孩，我的内心十分清楚，我也终于找到了一个完美的男孩——理查德。就像经常发生的那样，我向对方表达我的心意已有一段时间，我认为我也完全得到了回应。但是昨天他告诉我一切都结束了。我确信我会反复回味，但是我确实十分诧异——到底是为什么啊？我实在不能永远对法律保持兴趣，也不想这么做了。这的确是一种冰冷空虚的安慰。我什么都不是，除了是个法学院女生，相信我，它是我最不利的因素，我真的希望我从来没有开始过。在完成最近这份有关加利福尼亚州水污染报告的工作稿件后，我将辞去《斯坦福法律评论》的编委工作。我不知道我的爱情为什么从来都不能双向奔赴。[35]

自怜不是桑德拉的特点，她也不会长时间地忧思。做一个毫不畏惧展示自己智慧的女性，可能是她在 20 世纪 50 年代初那个以男性为主的环境中"最大的责任"，但是她总被反对声嘲弄。她并没有辞去《斯坦福法律评论》的相关工作。她的朋友比阿特丽斯与她住在库伯利宿舍的其他伙伴都会安慰她，库伯利宿舍是正好位于斯坦福大学校长办公室后面的女生专用宿舍。在那里，桑德拉玩猜字谜，也开始与其他男生约会。桑德拉不是一个让听众感到舒适的公众演说家，她演讲时膝盖颤抖，喉咙发干。她回忆，那年春天，她和威廉·伦奎斯特一起参加了模拟法庭比赛，在与前 B-24 飞行员艾伦·芬克的对决中获得了亚军。（芬克后来对《校友》杂志说，与被枪击相比，这没什么大不了的。[36]）比阿特丽斯后来回忆说："我担心桑德拉，因为她特别羞涩。我知道这对她来说很艰难，但她做得恰到好处。"

1952 年是桑德拉在法学院的最后一年，1 月末她写信给父母，信中说："威廉·伦奎斯特离开图伊斯去了华盛顿，没有他，学院似乎就不一样了。我们大家真的很遗憾看到他离开，也许是因为他曾经做过很多有趣的事情。但他未来的职业生涯无疑是辉煌的。"提前一学期毕业，这位未来的首席大法官从担任美国最高法院大法官罗伯特·杰克逊的法律助理起步。桑德拉还告诉父母，她将与其他几个男生出去，包括理查德·奈特（现在只是朋友关系）和"新朋友约翰·奥康纳（在法学院和旧金山的朋友）"。[37]

20 世纪 90 年代末，约翰·奥康纳已和桑德拉结婚 40 多年，他曾在其撰写的个人回忆录中说，1952 年 1 月的一天，他收到一条来自《斯坦福法律评论》邮箱的通知，告诉他要对一篇文章进行引证校核与校对，他将和一位三年级的评审团成员组成一组（她所在班级的唯一一名《斯坦福法律评论》的女性成员），即桑德拉·戴。他打电话给桑德拉，提议第二天晚上 7 点在图书馆见面。

"第二天晚上我们开始谈话时，我立刻就喜欢上了她，"约翰在回忆录中写道，"我觉得她很有魅力，而且聪明、有趣。当我们检查引文时，我试图展示魅力和幽默。结束后，我问：'在戴娜小屋酒馆边喝啤酒边校对如何？'"

和蔼、友爱、满脸微笑的男士与身材修长、眼睛明亮、露着齿缝咧嘴而笑的天真无邪的女孩开着桑德拉的汽车——一辆绿色的普利茅斯，来到大学城的路边酒馆，开车 10 分钟就到了，"正好聊天"，约翰·奥康纳回忆道。"我们聊了很长时间，到我们闲聊结束时，很明显我们彼此喜欢上了。她开车送我回宿舍，我问她明天晚上我们能不能做点儿什么，她说那挺好的。"

约翰·奥康纳既有魅力又风趣，他是一位骄傲的成功者。他的回忆录主要是为他的三个儿子而写，他在书中记录了自己曾是"智力呼唤领袖"和圣伊格内修斯高中辩论俱乐部主席。在斯坦福大学，他有幸成为班里 150 个学生中进入《斯坦福法律评论》的 15 人之一。作为一位成功的医生和有社会抱负的母亲的儿子，年轻的约翰从小就有地位意识。他尽职尽责地记录了本科时兄弟会的情况，它在斯坦福大学27 个兄弟会中排名第七或第八。兄弟会成员吉姆·沃特金森回忆说：约翰有一种轻松幽默的处世态度，"他走路轻松，说话从容"。[38]

第二天晚上和之后的夜晚，约翰和桑德拉都一起出去。夜夜外出一两周后，约翰问："接下来的 5 个晚上怎样安排？"桑德拉说照旧。最终他们连续出去了 41 个夜晚，直到约翰说精疲力竭。他开始在上午第一节课上从头到尾都睡觉，他只得借桑德拉的笔记。[39]

作为一个在旧金山长大的男孩，约翰被母亲送去上舞蹈课（在首次亮相的正式舞会上他非常出众）。桑德拉喜欢和他围绕舞池旋转，跟随他的脚步，不迈错一步或踏错一个节拍。在旧金山的一个舞会上，人们都停下来欣赏这对舞伴展示他们的舞步。[40]

约翰是主导者，但他不霸道，他有灵活的处事能力。"其他家伙实际且目的性强，"黛安·波特·库利回忆道，"但是约翰无忧无虑，并且有趣。"他似乎很喜欢桑德拉，他温和地嘲弄她刻意的说话风格，以及她有时唐突或专横的态度，但他好像从不生气。对桑德拉来说，最重要的是，他没有被她的高智商吓住。斯坦福大学比奥斯汀高中复杂得多，但是在20世纪50年代初，社会对所有女性的期望都是她们要顺从。"如果你聪明，男孩就不会爱你，女性的自信和聪明是男性回避她们的原因，"库利说，"她们被允许聪明和自信，但是要隐藏起这份聪明和自信。"虽然桑德拉知道如何安抚或引导傲慢的男性，但她不想隐藏自己的智慧。

约翰与桑德拉的其他求婚者不同，他既不那么过分自信，也不那么使人敬畏。他与桑德拉的父亲也不同，约翰出生和成长在一个把自身当作一座精致堡垒的城市，与粗犷的西部地区截然不同。约翰是一个平和、世故的城市人，不是那种难以驾驭、说硬话的牛仔。他不是"逐利"之人，这也符合雷兹彼的美德标准。他曾在一次围捕中迷路。然而，对一个一直想逃脱专横而又令人敬畏的父亲、去追寻自身独立的年轻女性来说，那种存在于两个男人之间的反差，在某种程度上，她很乐于接受。约翰风度翩翩、彬彬有礼，比哈里圆滑。他并不参与有关天气或政府监管机构的争论，他也不是时时都能忍受哈里时常对他所爱之人表现出的那种折磨人的矛盾状态。

哈里·戴忽冷忽热，约翰·奥康纳则一贯热情。父亲在教育桑德拉懂得牧场生活的严酷上是粗暴甚至完全无情的，即便他很佩服女儿早熟的头脑。（1951年春，比阿特丽斯·查利斯·劳斯第一次到访牧场时，哈里·戴对她说："桑德拉真的很聪明。"比阿特丽斯点头表示赞同。哈里又说："不是，桑德拉是真的、真的很聪明。"）比阿特丽斯看得出来，约翰同样欣赏桑德拉的天赋，但他并没有混淆这个问题，因为他觉得有必要炫耀他的男性优势。"约翰就是这样，为桑德拉而无比骄傲。"比阿特丽斯说。从他们一开始相处，约翰·奥康纳似乎就心满意足，他偶尔会渴望在桑德拉的才智中感到舒适。"他自谦而尊重他人的方式很让人受用，他不固执己见，也不是个好管闲事的人。"比阿特丽斯回忆道。桑德拉同样因约翰的双关语和机智而快乐，并以使他感到满足的方式展示她的快乐。尽管她会准确地使用拉德福女子学校教授的措辞，但她仍然显得幼稚和质朴。"她因他的笑话而发笑。"比阿特丽斯回忆道，不是窃笑或傻笑，而是那种深深的笑意，有时是粗声的捧腹大笑。"他深受这笑声的鼓舞。"[41]

到春天，桑德拉告诉她的家人更多的关于她生活中这位新男友的事。桑德拉的妹妹安已经 12 岁，用带有父亲哈里特点的语气直率地在信中写道："全家人都想了解一些他的情况。回答这些问题：（1）他帅吗？（2）他有汽车吗？（3）他有钱吗？（4）他在法学院聪明吗？（5）他的家在哪儿？"她用爱心形状的饰物装饰卡片，并写下"桑德拉·戴——追求；约翰·奥康纳——朋友"。[42]

那时，桑德拉对约翰已经非常有好感。与此同时，令她深感不安的是，她还在谨慎地与威廉·伦奎斯特保持通信，伦奎斯特那时重新意识到自己对桑德拉的感情。

早在 1 月，就在他前往华盛顿担任杰克逊大法官的法律助理一职之前，他和桑德拉进行了最后一次约会，他脱口说出他爱上了她，而且过去两年来一直如此。[①] 现在，他独自在新城市从事新工作，他思念她。他出去与其他女人约会过几次，但他开玩笑地承认"也许你用你

① 1951 年 11 月，伦奎斯特在他的课程笔记本上记上内心的想法。在一个心形图案中，他信手涂鸦，那是一个漂亮姑娘的素描，她可能是桑德拉。[43]

那端庄的态度和甜美的微笑把我宠坏了"。（当然，这隐藏着一种想主宰的冷酷无情的冲动！）他建议她在夏天和他一起去新墨西哥州的阿尔伯克基为律师资格考试做准备。（他计划在最高法院法律助理的任期结束之后在新墨西哥州定居。）"也许我们可以一起复习我们的笔记！那不是很令人兴奋吗？"

3月11日，就在桑德拉和约翰·奥康纳出去第40次约会的时候，伦奎斯特转而用一种更严肃的语气写信给"最亲爱的桑迪"，他邀请她那个夏天去华盛顿。"我想我有重要的事情对你说，"他暗示着某种内心的骚动，"没有你，我无法生活，但是我恰恰无法确定我能否与你一起生活。"

在3月29日的一封信中，他的态度变成了忏悔和恳求。他痛苦地试图厘清1950年12月分手的问题。他责怪自己"把事情看得太理所当然了，但是不管发生什么事，我知道没有你，我永远不会快乐"。然后他突然提出这样的问题："直白点儿说，桑迪，今年夏天你愿意与我结婚吗？"

桑德拉有意拖延，她并没有说不，也没有告诉伦奎斯特，她看上了别人。4月11日，伦奎斯特写信给桑德拉："我很遗憾你没有同意，也没有欣然接受我的请求，但是我能领会你的意思，你想在某个时间再做决定。"他开始计划在8月来加州看望她。[44]

桑德拉是在无情地让痴情的前男友等待下去吗？要知道在日后，桑德拉是以她的直率而闻名的。其实从很小的时候起，可能是对母亲应付她父亲的方式耳濡目染，她学会了一种躲避的诀窍，由此骗住了周围那些情感丰富的人，她似乎认为那些点燃了的感情焰火会自行熄灭。

桑德拉自己的未来在很大程度上还是未知数，尽管约翰·奥康纳在戴娜小屋的态度很明确，但是也并没有向她求婚。桑德拉没有理由再燃起希望之火，毕竟她已经被甩过两次。桑德拉还一心想着自己的职业前景，在法学院生活结束之际，她正处于寻找律师工作的沮丧之中。

毕业以后，她并不想当一个小镇律师。夏天，她在新墨西哥州的洛兹堡担任一位独立执业律师的兼职秘书，这位律师的委托人五花八门——从当地银行家到镇上的妓女。虽然这些事情给她带来了农村社区"令人大开眼界"的体验，但她还是希望能接触更宏大的事务。[45]斯坦福大学法学院的公告板上张贴着旧金山和洛杉矶所有大城市律师事务所的告示：欢迎平均成绩为 B 及以上的三年级学生申请。桑德拉获得了"法学院优等生协会"的会员资格，在班上的成绩处于前10%之列。"我向公告板上的每家律师事务所都递交了申请，"她回忆道，"没有一家律所发给我面试邀请，一些律师事务所根本不会费心回复，另一些则解释说他们不雇用女性律师。"

桑德拉一位朋友的父亲是吉布森、达姆和克拉彻律师事务所的合伙人，这是洛杉矶的一家顶级律师事务所。桑德拉长途飞行到洛杉矶去拜访他。"你的简历很出色，戴小姐，"合伙人说，"非常好，但是戴小姐，本律师事务所从来没有雇用过女性律师。我觉得对此不会有什么改变，我们的客户也是不会接受女性律师的。"

然后，就像桑德拉喜欢给大家讲的那个故事那样，那位合伙人问："嗯，你打字打得怎样？"桑德拉回答："一般般。"合伙人接着说："嗯，如果你打字足够好，我们也许能给你一份做法律秘书的工作。"

桑德拉回答道："那不是我想找的工作。"[46]

60 年后，当被问及她对这种拒绝有何感想时，她回答："完全令我震惊，不应该是这样。我早该弄清楚。我应当对现状有更多的认识，但是我没有，这么一个真正的打击恰恰就来了。由于我在法学院表现得非常棒，所以我从来没想过我甚至连一个面试机会都得不到，我对我所经历的感到相当沮丧。"[47]

她难以解释自己会对歧视感到惊讶，而这种歧视在当时的境况下是稀松平常的。"我很天真，"她说，"我觉得自己有能力，我觉得我比其他人更能胜任。我为什么得不到一份工作呢？这是我内心的想法。"[48] 找份工作并非不可能，在国家公共部门就有女性能做的法律工作，比如做法官的法律助理，或者为政府机构工作。女性能够在私营律师事务所得到一份法律工作，但前提是她得认识合适的人。因为她父亲的关系，比阿特丽斯·查利斯·劳斯在旧金山一家专门处理石油和天然气案件的律师事务所得到了一份工作，但是当她得知自己的起薪比男性低时，她拒绝了这份工作。（多亏一位前男朋友，她得到了一份为加利福尼亚州最高法院首席大法官担任法律助理的工作。）

多年后，比阿特丽斯对她的朋友因被律师事务所拒之门外而感到震惊一事十分困惑。"我十分吃惊她当时感到震惊。"她说。在斯坦福大学的最后一年，桑德拉已经习惯于在大多数事情上按自己的方式行事，除了在爱情上。在她父亲送给她一辆1951年产的普利茅斯牌小汽车后，她拎了一桶油漆去校园停车场，给自己画了一个预留车位。也许，在某种程度上，斯坦福大学对桑德拉来说太合适了。在哈佛大学法学院，那个时代的女同学忍受着所谓的"女士日"之类的事，她们在课堂上被拷问，被教授和男同学嘲笑、消遣。但是在斯坦福大学，"教授们喜欢桑德拉，她聪明且有趣，她确实不是在那里虚度光阴"，劳斯说。[49] 桑德拉后来回忆说，她感谢她的所有教授，除了宪法教授，这门课程（具有讽刺意味的是，鉴于后来发生的事情）一点儿也提不起她的兴趣。她可以自由地去办公室拜访教授们，问他们法律问题。但是没有一位教授会把她拉到一边解释说，她虽然能以优异的成绩从法学院毕业，但是仍然很难被律师事务所录用。[50]

6月中旬，毕业后，桑德拉开车带约翰·奥康纳去太浩湖见她的父母，他们正在去乘坐开往阿拉斯加的游轮的路上。"我知道他们听说过我，所以，这是一次重要的会面。"约翰在他的个人回忆录中写道。约翰发现艾达·梅"很有魅力，总是穿着得体，和蔼可亲，热情友好，她使我立刻感到很舒心。桑德拉的父亲则是不同的风格"，约翰写道，他虽然"彬彬有礼"，但与约翰见面的时候"一点儿也不热情"。在哈里·戴敞开心扉之前，"你必须向他证明你是合适的人。此外，很明显，桑德拉是父亲的珍宝"。[51]

在开往加拿大海岸的游轮上，桑德拉向父母表明了她对约翰的态度。在钓鱼和看风景的过程中，她给约翰补了几双袜子。6月21日，她从"不列颠哥伦比亚省的一个安静的小海湾写起"，"我忙着补你的袜子，眼睛累惨了，我一直在想你，不断地和家人谈论你。我没有看到因纽特人。我爱你，你的桑德拉"。[52]

与此同时，威廉·伦奎斯特正忙于计划着在8月与桑德拉会面。"我将在湾区待大约10天，当然我此行的主要目的是看你……我期待与你在一起的心情难以用语言表达。"他在6月25日写道。

7月底，桑德拉终于给他回信，而且是特快专递，她在信中告诉伦奎斯特，她正在与约翰谈恋爱。伦奎斯特用愤怒掩饰着他所受的伤害："桑迪，你已经22岁了，现在该是你意识到你要注意控制你的冲动的时候了，这是一种体面的姿态。"

但是尽管他心烦意乱，他还是恢复并努力寻回了平静与亲和。他确实在旧金山见了桑德拉，甚至与她一起游览了约塞米蒂国家公园。他们在树林里漫步，找到了一种可以超越浪漫爱情的情感，回到能调侃彼此的温暖与相互尊重的姿态———一种友谊，在他们的余生中延续下去。8月26日，伦奎斯特写道："亲爱的桑迪，我到达密尔沃基时，最高兴的是见到我正等待的信，我也非常享受我们在一起的时光，经常回想起我们曾经有过的愉快时刻。"[53]这也许对伦奎斯特处理和另一个已有联系的女人的关系有所帮助，一年后他将与那个女人结婚。（1951年，伦奎斯特在斯坦福大学认识了南·康奈尔；就在他2005年去世之前，伦奎斯特告诉一位亲密的朋友，南是他唯一永远的真爱。[54]）

回到帕洛阿尔托后，约翰每天晚上都在普林斯顿大街租来的小屋与桑德拉和比阿特丽斯共进晚餐。约翰在他的传记中回忆道："一天晚上，比阿特丽斯没有在场，我向桑德拉求婚，她当即欣然接受。"

几年后，约翰记录了当时的心情："至少可以说，很长一段时间以来，我对她的感觉一直非常强烈。"但在向桑德拉求婚一事上，他犹豫了。约翰在回忆录中解释说，他当时仅 22 岁，还有一年才能从法学院毕业并通过律师资格考试。他"没有车"，"也没有钱"。由于朝鲜战争迟迟没有结束，他知道自己必须去服兵役。还有一个原因，约翰并没有在他的回忆录中谈及，尽管他对此有所暗示。在夏天早些时候，他问他母亲是否可以带桑德拉去他们在旧金山的家里吃饭，母亲说可以。但是约翰"对这次会面非常紧张。我母亲非常挑剔，我祈祷她能使事情容易些、轻松些。我对我母亲非常担心，就在我们走进家门前，我问桑德拉她的指甲是否干净，她简直不相信我会这么问，但是我了解我母亲"[55]。

第三章

黄金夫妇

**在维护家庭上投入时间，对你来说
这就是你要做的正确的事情。**

1952 年在雷兹彼举行的婚礼上，桑德拉与约翰碰杯分享爱情的美酒。
约翰去了菲尼克斯一家顶级律师事务所工作，桑德拉则去了一个购
物中心挂牌执业。他们有三个孩子，奥康纳夫妇很快就成为被全镇
广为称赞的人。

9月1日，周一，桑德拉打电话给父母，说她和约翰订婚了，想在圣诞节期间在牧场与他结婚。约翰不愿意冒被拒绝的风险，所以他事先避免正式请求哈里同意他向桑德拉求婚，而是通过长途电话寻求哈里和艾达·梅的祝福及认可。戴氏夫妇还是支持的，尽管并不太热情。一周后，艾达·梅写信给她未来的女婿："正像你意识到的那样，收到这一消息时，我们的情绪是复杂的。"不过，她继续说："我们对桑德拉自己的判断有足够的信心，我们认为如果你是一个她选择去爱和珍惜的人，那么你必须具备必要的品质才能配得上她的爱。约翰，我们很高兴，欢迎你成为我们的家庭成员，请不要以为我迟迟未给你写信是我们喜欢你或不喜欢你的反映。"艾达·梅为钱而担忧，她写道："你和桑德拉在没有更多经济保障的情况下，勇敢地承担起婚姻生活……桑德拉说她一直想充分利用她受的教育，所以她工作一段时间应当完全没有问题，她愿意享受工作，我确信。"她推敲过她的用词及所发出的信号，仔细强调"一段时间"一词，她以为桑德拉将很快静下心来照顾家庭。[1]

　　如果艾达·梅对约翰的热情是温和的（更多是取用了桑德拉的用词），那么哈里则保持着对未来女婿的冷淡。许多年以后，当被问及是如何接受约翰的，哈里做出了双重否定的回答："我没有暗示我不喜欢他。"[2] 戴氏夫妇不像约翰的母亲萨莉,并没有试图阻止这段婚姻。

在 9 月 8 日的信中,艾达·梅写道,她打算开车前往图森去见萨莉,萨莉正在那里看望朋友,两位骄傲的母亲开启了正面对决。"我母亲因为我特别棒而变得有些傲慢。"约翰回忆说。萨莉对桑德拉对她儿子是否足够好有疑问。[3]

"奥康纳夫人想要约翰通过结婚进入上流社交圈(Society),这个词的首字母还专门用了大写,"黛安·彼特·库利回忆道,"而不是娶一个来自亚利桑那州的邮票上的女孩。她送儿子到斯坦福大学不是为了与牧场女孩结婚的。"萨莉·奥康纳一直致力于将约翰培养为终身完美的绅士,当他还是个小男孩的时候,他母亲就教他向大人弯腰鞠躬。约翰的父亲就读于加州大学伯克利分校,但是家里明确要求约翰上斯坦福大学,它的社会声望略高于海湾对面的公立大学。尽管约翰的父亲是一名医生,但是大萧条导致他们家的经济状况比较紧张。奥康纳家不属于旧金山社交层级中排名靠前的几个专属俱乐部成员。[4] 库利说,"在旧金山总是有更高的层级",萨莉·奥康纳想要她的儿子向上层流动。

两位母亲在图森的会面很不愉快,艾达·梅写信给桑德拉说,奥康纳夫人发现桑德拉"不适合她的儿子"。"我不适合。"桑德拉许多年后回忆说,她担心约翰会重新考虑订婚问题。"对约翰来说,要反抗他母亲很困难。"比阿特丽斯·查利斯·劳斯回忆。[5]

但是约翰站在了桑德拉一边,他得到了父亲的支持,杰伊·奥康纳医生尽力扮演和事佬的角色。对此感到宽慰的桑德拉写信给她的父母说,约翰的母亲令她不安,但是早晚会有结果的,"我想这些事都会解决的"。[6]

引导父母的情绪——有时就是简单地忽略他们——有助于桑德拉和约翰的关系更亲近。桑德拉写信给约翰,"听说你父母心情这么好,真好","天知道唉",她父亲的"情绪仍然不好。老实说,我希望你能在我心情即将变糟糕时,重重地踩我一脚"。[7]

10 月，桑德拉参加加利福尼亚州律师资格考试，这是获得州律师执业执照需跨越的门槛。考试结果三个月后公布，在通过考试的学生名单上却找不到她的名字，一群斯坦福大学法学教授焦急地聚集在一起，讨论为何这位明星学生意外失败。最终，他们发现是名单上的姓写错了：桑德拉参加律师资格考试使用的是"奥康纳"这一姓氏，而不是她的婚前姓。[8]

11 月，桑德拉回家准备婚礼。"我爱你——爱你——爱你更多一点儿，"桑德拉写信给约翰，"再过 46 天，你就要完成任务了。多开心啊！"约翰的母亲给了他两身配套的新婚之夜穿的尼龙睡衣。"我正在养成回家后早点儿上床休息的习惯，"桑德拉记录说，并淡淡地补充道，"你懂的，这是为我们未来一起生活做准备。我真是希望每天晚上在晚餐最后一道菜吃光之后与你一道就寝，这样就能欣赏你的新睡衣了。"

桑德拉的母亲给了她一件新婚之夜穿的睡袍。"它很漂亮，"桑德拉写信给约翰，"但是可以猜想，就像你的睡衣一样，这些钱花在别的地方可能更好些。但是真希望你喜欢它——为那洗完澡上床睡觉前的快乐时刻。"

信件每天在帕洛阿尔托和雷兹彼之间穿梭——温情的、充满各种话题的、俏皮的、纯真的。"你的来信在早上用很多个吻把我叫醒，这样我们才能再依偎一会儿，这是一个相当好的升温器，越来越好，桑德拉·戴，越来越好！"约翰写道。

婚礼计划于 12 月 20 日，也就是圣诞节前 5 天在雷兹彼举行。因为知道他们的大多数朋友无法长途跋涉到亚利桑那州东南部，桑德拉和她的母亲只发出 300 封请柬。不知何故，正式请柬上约翰·奥康纳（John O'Connor）的名字拼写错了，o 被误写成 e。桑德拉感到很羞愧。"我永远无法告诉你，今晚收到你的信时是多么震惊、尴尬和惊骇，我要查明请柬出错的原因。"在婚礼前三周她写信给约翰说："我简直不敢相信自己的眼睛……我实在该死。妈妈和爸爸也感到极度尴尬和羞愧。实际上，爸爸正处于……"

她继续写道:"约翰,老实告诉我,你父母是如何接受这令人震惊的错误的,今晚我将给你妈妈写信。这肯定会证实她最坏的担心——我不是一个适合你的妻子。我真是不该让在这世界上任何情况下都不应发生的事情发生。爸爸说,如果他是你,他认为如果我不能在请柬上正确地拼写出他的名字,他就不会娶我。"

但是约翰对这一错误一笑置之,如果他父母有所疑虑,他也不会告诉桑德拉。此刻,他为她写了更多的情书:"我想表达的全部是我对你深切的爱。我的愿望是分享我能给你的一切,以及爱你的喜悦——一种美好的喜悦。"当他有点儿醉酒时,他写了一晚上的信,就像他表达的那样:"我非常爱你——永远不会变,你是我的并且让我成为你的……那是我所想要的全部,那是我所在乎的全部,那是我生活的全部。"[9]

婚礼临近,桑德拉进山去砍松枝。她把松枝放在新谷仓里,还没有给牛和马用,由波纹钢和混凝土搭建的空间里充满了甜蜜的味道。她的母亲拉展布料覆盖在干草捆上,为的是让客人坐在上面。结婚礼物被展示出来,桑德拉最喜欢的牛仔拉斯特斯送了她一套纯银制的餐具。

新郎在婚礼前几天就到了,哈里与他的新女婿相处得"很糟糕",这在意料之中,桑德拉回忆。[10]据家人说,哈里让约翰吃自己的"山牡蛎"。[11]但是约翰从容不迫地应对了这一切,保持着他父母给他培养出的良好举止。

桑德拉和约翰在雷兹彼客厅的壁炉前举行了婚礼,由于地方太小不能容纳所有宾客。他们大都是当地的牧场主,穿着他们最好的牛仔靴。在约翰为儿子们写的回忆录里,他回忆道:"我成了'冷手卢克'①,直到桑德拉挽着父亲的手臂走进客厅。她看上去有点儿呆呆的,她试

---

① 《冷手卢克》是一部美国电影,主人公卢克曾经是战争英雄,后来成为一个不守规矩、反英雄的孤独者,顽固地抵抗权威。——译者注

图微笑，但嘴唇不停地颤抖，我以前从未见过她那样，这使我也紧张起来——半个身子颤抖。"

当地圣公会的一位牧师主持了婚礼仪式，戴氏一家担心奥康纳一定会坚持举办天主教仪式，但是约翰已经离开了教堂，尽管他在圣伊格内修斯高中读书时曾短暂考虑过当神职人员。

在谷仓，一个三人组成小型爵士乐队演奏了《小脚丫跳起来》、弗吉尼亚土风舞及其他乡村音乐。醉酒的移民劳工走进谷仓，邀请萨莉·奥康纳跳舞，约翰回忆："谢天谢地，她没有大闹一番。经历了这件事，她差不多快要死了。"[12]

晚上 8 点 30 分，这对新婚夫妇离开了招待会，长途驱车到埃尔帕索去赶清晨飞往墨西哥城的飞机。约翰回忆，在飞机上，他们享用了一份"丰盛的墨西哥早餐"。飞机越过高山，飞向南方。"桑德拉·奥康纳开始朝飞机上的废物袋里呕吐，当她最终控制住自己时，我已经快吃完早餐了，"约翰漫不经心地回忆说，"我问她，她的那份餐能不能给我吃，那几乎终结了我们的婚姻。"在阿卡普尔科，这对年轻的夫妇待在床上，偶尔出去看看年轻人从悬崖上跳水。

为期 10 天的蜜月旅行归来后，桑德拉着手寻找一份法律工作。她走进圣马特奥县的地方检察官办公室寻求工作。检察官说，他无法付给她薪酬，她说没问题。检察官说他没法提供办公桌，她指出他的书记员坐的外面的办公室有足够的空间。检察官给了她一份无薪的工作，和他的书记员一起工作，她马上就答应了。[13]

"我真的喜欢这份工作"，桑德拉在 1 月写信给父母，她负责做法律研究并写备忘录，几个月后，她得到了一小笔薪水。"地方检察官办公室就县官员遇到的法律问题提供意见，"桑德拉写道，"这周我花费了好几天时间处理治安官的询问：在接到驱逐令之后，将一家人逐出家门，他应将他们迁出多远——是否仅到人行道边上，或是大街上，还是得进入仓库。这是个难题。"桑德拉没有说她怎样回答了这个问题，这是她漫长的执业生涯中，第一个需要调和的法律条文、情感与现实生活中的需求之间的关系。当然，她在信的结尾总结说："我周末大部分时间是在打扫房间。"[14]

在朝鲜战争毫无停战迹象的情况下，约翰希望在那年春天毕业后服兵役，做一名军队律师，桑德拉知道她要跟随着去约翰投递职位申请的地方。约翰被委任为军事司法部门的下士，作为副手为军队处理案件。约翰接受完为期六个月的基础训练后，和桑德拉重聚，在弗吉尼亚州夏洛茨维尔的 JAG 学校度过了三个月。在寒冷的春日，他们驱车三个小时北上去华盛顿参观最高法院。大理石大厦已关闭，巨大的铜门已上锁，桑德拉和约翰摆好姿势，在两排巨大的圆柱前合影。在他的相册中，约翰写道："这是我们第一次也是最后一次看到这个地方。"[15]

那年夏天，约翰被派往德国法兰克福。(他在回忆录中写，他在欧洲获得了一个梦寐以求的职位，是因为他向指挥官撒了个小谎，说他终生的志向就是游过英吉利海峡。[16]) 当约翰负责起诉擅离职守的士兵和小贼时，桑德拉则在军需兵团找到了一份法律工作，廉价出售大量来自美国占领区的剩余物资——整列火车车厢运来的装备和物资。她签订了大量的合同，并再次面临工作歧视。她写信给家里说："我被提升为九级公务员，我现在是个'官员'了，但我并不太兴奋，因为我认为这是我本就应该得到的评级。但不管怎样，我还是很高兴。"[17]

1955 年，一对年轻的美国夫妇靠美国政府发的薪水在德国可以生活得很好。离约翰办公室几个街区的地方——法本公司的大楼被美国军方征用，奥康纳夫妇住在"大得惊人的公寓"里。约翰回忆："我们有个开阔的客厅、一个宽大的餐厅、一个美轮美奂的酒吧区、一间宽敞的卧室和一个大厨房。"他们买了一套产自丹麦的现代风格家具和一辆带天窗的黑色大众牌汽车。[18] 他们没有结交多少当地的朋友。桑德拉回忆：德国人仍然"为温饱而挣扎"，他们朝这些马上就要占领他们国家的美国人绷着脸。"这里冷得令人难以置信，并且一直在下雨，"

桑德拉在给家里的信中写道，"德国人将这一切归咎于原子弹，那些人简直不可理喻。"[19]

桑德拉经常谈到一种想"做志愿服务的冲动"，她每周与那些在战争中幸存的无家可归的德国难民工作一两天。她写信给父母，问他们能否接纳一个名叫约翰娜的女孩在雷兹彼当管家。她父亲的反应一如往常，极不情愿。"你妈妈从来没有和我讨论过关于这个约翰娜的事情，但是我了解你妈妈，我肯定这件事她做得欠考虑，"哈里写道，"她（约翰娜）在这里是不会快乐的，人生中最坏的事情之一就是必须与一个不快乐的女人生活在一起。"哈里抱怨道："我这一生总是被那些需求远远超出对生活贡献的女性包围，与她们产生关联（你是例外，桑德拉），我一点儿都不愿为另一个女人承担什么责任。"艾达·梅便为约翰娜另找了一个家庭安置。[20]

哈里在航空信中长篇累牍地抒发情绪，给桑德拉送上滔滔不绝的抱怨：关于干枯的草、低廉的牛价、他每况愈下的身体、他妻子和另外两个孩子的缺点。他在 1955 年 8 月写道："我昨天早上从埃尔帕索回到这里，到这个肮脏、狭窄、封闭的地方生活，我就这么活着。"一年以后，他又写道："我无法与任何人相处了，我的家人、我的雇工，或者我的邻居们。我没有朋友。我不喜欢任何人，而且也没有人喜欢我。"当他抱怨自己的感觉如此糟糕时，他不能确信他能否胜任另一次围捕，桑德拉力劝他去看医生："拜托！拜托！"不过，那些抱怨和呻吟最主要是为了引人注意，两个月以后，哈里就放声欢笑了。"哈！这是谁，谁说我需要看医生呢，我刚刚完成 240 区段范围内的围捕……我指挥了每一次驱赶牲口，给每头小牛打上烙印，从牛群中剔除出每一头老牛。我现在仍然身强力壮，我比我手下的任何一个雇工都更有活力和能量。"[21]

桑德拉的弟弟和妹妹是活泼可爱的同伴，也是技艺娴熟的牛仔。但是到 20 世纪 50 年代中期，他们都进入了少年叛逆期。弟弟艾伦满是问题，妹妹安则与一些坏男孩谈恋爱，这导致哈里与桑德拉的跨洋通信不断，哈里讽刺地称自己的两个孩子是"问题少年"，他和桑德拉一直在探讨养育这两个孩子的艰难。桑德拉的弟弟和妹妹很难与父亲相处，他们"必须做得像那个永远不出错的女孩一样好"，黛安·波特·库利回忆道，"桑德拉是一个完美的孩子，这对她的弟弟和妹妹而言真的很糟"。这种比较对妹妹安来说尤其艰难，安从拉德福女子学校给姐姐写过一张充满辛酸的字条，内容是关于一位同时教过她和姐姐的老师："桑德拉，她实在无法想象你和我怎么会如此不同，她提起你就说是'可爱的孩子'，可她却不会温柔地对待我，我感到害怕。"[22]

在回应哈里的猛烈抨击时，桑德拉十分明智，仅是表示出些许遗憾和对父亲的同情。"我度过了一个不眠之夜，为你对妹妹的忧心而担忧。"她再次回信，但是没有提供建议。[23] 说真的，她已经可以松一口气了，因为她离雷兹彼有 7 000 英里远，在这个地方，她和约翰能够远离武断的父母，经营自己的婚姻。

他们有时间去旅行和滑雪。桑德拉回忆：在基茨比厄尔，他们"租了一间小屋，屋子外壁刻着小红心和花朵，坐落在阿尔卑斯山中央的雪地里"。桑德拉学到了一种非常正式的、可以掌控的滑雪方式，膝盖紧靠在一起，让身体直立，优雅地沿着长而光滑的弧线从山上猛冲下来。[24]

在阿普特斯滑雪时，奥康纳夫妇加入了其他年轻夫妇的"鞋舞"队伍——"女士们把鞋子扔到男士中间，谁得到你的鞋子，你就与他跳舞"，奥康纳夫妇在斯坦福大学结识的朋友洛伊丝·德里格斯·坎农回忆道，她在法兰克福军人服务社偶遇桑德拉，并参加了奥康纳夫妇的周末滑雪活动。她回忆说，桑德拉和约翰是最好的舞者。

当奥康纳夫妇搭档并开始跳吉特巴舞时，其他人驻足观看，那种吸引力是显而易见的。坎农回忆："当一个人婚姻幸福时，你可以看出来，他们彼此相爱。"[25]

1956 年 9 月，桑德拉写信告诉父母，约翰将于次年 1 月从军队退役。"约翰在这边待的时间有点儿长，非常焦虑"，只得去旅行和滑雪。他还是想尽情享受他们最后一点儿真正自由的时光，不被职责所牵累。在父母跟前，桑德拉扮演着尽职尽责的女儿角色："我非常渴望回家去见你们，但是我也不想把它当作一件郑重的事，因为他想多停留一段时间，如果我们比正常情况多待几个月，你们会感到失望吗？"[26]

"我们在那里滑雪，直到雪融化，"桑德拉后来回忆道，"我们每天都从早到晚地滑雪，我们在雪中滑行、在雨中滑行、在暴风雪中滑行、在粉末状的雪上滑行、在冰上滑行，在泥地上滑行，我们一直滑到地上没有一丁点儿雪，钱也花得差不多了，于是便回家了。"在那时，桑德拉怀孕了。[27]

1957年春，他们回到美国，约翰去了洛杉矶和旧金山的几家律师事务所面试，与他的父母待了几周，他已经三年没有见过他们。但是约翰的目标落脚点还是菲尼克斯。

亚利桑那荒原上的中等城市（35万人口）正在发展成一座新兴城市。约翰和桑德拉不断从斯坦福大学的朋友那里听到令人振奋的消息，唐·库利呼喊道："菲尼克斯正在起飞！"唐是桑德拉在斯坦福大学布兰纳宿舍的伙伴黛安的丈夫。库利夫妇已经搬到那里，所以唐能去IBM（国际商业机器公司）工作。[28]美国空军的"金帐汗国"项目抵达了迅速扩张的大都市区域，不断扩充的空调系统和规模巨大的水利工程主要由联邦政府出资运营。二战退伍军人驻扎在大型空军基地外的小镇上，为阳光和机会而停留。IBM、摩托罗拉、通用电气和其他技术公司正在此建设工厂，有钱的老年人为度过温暖的冬天而选择退休。[29]桑德拉从德国给威廉·伦奎斯特写信询问法律工作的前景，他在最高法院担任法律助理之后，已经搬到了菲尼克斯。"是理想的发展之地。"她的前求婚者、现在的朋友如是说，他创办的一家只有两个人的律师事务所已经开业。[30]

"我感觉菲尼克斯是我可以实现自我的地方，这里有巨大的机会使你成功，而且能很快成功。"约翰·奥康纳在他的个人回忆录中记述。他找到一份工作，成为芬纳莫尔·克雷格律师事务所的第 10 位律师，薪水不高，月薪 300 美元。第一个月，约翰和桑德拉住在一家汽车旅馆，然后在 1957 年夏天，他们前往图森（当时亚利桑那州唯一的法学院所在地），为准备亚利桑那州律师资格考试而学习。

桑德拉对菲尼克斯产生了别的想法。这个月，他们蜗居在汽车旅馆里，在芬纳莫尔·克雷格，没有人邀请这对年轻夫妇到家做客，也没有人打算欢迎他们的到来。当桑德拉和约翰驱车向南去图森备战律师资格考试时，桑德拉开始坚持——以她坚持不懈的深思熟虑的方式——他们应当住在旧金山。旧金山是座更文明、更有教养的城市，她争辩道。"我认为它更浪漫，"多年后她回忆道，"在旧金山你可以听奈特·金·科尔的歌，在菲尼克斯却听不到。"[31]

这对夫妻开车到达了通往图森方向的高速公路交界处时仍在争吵。"我们已经产生明显的分歧。"约翰回忆说他靠边停车，他们继续争论，最终"我们决定停止没有结果的争论"，开上了去雷兹彼的岔路，"在那里我们能与桑德拉的父母讨论我们的问题"。戴氏夫妇并没能提供多大帮助，"桑德拉的母亲要我们待在亚利桑那，她的父亲为我们的不确定而心烦，但是并没有表达意见"，约翰写道。这似乎令人惊讶，桑德拉被雷兹彼的亲人远远推开，但遥远的距离会让奥康纳夫妇更爱这个家庭牧场。[32]

菲尼克斯最终获胜。唐·考夫曼来自旧金山，是奥康纳夫妇在菲尼克斯走得很近的人。他回想起约翰当时的想法："在旧金山，家庭地位非常重要，约翰了解它是怎样运作的，维持起来是多么艰难。"约翰也知道考夫曼的故事：他来自旧金山的李维·斯特劳斯家族，这个家族以牛仔裤铺就成功之路，而当时斯坦福大学的社交联谊会把他排斥在外，因为他是犹太人。后来他搬到了菲尼克斯。"我妻子 22 岁时就被菲尼克斯博物馆任命去负责一些要事，在旧金山，那是永远不可能发生的事，"考夫曼回忆道，"我们是受过教育的群体，寻找前沿的领域，去做些不必靠家庭背景和地位就能实现的事情。"[33] 在约翰的回忆录中，记录了一个更私人、更直接的动机："我母亲是一个非常挑剔的女人，我不想一遍又一遍地听她唠叨。"[34]

奥康纳夫妇开始备战律师资格考试，由于有过多次第一的经历，他们引起了新闻界的关注。1957年9月27日，《亚利桑那共和报》的头条文章是"杂志成为律师夫妇的丘比特之箭"，约翰向记者讲述了在审校《斯坦福法律评论》的文章时，通过请喝啤酒向桑德拉示爱的故事。报道中提到她在圣马特奥县的工作，并将她描述为"无疑是你能看到的最漂亮的地方检察官助理"。记者问：你们夫妻俩会一起当律师吗？答案可能是在无意中透露的："'我对自己现在的位置很满意。'约翰对记者强调。"这家报纸给他的公司命了名，还将其办公地址写作"第一国民银行大楼的顶层公寓"。桑德拉当时大约怀孕八个月了，她则更谨慎些，她说："我现在的状态相当好。"[35]

桑德拉试图在律师事务所找到一份工作，但没有人雇用女性律师。"在菲尼克斯，一张桌子周围就能安排下城里所有的女性律师。"桑德拉回忆。在她生下儿子斯科特六个月后，还与一位新律师成立了两人事务所，这位律师毕业于密歇根大学法学院，他俩是在律师资格考试冲刺课堂上认识的，他们将办公室设在一家购物中心内。"它不是高租金区，"她回忆道，隔壁是一家电视修理店，"找上门来的业务我们都接，就是为了能付租金。"她代写遗嘱，处理离婚案件，接手当地法官指派的刑事案件，这位法官严肃的态度令她佩服（"他告诫律师不要接触法官"，她一直记得）。她的一位法院指定的客户被指控伪造支票，当事人发誓支票上的签名是别人签的，桑德拉就自掏腰包聘请了一位专家，鉴定后，专家在法庭上作证说签名确实出自桑德拉的当事人之手。"活到老，学到老"，她记住了。[36]

1959年春，桑德拉又一次怀孕时，她的保姆辞职搬走了，她离开了律师事务所，名义上成为一名全职母亲，但是她很快就开始担心，如果她离开法律界，也许就再也回不来了。她开始为律师资格考试撰写考题，在少年法庭机构做志愿者，处理破产事项，同时还要照顾 3 岁的斯科特和蹒跚学步的布莱恩。[37]

桑德拉受邀加入了女青年会，这是一个上流社会女性圈子的公民组织，她很快成了会长。"桑德拉在如何组织会议和独立行事方面学会了很多。"比阿特丽斯·查利斯·劳斯回忆，她经常去看望自己的这位朋友。"女青年会是一个排他性的精英团体。"苏·赫克回忆说，她是桑德拉的推荐人。（"我们注意到在以后的岁月里她从来没有提及过它。"赫克补充道。）另一个会员帕蒂·西蒙斯回忆道：桑德拉被提名为会员，是因为她的姨妈布兰奇·梅森是"老菲尼克斯人"。赫克说："因为在菲尼克斯，一切都是新的，不过，旧的仍然重要。"桑德拉和约翰被邀请加入排他性的山谷球场马球俱乐部，该俱乐部在菲尼克斯郊外的一座乡村的旧俱乐部会所集会，150 名会员每月在那里聚会一次。[38]

奥康纳夫妇在市中心北部买了一块 1.5 英亩的地皮，位于被称为天堂谷的丹顿巷。他们建造了一座 20 世纪中叶流行的现代化砖结构四居室住宅，屋子设计中有许多的锐角和平板玻璃，奥康纳回忆道："这些是定制的，但价格便宜"。周末，奥康纳夫妇用脱脂牛奶密封土坯砖，这是纳瓦霍人的传统。他们的儿子斯科特回忆道：他们没有装空调，而是安装了一个"沼气冷却器"，一个带电扇的加湿器，"它们一直运转着，直到夏天雨季来临"。

因坐落在荒漠丘陵地区，天堂谷还是泥土道路，但它仍是菲尼克斯的新富和旧贵们都喜爱的近郊居住区。约翰所在的律师事务所的高级合伙人菲尔·冯·阿蒙劝约翰加入天堂谷乡村俱乐部，尽管他一年只挣 6 000 美元（相当于 2018 年的 54 000 美元），因为这是结识客户的好渠道。[39]

约翰是一位精明的商业诉讼律师，他的强项是让他的客户不用出庭就能结案，这些客户包括矿业公司和汽车经销商。他有处理案件的诀窍，可避免旷日持久的纠缠。"他有能力解决问题，而不是使用阴暗的手段，他能通过让人们冷静下来，保持理智。"克雷格·乔伊斯回忆道，他是芬纳莫尔·克雷格律师事务所的年轻律师，后来与桑德拉最喜爱的表姐弗卢努瓦的女儿结婚了（桑德拉喜欢扮演红娘的角色，以至于被戏称为"天堂谷好管闲事的女人"，她常给人介绍对象）。约翰·奥康纳是那种懂得公民参与对企业、对社会都有益的律师，他加入了扶轮社，为联合之路社筹款，在医院董事会任职，参与政治，这些起初是在地方层面。[40] 他帮助天堂谷的人凝聚在一起，抵御菲尼克斯想要吞并富裕郊区的企图。他的邻居们急切地想把商业中心拒之门外，当地的银行家、奥康纳夫妇的朋友迪克·豪斯沃斯回忆道："有些人认为这是排外，但事实就是这样。"[41]①

奥康纳夫妇在天堂谷的邻居巴里·戈德华特住在一个可俯瞰驼峰山的地方。"他住在小山上的大别墅里，我们则住在廉租区，"桑德拉回忆道，"我非常喜欢他，他很有感召力。"1958 年，奥康纳夫妇帮着粘上信封，以戈德华特竞选阵营的名义为他再次竞选联邦参议院议员发放传单。那年，埃尔瓦·库尔是戈德华特竞选办公室一名 19 岁的实习生，后来在 20 世纪 60 年代初他成为戈德华特参议员办公室的全职雇员。库尔见过约翰（当时约翰是马里科帕县青年共和党主席）和桑德拉，他们一起在位于北部第三大道 377 号的共和党总部会见党的领导人。"这个年长的群体向桑德拉寻求建议，参议员戈德华特和保罗·范宁没有过人的智慧或高学历，我听他们说'去找桑德拉'，当她走进房间并发言时，所有人都专心地听。"她的许多建议具有合法性和警示性——她警告党的前辈们要避开盲目的积极分子。库尔回忆道："我们有一个难解问题的文件箱。"[43]

约翰和桑德拉本质上是艾森豪威尔式的共和党人，但是他们并不想摆脱"罗斯福新政"，而是要探察新政对联邦政府的长期影响。他

---

① 天堂谷是那个时代的创造物，亚利桑那州历史学家汤姆·左尔纳说："没有分区或多家庭住宅，这意味着不存在少数族裔，他们从来不这么说，而是通过委婉的方式表达，比如'低密度'。这不是种族主义，他们不希望贫穷白人的数量比拉丁裔人数更多。"[42]

们是亲商的保守派，但并非无情。他们不想像小威廉·F.巴克利那样"站在历史的对立面，叫喊着停下来"，巴克利是《国家评论》极有影响力的、年轻的善辩者和出版商。相反，他们视自己为理性与温和的声音，崇尚言论自由和公平竞争。民主党人在国家生活中并不完全是社会正义的斗士。在20世纪上半叶，民主党对"稳固南方"的控制一直延伸到新的亚利桑那州（1912年）。民主党的资金来自乡村农场和采矿收益，即所谓的"3C"——棉花（cotton）、牛（cattle）和铜（copper），这些又通过所谓的"3B"扩大其影响，即女子（broads）、牛排（beefsteak）和豪饮（booze）。

戈德华特在1964年的总统竞选中彻底输给了林登·约翰逊时，这位直率的前空军飞行员戴着一顶牛仔帽，手持猎枪，在天堂谷的家中拍照，被某些媒体疯狂地描绘成极右翼的漫画。他在接受共和党提名时的演讲是他永远的标签："维护自由的极端主义不是罪过，为正义辩护的节制也不是美德。"无论如何，在亚利桑那州的政治界，人们普遍认为他是一个改革家。

飞速发展、阳光灿烂的亚利桑那州也有阴暗的一面，"土地投机者出售水下的土地，或没有水源的土地"，盖伊·雷回忆，她是风驰通的女继承人，是奥康纳夫妇广泛社交圈中的一员，并在菲尼克斯资助创办了动物园和艺术博物馆。"你必须学会要和谁做生意，以及不能与谁一起做生意。"在二战后的菲尼克斯，巴里·戈德华特的家族拥有最大的百货商店，他本人想要清理被称为杜斯的破败的市区商业街。这个区域有很多的赌徒和妓女，受到腐败政客的保护，而这些政客都是民主党人。"1958年，我的银行老板告诉我务必登记成民主党人，因为从来没有共和党人当选，"迪克·豪斯沃斯回忆道，"但是这种情况在改变。"⁴⁴到菲尼克斯追随太阳的北方人大部分是共和党人。

新的政治改革群体是由商人组成的，他们或可被称为革新派，他们希望政府官员能够提供服务，修筑公路和水坝，而不是接受贿赂。一个由当地巨头和公民领袖组成的非正式团体（后来被更正式地称为

"菲尼克斯40")可以在老亚当斯酒店聚会喝一杯,并精挑细选出廉洁的政客(但也忠于商人)。他们的先驱是尤金·普利亚姆,他是《亚利桑那共和报》的出版商(也是乔治·H.W. 布什总统执政时的副总统丹·奎尔的外祖父),他强烈反对联邦政府,反对大劳工组织,但是亲地方政府——只要它能促进商业发展。这种意识形态与其说是保守主义,倒不如说是助推主义。[45]

奥康纳夫妇受到当地权力机构的热烈欢迎,在比尔特莫尔酒店的慈善舞会上,他们与普利亚姆和戈德华特夫妇亲切交谈。在晚宴上,他们与威廉·伦奎斯特及其妻子南一起玩猜字谜游戏。伦奎斯特也转而参与共和党政治,他的妻子南是一个温柔的人,曾是桑德拉在女青年会的政治竞争对手。[46] 盖伊·雷回忆说:"被邀请到奥康纳夫妇家吃饭是一种荣幸,他们也总被各处邀请。"约翰成为一位广受欢迎的宴会主持人,饭后请他讲故事成了惯例。他有一个不断扩充的笑话集和精心编写的故事库,他会在孩子们和律所合伙人面前不断练习,使它们越发精巧有趣,并模仿爱尔兰口音和外国方言。

他的和蔼可亲可以削弱桑德拉比较直率的态度。"桑德拉喜欢聚会,喜欢跳舞——他们夫妇总是第一个出场的人,喜欢可爱的顽皮笑话,"埃尔瓦·库尔回忆道,"但是她的专横真是见鬼。"专横并不是女性的美德,她们仍然被期望服从丈夫或其他男性权威。亲近的朋友感受到桑德拉身上还残留着一些羞怯,雷说:"为掩饰羞怯,你会得变得有点儿粗鲁,而她会把这个盾牌举起来一点点。"

桑德拉是温暖亲切的,也是令人生畏的。她那明亮的淡褐色眼睛会即刻闪现迷人和敏锐,这有助于使随和的约翰变得快活。埃尔瓦·库尔说:"她扮演的角色好像是说约翰是世界上最有趣的家伙,你叫'约翰',她就笑。"保罗·埃克斯坦是当地的律师和说客,他回忆道:"用一个词形容桑德拉——僵硬,用一个词形容约翰——松弛。"桑德拉在女青年会的伙伴帕蒂·西蒙斯回忆:"桑德拉有很强的个性,我们一起举办了一个晚宴,她做了所有的决定。我不确定这种事我是否想再做一遍。"但是桑德拉并没有为她的直率行为而付出社交上的代价，西蒙斯总结道："人们恰恰极其钦佩她，奥康纳夫妇是黄金夫妇，是正在成长的那种。"[47]

盖尔·威尔逊的丈夫皮特后来成为联邦参议员、加利福尼亚州州长，盖尔1965年来到菲尼克斯，在女青年会认识了桑德拉。"桑德拉和约翰是一个团队，你可以看出他们是一对强有力的夫妇，尽管当时条件还未成熟，"威尔逊回忆道，"我22岁，接受过很好的教育（在斯坦福大学加入美国大学优等生荣誉学会），但是我发电报告诉她我的感觉是'我就仅仅是个母亲'。"桑德拉消除了她的自我怀疑，桑德拉说："你在做什么——在维护家庭上投入时间，对你来说这就是你要做的正确的事情。"[48]桑德拉传达了一种镇定的、富有智慧的信心。如果她自己感受到事业与家庭之间的失衡，她并不会表现出来。

桑德拉设法成为母亲、妻子和公民的典范。（除了其他职责，她还担任赫德原住民艺术和文化博物馆董事会主席，董事会成员、未来的亚利桑那州州长布鲁斯·巴比特回忆说："会议时时刻刻都在召开。"）她显然毫不费力地成为朋友们当中聊天话题和思路的源泉。"我们注意到，约翰开启一次谈话，桑德拉则会结束这次谈话，"丹·考夫曼回忆道，"我们不明白，他们是这样计划好的吗？"迪克·豪斯沃斯回忆说："我们会问你们是怎样做到的，她只是耸耸肩。"[49]

当然，也会有些负面言论。"有一点点，"她的朋友贝齐·泰勒说，"没有人像她那样做。"贝齐的女儿苏珊是奥康纳家的孩子最亲近的人，她说："有传言说她没有抚养孩子，这对一直做正确事情的她来说是不可能的。"雷说："女青年会的说法是她太强势了，她根本不具备女性化特质。"即便如此，她可能仍会在共和党总部或者在比尔特莫尔酒店的舞池花费很长时间，但她花在厨房的时间也很长。"她喜欢做主妇，喜欢做饭，"桑德拉在天堂谷乡村俱乐部结识的朋友朱莉·福尔杰回忆道，"我们都迷上了厨神朱莉娅·蔡尔德，桑德拉照食谱做饭，那本书都翻烂了，我们说：'哦，看在上帝的分儿上，你总是必须做得超预期吗？'"

妻子们"不觉得她是自己婚姻的威胁"，盖伊·雷回忆。她喜欢男人，取笑他们，与他们调情，"但都是以一种在安全的边界内去性别的方式"，黛安·波特·库利说。她有一种直觉，几乎是不可思议的感觉，知道在所有人类探索的领域究竟要走多远。她的机敏有益于女青年会的政治航向，而且对每个人来说是显而易见的，包括那些在更大舞台上招手致意的女青年会会员。她并未因获得青年菲尼克斯社团 1956 年的女主管机会而烦恼，相反，她充分利用了这些机会。但是，她的雄心是显而易见的，即使没有明确表达，或者当时还没有完全成形。[50]

"我们有一条长长的边界，"桑德拉的第三个儿子、1963 年出生的杰伊回忆道，"我们有几条规矩，如果你出去，要说去什么地方，以及回来的准确时间。除此之外，凡是我们想做的事情，我们不必打电话请求许可。我们能够骑自行车到处跑。"大儿子斯科特记起两条规矩——"如果你说不出某人的优点，那就别说了"和"别打弟弟"。

家里有冒险精神的是老二布莱恩，从他大约 12 岁起就开始在周末去驼峰山野营。更早一些，他差不多 6 岁时，父母在发现他给住在干河谷附近的流浪汉送食物时并不开心。到他十几岁时，他开始请求父母允许他悬吊滑翔（被拒绝）和跳伞（被接受，稍微安全些）。布莱恩陆续攀登了世界七大洲的最高峰，他最终登上了珠穆朗玛峰。[①]

杰伊回忆说："我妈妈操持大局，她安排日程，安排营地，安排学校，并支付账单。爸爸负责遛狗，其余的事都是妈妈来做，这完全是由性别决定的。她永远活力满满，从来没有停过。而我只想坐在沙发

---

① 在一个没有汽车安全座椅和座椅安全带的年代，孩子们受点儿小伤，奥康纳夫妇能够接受，它是成长过程的一部分。一次，桑德拉行驶在一条颠簸的土路上，她的一个儿子拍了拍她的肩膀，告诉她哥哥斯科特从车里掉了下去。她马上调头，找到了斯科特，掸去他身上的尘土后，他们继续行驶，她为没能确保安全地关上车门而自责。[51]

上看电视。"当桑德拉全职工作时，她回家，"一走进门，立即就监督晚餐流程"，女佣和管家负责提供必要的帮助，她们大多是墨西哥移民，负责做饭、打扫房间和照看孩子。由于成长过程中的大部分时间都在埃尔帕索，那里正好面对着墨西哥的边境城市华雷斯，埃尔帕索的每个盎格鲁家庭又都能请得起一个墨西哥管家，桑德拉因而混合了墨西哥人和盎格鲁人的特性。桑德拉也许是要求很高的雇主，她希望家中的雇工能跟上她紧凑的日程，因而有几个人辞职或者被解雇了。但她从来不大声呵斥他们，她会请雇工一起享用家庭晚餐。女佣怀孕时，桑德拉还会确保他们母子得到很好的照顾。

孩子们从未听到过母亲抱怨忙碌的生活，或别的什么事情，她很少大喊大叫。"我能记起的唯一一次是，当我们把所有给客人准备的炸鸡吃光时，她要发疯了。"斯科特回忆道。

奥康纳家的孩子们"特别好照顾"，他们的邻居丹尼斯·德拉沃·艾略特回忆道，20世纪60年代末，她十几岁时在暑假的早上和晚上帮助桑德拉照看孩子们。丹尼斯说："孩子们很有礼貌，不发牢骚，而且并不像有些孩子那般吵闹，一切都井井有条。"如果丹尼斯需要做午饭，奥康纳夫人就将这顿饭的所有食材都称量好，有序地摆放在厨房。

"我从来没见过这些孩子光坐在那儿看电视。"丹尼斯补充道。下午，十几岁的男孩子们（朋友们的儿子）都热爱运动，他们可以说是名副其实的榜样。他们陪伴奥康纳家的孩子们去乡村俱乐部游泳和运动。然后，去赫德博物馆参与一些提升文化素质的活动。房子里的气氛"并不轻松"，丹尼斯回忆道，"不是很紧张，但也不放松"。她观察到约翰·奥康纳很有趣，很爱开玩笑，他逗得奥康纳夫人大笑。[52]

"在某种程度上，我想我是幸运的，有三个儿子，"桑德拉在2003年对《芝加哥论坛报》的简·克劳福德·格林伯格说，"因为你只需要买一套衣服，一切都可以传下来用，他们在某些方面没有小女孩那样的需求。他们也没有小女孩那样的情感需求，但是你必须密切关注他们，否则他们就会惹麻烦。"[53] 桑德拉也许想到了一个小女孩成长过程中会面对与父母分离的问题。

从某种意义上讲，孩子们是以雷兹彼牧场的方式长大的，他们被教导要节俭和务实，但他们在菲尼克斯过得并没有像在牧场那样被孤立起来。奥康纳的家庭比小地方的住所更国际化，孩子们会遇到来自四面八方、定期来访的暂住的宾客和拜访者，包括外国人——外交官、商人、日本皇室厨师、斯威士兰王储——他们是借着世界事务理事会事务来赴宴的。奥康纳夫妇安排孩子们参加一个在墨西哥住六周的交流项目，以及照顾一对拉丁裔夫妇的儿子几个月，他是一位来自亚利桑那州邓肯的足球明星，却因医疗事故失去了一条腿。

奥康纳家的孩子们彬彬有礼，得自父母的言传身教，他们三个都不记得曾参加过关于以得体的方式对待女士（或者十几岁的女孩子）的讲座，他们只需观察父母就能理解那种男性和女性、丈夫和妻子之间的尊重与爱的关系。如果约翰确实无法帮忙做家务，孩子们就自己学着熨烫衬衫、洗衣服，偶尔也做一顿简单的饭。

有时，桑德拉和约翰也会给孩子们展示异想天开的一面。"在我大约六年级时，妈妈拿着手电筒把我们弄醒。'孩子们跟我来！'她说。我们走进父母的卧室，爸爸打扮成了小丑。"斯科特说。在万圣节前夜，约翰会装扮成巴黎圣母院的驼背敲钟人，桑德拉则装扮成邪恶的女巫。当邻居家的孩子们把手伸进一大碗"眼球"（去皮的葡萄）时，他们发出一连串尖叫声。

拼车送孩子们去运动或上课时，桑德拉会招募"优步妈妈"。（被其他妈妈戏称为"女侍从"，朱莉·福尔杰回忆道。）暑假期间，孩子们会被送到雷兹彼，为的是让他们体验自食其力的感觉。桑德拉的弟弟艾伦负责管教他们。艾伦在雷兹彼协助经营牧场，和他的妻子住在一幢与父母居住的老旧的"总部"相连的房子里。杰伊回忆说："艾伦是个完美的舅舅——有趣、迷人又爱冒险。"在一次围捕行动中，艾伦发现他 12 岁的外甥骑在马背上看上去有点儿迷茫。"艾伦舅舅，"杰伊说道，"我是否就在我想要去的地方，这是我应该在的地方吗？"[54]

奥康纳全家每年大约会回雷兹彼五次，每次驱车四个半小时。艾伦逐渐从哈里手中接管牧场，但交接并不顺畅。艾伦想要改善牧场条件，但父亲认为没有什么需要改进的。"桑德拉试图平息争议，但她无能为力。"牧场的家庭律师史蒂夫·萨维奇回忆道。他还补充说："她确实不能站着任何一边，桑德拉不是那种能参与到这类事情中的人。"[55]

在后来的岁月里，在采访和口述家族史时，桑德拉会轻描淡写地开玩笑说，在家待了五年后，她于1965年重返工作岗位，所以她能花更多的时间与家人在一起，并承担了大量志愿者的工作。她当时告诉她的家人："唯一能使我释然的方法是去做一份全职工作。"她的儿子杰伊回忆说："她是认真的。"

1964年，从法学院毕业12年后，她仍然没能在知名律师事务所找到一份工作。在20世纪60年代中期，菲尼克斯的律师事务所仍旧不接纳女性。直到1969年，约翰所在的芬纳莫尔·克雷格律师事务所还因为性别拒绝了芝加哥大学法学院的毕业生玛丽·施罗德，她曾是美国司法部的一名出庭律师（后来成为联邦上诉法院法官）。律师们认为，女性律师出现在律师事务所（相反他们已经开始雇用女秘书）会迫使他们改变相互之间交谈的方式。老律师不想对自己的言谈举止有一种要时时注意的感觉。芬纳莫尔·克雷格律师事务所合伙人当时派约翰·奥康纳向施罗德解释这件事，施罗德回忆说："他只能道歉。"[56]

鉴于以后发生的事，约翰·奥康纳被合伙人选中去拒绝一位高素质女性申请者，这看上去似乎更具讽刺意味。但是在当时的背景下，选择约翰作为坏消息的传递者是有意义的。相对而言，约翰是个敏感的人，他可以站在对方的角度，因为他自己的妻子就面对同样的现实。这并不意味着约翰自己看不到这世道需要改变。几年后，当女性律师面临的障碍消失时，约翰成为指导芬纳莫尔·克雷格律师事务所第一位女性合伙人露丝·麦格雷戈的律师，后来她成为大法官奥康纳在最高法院聘用的第一个法律助理。

但那是后来的事了。1963 年，贝蒂·弗里丹出版了《女性的奥秘》，这是一本极具影响力的著作，旨在探索被禁锢的女性对传统女性角色的不满。《女性的奥秘》销量突破 100 万册，成为所谓的第二波女权主义浪潮诞生的标志。1966 年，弗里丹与许多社会活动家一起，成立了美国全国妇女组织（NOW）。女性可以允许自己在曾是全由男性占据的领域实现自己的职业梦想。变化是激动人心的，但是菲尼克斯的变化并不大，或者说还没有。20 世纪 60 年代中期，在一座社会风气保守的新兴城市，女性在任何地方从事律师职业都被认为是野心勃勃的行为。1957 年，报纸记者问这对新来的律师夫妇是否打算一起执业时，约翰的回答有点儿自鸣得意——那时他处于快乐的状态。讽刺的是，他妻子在法学院的成绩更好。他似乎没想到发生在他身上的是当他乘坐电梯去位于第一国民银行大楼的顶级律师事务所上班时，他的妻子不得不在购物中心挂一块牌子开业。

当时桑德拉的职业抱负是（或者表现出来的是）：她在生育三个孩子的过程中，保持自己的法律技能不会荒废生疏。"她只想成为一名受人尊敬的律师。"她的大儿子斯科特说。她作为一名律师的选择是有限的，当时桑德拉的雄心超越了纯粹的专业精神。她在实践中发现意义，她想提供服务，帮助他人，去改变一些事情。她感觉到自己有非凡的能力去实现一些事情，是不围于供养家庭和向天堂谷上流社会阶层跃升的事情。外祖母威尔基强调"成功"，但是如何获得成功？在斯坦福大学，教授拉斯本满腔热情地提出服务的责任，但要以什么方式履行呢？

20 世纪 60 年代中期，亚利桑那州的女性律师可以获得更多的政府工作，部分原因是政府提供的工资水平很低。桑德拉回忆起她在圣马特奥县担任助理地方检察官的快乐时光，她找到了重新进入公共部门的方法，同时也保持了她良好的社会形象。1966 年，在为《亚利桑那共和报》拍摄的照片上（刊登在"女性感受"的页面上），这位女青年会会长穿着一件雅致的亚麻连衣裙，别着一枚优雅的胸针，她的头发被精心梳理过，但是桑德拉并没有流露出社交名媛的那种目光，而是以探索者的眼光观察外部世界。州议会大厦的圆屋顶在她背后隆起，她手中拿着一本《亚利桑那州修订条例（注释本）》，异常醒目，也许是想提醒大家，她能服务的机构不仅限于下午茶会或舞会。当时文章里虽没有提及奥康纳从事女青年会志愿者工作的经历，但是她已经获得州助理检察长这个令人印象深刻的头衔。[57]

这个头衔比她的职责要显赫，起初她的职责十分平凡。在一个甚至还没有将雇用女性作为一种象征的时代，她需要她的政治关系来获得这个职位。1964年，州总检察长是民主党人，他将她拒之门外。一年后，他被一位共和党人取代，桑德拉获得了这个职位。

"他们不知道该让我做什么。"桑德拉回忆，她被派往州立精神病医院，在那里她在一间没有窗户的办公室里处理州精神卫生系统出现的法律问题。她很快就懂得了不要成为一个受规则约束的官僚，而需要寻求合理的、人性化的及具有实操性的权衡之法；要询问公平是什么，而不只是问什么是合法的。"根据州法律，县精神病医院可以向委托机构治疗的家庭收取费用——每周409美元"，乔丹·格林回忆道，他是与桑德拉一起工作的律师。"她告诉我：'州得到补偿很重要，但更重要的是不要通过援引一个规则来摧毁一个家庭。你的工作是计算出一个公平的数目，交给法官来下命令'"。[58]

桑德拉高效的直觉判断力赢得了上司的赞扬。"我想让自己变得不可或缺，"桑德拉回忆说，带有些许自嘲的意味，"因此我能用2/3的工作时间处理所有工作而只得到一半的报酬（她想在孩子们放学回家时在家迎接他们）。"差不多一年以后，她被召回州总检察长办公室，着手处理州预算引起的法律问题，这是一次让她大开眼界的关于地方行政工作的学习机会。哈里·戴曾前往菲尼克斯，他回忆起桑德拉全神贯注地与州参议员伊莎贝尔·伯吉斯就改革亚利桑那州政府支离破碎的机构而进行交谈。亚利桑那州由无数个理事会和委员会管理，该体制的目的是分散权力，并保持对地方（通常是乡村社区）的控制力，但是在实践中，它引发了混乱和各种微小的受贿行为。[59]

1969 年，参议员伯吉斯（当时联邦参议院中的四名女性议员之一）搬到华盛顿，接受了尼克松政府的一项政治任命。桑德拉告诉共和党控制的马里科帕县监事会的联系人，她想填补伯吉斯留下的亚利桑那州参议院的席位。1969 年 10 月 30 日，桑德拉获得了任命，成为亚利桑那州立法机构的 30 名参议员之一，代表 8-E 选区，这是市区以北富裕郊区的一部分，包括她家的所在地天堂谷。随后在 1970 年换届时，她实现了连任，她回忆说自己的竞选纲领是："好的政府。效率。"桑德拉轻松获胜。[60]

在后来的岁月里，桑德拉对她为什么想成为参议员给出了许多有价值但平淡无奇的解释——"公民责任""那就是行动的地方""保护天堂谷的每一寸土地"。① 她对争议总是持谨慎的态度，并巧妙地避开了那些没有胜算的争斗（比如她倔强的父亲和弟弟在雷兹彼的经营问题上发生的冲突），但是与她在州总检察长办公室一起工作的朋友杰里·列科维茨（他俩经常谈论州政治）给出了更直率的评价："她为什么要加入立法机构？因为立法机构太糟糕了，太令人尴尬了。奥康纳渴望改善它，而不是同流合污。"[62]

---

① 她可能错误地认为，赢得州立法机构的选举会给她带来更多在家的时间，因为立法机构一年只有 1/3 的时间在开会。她指出："我的薪水（6 000 美元）甚至不够支付孩子们的保姆费。"[61]

第四章
女性权利

**奥康纳期待着未来能有一位女性的
肖像画挂在最高法院。**

1966 年，桑德拉以菲尼克斯女青年会会长的身份，手持一本法令的单行
本，为报纸摆姿势拍照。三年后，她进入州参议院，她比大多数同事更聪明、
更坚强。若他们嘲笑或鄙视她，她会走开。

1972 年 11 月，桑德拉·奥康纳被任命为亚利桑那州参议员后的第三年，她被选为多数党领袖，她是各州立法机构史上第一位进入参议院的女性多数党领袖。令人奇怪的是，全国性的媒体忽视了这一新闻，也许是因为全美的政治记者对州立法机构的关注不够，亚利桑那州的媒体也没有对她的迅速入职给予过多的关注。对亚利桑那州而言，女政治家并不罕见，奥康纳聪明地保持了低调的政治姿态，并谨慎地进行她的抗争。这也有助于她比周围的男性更聪明、更有条理、更坚强。

在演讲中，她有时会提到坚韧的女性开拓者的传统。在西部，女人们的丈夫去世或离家出走后，她们通常会留下来经营牧场，有些人甚至通过创办旅馆和妓院发财（以亚利桑那州的传奇人物珀尔·哈特为例，她通过抢劫驿站马车发财）。密西西比河西部大部分州的女性，包括亚利桑那州，到 1920 年已经获得选举权，此时《宪法第十九修正案》赋予女性选举权已经生效。[1] 虽已取代伊莎贝尔·伯吉斯在州参议院的职位，"桑德拉并没有那么与众不同"，一位曾游说参议员奥康纳的律师罗里·海斯回忆说。"我母亲于 1958—1962 年曾经在亚利桑那州立法机构任职，但一切并不容易，如果她想通过一项法案，男性议员们会把手放在她的膝盖上，并提议去墨西哥过周末。"[2]

1974 年年底，奥康纳离开了亚利桑那州参议院，截至那时，有

1/5 的州参议员是女性。[3] 但在 1970 年 1 月，她走进位于亚利桑那州老议会大厦前的那栋现代主义风格的房子时，她真还不如让自己在周六晚上的大学生联谊会上崩溃。"到处都是豪饮的人，说客把酒瓶送进了办公室，"阿尔弗雷多·古铁雷斯回忆说，他与桑德拉在立法机构共事两年多，"人们拿着茶杯走来走去，只是里面没有茶。""议员们会讲些下流的笑话，用粗俗的名字，你必须成为这伙人的一员。"桑德拉的立法助理贝特·德格劳回忆说。"女人们必须忍受的东西是惊愕，"州雇员协会的说客乔·安德森回忆道，"性骚扰是一种社会风气。"[4]

桑德拉的回头率很高。"亚利桑那州漂亮的参议员桑德拉是一个活泼的、多愁善感的人。1970 年 1 月在她得到赞赏的同时，她的新同事却时常会向她发出挑逗的口哨声。"《菲尼克斯杂志》上的一篇专题报道是这么开篇的。杂志还援引了一位立法者的话："你第一次见到桑德拉时会想'多可爱的小家伙'，接下来你会想'哎哟，她可真有个性呀'。"[5] 一位在第一国民银行工作的朋友送给她一张她在仪式上宣誓的照片。"我一直说没有人能与女议员相比，"一个男士给她写信并补充说，"附言：你看起来也很漂亮，请不要告诉你丈夫关于这封信的事。他不知道的事是不会伤害他的。"[6]

漫漫长夜，在立法问题上讨价还价，或者与说客共进充斥着酒精的午餐后，聚会的氛围眨眼间就会变得低俗。曾有传言说，醉得厉害的议员托马斯·古德温着迷于一位女同事的裙子。特鲁迪·卡姆平是新教会的保守人士，也是州参议员中的四名女性之一，当她提出一项禁止出售性玩具的法案时，被无情地戏弄，人们马上就给它起了一个非常过分的绰号"人造阴茎法案"。（"我们让她如实地向我们展示它是如何工作的，"古铁雷斯回忆道，"她崩溃地哭了，然后我们骗她投票反对自己的法案。"[7]）

但是并没有色眯眯的议员骚扰桑德拉的传闻，"她就是不搭理他们"，贝特·德格劳回忆，虽然奥康纳在听她的丈夫讲下流故事时会大笑，而且她也喜欢在周末跳舞，但在州参议院，她是个公事公办的人。

她表现得端庄、得体，在必要的时候则表现得很冷酷。多年后，朋友们拿她的表情开玩笑，她有时会用那种锐利的目光，以"不要惹我"的眼神盯着别人。"你要是觉得能勾引她，那你一定是个十足的怪人。"亚利桑那州前州长布鲁斯·巴比特说，他当时是个律师说客。①（1971年，她以"逐字逐句的方式在起草亚利桑那州采用的《统一商法典》法案上发挥了作用"。[8]）

20 世纪 30—50 年代，有一个传说，亚利桑那州的州预算是由矿业公司和铁路公司说客在菲尼克斯市中心的老亚当斯酒店的套房里狂饮后写成的。到 1970 年，说客的套房仍然存在（按照古铁雷斯的说法，他们仍然为参议员们提供酒和应召女郎），但是在民主党下台之后，共和党决心对州立法机构进行改革。② 他们的目标是通过清除数十个行事腐败的地方委员会来实现州政府的现代化，并以几个运转良好的州机构取代它们。他们的目标不是无为简政，而是改善政府的行政行为。[10]桑德拉·奥康纳凭借她在州总检察长办公室的经验，发挥了领导作用，修改了过时的法律（并通过了这些法律），更新了过时的程序，所有这些改变都旨在提升行政效率和消除任人唯亲的现象。利用在女青年会应用《罗伯特议事规则》③的经验，她迅速掌控了参议院的特别规则，很快任命州参议院行事老练、富有经验的参议员负责维持会议的正常秩序。"她不停地工作，阅读法律条文和立法内容，其他参议员则不做这些。"州参议员弗瑞德·库里说。[11]

---

① 桑德拉只告诉了家人一件令人不快的事，那是 20 世纪六七十年代在亚利桑那州斯科茨代尔的谷豪酒店举办的律师大会上，一位联邦政府高级官员问："你喜欢和 ××（官方头衔）睡在一起吗？"她回答："我一点儿也不喜欢那样。"

② 共和党人是在美国最高法院在"贝克诉卡尔案"（1962 年）做出一人一票判决，将立法权从民主党控制的农村地区转移到人口密集的共和党控制的大都市地区后，掌握参议院控制权的。改革运动始于 1967 年的"干活啊"立法机构。据《时代》周刊报道，它的第一个举动是用不那么令人分心的男性取代漂亮女孩的页面。[9]

③ 《罗伯特议事规则》是一本由美国将领亨利·马丁·罗伯特于 1876 年出版的手册，搜集并改编了美国国会的议事程序，使之在美国民间组织中普及，也是美国目前使用最广泛的议事规范。——译者注

奥康纳的立法伙伴是州众议院多数党领袖伯顿·巴尔，他是一位和蔼可亲、喜欢自嘲的调停者。巴尔曾被一位报纸专栏作家描述为"像煮过头的意大利面条一样灵活"。[12] 他喜欢无伤大雅地揶揄奥康纳的自律，"对于桑迪（即桑德拉），不存在米勒时刻"，这是 1980 年奥康纳被任命为美国最高法院大法官时，巴尔与记者谈到的一个当时流行的电视广告，指男人和女人在喝米勒牌啤酒时的放松状态。[13] 巴尔和奥康纳被他们在立法机构的同事视为不匹配的两个书挡，一位是善于逃脱的滚木政客，另一位则是公民学教授。众议院多数党领袖巴尔是一位被授予过勋章的老兵，他并没有自己伪装的那么聪明，他通过利益交换和分发说客的竞选捐款，生动地玷污了他赢得的选票。"一旦他听到一个能接近某人的方法，他就会说'我真他妈的高兴'。"跑参议院新闻的报纸记者奈德·克里顿回忆道。奥康纳则一丝不苟且很讲究实事求是，她曾提出一项修正案，只是为了更正一个逗号，她争辩说这个逗号改变了法案的本意。她分发了组织结构图。"其他参议员会说：'她来了，来自斯坦福大学的万事通，'"克里顿回忆道，他经常在参议院会议上记笔记，"她用一种非常直接的方式谈话，从不敷衍了事。"[14]

不过，巴尔和奥康纳彼此欣赏和喜欢，组成了一个令人敬畏的团队。古铁雷斯回忆道："你永远不会抓到奥康纳用三张选票私下交易。"但这是"因为巴尔这样做了，她没有必要再这样做"，说客安德森说。尽管奥康纳表面上很拘谨，但她知道如何操控金钱与政治的关系，主要受益于她在这方面的技能的人是她在斯坦福大学的旧情人威廉·伦奎斯特。

尼克松在 1968 年当选美国总统后，伦奎斯特被亚利桑那州的朋友理查德·克莱因迪恩斯特招募到尼克松政府担任副总检察长，这是一个司法部在华盛顿的高阶职位。在著名的白宫录音带中，尼克松把伦奎斯特称作"伦奇伯格"甚至"小丑"，因为他总是系色彩艳丽的领带并炫耀自己的长鬓角。尽管如此，伦奎斯特还是凭借他的智慧，以及赞同围捕聚集在首都的反越战抗议者，赢得了总统的关注。为了推进他的"法律和程序"议程，尼克松总统于1971年10月任命伦奎斯特为美国最高法院大法官，填补了这一职位的空缺。①

在菲尼克斯，奥康纳夫妇因这一消息而兴奋。桑德拉拿出一个记事本，在首页顶部写下"任务"。她逐一列出她认识的每一个人，或者谁认识那些可以帮助游说让伦奎斯特获得参议院确认的人。其中一个名字是她丈夫的名字，她要求约翰动用他的政治关系。[16] 他们的人脉广且涉及的领域多，和那些人颇有交情。

约翰的律师事务所向州立法机构游说，虽然他避开了冲突，但约翰现在已经是由菲尼克斯实质上的管理者建立的共和党商业—政治体系的重要成员。"人们时常谈论桑德拉是以约翰妻子的身份进入立法机构的。"斯科特·贝尔斯回忆道，他曾是奥康纳成为大法官后的法律助理，后来成为亚利桑那州最高法院的首席法官。在饭后演讲中，约翰开玩笑说，对桑德拉当选州参议员，"我认为这是对美国民主的一种赞扬，因为一名兼职当看管人的厨师也可以成为高级公务员"。这个笑话听起来可能平淡无奇，但桑德拉经常提到它。晚上在家，约翰与桑德拉密切合作，帮助她起草演讲稿和立法文件。他们的儿子斯科特回忆起父母在晚饭后仔细研究黄色的法律便笺簿的情景："我想，这就是成年的感觉吗？还有那么多家庭作业吗？"约翰坐在参议院旁听席上听妻子发表演讲，这时一位众议院议员转向他说，桑德拉的演讲"听起来像温斯顿·丘吉尔"。约翰作为演讲稿的撰写者，赞同地说："她的确像，不是吗？"[17]

1971年10月，随着伦奎斯特确认听证会的临近，桑德拉和约翰取消了一次两人期待已久的去巴亚尔塔港的假期，前往华盛顿作证。

---

① 尼克松总统早年未选择的最高法院大法官包括一位来自南方的法官 G. 哈罗德·卡威尔，他因对种族问题漠不关心和平庸而受到攻击，尼克松也曾暗示他正在寻找一位女性候选人。伦奎斯特对自己被提名感到吃惊，他幽默地对一位记者说，他认为自己没有机会，"因为我不是南方人，也不是女性，并且我不平庸"。[15]

伦奎斯特回复没有必要，但是他每天都和桑德拉保持联系，收集过往听证会的证词，检查此前的记录，她在做幕后工作，以反驳对伦奎斯特是共和党激进分子（从未证明），以及伦奎斯特曾在投票站骚扰黑人和西班牙语裔选民的指控。[18] 她和约翰还不遗余力地找朋友或朋友的朋友帮忙。他们认识西部各州的银行家，这些人脉关系对争取联邦参议员很重要。这些银行家大都担任参议员们的选举委员会的财务主席，特别能帮上忙的是奥康纳夫妇的朋友谢尔曼·哈泽尔廷，他是亚利桑那州第一国民银行董事会主席，那时桑德拉刚成为第一国民银行史上第一位女性董事会成员。（两年前，这家银行的信托主管在她当选为州参议员时写信给桑德拉说："你看起来也很漂亮。"）

这场由奥康纳夫妇发起的精明的政治活动的效果，在伦奎斯特于11月中旬的感谢信中就能看出，这封信是他在参议院司法委员会确认听证会通过他的任职资格后写的。

亲爱的约翰和桑德拉：

我无法用语言来表达我对你们在我被提名为最高法院大法官的相关事务上所做一切的感激之情。我觉得，一个非常有效的组织以一种超乎想象的方式突然被召唤出来，这在很大程度上是你们努力的结果。发出许多——对他人表示感谢的信息是非常值得的，我希望在适当的时候将感谢信息发送出去，但是你们的努力是如此特别，我想让你们知道我对此十分感激。顺便说一句，谢尔曼·哈泽尔廷在西部银行家圈子中的社交手腕着实让我吃惊，不仅出于对他的努力深表感谢，而且出于对他们在国会人脉的有效性的极度钦佩，也许这就是银行家比律师更有影响力的原因。[19]

1月，桑德拉和约翰飞往华盛顿参加伦奎斯特的宣誓就职仪式，这是她第一次走进最高法院。他们走进大理石大厅，看着大法官们的肖像画，当他们在一个接一个长着胡子或秃顶的绅士肖像前驻足时，桑德拉告诉她的朋友盖尔·德里格斯，她想象着未来能有一位女性的肖像画挂在这里。[20] 当伦奎斯特与刘易斯·鲍威尔在 10 月的同一天被任命进入最高法院时（填补雨果·布莱克和约翰·马歇尔·哈伦留下来的席位），桑德拉告诉当地的基瓦尼斯俱乐部[①]，他们被任命是"绝佳的，但事实上没有一位穿裙子的"。[21] 不到一个月前，桑德拉曾写信给尼克松总统，敦促他任命一位女性大法官。[22] 她还不知道，她自己的名字已经被芭芭拉·H. 富兰克林提出，富兰克林是白宫的一名助理，被分派寻找满足条件的女性大法官人选。由于在美国 8 700 多名法官中，只有 300 名是女性（520 名联邦法官中仅有 8 名女性），富兰克林扩大了搜寻范围，寻找所有有法律背景和政治经验的女性。[23] 在她的有关伦奎斯特被提名的档案中，桑德拉保留了一张他获得参议院司法委员会批准当天出版的报纸漫画：在产科病房里，一位憔悴的父亲看着他新生的女儿，对护士说"想想看，也许有一天她会成为最高法院的大法官"。[24]

1776 年，州参议员奥康纳把阿比盖尔·亚当斯的要求牢记在心，她也是这样处理与约翰之间的关系的："女性们请记住，不要把无限的权力交到丈夫手里，请记住，如果可能的话，所有的男人都会成为暴君。"[25] 奥康纳几乎立刻开始着手处理对女性来说重要的问题，而且总是对政治现实非常敏感。

她到亚利桑那州参议院任职不到两个月，就通过了一项关于废除 1913 年限制女性的每天工作 8 小时的州法律，她在参议院会议上说："这一法律早已不起作用。"她争辩道，这部法律阻碍了女性发展，而不是在保护她们。[26] 解决这个问题是明智之举，她因信奉自由市场原则赢得了共和党的选票。反对声来自工会和摩门教信徒，他们在亚利桑那州人数众多，并且在政治上有着良好的组织性。

---

① 基瓦尼斯俱乐部是一个美国工商业人士的俱乐部。——译者注

受初涉政治事务的鼓舞，奥康纳坐下来写作，用像在拉德福女子学校书写时所用的清晰的笔迹写道："法律影响亚利桑那州女性。"在七页纸长没有空行的法律文件中，她详细介绍了财产法歧视女性的方式：她们不能买汽车，或者未经丈夫允许不能在亚利桑那州持有股份。[27]在下一个立法季开始时，她介绍了 S.B.1321 号法案，该法案旨在"消除某些在没有充分理由的情况下歧视或偏袒女性性别的法律条款"。众议院多数党领袖伯顿·巴尔并没有支持参议员奥康纳的法案，他更关心赢得选票及批准项目。S.B.1321 号法案"死"于众议院规则委员会，奥康纳认识到她需要更多的政治影响力去促进女性权利的进步。[28]

在报纸的新闻报道中，亚利桑那州一家银行宣布任命桑德拉为第一位女性董事会成员，她被称为约翰·J.奥康纳夫人。[29]在公共场合，桑德拉总是穿裙子，从来不穿裤子（她喜欢亚麻布连衣裙和运动衫，肩部披上一条彩色围巾，通常是明亮的蓝色，映衬出她淡褐色的眼睛），但在她的立法卷宗中的新闻剪报上显示出一些有意识的提升，她保存了1970 年 3 月《大西洋月刊》出版的关于女性地位的特刊，里面充满了受委屈的女性遭受不平等对待的故事：她们从事相同的工作，报酬却只有男性的一半，或是她们在工作中受到性骚扰。其中一篇文章指出：如果女性有活力且自信，她就会被拒绝，她们被视为"好斗的泼妇"。[30]

在全美各地，"女性解放"非常明显地激发了民众与抗议越南战争及 20 世纪 60 年代民权运动相同的激情。在 1968 年美国小姐选美大赛上，女人们把腰带、卷发器和假睫毛扔进垃圾桶，以抗议带有性别歧视意味的美貌标准。报纸将这一事件与焚烧征兵卡相提并论，并起了一个绰号——"烧胸罩斗士"。约翰·J.奥康纳夫人不是"烧胸罩斗士"。她告诉扶轮社和基瓦尼斯俱乐部的人："我带着我的胸罩和结婚戒指来找你。"[31]报纸记者内德·克莱顿回忆道："她不是一个狂暴的女权主义者。"她的行为也不像一个轻佻的人或者乞求者。"很早之前，女性就不得不使用她们作为女性特有的花言巧语——'哦，你这么强大，而我那么弱小'。奥康纳却不是那样，她从不玩那一套，"说客罗里·海斯回忆道，"但她也不是一个极端的女权主义者。"[32]

奥康纳在围绕着女性权利的不可预测的政治旋涡中前行，她也并不总能避开礁石。1972 年冬，奥康纳开始在亚利桑那州参议院的第三个年头，《平等权利修正案》（ERA）在美国国会顺利通过，正在送交各州立法机构批准。《平等权利修正案》旨在为女性做些事情，就如同美国内战时期《宪法第十四修正案》和《宪法第十五修正案》为黑人做的（或声称要做的）那样：捍卫他们在法律面前与他人平等的权利。自 20 世纪 20 年代初以来，随着《宪法第十九修正案》的通过和 20 世纪 60 年代末自由主义重新出现，宪法修正案对妇女权利的考虑一直与之相伴。《平等权利修正案》在一段时间内似乎是一项没有争议的法律举措，民主、共和两党分别在 1968 年和 1972 年将《平等权利修正案》的内容纳入政党纲领（共和党在 1976 年继续这样做）。超过了必要的半数的 38 个州的立法机构批准了该修正案。

1972 年 3 月 23 日，就在美国联邦参议院以 84 票对 8 票通过《平等权利修正案》的当天，参议员奥康纳在州立法会议上敦促同事们对《平等权利修正案》投赞成票。[33] 拟批准的法令提交到州参议院司法委员会，参议员奥康纳在该委员会占有一席之地。委员会主席约翰·康兰立即宣布不会急于就这项法案进行表决，因为持续几天的听证和辩论是必要的，参议员奥康纳说没问题。

在司法委员会听证会会场的听众席上，支持《平等权利修正案》的社会活动人士艾琳·莱昂斯·拉斯穆森对奥康纳的沉默感到惊讶和困惑。拉斯穆森遇到了一些反对《平等权利修正案》的人，在一个热线广播节目中，她被问到的第一个问题就是："你上一次烧掉你的胸罩是什么时候？"[34]

拉斯穆森的丈夫是约翰·奥康纳所在的律师事务所的律师，拉斯穆森不是那种怒目圆睁的激进分子。她与谢莉·奥德加德一起工作，奥德加德是天堂谷的共和党人，阅读贝蒂·弗里丹的《女性的奥秘》

激发了她保护女权的积极性。奥德加德被委派到亚利桑那州参议院一间狭小的办公室拜访奥康纳。

"她对我们来说是个女英雄，我了解她，"奥德加德回忆道，"桑德拉想要推迟表决，她说她不想让《平等权利修正案》被提交到参议院会议，因为她担心我们会输。"奥德加德主张进行一次全体会议表决，以确定哪些议员是该法案的支持者（而不仅仅是说他们是），但是奥康纳能辨清到底有多少真实的投票，她劝阻了奥德加德。

当法案被通过的可能性在委员会持续降低时，《平等权利修正案》的支持者开始怀疑。"她正在与我们玩游戏，"汽车工人联合会的律师斯坦利·卢宾说，他是《平等权利修正案》亚利桑那州联盟的秘书，"她告诉我们，她在幕后努力打败反对者以支持这个法案。"在《平等权利修正案》在亚利桑那州投票失败差不多半个世纪后的一次采访中，卢宾和奥德加德重新审视了他们对奥康纳的抱怨。"她不是那种作壁上观的人，但是突然间她变得异常安静，"卢宾说，"她在听证会上一言不发，就像一块无生命的木头一样坐在那里。我不认为桑德拉在这个问题上是真诚的，我觉得她在期待联邦法官的位置。"奥德加德同样称，参议员奥康纳为了自己的晋升出卖了支持《平等权利修正案》的力量，虽然并无证据。[35]

的确，奥康纳的雄心并不止于做一个州参议员，但是她的内心盘算得更精细、更复杂。4月10日，美国联邦参议院通过《平等权利修正案》后两周，她收到戈德华特寄来的一封信，他和亚利桑那州的另一位联邦参议员保罗·范宁一起对修正案投了反对票。听说奥康纳支持《平等权利修正案》，戈德华特写信给她说他不喜欢"篡改宪法"，法律上的任何改动都可能改变"上帝的设计，使男女完全相同"。[36]奥康纳珍视戈德华特的友谊和支持，她（当然和她丈夫约翰一道）对政治妥协的需要并不是漠不关心，那她的真实想法是什么呢？她的动机通常是现实主义和理想主义的混合。她不同意戈德华特条件反射性的怀旧的观点，但除非她确信《平等权利修正案》会通过，否则她不值得与他作对。奥康纳准确地计算着《平等权利修正案》的政治机会，而这种可能性很快就开始下降。在奥康纳的细致分析中，《平等权利修正案》是一个挑衅性的工具，对女性权利来说，它并不是从此岸到彼岸的唯一途径。

的确，1970 年——她将《平等权利修正案》提交州参议院批准的两年前，她在亚利桑那州立大学法律专业的学生聚会上谈道："我不确信《平等权利修正案》是必需的，在联邦法院根据《宪法第十四修正案》的平等保护条款和《民权法案》以有意义的方式确立女性平等之前，我更倾向于相信那几个精心选择的案件。"[37] 她可能不知道，10 多年后，作为美国最高法院大法官的她会做出这类判决。

奥康纳对《平等权利修正案》的处理揭示了她处理社会问题的方式，这些社会问题都是不可避免的政治问题。《平等权利修正案》是一项值得称赞的提案，其目的是保障女性权利（几十年后，可以说现在仍然如此），但是在美国，当然也包括亚利桑那州，在 20 世纪 70 年代初还没有准备好开启如此广泛的变革。妇女运动引起了男性与女性双方之间的激烈对抗，他们意识到传统的角色受到威胁。奥康纳具有敏锐的政治直觉，她宁愿生活在可能的世界里，如果不能立即得到最好的，那就去做更好的事情。她懂得妥协的重要性，懂得当一条直路被封锁时，选择更多迂回道路的重要性。在《平等权利修正案》的案例中，她相信女性权利可以通过现存的民权法律在法庭上赢得一个又一个案件，在州和地方层面可以修改法律以消除性别偏见。这是一项非常适合像参议员奥康纳这样谨慎、耐心且坚持不懈的立法者的任务。对大法官奥康纳来说，女性权利将成为她沉静安稳的事业，她从未效仿露丝·巴德·金斯伯格（她比奥康纳晚 12 年进入最高法院）那样作为积极分子而正面拥抱它，而是慢慢地、稳妥地在她的司法观点中推进和培育这项事业。

在亚利桑那州的立法机构，奥康纳具体面对的是来自参议院司法委员会主席约翰·康兰那令人不快的激烈反对，康兰起初帮助《平等权利修正案》推进听证和辩论。康兰形象帅气、侃侃而谈，是接受过哈佛大学法学院高等教育的福音派基督教徒，他的许多同事认为他聪明但不真诚。众议员黛安·麦卡锡说："他一张嘴，你就知道他在撒谎。"州参议员马克·斯皮策回忆说："他会在葬礼上和寡妇一起假哭。"[38] "说得好听点儿，康兰是个坏家伙。"约翰·奥康纳在他的回忆录中写道。约翰曾经有能力"阻止他成为青年共和党主席"，作为州参议员，桑德拉对康兰的厌恶持续不断。[39] 斯科特·奥康纳回忆，他母亲在很长一段时间内，回家后都是描述康兰怎样试图私下封杀一项法案，然而当法案被通过后，他却公开声称这是他的功劳。"妈妈会告诉我们：'这就是和最坏的人一起工作的感觉。'"斯科特回忆道。[40]

康兰不断搅扰奥康纳，不仅因为他很善于耍滑头，而且因为这时出现了一股新的力量，他们威胁说如果不能接管共和党，就要分离出去。共和党正以一种奥康纳不喜欢的方式发展。戈德华特是保守派，但他也是自由主义者，他支持有计划的生育，并开玩笑说他喜欢社会保守派禁止的所有恶习。戈德华特和奥康纳两个人偶尔会同时出现在天堂谷的一个圣公会做礼拜，低调地保持他们的宗教观点。20世纪70年代初，在亚利桑那州（以及全美的许多地方，特别是在南部、中西部和西部）信奉正统派基督教的人和福音派基督教右翼正在崛起。执行力极强的保守主义活动家菲利斯·施拉夫利把她的"停止《平等权利修正案》运动"带到了菲尼克斯，不久，议会大厦广场上出现了抗议者，他们挥舞着"妈妈入伍后，谁来照顾我""我穿着摇摆靴比战地靴好看"等标语。[41]

在州参议院的共和党党团会议上，康兰和"家庭价值观"社会保守派控制了足够多的选票，以抵消共和党的勉强多数（18比12票）。奥康纳愿意站出来反对康兰，特别是当他摆出令人愤怒的姿态时，康兰发誓要提出一项法案，禁止在教堂地下室玩宾果游戏，他宣称："这是赌博，我打算阻止它！"奥康纳直截了当地通知他，如果他继续推进宾果游戏禁令的话，她将有责任告诉康兰所在选区教堂的所有女性，禁令是康兰的主意。康兰被迫改变了主意，但是两人之间的对决一直持续并分散着她的精力。[42] 奥康纳知道她要做任何事情都必须仔细选择斗争策略。她认为，就《平等权利修正案》，不值得与康兰这样的人进行长时间的争论，特别是到了最后，修正案仍缺乏足够的票数在立法机构得以通过的情形下，就更不值得了。

立法机构领导人赞赏奥康纳对许多政治事务的自由裁量和判断（不只是《平等权利修正案》）。亚利桑那州参议院议长比尔·杰奎因是一个烟不离手、很好相处、受人尊敬的家伙，他银色的头发在脑后束起，穿着亚利桑那大学校友喜好的粉蓝和浅黄相间的马鞍鞋。杰奎因是个外向的人，有些人说他有点儿懒惰。他受够了顽固的多数党领袖戴维·克雷特，杰奎因的幕僚长乔治·坎宁安回忆道："克雷特利用他的'个人特权'在参议院演讲。"杰奎因最终于 1972 年 11 月在耗时超过一个周末的闭门党团会议上罢免了他。共和党党团会议没有时间投票，桑德拉·奥康纳就借此成为新的多数党领袖。坎宁安说，杰奎因选择桑德拉是因为她是个后起之秀，而且具有团队精神。奥康纳的助理贝特·德格劳回忆："他选桑德拉是因为她聪明，是否聪明这一点确实就缩小了可选择的范围。"对她有帮助的是她得到了伯顿·巴尔的支持，巴尔执掌着众议院。巴尔的妻子露易丝回忆道："伯顿确实帮了桑德拉一把，他崇拜桑德拉。"[43]

1973 年，女性担任权力机构领导职务是如此出人意料，以至于罕有记载。奥康纳不仅是第一位，而且远远领先于同时代的女性群体。此后，过了 8 年多的时间，奥康纳成为美国最高法院第一位女性大法官；过了 3 年，杰拉尔丁·费拉罗被挑选为美国第一位女性副总统候选人；然后几乎过了另一个 10 年，珍妮特·雷诺成为美国第一位女性司法部部长；又过了 4 年时间，马德琳·奥尔布赖特被任命为美国第一位女性国务卿（早期的女州长和参议员往往是继承了死去丈夫的职位）。《亚利桑那共和报》的政治编辑伯尼·温恩对奥康纳的调侃多于祝贺："桑德拉·奥康纳如果能在少数派试图在她的肋骨上插上一把政治尖刀时学会微笑的话，她应该对此很擅长。她的微笑很可爱，她应该经常使用它。"[44]

种族，而不是性别，是奥康纳作为多数党领袖的第一个试验场。1973 年 1 月，在亚利桑那州参议院第 31 届会议的首次会议上，有件事情第一次发生：一位美国原住民宣誓加入亚利桑那州立法机构，这个人就是阿特·哈伯德———一位纳瓦霍族印第安人。他宣誓就职时立即遭到戴维·克雷特的反对，这位被罢免的多数党前领袖并没有试图掩饰自己的痛苦，坚称哈伯德在第二次世界大战期间加入过美国海军陆战队（他曾和纳瓦霍的"语码解译者"一起服役），他不能就职，因为他不是真正的亚利桑那州公民，作为居住在保留地的印第安部落一员，他不受州法律的约束。通常情况下，资深民主党人哈罗德·吉斯可能被期望为他的党内同僚辩护，但是吉斯坐在一旁一言不发。

共和党人在现场，他们的前领袖主导着对哈伯德的攻击，但是司法委员会新任主席、共和党人利奥·科贝特接受了多数党新任领袖桑德拉·戴·奥康纳的命令，站起来反驳克雷特，指出参议院制定了自己的规则，可以决定究竟谁可以任职。在没有自己政党支持的情况下，克雷特被迫放弃。

在前排她就座的地方，可以看到奥康纳正在与科贝特商量事情。新任的参议员阿尔弗雷多·古铁雷斯坐在奥康纳的后面，留心地看着、听着，直到一切结束。古铁雷斯说："我心里想，这个女人没有种族问题。"古铁雷斯是个越战老兵，一直未完成他在亚利桑那州立大学的学业，因为他忙于支持塞萨尔·查韦斯和他的墨西哥移民工人联合会的示威活动。他没有想到会在一个女人身上看到进步的力量，她看上去就像刚刚踏进天堂谷乡村俱乐部里全是白人的餐厅。[45]

在州众议院的议会大厦对面，一场类似种族骚乱的闹剧刚刚结束。阿特·汉密尔顿被选为州众议员，他是众议院 60 名议员中唯一的黑人。汉密尔顿回忆说，在他就任的第一天，众议院议长斯坦·阿克斯直勾勾地看着他，靠在麦克风前，吹起美国南部的口哨，议院会议室里竟然没有一位议员反对。[46]

汉密尔顿一开始就感到被孤立，便寻找立法机构里同情他的议员，与他们结成联盟，他自然转向了西班牙语裔议员和女议员等弱势群体，但他还不确定奥康纳的态度。菲尼克斯中为数不多的非洲裔美国人（大约占州人口比例的 5%）几乎都居住在南部，远离天堂谷。在接下来的两年里，汉密尔顿从奥康纳的工作中了解到："从她的本性来看，她是公正的人，她有一种基本的公平意识作为她为人的根本。"

汉密尔顿密切观察着奥康纳，当时她主持一个委员会，正在协调众议院和参议院关于汽车排放的法案文本。"我正在接受伯顿·巴尔（众议院多数党领袖，看到了汉密尔顿的潜力）的训练，所以我花很多时间观察这一切是如何运作的。亚利桑那州没有人喜欢强制性排放计划，我观察到她并不张扬，而是逐项尝试着去弄清楚哪儿可以让步、哪儿不能妥协，她对这些人的感觉远比那些家伙好得多，他们只知道使用棍棒，她则知道如何在中间地带找到空间。"[47]

另一位观察奥康纳的人是 21 岁的学生芭芭拉·巴雷特，她在参议院当实习生。她说："我看到她拿着麦克风站在那里，永争第一，掌控全局。这对我来说是一个全新的形象，女人可以做到这样。"（即使奥康纳曾是一个牧场女孩。巴雷特后来也成为美国国家航空航天局一名合格的宇航员及美国驻芬兰大使。）巴雷特注意到，奥康纳总是"穿着职业装，它们不是毛茸茸的面料，没有大量的装饰和褶皱，也没有花哨的细节"，她做事情"与男人们不一样，她清醒、坚强、深思熟虑，一切都是为了完成工作"。

汉密尔顿观察到，大多数时候，奥康纳亲切大方，但是"如果有人准备对抗那些衣着考究的老家伙的话，那一定是她"。利奥·科贝特经常和奥康纳一起解决棘手的问题，比如阿特·哈伯德有争议的宣誓就职问题。据他回忆，在一次势均力敌的投票中，奥康纳用她那双钢铁般的蓝眼睛死死盯着一位尚未做出决定的议员（她的眼睛是淡褐色的，却是那么明亮，以至于人们常常把她眼睛的颜色记成蓝色）。通常，奥康纳总是一本正经地感叹：“噢，我的天哪！”“大热狗啊！”这次，她对一位犹豫不决的参议员说：“你要知道，你骑墙观望，唯一能得到的就是一个酸痛的裆部。”[48]

奥康纳从来不去当地酒吧与她的议员伙伴们喝酒，她一年会组织一两次家庭聚餐，一视同仁地邀请所有的共和党人和民主党人到她在丹顿巷的家里吃查鲁帕斯（chalupas）——一种用玉米片、融化的奶酪和碎肉制成的得克萨斯－墨西哥混合风味食品，喝啤酒。1972 年 2 月，奥康纳夫妇在家里建造了一个游泳池和一个足够容纳全部 30 位参议员和他们的配偶的大露台。（他们的朋友举行了一个模拟英国殖民时代的仪式来庆祝这座新建筑的落成，其中包括在一条干涸的小河上架起一座桥，“奥康纳河上的桥”甚至成为报纸社会新闻版面的头条。）[49]

阿尔弗雷多·古铁雷斯不确定是否要去奥康纳家。“除了做园丁，我从来没去过那里（天堂谷），”他回忆道，“但我还是与利托·潘尼亚一起去了，他曾经和农场工人联合会的西泽在一起，他说‘你必须得去’。”他们受到面带微笑的约翰·奥康纳的欢迎，他在吧台里打招呼。“约翰知道给利托喝什么。”古铁雷斯回忆道（古铁雷斯记得利托“在加拿大俱乐部，把整瓶酒都喝光了”）。约翰·奥康纳让每位客人都有宾至如归的感觉。古铁雷斯还说：“桑德拉很有魅力，但又冰冷、腼腆。她很有礼貌，但是她不会让你看透她。我意识到这些烧烤活动是非常仪式化的。”奥康纳也邀请到几位报社记者，《亚利桑那共和报》的阿西娅·哈尔特回忆桑德拉时说，“她过来问我：‘你的 10 年计划是什么？’我都不能确定明天是怎样的。她看起来像女青年会会员那类人，不那么热烈，但是很友好。她不直率，但很职业。我从未见她放松过，每件东西她都会放在正确的地方”。[50]

亚利桑那州参议院最初并不守规矩，多数程序性表决，如简单的延期动议，按照惯例会自动一致同意。当这位新晋的多数党领袖站起来提出例行动议时，愤怒的戴维·克雷特和其他一些厌恶女性的麻烦制造者坚持要投票，并就与"应"和相对的"可以"两个词的使用提出琐碎的争议。当她的自动多数动议破灭时，奥康纳坐在座位上并没有采取行动，她开始焦虑地摆弄裙子。一些男人开始摆弄他们的裤子模仿她、嘲笑她，嘲笑声越来越大。古铁雷斯回忆，还有令人厌恶的"该死的婊子养的"的嘀咕声，他们还提及她的月经周期。

奥康纳在后来的口述回忆中忽略了这些粗俗的细节，但她确实描述了她的"心脏是如何怦怦乱跳"，并且一想到刚刚站在她的同事面前，她的"腿就会颤抖"。她的助理贝特·德格劳回忆："桑德拉面对挑战者时，可能会心烦意乱，但是她总能优雅地退出。她宁愿转身离开，而非继续纠缠。但是，在参议院会议上，她不能就这样转身离开。"

她最终逃到了女厕所，一位名叫唐娜·卡尔森·韦斯特的工作人员发现她在哭，就温柔地对她说："他们就想让你待在会议室外面。"[51]

她已经很强硬了，就不怕再多些强硬，她重新控制了会议。亚利桑那州参议员的工作从理论上讲是兼职的，立法机构通常用半年时间审议议案，但是桑德拉作为多数党领袖，她回忆起"早上第一件事就是接电话，一个接一个，电话铃声一直响到深夜"。[52]她不想浪费时间以避免自我冲突式的争吵，贝特·德格劳说："她会休会，径直走开"，她不会说些她之后会后悔的话，"她会回到办公室，关上门待一段时间"。她与她的工作人员相处很直率。德格劳回忆说："我刚拿起电话，她就开始说，不会说什么'嘿，贝特'或'我是桑德拉'。她会直接切入主题，讲完之后直接挂断电话，不说'再见'，也不说'祝你今天愉快'，我们的通话就这么结束了。"[53]

奥康纳会分配自己的影响力，以及时间和精力。古铁雷斯回忆说："她不会卷入激烈的争吵，比如在哪里建新监狱，她会说你们这帮家伙想办法解决，只要他们不把监狱放在天堂谷就行。"

古铁雷斯喜欢激怒奥康纳，当奥康纳感受到压力时，她会抽搐——上身不自觉地出现轻度痉挛。古铁雷斯告诉他的民主党同事：

"看，我要让她抽动。"多年以后，他笑着回忆："桑德拉像一个永不满意的英语老师，她花了很多时间纠正语法，而我花了很多时间在她纠正语法上找乐子。"[54] "阿尔弗雷多对此感到很快乐，"州参议员斯皮策回忆道，"他取笑她是天堂谷的女性老前辈，她不知道如何从语法问题中逃脱出来。"[55]

古铁雷斯对奥康纳的嘲讽更多是一种玩笑，其他反对者的言语更恶毒。1973 年，约翰·康兰离开州参议院前往华盛顿担任美国国会议员后，桑德拉如释重负，但她还是经常被亚利桑那州众议院拨款委员会主席托马斯·古德温的强势激怒，有时也很生气。

古德温以爱喝酒闻名，参议院的工作人员阿兰·马圭尔会在早上10 点去酒吧扶起古德温，费很大劲儿帮助他去议会会场。"但是他记得住预算中的每个数字，能进行长达两个小时的辩论。"马圭尔回忆道。古德温控制着州预算，他曾经把一份由拨款委员会标记、最后通过的文件放他的汽车后备箱里，并消失了好几天去饮酒作乐。在位于图森的亚利桑那大学的工资问题上，古德温保护了他所在地区的利益。"古德温和图森的代表团在此期间一定为亚利桑那大学争取了比亚利桑那州立大学（位于菲尼克斯）更多的资金，而且没有经过协商。"阿特·汉密尔顿说道。古德温会将预算作为交换条件，直到他得到他想要的。奥康纳对古德温去酒吧浪荡感到厌恶。汉密尔顿说："我看见他们说了些刻薄的话，双方几乎鼻子碰鼻子。奥康纳阐明事情将怎样发展，古德温则强调她是怎么错的。"[56]

他们之间的仇恨终于在《双语教育法案》被众议院搁置而完全陷入僵局的关头爆发。在众议院议长斯坦·阿克斯的办公室举行的会议上，奥康纳指责古德温故意拖延。古德温对她说："我听说你说我是个酒鬼？"奥康纳回答："是的！"他们便开始了争吵：

> 古德温：如果你是个男人，我就会一拳挥在你鼻子上！
> 奥康纳：如果你是个男人，你就动手啊！

"桑德拉是不会被欺负的。"贝特·德格劳回忆说。古德温退让了，法案得以通过。[57]

这位参议院多数党领袖还有其他办法，她用更微妙的方式来展示谁在掌权。1973年议会会议中期的一天，她为她的其中一个儿子准备了饼干和柠檬水，让他在学校里分享，孩子不小心把它们掉在地上。接到学校的电话后，她离开办公室，回了家。"然后将所有东西重新装好，带到学校，"贝特·德格劳回忆道，"我们停止了所有的会议活动，直到她回来。大伙都准备走了，都在问：'她在哪儿？'她却连眼睛都没眨一下。"[58]

会议期结束，以有争议的法案被通过而告终，这为娱乐和连续24小时的纸牌游戏提供了绝佳的理由（阿特·哈伯德，被称为"纳瓦霍的阿特"，结果成为扑克大赢家）。在1973年会议期的最后一天午夜，州参议院议长杰奎因宣布："好了，伙计们，我们将停止会议，去完成另外一些立法工作。"多数党领袖奥康纳则说："但我不是，我的孩子们明天要去露营，我要确保他们的衣服整洁、他们的书包被塞满。"奥康纳给参议员们5分钟时间来解决一些未解决的问题，然后她回家了，男人们则重新投入他们的纸牌游戏中。[59]

关于《平等权利修正案》的争论并没有消失，支持该修正案的力量推动法案在州参议院会议上被投票表决，大多数议员只是想避免投票，以免引起选民（或他们的妻子）的反对。奥康纳有一个想法，是将《平等权利修正案》提交全州公决。但是即使采取这样的步骤，对共和党的其他领导人来说也是太大胆了。最终参议院司法委员会以5比4的投票结果否决了将《平等权利修正案》送交参议院全体会议。[60]奥康纳是投票赞成将这个修正案送交参议院直接表决的四位议员之一。

尽管如此，《平等权利修正案》的支持者仍然对她持怀疑态度。《平等权利修正案》的积极活动分子马西娅·威克斯声称，司法委员会主席利奥·科贝特告诉她，他反对将该法案提交全体会议，这样奥康纳就可以投赞成票，并保持她与女性团体一致。[61]

当被问及他投反对票、奥康纳投赞成票是不是一种演双簧的安排时，科贝特回忆说："我不认为会发生这种事，我对《平等权利修正案》的永远投反对票，而且如果奥康纳问我，我也会这样说。"他补充道："奥康纳被夹在一群拥护《平等权利修正案》的女士和右翼分子中间，我觉得我有责任保护她不受右翼分子的伤害。"

科贝特说，当归结到有争议的堕胎问题时，他履行了这一职责。"我为保护她而搁置了《反堕胎法案》，我代她受过，她从来没有要求过我这样做，我也从来没问过她。我知道她不应接这个烫手的山芋，作为司法委员会主席，我会为她做这件事的。"[62]

桑德拉·戴·奥康纳在堕胎问题上的真实看法，在 1981 年她本人被提名到美国最高法院时，成为人们热衷于猜测的话题。对于这一问题，她很谨慎，包括面对她的家人。"它不是一个家庭话题。"她的儿子杰伊回忆道。[63]虽然她经常说，从个人角度，她反对堕胎，但是她回避了一个问题，即国家是否可以及在什么情况下可以限制女性的堕胎权。① 可以肯定的是，她从未完全支持过非法堕胎，但是在确定适当的法律限制上，她的内心可能也在纠结。

1970 年，作为州参议院司法委员会的新成员，在一次无记名投票中，她投票赞成废除亚利桑那州的一项旧法令，它规定除了挽救女性生命，堕胎是一种犯罪。这项议案从未被提交到参议院全体会议，11年后，奥康纳被里根政府提名为最高法院大法官候选人后第一次接受

---

① 1992 年，在一段口述历史中，她的朋友、纽约大学法学院教授詹姆斯·西蒙询问她关于"当你在州参议院的时候，并没有站在足够强硬的立场支持反堕胎行动"的责任时，她一开始回答"我失忆了"，后来又抗议说"我不记得了"，并说"具体细节，我记不清了"。奥康纳有惊人的记忆力，直到她晚年才出现认知问题。如果真的忘记了，是非常罕见的。在对她的许多次访谈和口述历史中，她对其他主题也表现出自己的健忘。[64]

采访时，她说不记得自己当时投出的选票了。作为立法机构的新人，她对后来提问的记者解释道，她被立法的步伐淹没，以至于无法记住每个委员会提案的每一次投票。[65]

如果她真的被工作淹没的话，这是第一次也是最后一次，据 1970 年报纸的新闻报道显示，她比自己回忆中的情形更忙碌。当司法委员会提出将堕胎合法化的法案时，她试图找到折中的办法，提出了一项修正案，要求堕胎只能由有执照的医生执行。[66] 经过长时间的辩论，堕胎法案被搁置，因为它太富有争议了。天主教团体反对将堕胎合法化，认为这是一种道德上的罪恶，一些新教牧师和犹太教士则发表了一封信，捍卫女性选择的道德权利。在持续一个月的论战过程中，这场冲突好几次上了亚利桑那州报纸的头条。[67]

1973 年，美国最高法院以 7 票对 2 票的结果，在具有里程碑意义的"罗伊诉韦德案"中裁定，女性享有堕胎的宪法权利。在对美国政治氛围史诗般的误判中，大多数大法官似乎认为他们只是在对社会自由化给予认可，而社会自由化的机会已经到来。新的基督教右派迅速地做出了激烈的反应，由共和党控制州立法机构的各州开始通过法律寻求彻底推翻"罗伊诉韦德案"，或者寻找限制女性选择权的判例。

夸大"罗伊诉韦德案"对美国政治的影响几乎是不可能的。通过把所谓的社会议题带到公众面前，最高法院揭露了许多美国人不安的情绪和错位的感觉。这些美国人的生活被 20 世纪 60 年代同时发生的多场革命搅动：口服避孕药使性解放成为可能、校园动荡与反越南战争运动的征兵卡燃烧炉、由女性运动引起的陈旧社会秩序的裂缝和公民权利的斗争等。在此前 10 年，在"恩格尔诉瓦伊塔尔案"中，最高法院已经给宗教权利的兴起火上浇油，通过宣告学校举办的祈祷非法，认为这违反了《宪法第一修正案》有关禁止确立国教的规定。数年后，在佐治亚州埃利杰，愤怒的示威者举行集会，在离婚、犯罪和堕胎问题上提出回到 1962 年学校祈祷案判决日前的状态的口号。

最高法院支持堕胎的判决甚至更有煽动性。杰里·福尔韦尔牧师宣称，1973 年 1 月 23 日，当他读到"罗伊诉韦德案"的判决时，他顿悟了事物的真谛。他说，他立刻明白，要想推翻最高法院的判决，福音派信徒要组织一场大规模的反堕胎运动。1980 年，福尔韦尔领导的组织"争取道德多数运动"试图让堕胎成为全国数百万选民的试金石，尤其是那些在共和党初选中投票的选民。对谨慎、温和、被主流大众接纳的共和党来说，右翼的雷声是一种不祥的声音。

1973—1974 年，作为亚利桑那州参议院多数党领袖，奥康纳小心谨慎行事，揭示问题的两面。她支持几项间接缩小女性堕胎情况范围的议案，一项后来成为法律的议案赋予医院和医生不参与女性堕胎的权利，另一项法案规定州政府不必为贫困女性堕胎支付费用。与此同时，她投票反对一项"纪念仪式"——事实上是一项宗教仪式中的劝诫，敦促国会修改宪法，以保护腹中的胎儿，除非怀孕会导致孕妇死亡。[68]

"她被支持堕胎的人封杀。"乔治·坎宁安说，他是州参议院议长杰奎因的幕僚长。亚利桑那州立法机构从未投票表决有关推翻"罗伊诉韦德案"的议案。作为多数党领袖，奥康纳控制着参议院会议接受什么，如果她想反堕胎的话，就会如愿。作为一位立法专家，奥康纳懂得根据宪法至高无上的条款，州无权推翻联邦法律，当然，这并没有停止其他州狂热的反堕胎立法者通过违宪法案，希望迫使最高法院推翻"罗伊诉韦德案"。在奥康纳的掌控下，亚利桑那州参议院没有做过此类尝试。[69]

桑德拉不能总是使那些反堕胎者处于走投无路的境地，众议院议员汤姆·斯凯利是一个令人讨厌的被称为"大修正者"的人，他设法在亚利桑那大学医院禁止堕胎，他是通过在一项法案中附加一项修正案做到的，该法案主要是授权提供资金用以增加亚利桑那大学足球场座位的数量。作为行事老到的议员，奥康纳以附件与法案没有密切关系为由否决，但是议员们想要一个更大的体育场，结果她输了。[70]

亚利桑那州立法机构的资深议员们观察着奥康纳用一种吸引人

的方式表演的平衡术——权衡实用性和原则的同时忍受着粗鲁和任性的行为，他们有时甚至感到嫉妒和羡慕。通过寻找其他方式对付恶作剧，对她来说并不是与生俱来的能力。坎宁安说："她很严格，想要处理细节、事实和真相。她不容忍傻瓜，也不喜欢胡说八道。"她的助理贝特·德格劳回忆说："你必须提供给她有价值的信息，如果你没有这样做，她绝不含糊带过。"相反，德格劳说："她和她的孩子们在一起的时候，我看到了她柔和的一面。她在爱，不只是温暖和拥抱，那是爱。"

奥康纳任职的时候，立法机构正在进行改革和现代化，但仍坚持其部落式的行事方式。她帮助推动前者，并不得不忍受后者。《亚利桑那共和报》年轻的女性政治记者克文·威尔利在奥康纳当选多数党领袖之后负责有关立法机构的报道。当时在众议院全体会议上，威尔利看到托马斯·古德温醉倒在地，他酒后口无遮拦，描述着奥康纳操控的世界。威尔利说："她精于挑选自己的位置，思想上的纯粹主义者会说她是懦夫，但这太荒谬了，她做得比她假若站在原则之上更有效。"[71] 支持《平等权利修正案》的艾琳·莱昂斯·拉斯穆森认为奥康纳把自己的职业生涯置于1971年的《平等权利修正案》之上，多年后，当拉斯穆森带着女儿参观美国最高法院第一位女性大法官执掌的法庭时，她释然了。大法官奥康纳带她们参观，并邀请她们在她的会客厅吃午餐。[72]

作为多数党领袖，奥康纳从未忘记尝试改革歧视女性的州法律，这一突破是在立法机构试图避免对《平等权利修正案》进行胶着的投票时出现的。在亚利桑那大学，一群法学院的学生聚集在一起列出大量更有利于男性的州法令（不像奥康纳私人保存的清单），1973年1月，学生们将他们的报告呈送给黛安·麦卡锡，她是州众议院的新议员，她将歧视性的州法令清单交送给众议院议长斯坦·阿克斯，建议在州层面改革歧视性法规，他们不再需要对《平等权利修正案》进行投票，因为在亚利桑那州，使它生效已成为多余之举。"阿克斯说：

'请离开我的办公室，这是个愚蠢的主意。'"麦卡锡回忆说，"但是两天后，他打电话叫我过去，并说：'我一直在想这件事，这是个好主意，打电话叫奥康纳来。'"

麦卡锡与参议院多数党领袖奥康纳接洽，后者当即看到了可能性。她早先为改革由州制定的具有性别偏见的法律所做的努力都夭折于众议院，这是个让众议院带头努力的机会。这项措施修正了超过400多项在大大小小各方面歧视女性的法令，被证明受到了空前的欢迎，由参众两院通过，在第二年春天成为法律。在众议院投票当天，奥康纳的死对头托马斯·古德温在他的办公桌上放了台录音机，听到自己的笑话，大笑起来。他还播放了海伦·瑞迪的热门歌曲《我是女人（听到我在吼！）》，但他还是投了赞成票。阿特·汉密尔顿回忆："麦卡锡的法案对《平等权利修正案》来说是一个出路，但阿克斯议长确实不在乎。没有桑德拉·奥康纳，事情就不会有进展。"阿克斯想要巧妙地处理这一棘手的争议，而奥康纳想要改变法律。[73]

奥康纳一家生活得很惬意，尽管不是很富有。桑德拉担任州参议员期间，一年只挣6 000美元，约翰作为菲尼克斯两家顶级律师事务所之一的合伙人，收入至少是桑德拉的10倍，这些钱足以支付奥康纳家孩子们滑雪假期、漂流旅行和私立学校的费用。老大斯科特回忆，布莱恩和杰伊曾被送到公立学校，部分原因是资金紧张。一个游泳池和一间小客房，也就是管家住的地方，增加了丹顿巷家中的空间。"但是客房是预制的，用螺栓固定在水泥板上，它是爸爸从一个客户那里便宜买来的，"斯科特回忆说，"建一个网球场每月要增加12或13美元的抵押贷款，妈妈说不建了。"[74]

桑德拉穿着优雅的甚至是时尚的、色彩鲜艳的套装和连衣裙，但是她买的衣服都是打折品、非定制的成品。作为"大萧条时代"成长起来的孩子，她看到过父亲晚上在书桌前工作，一丝不苟地写下雷兹彼牧场的每一笔支出。她对父亲哈里·戴的财政保守主义有着同样的感受，无论是对自己的家庭，还是花费纳税人的钱，都一样。

1972 年，加利福尼亚州州长罗纳德·里根在亚利桑那州共和党一年一度的"象鼻象牙"晚餐会上演讲。里根州长已经是冉冉升起的政党明星，他激发纳税人反抗"大政府"（在 1968 年共和党全国大会上，为被提名为总统候选人争取到相当数量的支持）。他概述了制定公共支出上限的提议，他的州公共支出数额按纳税人收入的比例确定，基本上，州政府支出增长只能与居民私人财富增长同步。桑德拉喜欢里根，她在晚宴上握着他的手，感受到里根的亲切和温暖。她非常喜欢他的提议，所以她想在她所在的州采用。[75]

1973 年秋，奥康纳组织建立了一个由经济学家、律师和税务专家等知名人士组成的委员会，来研究令人担忧的事实——亚利桑那州预算增长速度大约是本州纳税人收入增长的两倍。在奥康纳的催促下，委员会建议参议院通过一项议案（CR1012），将州支出占纳税人总收入的比例限定在 8% 左右，并为困难时期提供一定的灵活性。议案将在 1974 年秋举行的全民公决中提交选民批准。[76]

议案获得了良好的宣传——《菲尼克斯公报》称奥康纳是"纳税人的心上人"，该议案在参议院获得通过[77]，但提交给众议院拨款委员会后被搁置下来。[78]委员会主席托马斯·古德温再一次成为奥康纳的强硬对手，他打电话给她，说他不打算允许"冰冷的目光"限制他向自己喜欢的项目发放资金的权力。奥康纳对没有得到她的老朋友伯顿·巴尔的更多帮助而倍感失望，这位众议院多数党领袖陷入了到底是与奥康纳结盟还是对立法一事火上浇油的两难窘境。众议员黛安·麦卡锡回忆说："关于支出法案，确切地讲，伯顿躲开了。他不想对付桑德拉，他会说，对不起，我得去接孩子了！"[79]

《菲尼克斯公报》驻议会政治记者约翰·科尔贝在 4 月下旬立法会会议期即将结束时写道，巴尔在支出法案上一直保持着奇怪的沉默。一位精明的观察者认为，奥康纳"在构思这个想法，召集专家写了个简单的法案，并引导它通过立法程序，近乎一个奇迹"。他继续说道：

"但是显而易见，她的名字在众议院是个惹人生气的标志（一部分原因是个性，而另一部分原因，有人怀疑是对她敏锐头脑的妒恨）。"[80]

奥康纳请她的老朋友巴里·戈德华特利用他的影响力威逼巴尔和古德温。[81]这一努力终于奏效：在立法机构会议期的最后一个晚上，CR1012 以微弱的优势被通过，并将于11月交由全州范围内的选民投票决定（最终是失败的，里根前一年在加利福尼亚州的支出上限法案也遭遇了同样的命运）。[82]

在亚利桑那州第31届立法机构任期的最后一晚上，议员们进行交易、豪饮、打扑克。奥康纳此时找到并逮住了伯顿·巴尔，他在长期逃避之后，已经在奥康纳的法案背后施展了他的影响力。疲惫的泪水从她因被压抑而显出焦虑的脸上流下。[几年后，当奥康纳被提名为最高法院大法官时，巴尔（与一名记者在现场）打电话给他的老朋友，回忆起奥康纳在那晚拥抱他并哭泣的情景。巴尔把 CR1012 的通过比作"大屠杀"，这意味着许多人是被直截了当地强迫的。[83]]

罗恩·卡迈克尔是建筑业的说客，他参加"午夜闲话"栏目时回忆起奥康纳哭泣的情景："我从来没有见过她痛哭，那是她所承受的压力所致。她想做正确的事，这表明她是一个真实的人，这不是软弱的表现，这让她更真实。"

另一位说客克里斯·赫斯塔姆后来当选为州议会议员，他观察到这些人"其实很脆弱，当他们的怒气消失，情绪就会低落，而奥康纳始终是一个沉着、冷静的人"。如果她想回家去看望家人的话，她必须时刻勇敢面对，而不是卖弄或游手好闲。①

同样看到奥康纳拥抱巴尔的阿尔弗雷多·古铁雷斯认为她更多的

---

① 在口述历史和接受采访时，奥康纳对有关她在州议会中同事的问题置之不理。当美国公共广播公司的采访者比尔·莫耶斯大胆提问"西部政治太强硬了"，大法官奥康纳打断他说："嗯，他们在亚利桑那州没有那么强硬。"詹姆斯·西蒙问她："你在参议院遭受过性别歧视吗？"奥康纳答："嗯，我不知道我还受到过善待……"她说她离开参议院是因为厌倦了被奉承（恭维的话，不管真诚与否，都是立法机构流行的做法），不过她补充说："我从来就不是其中的一员。"[84]

是忍耐够了，而不是心存感激。他说："她受够了，她厌倦和伯顿打交道，这个人不可理喻——他把精于算计的商品交易那一套彻底带进了参议院议事厅。"11 月选举来临，奥康纳已经宣布她不寻求竞选连任。她的助理贝特·德格劳回忆说："桑德拉刚好有点儿要溜走的想法，她想当一名法官。"[85]

＊　＊　＊

桑德拉·奥康纳不适应"互惠交换"，以及亚利桑那州立法机构那男人世界的喧闹，但是在更广泛的政治意识上，她不是局外人，或者游离于主流之外的人，虽然她当时还没有完全意识到这一点，但她是即将出现在里根时代一场政治运动中的有争议的化身。她既不是"罗斯福新政"的自由主义积极分子，不是反"大政府"的自由派，也不是社会问题保守派。相反，她带着一种强烈的矛盾情绪生活在 20 世纪后期那个政府特点如此多样的时期，她几乎完美地调和了政治生活的主要矛盾。

作为一个有自我意识的亚利桑那州人是不能与反常现象共处的。各州依赖联邦政府才能繁荣，甚至才能生存，绿化荒漠和为菲尼克斯郊外居住区供水的大规模水利项目是由美国纳税人经由华盛顿的立法者和监管者支付的。然而居住在亚利桑那州及西部其他各州的人们对这种慷慨的恩惠往往带有些许敌意，而非感激，因为这种慷慨是带有附加条件的。他们对"大政府"的谴责是以沿着州际高速公路向下传递的方式进行的。尽管联邦政府拥有西部的大部分土地，包括哈里·戴放牧的大部分土地，但他们仍对西部的荒芜充满怀旧之情。

桑德拉·奥康纳并不想废除政府，但是她希望政府更加明智、减少对民众的干扰。她是共和党人，这是确定无疑的。天堂谷乡村俱乐部周边的民主党人寥寥无几。（在比尔特莫尔酒店附近几英里远的退休绿洲居住的罗亚尔·戴维斯医生帮助他的女婿、曾是民主党人的好莱坞演员罗纳德·里根了解公费医疗的弊端[86]）。但是奥康纳天生温和，是一个善于平衡的人，是那种能够调和相互竞争的需求的人，比如怎样在事业成功的同时兼顾家庭。

奥康纳所在的政党在 20 世纪 60 年代初持续向右转向，她能够在不违背自身原则的情况下，通过一种微妙的平衡手段勉强应对。她接受巴里·戈德华特的做法，戈德华特想要清理亚利桑那州的政治环境，他不是投票反对 1964 年《民权法案》的那种人，肯定也不是一说话就好像要把导弹扔进克里姆林宫男厕所的那种人。1972 年，奥康纳被任命为理查德·尼克松在亚利桑那州的总统竞选活动的联合主席，并带着她的孩子们参加了尼克松在 1974 年辞职之前的最后一次集会。尼克松竞选阵营西南地区主管托马斯·C. 里德说："这位女士懂得如何通过拨打电话向选民推荐候选人。"（奥康纳特别热衷于动员墨西哥裔美国人投共和党人的票。[87]）但是她一直提防着总统再选举委员会的那些打手，并认为尼克松的种族主义"南部战略"具有攻击性。她想要一个更阳光、更优雅、更和蔼的领导者，不久，她和共和党在罗纳德·里根身上找到了这种特质。

奥康纳对大众的情绪等方面总是有一种近乎不可思议的直觉，她看报纸，追踪新闻，甚至不需要看民意调查就能知道公众的立场。因为她长期生活在竞争和时而冲突的紧急情况中，她近乎完美地适合成为智者——做一名法官。

第五章

公民领袖

不要让命运接管一切，
你可以影响自己的命运。

1979 年夏，鲍威尔湖，法官奥康纳在一艘游艇上与美国最高法院首席大
法官沃伦·伯格见面。一位朋友回忆说，他们一直聊到凌晨两点。

当桑德拉·戴·奥康纳竞选州法院法官时，她想打破固有的模式。根据亚利桑那州遴选法官的制度，奥康纳希望在 1974 年秋获得一个法官席位。奥康纳在 1995 年对联邦司法中心口述这段历史时回忆说这"非常没有吸引力"，她强调："非常没有！"[1]

桑德拉·奥康纳有一条反对说别人坏话的原则，她对人性的看法是宽容且细致入微的。虽然如此，她也有区分人的方法，有时，那好像是将整个世界分成两类：有吸引力的和没吸引力的。她（和约翰）在某种程度上使用这些限定词的方式既是随意的又是直截了当的。多年后，大法官奥康纳成为华盛顿鸡尾酒会圈里的常客，一些才华横溢但在社交方面缺乏自信的最高法院助理们并不清楚奥康纳看中的是他们哪方面的吸引力。

奥康纳是根据他人的外表和社交风度来判断吗？如果你是一个为上司工作而急于献殷勤的法律助理，上司喜好的社交聚会是一年四次、被称为"华尔兹集团"的活动，这看起来似乎是条路。然而，更精明的人会很快意识到，当她称某人有吸引力时，她并没有过多地谈论他的长相或举止（她发现，一些相貌平平的男人很有吸引力，如司法部副部长雷克斯·李，有些英俊、举止优雅的人则没有吸引力，如约翰·康兰）。更确切地说，她正在言简意赅地描述那种难用言语表达但又必须表达的感觉，对她来说，吸引力是一种受人尊敬的正直、高雅和谦逊的混合体——它们的反面则是没有吸引力。她不仅用这个词形容人，还用来形容制度和经商之道，例如 1974 年亚利桑那州遴选法官的方式。

美国一些州的法官是由选民选举出来的。高等法院（初审法院）的一些法官带着他们完美无缺的人格尊严，设法保持中立和客观，另一些法官则几乎毫不遮掩。"我们会把装有威士忌酒的公文包带到法庭上，送给法官。"比尔·琼斯回忆道，他是人身伤害法相关的执业律师，通过菲尼克斯私立走读学校认识了桑德拉，他们的孩子都上过那所学校。他曾代表美国保险协会到州参议院游说桑德拉。"律师事务所年轻的助理在圣诞节被指派带着装有现金的信封拜访法官，桑德拉不可能不知道这些。"他补充道。琼斯讲述了一位声名狼藉的法官的故事，他在审判前一天和被告的辩护律师一起打高尔夫球，当原告的律师在法庭上提出反对时，这位尊严受到伤害的法官回应道："伙计们，我们并没有谈论案件！另外，我今晚有空吃晚餐。"这种散漫的行为是地方性风气使然。琼斯回忆，一位法官坐在法庭的地板上，喝着啤酒，与双方律师打扑克。琼斯说："这一切都是公开的，没有人在意，只是处成了好哥们儿。"[2]

每四年一次的连任竞选使得法官们很容易受那些带着现金又喜欢豪饮的好哥们儿的影响。奥康纳回忆，作为参议院多数党领袖，她的"工作非常艰难"，因为要去改变这一声名狼藉的体制。她提出一项议案，由州长任命法官，从无党派的择优遴选委员会推荐的名单中挑选。奥康纳在立法机构的最后一年，她的议案赢得了参议院的通过，却夭折在众议院。在那里，来自人身伤害律师协会的说客的影响力更大。奥康纳并没有被吓住，她领导了全州范围的请愿活动，推动在 11 月的投票中对择优遴选法官提案进行全民公决。这项提案是一种妥协：位于城市的县，包括马里科帕（菲尼克斯）和皮马（图森）的法官将通过择优遴选产生，而位于乡村的县的法官仍然由选举产生。[3]

1974 年 11 月，择优遴选法官的提案在全民公决中以微弱优势通过。在同一次投票中，最后一批必须参与竞选的菲尼克斯法官中就有桑德拉·戴·奥康纳。

她想避免竞选活动。"我想要州长杰克·威廉姆斯任命我去填补法官空缺，杰克是一名出色的州长，他不想这么做，他认为我应该参加竞选（他是个急于取悦政客的人，他同时支持要争取同一职位的两个人）。"[4]奥康纳回忆道。奥康纳从不为赢得公职而逼迫自己，在填补了州参议院的一个席位空缺后，她在共和党人数众多的选区中只遭到了民主党有名无实的反对（不需要挨家挨户地游说，区域面积太大，这件事不值得一做），但是现在她必须在全县范围内与共和党提名的法官戴维·佩里竞选。佩里攻击奥康纳"不是一个真正的律师"，并声称自己是州长威廉姆斯的首选。桑德拉的父亲记得奥康纳的孩子们为他们的母亲举着标语，当时他们的年纪分别是 11 岁、14 岁和 17 岁。哈里·戴回忆说："她害怕得要死，她真的很不安，担心自己做不出成绩。""她讨厌竞选活动，"她的参议院立法助理里克·德格劳说，"她喜欢与不同团体交谈，但她并不热情，还很生硬，可她有个好名声，人们都知道她。"这次竞选花费了 13 000 美元，在向马里科帕县 115 000 个共和党家庭寄送了大量邮件后，她获得了 70% 的选票，击败了佩里。[5]

像往常一样，每当奥康纳开启一份新工作，就会饱受焦虑之苦。① 她回忆："我害怕得要死，一切都很突然。我就是这样。当动议提出时，我必须对它们做出裁决；当人们对证据提出反对时，我也必须做出裁决。这太可怕了。"[7]在担任法官之前，她坐在其他法官的审判庭里观察和学习。她在学习该做什么，也学会了不应该做什么。她观察到法

---

① 奥康纳年轻的朋友、来自菲尼克斯的苏珊·泰勒受邀在 1995 年担任斯坦福大学校友会的主席。"我不认为我能应付得了，"泰勒回忆说，"桑德拉对我说：'苏珊，我做过的每一份工作，我都认为是很艰难的，就最高法院大法官这一职位来说，没有工作手册，我在华盛顿周边找不到捷径。你必须接受这份工作。'"泰勒照做了。[6]

官将出现在他们面前的律师都当作朋友，也看到了后者呈交的充足的证据。

每隔一年，亚利桑那州律师协会就要求其成员对他们出庭面对的法官进行评分。1978 年，奥康纳就任后的第三年，她的得分是 8 名法官中最低的。[8]1981 年，当奥康纳被提名为美国最高法院大法官时，法律记者史蒂文·布里尔决定更深入地调查她在亚利桑那州律师协会得分低的原因。他写道，他期望"找到一个完全不属于我们的高等法院的人"，然而他发现了一个满怀勇气的形象。

奥康纳因其优质的书面意见及公正的判决而受到好评，但是她的整体得分总是因她在"对律师礼貌"方面得到最低分而被拉低。[9]律师比尔·琼斯回忆："她排名低，因为她很强硬，而且律师们也不喜欢她。我们习惯于逍遥法外。"例如，律师在法官办公室私下提出来要求法官延期开庭是常见的做法，但奥康纳要求他们在法庭上公开提出来。如果律师不做准备就出庭，奥康纳就会说："继续进行，传唤你的第一个证人。"律师们很快就懂得，进入她的法庭，必须为他们要处理的案子做好准备。

"她强硬、简洁、粗暴。"安迪·赫维茨回忆道，他是一位曾在奥康纳法庭出庭的律师，后来成为一位联邦法官。"在早上或者一顿长时间的午餐后的下午，你找不到法官，"赫维茨说，"对没有陪审团的案子，奥康纳会利用午餐时间审理。"高等法院悠闲的节奏使法官们有充足的时间喝啤酒、打高尔夫球，以及收取客户的费用。奥康纳想要以一种彻底且有效的方式完成她的工作，然后回家（午餐时她常常在办公室啃一大块奶酪）。赫维茨回忆说："当时普遍的做法是，只要律师愿意，就让他们不停地说下去，奥康纳则花很多时间看案卷，所以审判进行得更快。她说：'好了，你已经问过这个问题了。'如果她已经知道答案的话，她就要求加快询问。"[10]

奥康纳勇敢地面对那些多年来一直在草率工作的律师，伦兹·詹宁斯在回归律师事务所之前，曾是亚利桑那州最高法院的法官。1978年，在公开法庭上，法官奥康纳告诉詹宁斯的一位客户，詹宁斯代理其案子的表现太糟糕了，他应该换一个律师。奥康纳接着向州律师协会纪律委员会投诉，当时79岁的詹宁斯年事已高，应该取消他的职业资格。"对桑德拉来说，这么做需要有极大的魄力，"马里科帕县检察官巴里·西尔弗曼说道，"詹宁斯的问题（错过诉讼的最后时限、案件处理不当）一直以来都是我们假装没注意的事情。"奥康纳反对的不仅是詹宁斯在法庭上的无能，"伦兹·詹宁斯是个名副其实的蠢驴，一个老傻瓜！"亚利桑那州州长布鲁斯·巴比特的幕僚长杰克·拉索塔回忆。州长巴比特的妻子哈丽雅特·巴比特说："詹宁斯是我认识的最盛气凌人的肮脏的老男人，甚至没有女人想和他一起乘电梯。"[11] 哈丽雅特也曾在奥康纳的法庭上做过辩护律师。

奥康纳是马里科帕县高等法院的三名女法官之一，作为一位新人，她被分配到最糟糕的法庭——地下室里一个黑暗、嘈杂、空调很差的房间，县监狱里人满为患的醉汉拘留所就在隔壁。有时她走过走廊，要么越过、要么绕过熟睡的醉汉身体，她还随身携带一大罐杀虫喷雾。她对记者开玩笑说，她需要一把"肉斧头"来杀死大个儿的蟑螂。[12]

奥康纳曾经描述自己作为一名初审法官，民事和刑事案件她都审理，"就像每天沉浸在肥皂剧的剧情里一样，听着故事，有些是高兴的，有些是悲哀的，有些是令人气愤的，有些什么都不是"。[13] 她既不是量刑偏重的法官，也不是软弱无能的人，而是一个严格的裁判，时刻注意法律的界限。她判处一名犯有谋杀罪的毒贩死刑，但在她发现检察官扣留了证据后，就推翻了自己的判决并重新审理。在另一起谋杀案的审判中，一名男子被指控烧死了他的孩子，警察拿出无可辩驳的证据证明该男子有罪，但是由于警察提供的证据是在没有搜查令的情况下获得的，奥康纳排除了这些证据，宣告该男子无罪。[14]

与此同时，奥康纳毫不畏惧地宣称自己既能使法律人性化，又能使法律更加公正。她在后来的口述历史中回忆："我试着在量刑方面有所突破，我试图给人们留下深刻的印象。我用事实推动缓刑，如果被判处缓刑的人不能正确地按照我说的去做，缓刑将被取消，他们会在法庭上再见到我。没有别人，只有我能想到，我尝试创新的方式，就是让犯人白天出去工作，晚上回监狱睡觉。我尝试在我的权限范围内，将赔偿款支付给受害者。"在离婚案件中，奥康纳依据自己作为母亲的经历来分割财产，母亲会让一个孩子切比萨，让另一个孩子选择拿哪块比萨。当一对夫妇分割 40 只共同拥有的纯种格力犬时，声称要耗费数天的审判时间来提供有关每只狗的价值的证据，法官奥康纳先让一方当事人将所有的狗分成两张清单，让另一方当事人的律师选择其中之一，案子审判大约只用了 15 分钟就结束了。[15]

疑难案件可能使法律运用变得更困难，一个女人承认向虐待她的丈夫开枪，陪审团判定她犯有谋杀罪，而法官奥康纳相信她的行为是出于自卫，在法律允许的范围内对其做出最轻的及支持其减刑请求的判决。实施法律规定的刑罚或将累犯送回监狱是法官工作的一部分，奥康纳接受了自己在这个体制中的角色，这个体制似乎很严酷，然而，正义的极限和人类苦难的旋转门也造成了损失。奥康纳有时对这一切的徒劳感到心灰意冷，她在口述历史中承认了这一点。[16]

1978 年夏，奥康纳身陷一个特别困难的案件，一名女子在法庭上承认有罪：她伪造了 3 500 美元的支票，还可能使用了更多的空头支票——也许价值 10 万美元。这名女子是来自斯科茨代尔的小康家庭的大学毕业生，她被丈夫遗弃，她的丈夫是美国国家橄榄球联盟的运动员。她卖掉了房产，但不足以维持她期望的生活方式。根据法律，她应被判刑入狱。

但是奥康纳身处两难境地，这名女子有两个年幼的孩子（一个 16 个月大，另一个出生仅 3 周），如果她判这名女子监禁，她的孩子将成为受法庭监护的未成年人，最终可能被寄养。被告渴望法庭的仁慈，乞求以缓刑代替坐牢。

在法庭上，奥康纳告诉她："作为一位母亲，我同情你，我已经为这个案子痛苦了好几周，这是我不得不解决的最难的案件。你有智慧，也很美丽，还有两个小孩，你来自一个良好的、受尊敬的家庭。然而，令人沮丧的是，必须得让那些拥有与你同样优渥条件的人都知道这类情况。"

奥康纳还是判处了这名女子 5~10 年监禁，当被告被带出法庭时，她尖叫道："我的孩子怎么办？我的孩子怎么办？"后来，《亚利桑那共和报》的一名记者发现法官奥康纳坐在她的房间里，仍然穿着她的黑色法官长袍，她在落泪。（这名女子在被监禁了 18 个月后，与她的孩子们团聚。[17]）

20 世纪 70 年代中期，华盛顿特区"水门事件"丑闻的涟漪波及了马里科帕全县和菲尼克斯，由于尼克松总统的严重不端行为，决心改革的共和党现在成了腐败政党，共和党人失去了对亚利桑那州州议会的控制，民主党人驾驭着新掌控局势的少数族裔与不断壮大的白人选民结成的联盟上台执政。奥康纳在州参议院的朋友、对手阿尔弗雷多·古铁雷斯成为多数党领袖，选民选举了（这是第一次）一位西班牙语裔自由派人士劳尔·卡斯特罗担任州长。

然后，突然发生的一系列事件为桑德拉·奥康纳创造了政治机会。凭借在共和党政坛 20 多年的工作经历、与巴里·戈德华特等党内大佬们的朋友关系，以及她丈夫大规模的政治关系网，她成为党内建制派"最喜爱的女儿"。奥康纳显然是更高职位的候选人：一个令人安心的具备女性气质和新女性形象的候选人，成功吸引了女性和男性的选票。政治的曲折和转向为她打开了道路，同时考验着她的独立性和真实的欲望。

1977 年秋，吉米·卡特总统任命卡斯特罗州长为美国驻阿根廷大使，州务卿韦斯利·博林是一个政治上很软弱的亲商占位者，他自动接替了卡斯特罗，一些共和党领导人认为法官奥康纳应该在 1978 年的选举中与博林对决竞选州长。"我们试图筹集资金，"迪克·豪斯沃斯回忆道，他是共和党内活跃的银行家，"但是遭到共和党捐助人的抵制，新州长，也就是老州务卿，他能给你想要的一切，所以为什么要费心改变呢？"博林虽然是民主党人，但他是一种制度的产物，这种制度是在拥护无党派的意识形态的情况下对商界的奖励。

1978 年 3 月，成为州长仅 5 个月后，博林去世，由于没有州务卿，博林的位置由州司法部部长布鲁斯·巴比特继任。巴比特是富有的年轻改革派，他的家庭在亚利桑那州是联邦放牧许可证的最大拥有者（桑德拉的父亲哈里·戴次之）。巴比特不如博林圆滑，豪斯沃斯回忆。共和党建制派不能指望在州长办公室中新兴的环保主义民主党人会对新的税收减免政策、高速公路和水利项目抱有好感，"这导致了征募桑德拉"竞选州长的运动，豪斯沃斯说道。她被大多数（并不是全部）政党大佬视为其公民利益的托管人。[18]

大多数周五的晚上，共和党的政治捐客都会在一家墨西哥餐厅聚会，共进晚餐，以谋划策略。博林死后不久，巴比特宣誓就任州长。1978 年 3 月的一个周五晚上，奥康纳在州参议院的盟友利奥·科贝特被委派去接洽法官奥康纳。科贝特回忆说："我走进法院告诉她，她很感兴趣，但是她说'我得和约翰谈谈'。"[19]

关于征募奥康纳的行动的消息很快就传开了，说客克里斯·赫斯塔姆在午餐时遇到奥康纳，他说"伙计，我希望你竞选州长"，奥康纳回答"我正在考虑这个问题，但是要不要参与这件事，我还不确定"。她不愿意进入那种"政治混乱"，赫斯塔姆说道。奥康纳的朋友、众议院司法委员会主席彼得·凯劝她不要参与竞选，凯回忆说："我不认为她会赢，巴比特很受欢迎，弗拉格斯·塔夫（在亚利桑那州北部）的一半都归他的家族所有。"芭芭拉·本特利是桑德拉在斯坦福大学库伯利宿舍的舍友，她遇到约翰·奥康纳，约翰告诉她："我们试图决定桑德拉是否应该竞选州长。"约翰看上去很平静，本特利回忆道："桑德拉的成功似乎从来没有困扰过他。"但约翰的支持对她的成功至关重要，而且她会仔细倾听他的期望。[20]

3月底，一群共和党知名人士聚集在丹顿巷的奥康纳家中，斯科特·奥康纳回忆说，他当时在斯坦福大学三年级就读（他也是美国游泳运动员），被叫回了家，"所有人都在，挤满了人，我们不得不多拉几把椅子"。在奥康纳家的客厅里，在抛光的水泥地上和丹麦产的现代风格家具上，坐着参议员戈德华特和保罗·范宁、国会议员埃尔登·拉德、多数党领袖伯顿·巴尔、亚利桑那州共和党主席伯特·克鲁格里克，以及奥康纳的特别赞助人马歇尔·汉弗莱，他是州参议院前主席，也是富有的农场主（从他们相聚在铁泉时期起，奥康纳夫妇就称汉弗莱为"马蒂叔叔"。铁泉是一个老旧但别致的度假区，位于老菲尼克斯山区森林中，夏天走进去马上就会感到清凉。汉弗莱是一位温和的改革家，他曾引领州政府的现代化改革）。

议员圈里的另一位密友是加里·德里格斯，他的出现是一种警示。德里格斯家在美国西部拥有一家银行，而且是当地的主要银行，经营储蓄和贷款业务，他的兄弟约翰毕业于斯坦福大学，是菲尼克斯的前两届市长，还曾在1974年竞选州长，但陷入了一场令人不快的有五位竞选者的竞选，他耗尽了家庭资源却没能成为州长。斯科特·奥康纳回忆说："德里格斯一家在他的竞选中投了很多钱，结果输了，妈妈担心她会遭遇相同的结果。"

在奥康纳家拥挤的客厅里，"每个人都在阐述自己的观点，"斯科特说，"然后，妈妈说'我不愿意投那么多钱'（斯科特记不起具体的数字）。她是非常理智的人，采用了一个不能举出反证的论点。她怎么能确定她不会两手空空、身无分文地离场？"[21]

加里·德里格斯回忆道："桑德拉基本是说，'注意，如果你们想让我竞选，我得确信有足够的钱，所以，在你们为竞选阵营筹集到足够的钱之前，不要跟我谈这个问题'。她知道政治上有许多轻松的话题，人们轻松地聊天，不谈钱。她要在竞选之前看到钱，就是'给我钱'。"[22]

没有人能做到这一点。征募奥康纳竞选的行动在启动之前就告吹了。亚利桑那州学生团体的前主席、众议院议员约翰·罗兹的助理罗伯特·麦康奈尔被说服暂时搁置他的律师执业工作，开始为奥康纳组织竞选团队。"我得到马歇尔·汉弗莱的认可，他认为世界是她的，我被告知她将在周一宣布参选，但是在周一早上，我得知'取消了，她改变了主意'。"[23] 麦康奈尔回忆道。

奥康纳的决定不仅是出于对资金不足的担忧，在给两位共和党的忠实拥护者、州众议院议员罗兹和萨姆·斯泰格尔的私人信件中，奥康纳排除了她面对的障碍。她警告说，在州参议院困扰她的社会保守派运动正在再次分裂党，威胁要在初选阶段争取州长提名，这将会留下伤痕。极右派的埃尔·米查姆鲁莽且爱卖弄，他正开足马力竞选。[24] 多年后，回顾往事，斯科特用比她可能使用的更丰富的措辞描述了母亲的想法："米查姆①是一个穿着白色袜子搭配商务套装的愚蠢的汽车经销商，他是个小丑，但是为了竞选，他足够疯狂，即使建制派已经在为妈妈的竞选做准备。另外，她还记得立法机构曾经多么可憎。"[25]

至少有几个行动者和摇摆不定的人不情愿把钱交给奥康纳，因为如果奥康纳赢了，他们不相信她会按照他们的要求去做。来自天堂谷的亚利桑那州众议员彼得·科普斯坦回忆说："她认为一些是行动者的人并没有真正地行动起来。"像布鲁斯·巴比特一样，桑德拉·奥康纳并不像某些捐赠者希望的那样"圆滑"。科普斯坦告诉《亚利桑那共和报》："她有道德操守，使一些说客感到害怕。他们知道自己不能直接走进她的办公室，实现他们的目标，而不管对错。"[26]

加里·德里格斯并没有发现奥康纳想成为州长的"内驱力"，他观察到"桑德拉和约翰拥有美好、正常、快乐的生活"。在他看来，奥康纳并不需要感受激发大多数政治人士的那种自我意识的冲动，她不必强迫自己赢得公职选举才清楚自己在为实现某种伟大的目标服务，总

---

① 米查姆在 1986 年当选为亚利桑那州州长，1988 年被弹劾免职。他被指控滥用州资金，并因使用"黑小子"一词来描述黑人儿童而饱受批评。

之，她不是必须在公共生活中产生有意义的影响。在菲尼克斯，桑德拉和约翰在他们拥有的权利中都具有影响力。德里格斯说，"那时，人们恰恰更多地参与到社区之中"，他自己的摩门教大家族是菲尼克斯商业友好型政治体制的支柱，"那是个足够小的地方，我们知道所有的力量都在那里，你可以和几个人聚在一起把事情搞定"。

尽管如此，奥康纳的竞争欲望还是被搅动了，然后又戛然而止。"我的感情很复杂"，她写信给议员斯泰格，解释她不参与竞选的决定，她暗示自己在家中受到了阻拦，"我丈夫对我的候选人资格不太热心"。也许正如加里·德里格斯所说，奥康纳一家不需要让桑德拉坐在州长的椅子上就能在公民生活中感到满足。即便如此，奥康纳告诉一位年轻的朋友，这位朋友正在为校报文章采访她，她说不竞选州长是"我甚至不得不做出的最艰难的决定"。奥康纳不是一个事后质疑自己的人，但是她在写给朋友巴里·戈德华特的信中说："我总是怀疑这个决定是否正确。"多年后，她对朋友、美国司法部副部长的沃尔特·德林杰谈起她与选举政治的纠葛。"她用那双钢铁般坚定的眼睛盯着我，并告诉我：'巴比特是个好州长，但是我能取代他。'"[27] 德林杰说道。

就像 10 年前的桑德拉一样，哈丽雅特·巴比特在菲尼克斯一家知名律师事务所找工作时遇到了麻烦。1972 年，以班级名列前茅的成绩从亚利桑那州立大学毕业后，哈丽雅特嫁给了布鲁斯·巴比特。她为州最高法院法官当了一段时间的法律助理后，最终在一家律师事务所找到了一份工作。她说："我的第一个陪审团单独审理的案子就是在桑德拉的法庭上进行的，那时我就认识到她相当好。她想知道法律依据是什么，她不喜欢'裤子后袋'式的争论（源自律师的即兴发挥），这使我占据了优势。"像奥康纳一样，哈丽雅特更多的是靠做功课，而不是靠与好哥们儿说俏皮话。

"奥康纳法官不辞辛劳地指导业内女性"，哈丽雅特回忆道，直至20 世纪 70 年代中期还没有什么女性律师，"在亚利桑那州执业的女性律师仍然屈指可数"。哈丽雅特学会了在电梯里避免伦兹·詹宁斯的咸猪手，并尽力在两个孕期中仍连续不断地处理争议案件。1975 年，菲尼克斯炎热的夏天，她受到法官奥康纳的特别关照，"我是一个有孩子的出庭律师，她是一个有孩子的审判法官，我怀着我的第一个孩子出庭"，哈丽雅特说，奥康纳法官让她"放松点儿"。哈丽雅特·巴比特在 9 月初生产完收到法官奥康纳写给她的信："我希望不要用法庭的命令告诉你，不要太着急赶回去工作。"[28]

1979 年春，卡特总统任命亚利桑那州上诉法院法官玛丽·施罗德为联邦上诉法院法官，亚利桑那州第二最高法院留下的空缺由州长巴比特来决定由谁填补。根据 1974 年在奥康纳大力推动下采用的择优遴选方式，州长从两党组成的律师专家小组和公民领袖提出的三个候选人中选择一个。但是幕后政治并没有完全消除，在专家小组制定出一个正式名单之前，州长已有一份非正式名单，上面的三个人全是男性。"你就不能做得更好些吗？"州长的妻子哈丽雅特·巴比特问道，她提议选择奥康纳法官。

州长巴比特后来回忆，他妻子热情地推举奥康纳（"除非你推荐她到上诉法院，否则别费心回家了。"州长的幕僚长杰克·拉索塔说）。巴比特尽职尽责地接洽威廉·赖利，他是亚利桑那州公司委员会的负责人、共和党建制派的成员，曾在司法提名委员会任职，巴比特要求他确认奥康纳是否会对上诉法院法官这一职位感兴趣。询问完成后，正式的候选人名单包含了奥康纳的名字。1979 年 12 月，奥康纳被提升为亚利桑那州上诉法院的法官。[29]

多年后，许多政治圈的人都对一个谣言信以为真，就是布鲁斯·巴比特推荐桑德拉·奥康纳到上诉法院是为了避免在 1982 年参加竞选连任州长时，她成为潜在的对手。巴比特本人开玩笑说："桑德拉·奥康纳在民调中即使领先我 20 个百分点，都与此无关。"[30] 奥康纳在美国最高法院的第一位法律助理露丝·麦格雷戈回忆起她向奥康纳询问谣言一事："她笑着说，'也许有些事情是那样'"。当约翰·奥康纳得知妻子有机会晋升到上诉法院后，菲尼克斯的政治圈传言约翰已经在悄悄采取行动。的确，多年后，大法官奥康纳告诉她的朋友朱迪·霍普，约翰曾游说州长的妻子，帮助桑德拉进入上诉法院。霍普说："约翰和哈丽雅特谈过，奥康纳就是这样说的。"[31]

"我不记得接到过约翰·奥康纳的电话，我认为我不会记错。"哈丽雅特·巴比特告诉我。巴比特夫妇和奥康纳夫妇之间是否存在明确的默契，值得怀疑。尽管如此，两个家庭共同的朋友都发现了在亚利桑那州人脉错综复杂的政治圈中，的确有一些人牵线搭桥的迹象。法官赫维茨（后来是州长巴比特的幕僚长）说他不知道约翰·奥康纳是否给哈丽雅特打过电话，但是他补充说："如果桑德拉有机会获得提拔的话，约翰会抓住机会。我无法想象约翰会不利用这个机会出击。在他的律师执业生涯中，他就是个交易者，他是那种镇上每个人都喜欢的人。"至于州长巴比特，"我从未听说过他在明面上做过什么交易，但是他对外暗示过一些东西"，弗雷德·杜·瓦尔说道，他负责巴比特 1978 年的州长竞选。法官施罗德（奥康纳就是填补了上诉法院中原属施罗德的位置）说："巴比特夫妇否认那是提前安排及'约翰给哈丽雅特打过电话'这两点，并不是互斥的。如果约翰打电话给哈丽雅特，我并不惊讶。每个人都在猜测，巴比特需要启用一位女性去填补那个空缺。"[32] 即便有关政治阴谋的暗示一直甚嚣尘上，桑德拉·戴·奥康纳在她的职业生涯中得到了哈丽雅特·巴比特的重要帮助是毋庸置疑的。奥康纳很欣赏这位崭露头角的律师所拥有的法律方面的才华，1975 年夏天在马里科帕县老法院地下室一个狭小、闷热的法庭里，奥康纳设法保护怀孕的哈丽雅特。1981 年 7 月，奥康纳被提名为美国最高法院大法官后，她写给哈丽雅特一张便条说："我能说什么呢？没有人比我更惊讶。当然这是你强力推荐我到亚利桑那州上诉法院的结果。"[33]

1976 年，桑德拉·奥康纳被选进她挚爱的母校董事会。她每月去斯坦福大学，结识了另一位董事莎伦·珀西·洛克菲勒，她是伊利诺伊州参议员查尔斯·珀西的女儿、西弗吉尼亚州参议员约翰·D.洛克菲勒四世的妻子。洛克菲勒回忆说："我们住在教师俱乐部，我们都是很认真的姑娘，提前一年预订房间。然而他们接受的预订超额了，不得不问我们，你们两位能住在一个房间吗？于是我们就共享一间了。"

两个人因头发的话题而拉近了距离。洛克菲勒说："我的金发让我看起来像是从地狱来的金发天使。奥康纳用黑色细发夹，我告诉她现在都是用滚筒发夹了。"奥康纳"穿得很漂亮，但她并没有像一些女人那样把太多的心思和注意力放在穿着上。她很实际，不过度讲究或者花很多钱在这上面"。洛克菲勒观察到，奥康纳是"很女性化的——她知道如何与女性交谈。不软弱，不多愁善感，但她很在乎你。你能快速做事——她不过分解释。我周围有许多女权主义者，奥康纳与她们不一样"。

但是她仍然是坚定的。洛克菲勒经常来往于她西弗吉尼亚查尔斯顿的家和帕洛阿尔托之间，"我说，这让我受不了，我需要辞职。桑德拉说，你不要这样做，如果你辞职了，他们记住的唯一事情不是你进入了董事会，而是你辞职了"。洛克菲勒留在了董事会，她说："这是个男人们组成的董事会，由保守派主导，它是老男孩的聚会。他们总是告诉我'至少一年别说话'，但是桑德拉坚持不懈，从来没有放弃，一丁点儿都没有。"在一个难解的房地产问题上，奥康纳与一位董事会成员对峙。"每一个人都在想'哇，也许我们不应该再讨论了'，"洛克菲勒说，"我想'哇，她却一点儿也不想让步'，她知道她是对的。"

一天，桑德拉告诉洛克菲勒，她在不是很正式地考虑竞选国会议员。洛克菲勒问："约翰怎么想？"奥康纳回答："我们会想出办法的。"洛克菲勒理解这话的意思是："如果我想做这件事，我就会去做。" [34]

她并没有准备在华盛顿谋得一份工作，至少当时还没有。但是她，也许约翰更甚，两个人都是深耕着自己社会关系网的人。他们喜欢接触和了解有趣的、有权势的人，因为他们明白从一个关系可以拓展到另一个关系。1979年夏，桑德拉拜会了美国最高法院首席大法官，并展现了个人魅力。

1979年8月，首席大法官沃伦·伯格计划到亚利桑那州北部参加一个司法会议，伯格的幕僚长马克·坎农打电话给他的嫂子洛伊丝·德里格斯·坎农，询问她对如何招待首席大法官有什么想法，洛伊丝建议在鲍威尔湖乘游艇进行一次短暂的航行。鲍威尔湖是位于亚利桑那州和犹他州边界被洪水冲刷出的峡谷地带的水库，它不仅非常大，而且如水晶般清澈。洛伊丝的哥哥约翰是菲尼克斯的前市长，也是个经营储蓄和贷款业务的银行业大亨，他同意这个建议，但也问："我们如何招待首席大法官呢？"

德里格斯夫妇立即想到了奥康纳夫妇。"他们认识所有合适的人，"约翰·德里格斯的妻子盖尔回忆道，"我们曾一起玩猜谜游戏，桑德拉擅长猜谜游戏，她擅长一切游戏。"1972年1月，德里格斯夫妇曾经与奥康纳夫妇长途旅行到华盛顿参加他们的同伴、字谜玩家、大法官威廉·伦奎斯特的宣誓就职仪式。当他们看到最高法院雄伟的大理石大厅内的大法官肖像时，盖尔对约翰·奥康纳说"桑德拉的照片总有一天会出现在这里"，约翰回答说"哦，这是不可能的，他们不可能从亚利桑那州挑选两名大法官"。（"我用这件事取笑了他好多年。"盖尔回忆道。）

约翰·德里格斯打电话给约翰·奥康纳，问他和桑德拉是否愿意加入他们与首席大法官伯格在鲍威尔湖上的游艇之旅。"这是我们永远愿意的事！"约翰大声喊叫起来。

在数千英尺深的陡峭的红色悬崖下，在8月的阳光中，游艇漂浮在湖面上，德里格斯一家和奥康纳一家滑水，大家吃着桑德拉用腌料腌制后的烤鱼。那位身材挺拔、满头银发的首席大法官喜欢办公室的装束，起初表现得很正式，他说"就叫我首席吧"，但是夜幕降临后，他坐着与桑德拉谈论法律和政治的时候，就变得温和了。"她与首席大法官马上就很投契。"马克·坎农回忆道。显然，从他明亮的眼睛里可以看出，他发现了一个看起来是他想找的人才。坎农已经习惯他的上司对围绕他且试图讨好他的律师都表现出一种怀疑的态度。"但他对桑德拉是真喜欢，他们一直谈到凌晨两点。"[35] 约翰的弟弟加里·德里格斯回忆，他也在这次出游名单中。

在返回华盛顿的航班上，马克·坎农疑惑地大声问他的老板，奥康纳能否成为最高法院的大法官，毕竟她当时只是低等层级法院的法官，但是共和党人才储备库中的女性法官凤毛麟角，越来越多的选民对司法机构一直以来以白人男性为主导的结构感到不安。民主党已经走在前头，吉米·卡特总统正准备任命 41 名女性联邦法官，是他所有前任任命的女性法官数量总和的 5 倍。[36] 坎农回忆道："卡特总统正考虑将第九巡回法院法官雪莉·赫夫斯塔特勒（联邦上诉法院，也是斯坦福大学法学院毕业生）送到最高法院，这很明显是即将发生的事。"

随着伯格一行人飞往东部，他们对奥康纳的热情逐渐高涨，"他们谈到如何让她更出名"，坎农回忆道。很明显她有雄心和良好的地方关系。坎农说："我们能看出她很精明，虽然她的作风略微倾向于自由派，但是她有联邦参议员戈德华特和范宁的支持。"为了丰富她的司法资历，首席大法官伯格让她加入一个知名人士委员会，即司法研究员委员会，它的成员包括哈佛大学法学院前院长、司法部部长欧文·格里斯沃尔德。伯格还让她参加英美法律交流活动，这是一个大西洋两岸法学家组织的高级别年会。

1980 年夏，奥康纳夫妇得益于首席大法官的帮助，前往伦敦与国际法律精英交流。他们俩都喜欢戏服，并且会参与业余戏剧表演，因此，他们对英国同行的假发和长袍印象深刻，并挖苦地写道，甚至连下级的治安法官也被尊称为"裁判官阁下"。桑德拉坚持写日记：在白金汉宫皇家花园舞台举行的是一场"奇幻表演"，她坐在下议院访客席上，看到首相玛格丽特·撒切尔以"精心选择的回应"抵御住了工党议员喝倒彩，这给她留下了"深刻的印象"。她的日记上随处可见"吸引力"这个词（并且偶尔也会用"无吸引力"一词），她以"非常高大但缺乏吸引力"来形容一位杰出的政治家，她问："他是如何赢得选举的？"相反，她写道："温斯洛·克里斯蒂安法官（加利福尼亚州上诉法院法官，也是斯坦福大学的毕业生）很有吸引力。"当首席大法官伯格来访时，桑德拉记录："我很高兴见到他，他很热情、友好。"[37]

＊　＊　＊

在菲尼克斯社交界，奥康纳夫妇已经是当地"皇室贵族"的代名词。1979年，约翰和桑德拉与其他公民领袖发起了一个名为"山谷领袖"的项目，"旨在鼓励菲尼克斯地区年轻的、积极向上的公民了解社区，成为积极分子，最终成为公民领袖"，约翰·奥康纳在他的家庭备忘录中写道。[38] 奥康纳夫妇举办晚宴，在宴会上表演了一个小节目，让大家按顺序传递一只粉红色的泡沫塑料橄榄球，拿到的人要谈论一下如何成为公民领袖，以及作为丈夫或妻子应如何与伴侣相处。他们的戏剧小品的题目是"双职工家庭婚姻成功的999条秘诀"，从始至终都很轻松，他们相互开玩笑，假装抢对方的风头。约翰吹嘘他在家务琐事上有"打不破的不称职纪录"（这是摆脱做家务的最好办法，他解释道）。迪克·豪斯沃斯回忆起桑德拉在希尔顿珀恩特酒店的情景："她开始讲话，三分钟后，约翰走进房间说，'我的日程安排上写着是我！'"[39]

约翰喜欢自嘲，他成功竞选菲尼克斯扶轮社社长的竞选纲领是："美丽的妻子，富有的岳父，游泳池的浪子，网球漫步者，酒鬼，目前在职（截至1977年6月22日），贫穷且不诚实，一个真正的笨蛋。"当桑德拉称自己在家有点儿太直率时，"约翰转了转眼睛，像个局外人似的。他不会心烦，他可能会说，我们再来一次，但他从来没有生过气"，斯科特·奥康纳说道。桑德拉的弟弟艾伦回忆说："约翰是个啦啦队队长，他从不会把自己的鼻子气歪。他们夫妇俩约定，如果约翰倒垃圾的话，她就会在他讲笑话时捧场。"[40]

桑德拉确实对约翰的笑话报以开怀的、真诚的笑声，不管她听过多少次。但是在工作中，她表现出的状态并不轻松。州参议员吉姆·科尔比回忆说"她不是一个很和气的人"。科尔比与桑德拉在一个委员会里承担撰写刑事判决规则的工作（"她的看法是'让我们把这件事弄清楚'，判决现在是错乱的。"科尔比回忆道，他后来成为美国国会议员）。"桑德拉保持身体挺直，用一种抑扬顿挫的语调说话。她非常小心谨慎，但她的表情很有表现力，她会咧着嘴表现出不耐烦。一般她不开心的时候，眼睛会眯起来，嘴唇也显得很不自然。"[41]她用不起眼但能说明问题的方式展露她的权威。在审判委员会，她直接从法庭过来，看起来有些做作，走到参会者中间，似乎是表演一样脱下她的黑色长袍，并将它挂在椅背上。没有人会疑惑会议室里究竟谁是法官。

对她的弟弟艾伦来说，桑德拉似乎总是给人一种感觉，她命中注定要有一个不仅限于财富或社会成功的、更卓越的未来。20世纪70年代末，美国企业界对妇女运动日渐觉醒，不过她拒绝考虑加入几家全国性公司的董事会。艾伦回忆道，"他们确实在打她的主意"，联合航空和伯利恒钢铁都向她提过，但她"不想在生活中增添此类经历"。（部分原因是只要她在董事会任职，就不能保留法官职位。）对神秘主义有所涉猎的艾伦回忆起他曾经问桑德拉，是否有一种"命中注定"的感觉。他把她的反应描述为"就做桑德拉自己"。对此，艾伦将这表示为优雅的逃避，艾伦说"她既没有承认，但也没有否认"。早些年，她在斯坦福大学的几个女性朋友就认为她使自己保持一种超然状态，就好像她意识到她命中注定会成就事业，远胜于"春天里的婚约"或在郊区拥有一栋大房子。她在斯坦福大学布兰纳宿舍的室友妮娜·范·伦塞勒表示："我想她一直清楚有些特别的事情要做。"[42]

奥康纳曾在接受采访时说："我内心有一个无法确定的信号，每当我面临艰难的抉择，它都会告诉我该走哪条路。"[43]她不是在等命运，在她的文件夹里，有一张给自己的便条，在20世纪70年代末的某一天，她用娟秀的笔迹写道："不要让命运接管一切，你可以影响自己的命运。"[44]

20世纪70年代末，当奥康纳夫妇在天堂谷的快乐世界生活得逍遥自在的时候，这个国家似乎正在衰退。经济陷入通胀加剧和低增长的恶性循环。当时的滞胀导致了两位数的利息和失业率的"悲惨指数"。最终，1975年越南战争惨败，接着又受到1979年伊朗人质危机的打击，美国看起来越来越像一个无助的巨人。吉米·卡特总统担心美国国民精神萎靡，但他似乎对此无能为力。

美国人从左右两派寻找答案，右派——罗纳德·里根捍卫的反大政府保守主义占主导地位，左派——寻求摆脱阻碍少数族裔和女性的旧秩序。奇怪的是，这两股力量在一个偶然的时刻因桑德拉·戴·奥康纳而凝聚在了一起。

1980年10月中旬，在摇摆州伊利诺伊州，距总统选举日还有两周，共和党总统候选人罗纳德·里根在男性选民中领先时任总统的吉米·卡特11个百分点，但他在女性选民中落后9个百分点。里根的首席政治顾问斯图亚特·斯宾塞提醒其需要做一些事情来缩小女性选民支持率的差距。因此，里根做出一个"竞选平衡决定"。1980年里根竞选活动的副法律顾问、埃德·米斯的助手肯尼斯·克里布回忆，在10月14日的记者招待会上，里根宣布他将提名一位女性"来填补我的政府的最高法院首批职位空缺之一，现在是时候让一位女性跻身我们最高级别的法学家之列了"。[45]

第六章

总统来电

**大法官桑德拉·奥康纳，
牧场主的女儿成为美国最有权势的女性。**

1981 年 7 月，里根总统和司法部部长威廉·弗伦奇·史密斯与奥康纳在椭圆形办公室聊天。两周前，正式面试她时，他们巧妙地避开了堕胎问题，他们更喜欢谈论牧场的事。

在里根政府早期的司法部，司法部部长威廉·弗伦奇·史密斯的年轻助理们希望里根总统不要认真兑现把一位女性送进最高法院的承诺，至少不要在他的第一次任命时就兑现。"我们对候选人里根的演讲中'尽最大努力'的用意进行了剖析。"史密斯年轻的法律顾问肯·斯塔尔回忆道。司法部部长办公室的这位少壮派希望总统能选择他们提名的人选——罗伯特·博克，博克是尼克松总统和福特总统当政时期的司法部副部长、耶鲁大学法学院教授，他是个直言不讳的人。

对司法部保守的共和党律师们来说，反对"大政府"的"里根革命"意味着击退20世纪五六十年代首席大法官厄尔·沃伦领导下的最高法院掀起的司法自由主义浪潮。罗纳德·里根亲自发起了反堕胎运动，禁止种族隔离学校用校车接送学生，废除死刑，或者使用法律技术手段让罪犯获得自由。由尼克松总统任命的沃伦·伯格领导最高法院开始修正航向，但是止步不前。罗伯特·博克会为最高法院的保守主义带来强有力的声音，或者说，年轻的里根主义追随者期望并相信这一点。[1]

总统让他们失望了，在3月下旬的一次工作会议上，司法部部长史密斯向他的助手透露他有一个重大消息，大法官波特·斯图尔特打算退休，最高法院出现了一个空缺。史密斯称这个消息为"国家机密"，不会对外公布，要一直保密到6月，因为要给史密斯团队充足的时间寻找补位的人。但是对博克来说，成为大法官的希望很快就破灭了。史密斯援引总统的话："我承诺过让一名女性进入最高法院，现在如果没有合格的女性，我理解，但是我无法相信一个都没有。"让焦躁不安的年轻助手们沮丧的是，史密斯不再保留任何摇摆不定的态度："这一职位将属于一位女性。"[2]

史密斯已经开始准备一份女性大法官候选人名单，他用铅笔把她们的姓名写在电话留言簿的背面，把这张纸条放在办公桌的一角。他开完会离开时，把纸条交给了肯·斯塔尔，斯塔尔瞥了一眼名单，问："谁是奥康纳？你这里只有一个姓。"

史密斯回答："桑德拉·奥康纳，她是亚利桑那州上诉法院的法官。"[3]

史密斯的名单上司法履历最引人注目的候选人是阿玛莉娅·基尔斯，她曾被吉米·卡特总统提拔到美国第二巡回上诉法院。基尔斯是一位才华横溢的非洲裔美国人，也是自由派民主党人。史密斯的搜寻委员会由主管法律政策的司法部助理部长乔纳森·罗斯领导，继续推进此事。另一位被卡特总统提拔的美国上诉法院法官科妮莉亚·肯尼迪具备任职的资格，并且她更保守，但她是个索然无味的人。搜寻委员会成员汉克·哈比希特回忆说："她是一位旧学院派出身的职业女性，通过努力工作赢得了如今的位置，但她的履历并不出彩，没有什么值得详述的。"桑德拉·奥康纳则是个"横冲直撞的破坏者"，哈比希特回忆道。[①]

史密斯团队搜寻人选时，亚利桑那州中级法院的法官"并不出名。她没有支持者"——除了一个重要的人。大法官威廉·伦奎斯特"成为奥康纳的坚实依靠"，哈比希特回忆道，他做得极其"隐秘，躲在幕

---

① 除了基尔斯、肯尼迪和奥康纳，斯图尔特在6月宣布退休时，在白宫法律顾问弗雷德·菲尔丁的文件中，18位候选人中还有两位女性：洛杉矶高等法院法官琼·克莱因和北卡罗来纳州最高法院首席法官苏西·马歇尔·夏普。[4]

后。他是自愿的，就像突然间冒出来的。这对奥康纳来说是一针'强心剂'，它会改变结果"。哈比希特认为伦奎斯特的介入，"看起来与他的个性极不相符"，或者说，对这件事而言，对最高法院任何在任的成员而言，代表候选人积极地游说司法部都与其作风大相径庭。不管例外与否，伦奎斯特的话对搜寻团队来说还是很有分量的。在最高法院，伦奎斯特是一位积极反对联邦司法激进主义的大法官。"在保守主义律师当中，他就是一个神。"哈比希特说道。

这可能是伦奎斯特第一次向威廉·弗伦奇·史密斯推荐奥康纳。"我有深刻的印象"，肯·斯塔尔回忆，"史密斯从来没这么说过，他非常谨慎"，但是从他上司的评论和叙述中，斯塔尔得出结论：伦奎斯特已经说服司法部部长把奥康纳的名字写在他的电话留言簿上。[5]

6月25日，波特·斯图尔特公开宣布退休后的一周，桑德拉·奥康纳躺在丹顿巷的家中，经历了子宫切除手术的她尚在恢复期。电话铃响了，是威廉·弗伦奇·史密斯打来的，司法部部长很谨慎，问她能不能到华盛顿来面试一个"联邦职位"。

奥康纳清楚这通电话的重要性，但她用一种狡猾的探究式询问做了回答："您打电话是谈关于秘书的工作吗？"在成为司法部部长之前，史密斯曾是吉布森、达姆和克拉彻律师事务所的合伙人。差不多在30多年前，这家洛杉矶的律师事务所的工作人员曾问心怀抱负的律师桑德拉·戴，她的打字能力如何。[6]

史密斯的电话令人意外地并没有"拿"住奥康纳。前一天，司法部部长助理汉克·哈比希特被派到菲尼克斯，调查她在立法机构和法官职位上的记录，这位来自华盛顿的助理确实没有隐瞒身份就来了，在炎热的夏天，他是唯一一在州议会大厦里穿着西装的人（他的双手还被租来的汽车的方向盘烫伤了）。亚利桑那州众议院议员约翰·罗兹的前助理、现任司法部驻国会联络官罗伯特·麦康奈尔建议哈比希特悄悄寻找认识奥康纳的共和党内部人士，被麦康奈尔挑选的内部人士中就有马歇尔·汉弗莱——"马蒂叔叔"，他马上去了奥康纳家，把内部消息透露给桑德拉。[7]

奥康纳对史密斯并没有表现出太大的热情，她对史密斯略知一二，他们在加利福尼亚打过网球。[①] 她告诉史密斯她正在休养身体，问他需要她什么时候去华盛顿，史密斯回答说一周内。奥康纳说这可以做到——她已经被安排去参加一个在华盛顿召开的会议，她说她会问一下她的医生是否可以出行（医生同意了，说只要她别拿比小笔记本更重的东西就行）。史密斯问，他是否可以派他的助手肯·斯塔尔和乔纳森·罗斯去拜访她。奥康纳说，她很欢迎他们来家吃午饭。[9]

到6月底，奥康纳已经意识到她将亲自上阵为自己进行艰难的竞选游说。她可能是从一个相对默默无闻的岗位进入司法部的搜寻范围的，但伦奎斯特早期的举荐呼吁已经得到其他一些有影响力的声音的支持。沃伦·巴菲特的投资人兼合伙人查理·芒格曾写信给他的朋友威廉·弗伦奇·史密斯，说奥康纳会像大法官威廉·布伦南在沃伦法院为自由派所做的那样为保守派做些事——用实用的政治技巧塑造五票多数派。[10] 6月18日，斯图尔特宣布退休当天，亚利桑那州联邦参议员、温和派民主党人丹尼斯·德孔西尼发布了一篇新闻稿，呼吁里根总统任命奥康纳到最高法院工作。联邦参议员巴里·戈德华特与德孔西尼的办公室在同一走廊，他私下打电话给里根总统，推举他的老朋友桑德拉·奥康纳。"我告诉总统，他必须这样做！"戈德华特在参议院会议上向德孔西尼解释说。白宫方面仔细听取了戈德华特的意见，他是参议院军事委员会主席，军事委员会不久将对里根总统的国防军费增加案进行投票。[11]

与此同时，美国最高法院首席大法官找过总统的首席法律顾问弗雷德·菲尔丁。10年前，沃伦·伯格曾告诉尼克松总统，他"完全反

---

① 对他的助手，史密斯有所防备，因为他的律师事务所提出雇用奥康纳当秘书，而不是作为律师。他辩解说："至少我们给了她一份工作！"[8]

对"任命一位女性大法官。在一起乘坐游艇在鲍威尔湖游玩，以及后来在伦敦的四大律师学院亲切交谈后，桑德拉·奥康纳改变了伯格的想法。在伦奎斯特做司法部部长时，首席大法官也正悄悄接近白宫首席法律顾问，他在选择大法官的过程中也有发言权。"等到了里根竞选胜出之时，他就准备好采取下一步行动了，"伯格的幕僚长马克·坎农回忆道，"伯格与弗雷德·菲尔丁有交情，向他谈起有关桑德拉·奥康纳的事情。"菲尔丁回忆说："伯格邀请我周日去他家吃午餐，他谈了对女性进入最高法院的态度的转变，然后高声说出了她的名字。他说自己和奥康纳在伦敦相处过一段时间。这让我很高兴，他正在栽培她。"[12]

桑德拉·奥康纳的丈夫很快就尽己所能开始运作，就像 10 年前他为大法官伦奎斯特奔走运作那样，约翰·奥康纳接通他那规模庞大的客户人脉网，包括从斯坦福大学毕业的富商比尔·弗兰克（当时是财富 500 强公司西南林业的负责人）。弗兰克回忆说："1981 年，我接到了约翰打来的电话，他说，'总统里根将要任命一位女性进入最高法院，你认识贝克（白宫幕僚长詹姆斯·A.贝克），你能打电话给他，让他考虑一下桑德拉吗？'"

弗兰克很负责任地打电话给贝克，贝克曾是休斯敦一家大型律师事务所的合伙人，也为弗兰克的商业帝国做一些法律工作。"贝克在电话里问'我能为你做些什么'，"弗兰克回忆道，"我说'里根要任命一位女性进入最高法院'，他说'是的，各方正为这事纠结权衡呢'，我说'我想到一个人——桑德拉·奥康纳'，他问'桑德拉·奥康纳吗'。"电话那头传来贝克翻纸页的声音，过了一小会儿，贝克说："这里有她，她在名单上。"贝克是众所周知的冷静的实用主义派，他劝告弗兰克，这个过程是"政治的"，他应该从亚利桑那州国会代表团那里为奥康纳召集支持者（约翰已经在这方面采取行动了）。[13]

詹姆斯·贝克回想起，他在与比尔·弗兰克的通话中曾在摘要记事本上寻找奥康纳的名字。（"我很惊讶，我会说这是政治过程，我想我不会这么说的，"贝克告诉我，又补充说，"我本可以这么说。"）正如贝克所讲的那样，到了总统高级顾问发表意见的时候，所谓的"三驾马车"——幕僚长贝克、白宫法律顾问埃德温·米斯及总统助理迈克·迪弗坐下来考虑他们向里根总统推荐的人选，奥康纳是"领先者"。6月23日，"三驾马车"随同司法部部长史密斯面见里根总统，讨论接替波特·斯图尔特的人选，一小时的谈话几乎完全围绕奥康纳。史密斯告诉里根，法官奥康纳在偏好司法约束方面有"一份强硬的记录"，重要的是，她"来自西部"。正如贝克回忆所言："没有太多的争论，没有真正势均力敌的竞争，但我们在提供保守主义简历上遇到了麻烦。"他补充说："南希·里根也在场，如果她不在的话，我们就不做这事儿了。"[14]

奥康纳必须通过最后一项测试，6月25日周六上午10点，司法部部长派来的两名使者——肯·斯塔尔和乔纳森·罗斯出现在丹顿巷那栋土砖与玻璃建成的房子里。35岁的斯塔尔是史密斯的高级助理，曾担任首席大法官伯格的法律助理；40岁的司法部助理部长罗斯毕业于耶鲁大学（骷髅会会员）和哈佛大学法学院。这两人都是约翰和桑德拉可能形容为有"吸引力"的那类人。

斯塔尔回忆说，奥康纳家的房子"非常随意，没有什么花哨之处，有天窗，非常有腓尼基风格。我们坐在一组相对放置的沙发上，我与乔纳森·罗斯坐在一起，她与她的丈夫坐在一起"。斯塔尔认为约翰·奥康纳"参加我们的会议有点儿多余"，但是"他自始至终没有试图引导对话，并没有冒犯谁"。

约翰·奥康纳在他的个人日记中写道："整个会议我与桑德拉·奥康纳坐在一起，谈话从社交的本质开始，我们相处得很好。"谈话接着转向了奥康纳作为参议员和法官的经历。无法回避的是，来访者问到她对堕胎问题的看法，约翰记录了她当时的回答："她说，她个人认为堕胎是令人憎恶的，但她在立法机构任职时，这不是主要问题，人们没有把她当作这个问题争议性两面的任何一方的改革者。"斯塔尔和罗斯问"如果她认为法院过去的判决是错误的话，是否应当推翻当时的判决"。奥康纳选择了谨慎处理，毫无疑问，她知道里根的密使是在礼貌地打探她在"罗伊诉韦德案"上将做点儿什么。该案由美国最高法院在1978年做出判决，它赋予女性堕胎的宪法权利。正如约翰所记录的，桑德拉熟练地运用技巧处理了这个问题："她提到这样一个事实，即她认为法院应当解释而不是制定法律。不过，她说，在数量有限的案件中，法院撤销旧的判决是适当的。然而，她说应该谨慎行使这一权力。"

斯塔尔问了"大约75%的问题"，约翰·奥康纳发现他"显然是个相当聪明的人，他读过桑德拉所有的上诉法院判决意见"。约翰在他的日记中写道，谈话全程"相当轻松，我是在有限的基础上参与的。那是个炎热的夏日，我花了很多时间来来回回地送软饮给他们。其间，桑德拉打断了谈话，准备了一份三文鱼慕斯作午餐"。[15]

乔纳森·罗斯被折服了。"那可是在高温下做出来的三文鱼慕斯啊！"多年以后，他仍会惊叹，"她把一位菲尼克斯女性能做的所有事情都做到了极致。"肯·斯塔尔则忆及她给出的州上诉法院的判决意见（该法院处理的是地方问题，如工人赔偿问题，不涉及美国宪法问题）严谨、合理。不过，给他留下更深印象且他更感兴趣的是桑德拉个人的行事风格。"她善待自己，她的特质中混合着不拘小节、高贵端庄和迷人的魅力。给人留下深刻的印象，"他感叹道，"哇，真是令人印象深刻。"他了解他的上司史密斯，史密斯是"非常注重关联感的。对他而言，人之间产生的那种吸引力十分重要"。作为一名洛杉矶的律师，史密斯曾经在加利福尼亚州为州长里根挑选法官。史密斯重视意识形态，更重视司法执行能力，他期望发现一个令他的总统朋友满意的人才。

"她解除了他们的'武装'。"加利福尼亚州的法官查尔斯·伦弗鲁回忆说，他是奥康纳夫妇的密友，斯塔尔后来曾与他谈到自己与罗斯去丹顿巷的经历。"他们去那里对奥康纳进行考察，回来后谈起了三文鱼慕斯。"伦弗鲁很清楚桑德拉是怎样把这两个浑身是刺且事事挑剔的年轻人转变成了彬彬有礼的客人。伦弗鲁是在伦敦的一次英美法律交流活动中认识桑德拉·奥康纳的，"她对自己很满意。律师事务所的拒绝可能会摧毁其他人，使他们变得愤世嫉俗，但是她依旧充满自信"。[16]

吃完午餐，谈话结束后，约翰走近斯塔尔和罗斯的汽车，说他"想问一件他们不是必须回答的事情"。就像他在日记里写的那样："我问是否还有其他人与桑德拉一样在快车道上，他（指斯塔尔）毫不犹豫地说'没有'。"

约翰返回屋里，桑德拉正在洗碟子，"我转向桑德拉，我说基本上这事已经定了，除了某些完全不可预见的因素，她将会收到任命通知，她认同我的判断"。[17]

在后来的几年里，奥康纳说她强烈怀疑自己的运气。在 1992 年纽约大学法学院院长詹姆斯·西蒙对奥康纳的采访中，奥康纳对西蒙说："来自亚利桑那州的牧牛女孩最终进入了最高法院，这似乎太不可思议了。在法学院同一班级的两个人（大法官奥康纳和伦奎斯特），相互认识且都住在亚利桑那州，能同一时期在最高法院任职似乎更是小概率事件。整件事看上去都不大可能！我就认为它不会发生。"[18]

在斯塔尔和罗斯离开丹顿巷时，奥康纳可以让自己和约翰一样，相信这个职位非她莫属。的确，约翰对桑德拉的信任十分深切，自从看到她在法学院崭露头角，他就着迷于她的干劲和才智。他相信其他人一旦发现了她也会如此。但是桑德拉的过于自谦也是真实的，也许她不允许自己想象谋取了最高法院的职位，这个梦想看起来遥不可及，对女性来说，好像几乎是不可能的。[19]

在司法部律师们到访的三周前，奥康纳夫妇在家中为儿子斯科特举办了纪念日泳池派对。在派对上，桑德拉对斯科特的一个朋友说了同样的话。布雷特·邓克尔曼即将前往华盛顿担任大法官伦奎斯特的法律助理，他回忆说，斯科特的母亲负责"端上什锦菜卷，她把我拉到一边，她说她和伦奎斯特一起上的法学院，她告诉我，她多么羡慕他，他担任过大法官杰克逊的法律助理。她说'我一直想要有那种经历，我一直羡慕威廉，但是我没能实现它。对我来说，它是个没法获得的机会。我希望你能领会这一点，以及这个机会对你来说意味着什么'"。她表达的是一种几乎可以被感知到的渴望——不仅是对最高法院法律助理一职的渴望，更想拥有接下去的职业生涯。她站在泳池边，系着一条舞会围裙，"她不停地走动"，邓克尔曼回忆道。（不到四个月后，邓克尔曼出席在最高法院举行的奥康纳宣誓就职仪式。站在镶着木板的接待室，"她与我对视"，邓克尔曼说，她兴高采烈，奥康纳"微微地笑了"。[20]）

6月29日，奥康纳飞到华盛顿。那天晚上，她与威廉·弗伦奇·史密斯和他的妻子琼在杰斐逊酒店共进晚餐。奥康纳在日记中记录道："琼·史密斯开启了谈话，她说'我知道你是菲尼克斯女青年会会长'，我回答'是的。你也是女青年会的吗'"。（答案是肯定的，琼·史密斯也是一位女青年会的会长。[21]）上午，奥康纳与总统里根的密友、副国务卿威廉·P.克拉克（一位养牛的牧场主）及司法部副部长埃德·施穆尔茨共进早餐。下午，她精神饱满地去位于朗方特广场的一间酒店套房会见了弗雷德·菲尔丁和白宫"三驾马车"——贝克、米斯和迪弗，她的直率和西部女性智慧甚至赢得了米斯的支持，而米斯更喜欢照章办事的保守主义者。[22]

只有里根还没有露面，为了保密，她被告知第二天早上在位于杜邦环岛的人民药店外等候。她穿着一套色彩柔和的套装站在那里（临时从第五大道的塞克斯商店买的），那天天气闷热又阴沉，威廉·弗伦奇·史密斯的秘书开车接她去白宫，没有人认出她。

上午10点15分，她被引进椭圆形办公室，里根回想起两人1972年曾在菲尼克斯的"象鼻象牙"晚餐会上见过面。他问了她一些关于司法哲学的问题。法官应该解释法律，而不是制定法律，这是她照本宣科的回答。然后里根提起被他称作"敏感话题"的堕胎问题，他注意到人们对于生命什么时候开始存在"分歧",他说"在我看来,如果我们怀疑,我们则必须尊重生命存在的可能性",但是奥康纳的会议笔记记录说"没有被问到什么问题"。奥康纳说过,她认为堕胎是事关"个人憎恶"的事情,但是总统和他的部下都没有逼她说是否赞成推翻"罗伊诉韦德案",相反,总统和奥康纳亲切地谈论牧场生活,里根似乎很享受。40分钟后,这个职位显然是她的了。[23]

然而,在后来的岁月里,她假装(或者真的相信)她仍然没有机会。"那天下午我飞回亚利桑那州,我刚好特别清晰地记得我的反应,"她告诉詹姆斯·西蒙(对其他许多人,她都几乎一字不改地重复这个故事),"我坐了下来,回想我这两三天内所有不寻常的会面,与那些我每天都能读到的人见面,以及在椭圆形办公室里拜见总统,是一件多么有趣的事情。然而,我长长地松了一口气,我确信我不会被要求去担任大法官。"[24]

第二天,7月2日,《华盛顿邮报》报道说,法官桑德拉·奥康纳位列被提名进入最高法院的候选人短名单的第一名。由于奥康纳家的电话要被前来求证询问的记者打爆了,他们全家便于7月4日开车前往了他们位于铁泉度假区的小屋。

奥康纳穿着西部风格的衬衣和裙子,在铁泉俱乐部会所台阶上给一群度假者朗读《独立宣言》。在这些近距离观察她的人当中,就有露丝·麦格雷戈,她是约翰·奥康纳所属的芬纳莫尔·克雷格律师事务所聘用的第一位女性律师。("律所指派约翰做我的导师,可能是因为他们认为他已经习惯与女性律师打交道。")早在1974年,麦格雷戈就曾提到对参议员奥康纳在《平等权利修正案》的听证会上对待菲利斯·施拉夫利的方式印象深刻,她说:"他们正谈论无性别卫生间,这个问题可能失控,但是桑德拉泰然自若,有条不紊。"现在,她即将被任命进入最高法院的传言让所有人都心神不宁,但奥康纳本人"非常淡定,她给人的感觉是什么都不会发生",麦格雷戈说道,"我能说的只有,他们一定是非常出色的演员"。[25]

7月6日，周一下午3点半左右，桑德拉·奥康纳打电话到她丈夫所在的律师事务所的办公室，让他来一趟上诉法院的法官办公室，她说"有急事"。10分钟后，当约翰放慢脚步走进她的办公室时，她正在打电话。她用手遮住话筒对约翰说："这事定了。"她正在与总统的幕僚长吉姆·贝克通电话，她已经与总统谈过了。里根总统打来电话时，她一直在与首席大法官伯格通话。在那之前，她还与联邦参议员巴里·戈德华特联系了。帮助过她的人正排着队告诉她这个好消息。

"我站起来，离开我一直坐着的沙发，来回走动。因为之前的铺垫，我对结果并不感到意外，但是令我有点儿惊讶的是，我一直期待的事情现在真的实现了。"约翰在日记中写道。

桑德拉和贝克谈完后挂断了电话，约翰飞奔过来，用手搂住了他的妻子。他们牵手站了一会儿，望向窗外，桑德拉说"这将改变我们的生活"，约翰回应道"你必须接受这份工作"。[26]

在后来的岁月里，奥康纳说，当罗纳德·里根打来电话时，她的"心沉了下来"。"我在亚利桑那州过得很开心，我是个法官，我喜欢我的生活方式，喜欢我的家人，也喜欢我们居住的地方，我不想搬到华盛顿特区。"她从来没有担任过联邦法官，不确定自己能否胜任这份工作。

"你的想法太荒谬了，"约翰对她说，"你将会做得很好。"[27]桑德拉·奥康纳永远记得（也会珍视）丈夫对她的坚定支持。她的儿子们也注意到了，他们最小的儿子、在斯坦福大学上二年级的杰伊·奥康纳回忆说："当然，她永远不会说不。"约翰·奥康纳也等到了自己被任命为芬纳莫尔·克雷格律师事务所的管理合伙人，杰伊说，父亲知道他将从菲尼克斯最有权势的律师变成华盛顿的"二流人物"。"他将离开他热爱的律师事务所、他热爱的城市、他热爱的律师职业，但是他并不会改变主意。"[28]

7月17日，总统来电后的第二天，早上6点半，奥康纳一家正在丹顿巷家中的厨房里，这时白宫新闻办公室的助理彼得·鲁塞尔敲门。鲁塞尔为了帮助第一位被提名进入最高法院的女性应对那些等待的记者，在深夜从华盛顿飞到菲尼克斯。奥康纳给他做了鸡蛋吃。

早上 7 点 45 分是上班高峰期，两人被困在去往市中心的路上，鲁塞尔打开收音机听到了这么一句话："……那是来自白宫的总统里根的声音。"里根刚刚宣布对奥康纳的提名，他洪亮的声音中带着一丝含混，他称她为"一个四季之人"。鲁塞尔看着奥康纳说"也许我是第一个表示祝贺的人"，他探过身子，轻轻亲吻了她的脸颊。

据《纽约时报》报道，在奥康纳被提名后的新闻发布会上，她表达了感激之情，回避了有关其法律观点的问题。在鲁塞尔看来，她似乎还算"平静沉着"。在上诉法院她的办公室里，她的眼睛扫过堆得越来越多的一沓沓的粉红色电话留言纸，然后开始回电话给那些祝福者。她与她的老朋友、众议院多数党领袖伯顿·巴尔一直保持联系。巴尔笑着提醒她："有了桑迪，就不存在米勒时间了。"[29]

露丝·麦格雷戈那时已在芬纳莫尔·克雷格律师事务所做约翰·奥康纳的合伙人。那天早上她开车上班，打开收音机，听到里根总统正在描述他提名的最高法院大法官候选人的美德，麦格雷戈错过了被提名人的名字。"是谁？是谁？"麦格雷戈想知道，然后她听到里根重复了一下名字——"法官奥康纳"。她将车子停在路边，突然哭了起来。38 岁的麦格雷戈后来成为大法官奥康纳聘用的首个法律助理，许多年后，她成为亚利桑那州最高法院的首席法官。

莫莉·鲍威尔是大法官刘易斯·鲍威尔最小的女儿，她在收音机里听到这个消息时也正在开车。"这太令人兴奋了！第一位女性！"她回忆道，"我还是会起鸡皮疙瘩，你会记得你当时在哪里。"就在几年前，她一直担心父亲能否认可她的选择，所以没有告诉他就参加了法学院的入学考试。莫莉的弟弟回忆说："当莫莉告诉爸爸，她参加了法学院的入学考试，成绩很好，正准备上法学院时，我记得爸爸脸上的表情，那是一种震惊，几乎令人困惑——但也十分骄傲。"

埃里克·莫特利在亚拉巴马州蒙哥马利一个贫穷的黑人家庭中长大，从小失去父母，被祖父母收养，祖父是一个木匠，祖母是一个女仆。在奥康纳被提名到最高法院任职的第二天，他的祖父从《蒙哥马利广告人报》上剪下了新闻报道，用胶带粘在客厅的镜子上，下面引用了马丁·路德·金和弗雷德里克·道格拉斯的名言："一切事情皆有可能。"莫特利后来获得了博士学位，之后担任阿斯彭研究所的主管，和桑德拉·奥康纳成了朋友。

在全国各地，妇女和年轻的女孩（甚至有小部分男孩）都在想象一种曾经对他们关闭的未来。在新泽西州的斯科奇普莱恩斯，9岁大的四年级学生米歇尔·弗里德兰听到父母谈论第一位被任命到最高法院工作的女性。"因为她，我才意识到我也能做到。"弗里德兰回忆道。到七年级，她的笔记在班上传阅，她说她想成为一名法官。2000年弗里德兰从斯坦福大学法学院以名列前茅的成绩毕业，2002年进入最高法院成为桑德拉·戴·奥康纳的法律助理，2014年被奥巴马总统提名为美国第九巡回上诉法院的法官。在联邦参议院司法委员会举行的法官弗里德兰确认听证会上，当时已84岁高龄、身体羸弱的大法官奥康纳坐在她的爱徒后面。弗里德兰回忆道："当参议员们过来向奥康纳表示敬意时，她不停地说，'我在这里是因为米歇尔会成为一位伟大的法官'。"[30]

在雷兹彼牧场，《亚利桑那共和报》的一位记者发现哈里·戴坐在自己的办公室里，几乎不看记者一眼，他一边核对支票簿，一边装出暴躁的样子。哈里说："我以前给她打电话咨询法律问题，每次就一小会儿，但是，自从她当上法官，她给不了我更多建议了，她只是说'嗯，法律就是这么说的'。我说，'好吧，见鬼，我知道法律说的是什么，我想知道的是如何绕过法律'。"

哈里用一种勉强的语气说，他的女儿会是一个优秀的大法官，因为她会比前首席大法官厄尔·沃伦更好。艾达·梅站在一旁说："现在，哈里，你不想让自己的这句话被报道出来的。""好吧，见鬼，"哈里说，

"为什么不呢？这是事实，我会再说一遍。"[31]

* * *

里根总统宣布提名的当天上午，当桑德拉和白宫新闻办公室官员驱车前往她在州上诉法院的办公室时，约翰·奥康纳也在前往亚利桑那州参议院秘书办公室的路上，他想对他的妻子在堕胎立法方面的记录做一些迟来的研究。[32]

五天前，白宫将桑德拉·戴·奥康纳有可能获得提名一事提前透露给了《华盛顿邮报》，是为了弄清楚反对她的都是什么人及他们不支持的程度。他们很快获得了反馈，由奥康纳在州参议院的右翼反对者支持的"全国生命权委员会"和"道德多数派运动"都声称，参议员奥康纳在立法机构投票中"六次赞成无限制堕胎"。在国会山，政府的立法联络官马克斯·弗里德斯多夫传递了来自俄克拉何马州联邦参议员唐·尼克尔斯和伊利诺伊州联邦众议员亨利·海德的警告：对奥康纳的任命将在里根的支持者中"引起一场火焰风暴、一场政纲的背叛，怨恨将是深远的，并且她是反里根的"。几个小时后，弗里德斯多夫又发布："今天参议员杰西·赫尔姆斯（北卡罗来纳州共和党参议员）和参议员史蒂夫·西姆斯（爱达荷州共和党参议员）也加入了反对提名桑德拉·奥康纳到最高法院任职的名单。两种反对的声音都是基于堕胎问题的。"[33]

尤其是保守派参议员杰西·赫尔姆斯的反对引起了里根的特别关切。作为共和党一颗冉冉升起的新星，罗纳德·里根巧妙地利用了选民对新右翼的愤怒，但是为了治理国家，他需要遏制他们的破坏性愤怒。极右派以福音派基督教为基础，正在推动一项"家庭价值观"的社会议程，即反对堕胎、反对色情文学、支持学校祈祷。共和党人1955 年后第一次接管美国参议院，但是他们的一票优势包括了至少十来名社会保守派，他们由温和儒雅但又态度坚定的杰西·赫尔姆斯领导。[34]里根本人更有兴趣削减税收、建设军队，而不是在所谓的社会问题上陷入冗长乏味的政治争斗。他没法煽动那些右翼势力，的确，白宫匆忙宣布里根对奥康纳的提名，就是希望在反对势力形成之前切断它。[35]

在亚利桑那州，反对堕胎者对奥康纳有关堕胎问题的投票记录的攻击被夸大和错误引导。她从未"投票赞成无限制的堕胎"，更不用说是六次。[36]但是奥康纳忘了告诉司法部的面谈者，她曾在1970年的委员会投票中，支持废除亚利桑那州反对堕胎的严厉刑法。

司法部内部开始慌乱起来。汉克·哈比希特被派去研究她的记录，他描述自己最初的反应是："哦，废物！我漏掉什么了吗？她是秘密赞成堕胎合法吗？"他匆忙赶回菲尼克斯，找了一家偏僻的旅馆约见奥康纳的两位议员同事，其中一位是利奥·科贝特。哈比希特回忆说："他兴奋地讲述了他如何指导奥康纳避开热点问题。"[37]肯·斯塔尔焦急地再次拜访奥康纳，他说奥康纳只是忘记了有关投票的情况。（斯塔尔说："我们从来不觉得她误导了我们。"[38]）

奥康纳在联邦参议院最好的朋友巴里·戈德华特以他独特的方式回击了宗教右翼。戈德华特告诉记者，当"道德多数派运动"的杰里·福尔韦尔站出来反对提名奥康纳时，"每一位虔诚的基督徒都应该在杰里·福尔韦尔的屁股上踢一脚"。[39]

奥康纳最好的辩护人是她自己，她陆续拜访了一些联邦参议员。司法部驻国会联络官罗伯特·麦康奈尔回忆说，7月13日，当她在国会山从她的车里下来的时候，"照相机的闪光灯顿时闪作一片"，生命权运动抗议者反复呼喊"投票否决奥康纳"。面对杰西·赫尔姆斯，奥康纳的方式是消除敌意——友好和开放。她咧嘴一笑，说："好吧，你想知道什么？"站在奥康纳的身后，麦康奈尔屏住呼吸，他担心赫尔姆斯会问她打算对最高法院1973年关于堕胎权判决的"罗伊诉韦德案"做什么。因为在提名审查过程中，甚至连白宫都从未如此直接地询问，奥康纳也没有主动表达什么，相反，她"个人厌恶"堕胎，并且她能理解某些州的监管，但是她从未直接声明她将推翻这一有争议的判例。[40]

但是赫尔姆斯并没有问她是否会投票推翻"罗伊诉韦德案"，也许和其他人一样，他不想知道，因为他意识到任何一个直接的答案——无论是"是"还是"不是"，都可能引发政治冲突，在"里根革命"的开始阶段，没有人想看到冲突。相反，赫尔姆斯认真而温和地与奥康纳开战，就是为了告诫那些把他们的权力用过头的法官。赫尔姆斯扮演的是南方绅士，而奥康纳扮演的是西部温和的淑女。如释重负的麦康奈尔回忆说："幸运的是，他真的喜欢她。"

　　参议员们一个接一个地登场，斯特罗姆·瑟蒙德是美国南方前民主党人，后转为共和党人，任联邦参议院司法委员会主席，他警告奥康纳要提防参议员们在她的确认听证会上通过提问迫使她明确表态。[41]然后，瑟蒙德指示他的妻子南希，要她以自己的名义为奥康纳组织一次午餐或茶会，并邀请所有参议员的妻子一起参加。奥康纳与参议员约翰·伊斯特的妻子打过网球，伊斯特来自北卡罗来纳州，是杰西·赫尔姆斯的追随者。桑德拉还会见了爱德华·肯尼迪，他是参议院司法委员会的民主党领袖。面谈开始时奥康纳被问到："你的母亲好吗？"当奥康纳从参议员霍华德·梅岑鲍姆的办公室出来时，她在台阶上轻声说"微微的赞美，参议员，微微的赞美"，声音足以让等候的记者们听见。在他的办公室，自由派民主党人梅岑鲍姆刚刚给予奥康纳慷慨的赞扬，但是奥康纳希望看到的报道其实是左派对她并不热心——为了启迪保守派听众。白宫与参议院联络官鲍威尔·穆尔看着奥康纳表演这场拐弯抹角的滑稽剧，心想："天啊，这女人能计算票数。"约翰·奥康纳自己的游说活动做得比较轻松，与蒙大拿州民主党参议员马克斯·鲍卡斯一起时，他开玩笑地说，他很兴奋能和一个不被"道德多数派运动"认可的人"同眠共枕"。[42]

　　魅力攻势取得了胜利，7月18日，马克斯·弗里德斯多夫写信给里根总统说，法官奥康纳在超过5天的行程中拜访了39名参议员，上午返回了亚利桑那州。他报告说："在这个紧要关头，没有一票承诺或宣布反对奥康纳夫人的。"[43]

对奥康纳的确认听证会计划在 9 月上旬召开，她的准备工作没有间断，近乎疯狂。司法部部长的两位助手准备了参议员们可能提出的各种问题的摘要手册。她的简报员卡罗琳·库尔回忆说："我们跟不上了，她总是打电话来，要下一期的摘要手册。"在菲尼克斯，奥康纳"对摘要材料并不满意"，露丝·麦格雷戈同意从芬纳莫尔·克雷格事务所离职，去华盛顿担任新任大法官的法律助理。她回忆说，在菲尼克斯，奥康纳"对摘要材料并不满意，于是我们 6 个人去了律师事务所的图书馆，开始写备忘录"。[44]（在位于华盛顿的司法部，做摘要材料工作的另一位助手约翰·罗伯茨后来成为美国最高法院首席大法官，他 2017 年才得知，1981 年，奥康纳对他所做的摘要不太满意。首席大法官笑了笑说："我能说什么呢？我是新来的。"[45]）

奥康纳有近乎照相机般的记忆力，当年作为年轻的律师，为了提升工作效率，她选修了速读课程。她的前任、亚利桑那州上诉法院法官玛丽·施罗德回忆说，她见识过奥康纳的记忆能力。有一次在菲尼克斯摩天大楼拥挤的电梯里，就在电梯即将上行时，停电了，灯也灭了。经历几分钟的焦虑和幽闭恐惧后，电力恢复了。奥康纳从她快照般的记忆中提取了一下，毫不费力地回忆起电梯轿厢里十几个人要去的楼层，并在楼层号码板上将它们摁亮。[46]

指导奥康纳准备听证会的罗伯特·麦康奈尔回忆说："她就像一块海绵，你得告诉她一些事情……"需要学习和记忆的内容是海量的。库尔回忆说："她的学习曲线非常陡峭。宪法学？她没有学。她在研究亚利桑那州案例汇编素材。"奥康纳不仅是为听证会做准备，而且在更大意义上是为她在最高法院的职业生涯做准备。回答参议员们的提问的策略是彬彬有礼地回避——实际上是让他们感到无聊。库尔说："我们的计划是避免回答问题，转而详细地描述法律的最新发展，这样参议员就会忘记原本的问题是什么。"但这要求掌握当前最高法院当下的工作内容。在民事案件方面，奥康纳一直在处理州法律问题——财产权、人身伤害、违约，不是首要的平等权利和言论自由等问题。在法学院，她最不喜欢的课程就是宪法。1981年，美国最高法院审理的150起案件中，很多涉及晦涩难解的宪法，以及对联邦法律的解释，这些对奥康纳法官来说都是不熟悉的。

那年夏天，奥康纳瘦了很多，衣服穿在身上直晃荡。[47]8月，白宫副法律顾问理查德·豪泽带领的律师团队被派到菲尼克斯指导最高法院第一位女性大法官提名人。像往常一样，奥康纳坚持为她的客人做一顿美餐。当豪泽和其他来自华盛顿的指导员坐在奥康纳家的露台上讨论联邦法律与总统提名人之间错综复杂的关系时，豪泽闻到了刺鼻的烟味，奥康纳竟然有失水准地做了一顿烧煳的晚餐。[48]

参议院司法委员会新闻秘书比尔·凯尼恩已经对那些特别自负、行为超级古怪的参议员习以为常。他的上司、参议员瑟蒙德给自己植了橙色的头发，并且喜欢在资金筹集活动中往西服口袋里装满鸡翅（他的下属不得不用玻璃纸给参议员的西服口袋里加一层内衬）。9月8日，即听证会召开前一天，凯尼恩在他的办公室，他想了解一下奥康纳，因为他此前从未见过她，正巧这时有人敲门。

正是桑德拉·奥康纳，她独自一人。奥康纳说："嗨，我能看一下听证会的房间吗？"凯尼恩陪同她走进那间巨大的、有着高高天花板的会议室，技术人员正在那里设置几十个摄像头，他指给奥康纳看了那张桌子，她将坐在一个为18位参议员准备的高台前。"她非常平静，很自信，和蔼可亲，说话温和，体贴周到，不害羞，从容不迫。"凯尼恩回忆。

即使她担心媒体，她也不会表现出来。两天前的晚上，她接受了普利策新闻摄影奖获得者大卫·休姆·肯纳利的邀请，肯纳利曾经为《时代》周刊拍摄奥康纳的照片。肯纳利请奥康纳去他位于乔治敦的家中吃烤肉，许多著名记者也在那里，包括美国广播公司的萨姆·唐纳森，他以无论什么时候在接近里根总统时都会呼喊"总统先生"而闻名。奥康纳很善于与新闻记者谈笑风生。"当晚宴结束时，她走进来，开始洗碗！"肯纳利惊呼道，"她太平常了，她是个上班的妈妈，对年轻人很温和友好。她喜欢男人，这一点毫无疑问，但不是调情，而是自然本色。当我带她去法庭为她拍照时，她说'哇！我真的在这里啦'。"[49]

举行听证会的当天上午，她从参议员瑟蒙德的办公室出来，挽着瑟蒙德和巴里·戈德华特走进听证会会议室，瑟蒙德和戈德华特都是保守派偶像。会议室里被"挤得水泄不通"，约翰·奥康纳回忆道，他当时正跟在后面。每位参议员都从讲台上下来向她问好，在与她礼貌会面的过程中，民主党人和共和党人都喜欢她。佛蒙特州参议员帕特·莱希曾经与奥康纳一同被困在停滞在楼层之间的电梯里，他回忆："她说'数到四，我们一起跳'，于是我们数到四后跳了起来。该死的，那不管用！当时你真该看看她那张安全卫士般的脸上的表情。"[50]

在冗长的有关参议员的介绍之后，麦克风为奥康纳打开了。她确保自己做到了冷静、礼貌、简洁地应对任何可能提交到最高法院的特别问题，她不会讨论她可能的投票倾向。她谈到，担任州参议员和州法官的经历是如何使她"更加赞赏"州和联邦政府之间，以及政府不同分支之间的分权，并且强化自己的观点，即司法机构应当做的是解释和适用法律，而不是制定法律。换句话说，她不会成为"沃伦法院"式的司法活动家。

为了避免有人质疑她对家庭价值的忠诚，她朗读了她作为法官在一场令人愉快且动人的婚礼仪式上的致辞：

> 婚姻远不止交换誓约，它是家庭的基础，它是人类社会的基本单位，它是这个世界的希望，也是我们国家的力量，它是我们自身与接下来几代人的纽带。

然后，她介绍了她美满的家庭，一个一个地展示家庭成员："大儿子斯科特两年前毕业于斯坦福大学，他是我们州的游泳冠军……二儿子布莱恩是科罗拉多学院四年级的学生，他是我们家的冒险家，是个跳伞运动员，跳伞超过 400 次，我盼望着他能退役（来自观众的笑声）……小儿子杰伊是斯坦福大学二年级的学生。最后，我想介绍一下我的丈夫约翰，约翰一直毫无保留地支持整个提名过程，并为此付出努力，对此，我非常感激。"[51]

数以千万计的电视观众正在观看。在美国，大约 90% 的电视机（观众超过 1 亿）接收了三档晚间网络新闻广播，所有的节目都将奥康纳的确认听证会作为头条新闻，并且延长播放她作证的片段。《华盛顿邮报》专栏作家玛丽·麦格罗里以她敏锐的目光、批评政客的尖锐而闻名，她身处听证会会场，准确地捕捉到了奥康纳的魅力。"作为一个创造了历史的人，法官桑德拉·奥康纳朴实无华，拥有明亮的淡褐色的眼睛、棕色头发、金属般的西部嗓音"，麦格罗里将她的专栏文章命名为"谨慎"。当参议员们"绞尽脑汁"地寻找热情洋溢的形容词形容第一位被提名到最高法院的女性时，奥康纳双脚交叉地坐着，神情严肃，沉着专注地倾听每位发言者的话。麦格罗里理解奥康纳在坚持与顺从、自尊与自卑之间实现了完美的平衡，麦格罗里写道："她是位有成就而不露锋芒的女性，她有着美丽但不会让人产生疏离感的外表，她聪慧却不会让人忌惮其才智。"[52]

她的表演不是装腔作势，但也并非毫不费力。"我从一开始就感觉命运在压着她，无论如何她都不能在任何层面上失败，"卡罗琳·库尔回忆道，这位年轻的司法部律师在整个听证会期间一直陪在奥康纳身边，"这令人紧张、疲惫不堪，但是她做得相当漂亮。"从上午的听证会到瑟蒙德夫人为参议员夫人们准备午餐，再回到听证会，奥康纳没有休息片刻。"我能断定，这是个很累的过程，能看出她的身体紧绷——眼睛和嘴角周围变得僵硬，上身轻微抽搐，但被隐藏得特别好。压力很大，我能感受到压力。"库尔回忆道。

在坐车回她居住的水门公寓的路上，奥康纳问司法部驻国会联络官罗伯特·麦康奈尔："我做得怎样？"她的表达很"紧张"，麦康奈尔回忆说："我在想，我要让她平静下来。"但是当麦康奈尔在吃完晚餐后敲她的门，她戴着滑稽的大鼻子面具迎接他时，麦康奈尔突然大笑起来，意识到自己不必担心她的心情。[53]

听证会持续了三天，奥康纳优雅地招架了偶尔出现的寻根究底的问题。她已经做好充分的准备，在大部分情况下，她是正式的、正确的甚至一本正经的，然而在关键时刻，她与参议员们之间有一种消除了敌意的亲密。她说，她反对"节育或其他目的"的堕胎，但补充说"我已经人老珠黄，不会再怀孕了，所以这对我来说也许很简单"。关于强迫学校用校车接送孩子的问题，她回忆起她在冬天的黑暗中往返洛兹堡的 7 英里路程："当我还是个孩子时，我发现这让我很不安。"[54]

最后一天用午餐时，参议员瑟蒙德与奥康纳坐在同一桌，同桌的还有参议员伊斯特、来自艾奥瓦州的查尔斯·格拉斯利和亚拉巴马州的杰里·登顿。约翰·奥康纳在他的日记中记录下他的观察："老奸巨猾。我敢肯定，面对来自全国各地的做听证会现场直播的摄像机镜头，这三位参议员不得不用非常敏感的问题（堕胎）问询桑德拉。而在此之前，他们已经完全为她的个人特质所倾倒，其实这并不令人感到意外。"[55]

参议员登顿曾是海军飞行员，他确实试图穿透奥康纳的防线。登顿曾在越南战争中被俘，在被迫公开认罪的过程中，用眨眼（使用莫尔斯电码）的方式"说"出"拷问"一词。他现在扮演审讯者的角色，追问奥康纳关于她遗忘的 1970 年委员会投票赞成堕胎在亚利桑那州合法化一事。奥康纳微笑着，两手紧紧地交叉在一起，在半个小时的时间里，她一直在回避他的问题，超出了给登顿分配的询问时间 15 分钟。她彬彬有礼，但很坚定，她不记得曾投票赞成该法案，并且不管怎样，"投票的事从来不存在，因为这是个被废除的法案"。主席瑟蒙德问未得到满意答案的登顿是否还要 15 分钟，这位参议员抱怨说："我不知道是否还有额外更长的时间做这件事。"[56]

听证会结束，终于礼貌地送走最后一拨宾客后，奥康纳一家"带着极佳的心情"乘坐豪华轿车回到水门公寓，罗伯特·麦康奈尔回忆道。奥康纳夫妇立即换上舞会服装参加那天晚上一年一度的狼阱舞会。当舞会上的乐队奏出快速狐步舞曲时，约翰和桑德拉围绕着舞池翩翩起舞，其他舞者（一大群华盛顿社交界名流）驻足观看，一些人开始鼓掌。在深夜，奥康纳夫妇的长子斯科特看见桑德拉被介绍给火树俱乐部的顶级高尔夫职业选手，总统、参议员和说客会光顾这个只有男性加入的高尔夫球俱乐部。奥康纳忍不住地试探他："我等不及要和你们打球了。"[57]

到了对奥康纳的提名进行投票的时间，唯一可能坚持反对她的是参议员登顿。为给里根总统精心安排通话，白宫的一位助手为总统列出与这位倔强的参议员通话时需要掌握的论点和引导要点。他在给总统的备忘录中列出了谈话要点，在标注为"行动"的一栏中留出了空白，在与登顿通话后，里根用他独特的笔迹填写上："他与我们一致。"[58] 最终的投票结果是 99∶0，提名获得通过。[①] 在国会大厦的台阶上，摄影师拍下了满面笑容的桑德拉·奥康纳与她同样兴奋的支持者（参议员瑟蒙德、戈德华特和副总统乔治·H.W. 布什）的合影。[59]

他们所有人都看重信誉，里根也是如此，并且他是最当之无愧的。他在宣布提名奥康纳的当天，私下告诉参议员艾伦·辛普森："这是一个巨大的成功。"[60] 里根亲自参与确认奥康纳提名的阵营的行动具有启迪性，这表明他并不像有时他看起来那样，是位和善而超然的傀儡领袖。相反，从他决定履行竞选时的承诺（提名一位女性进入最高法院）的那一刻起，他就是一位真正的践行者。

当奥康纳的名字在 6 月被泄露，反堕胎力量马上就找到一位内部人士——菲尼克斯的医生卡罗琳·格斯特，炮制反对奥康纳的证据，

---

① 参议员马克斯·鲍卡斯没有在城里，如果他在的话，他将会是第 100 票。在听证会上，他问奥康纳想在她的墓碑上看到什么话，奥康纳回答："这里躺着一位好法官。"

声称奥康纳曾经六次投票支持堕胎（并不准确），格斯特本人是奥康纳的社交圈熟人（他们的孩子在天堂谷乡村俱乐部一起游泳）。格斯特还声称奥康纳在 1980 年没有支持里根作为共和党总统候选人，但是里根在亚利桑那州有自己的线人，他的姻亲——夫人南希的母亲伊迪丝和继父罗亚尔·戴维斯，都在奥康纳在菲尼克斯的社交圈里，他们能消除第一夫人的疑虑。桑德拉·奥康纳正像她自己所说的那样——"很有吸引力"。得知格斯特的说法后，里根打电话给来自亚利桑那州的资深联邦参议员巴里·戈德华特，询问这一说法是否属实。总统在给一位朋友的信中写道，戈德华特"勃然大怒"，他告诉里根，早在 1980 年大选之前的很长一段时间里，奥康纳就在全情投入地支持里根和他的追随者。所以几天后，当参议员杰西·赫尔姆斯在椭圆形办公室与里根私下会面并重复格斯特的指控时，里根轻描淡写地驳斥这位"生命权医生"是"狂热分子"。从那以后，赫尔姆斯明白，试图挡道是没有意义的。[61]

里根对奥康纳很怜爱，可以肯定的是，某种程度上这是被政治考量牵动的。奥康纳成为第一位女性大法官的道路始于政治顾问对民意调查的警告，调查报告显示里根在 1980 年的大选中，在女性选民的支持率上落后于卡特总统。女性在最高法院任职的画面持续地提升了媒体对里根政府的拥戴。在他的总统任期内，每当有权威人士指责里根把他的政府当作有钱的白种男人俱乐部来管理时，他的助手们都会以桑德拉·戴·奥康纳被任命为最高法院大法官的事例来驳斥。1984 年夏，里根的幕僚长詹姆斯·贝克记录了里根领先于他的对手——卡特执政期间的副总统沃尔特·蒙代尔，甚至在蒙代尔的家乡明尼苏达州的女性选民中也是如此。贝克写道，性别差距已经变成"相反的性别差距"。[62]

但是里根对奥康纳的欣赏蕴含着个人情感因素。在 9 月底的宣誓就职仪式后，奥康纳对里根说："在我看来，世界上最好的地方是能骑一匹快马去放牛的地方。"对里根来说，他梦想着逃到加利福尼亚州沿海山区的牧场，他在内阁会议的记事本上信手乱画了马匹。这样的情感在他们之间形成了深厚而轻松的纽带。为了确保全世界都知道奥康纳进入了最高法院这件事，白宫助理们向撰写第二周出版的《人物》杂志封面故事的记者提供了奥康纳的语录，故事的标题是"大法官桑德拉·奥康纳，牧场主的女儿成为美国最有权势的女性"。[63]

在他母亲的确认听证会的第二天，斯科特·奥康纳注意到一个身材矮小的人走过反堕胎的队伍，这些人聚集在位于德克森街的参议院办公大楼外的人行道上，不停地唱着"投票反对奥康纳"。那个人微笑着，是一种顽皮的笑。由于曾两次碰面，斯科特认出了这名男子就是大法官哈里·布莱克门——"罗伊诉韦德案"判决书的撰稿人，该案是最高法院赋予女性堕胎宪法权利的具有里程碑意义的案件。似乎没有其他人认出大法官布莱克门，斯科特想，也许喧嚣过后，也没有人会认出桑德拉·奥康纳。[64]

第七章

进入大理石殿堂

女性应该接受更被动的角色的说法，
不是桑德拉·奥康纳会接受的。

大法官奥康纳要求她的女性法律助理与她一起在最高法院的场地参加健美操
晨练。该场地位于法庭上方的篮球场，大楼里的每位女性都被邀请参加。

1980年秋，约翰·保罗·史蒂文斯前往圣母大学法学院做一场模拟法庭比赛的裁判。这是一场模拟最高法院听证会的比赛，学生们在听证会上练习他们的上诉辩护技巧。美国上诉法院法官科妮莉亚·肯尼迪扮演另一个最高法院大法官的角色。学生辩护人称史蒂文斯为"大法官先生"，称肯尼迪为"大法官女士"。肯尼迪打断学生说："为什么你一直称我为大法官女士，为什么不只称大法官呢？这不是一种性别歧视的说法吗？"史蒂文斯转向肯尼迪，问她："你感觉强烈吗？""是的，确实是这样。"她回答。

　　回到最高法院，大法官史蒂文斯向他的同伴们详细讲述了这段经历。因为男性法官间的兄弟情谊早已为人所知，大法官波特·斯图尔特也许正考虑自己的退休，以及他的继任者将是一位女性的可能性。他说，大法官们应同意在大法官的称谓中去掉"先生"，简单地称为"大法官"。经过一番讨论，大法官们投票表决，只有哈里·布莱克门投票赞成保留"先生"这一称谓。许多年后，回想起那次事件，大法官史蒂文斯对布莱克门的反抗感到有点儿困惑，毕竟他是"罗伊诉韦德案"判决书的撰稿人。"我猜想他喜欢'大法官先生'这个称谓，并且不认为这很重要，我不知道是不是这样，"大法官史蒂文斯回忆道①，"我知道他是桑德拉最不欢迎的人，也许因为里根总统想推翻'罗伊诉韦德案'吧。"[2]

哈里·布莱克门是个温柔的人，对他的法律助理很有同情心（他是第一位正式聘用女性法律助理的大法官）。奥康纳刚到最高法院工作时，布莱克门对她很热心，一个月后看她似乎还未安顿好，他甚至安排他的工作人员过来帮忙布置她的办公室。[3] 但是他很敏感，缺乏安全感，尤其是他在"罗伊诉韦德案"中的意见，已成为共和党右翼攻击的目标。他认为奥康纳很可能是想推翻"罗伊诉韦德案"的保守派的盟友。

布莱克门为自己的独立而骄傲，他是尼克松总统于1971年提名进入最高法院的。布莱克门与首席大法官伯格被称为"明尼苏达州双胞胎"，两人一起在明尼苏达州首府圣保罗长大，而且都有保守的司法记录。但是当布莱克门走向左派，并脱离了伯格的轨道时，首席大法官对他的老朋友越发冷淡。布莱克门在日记中写道"首席大法官在会议上找我的碴儿"，一位评论员写道，听起来有点儿像"受伤的少年"。[4] 当首席大法官伯格有时利用他的权力以一种似乎具有操纵性的方式发表意见时，布莱克门就会很恼怒，他越来越认为伯格是自负的人。②

其他大法官也有相似的看法，理查德·尼克松将伯格从联邦上诉法院提拔上来，很大程度上是因为他在暴乱不断的20世纪60年代推动了总统的"法律与秩序"议程。大法官波特·斯图尔特将伯格比作游轮上与乘客一起吃饭而不是掌舵的"表演船长"。斯图尔特的判断有

---

① 布莱克门写信给首席大法官说："我最近感觉，我们似乎对一些无关紧要的事情感到恐慌和极度兴奋。我认为这是其中之一。"伯格和刘易斯·鲍威尔也怀疑改名是否为时过早。[1]

② 按照惯例，首先要在会议上投票，布莱克门偶尔感到，在一个双方意见势均力敌的案件中，首席大法官先不投票，直到他看到其他大法官的投票情况，然后与多数人的投票保持一致，这样他就可以保留自己决定由谁撰写判决意见的权力。如果首席大法官是少数派，那么就由多数派中最资深的大法官指派具体人员撰写判决意见——通常是由自由派的布伦南指派。

些刻薄，但是即使是曾在新闻发布会上试图保护伯格免遭批评的绅士大法官刘易斯·鲍威尔，也发现首席大法官在大法官每周例会上的讲话特别啰唆和空洞，以至于他把伯格比作阻挠议事的南方参议员。[5]

9月22日，周二，在奥康纳与参议员戈德华特和瑟蒙德及副总统布什春风得意地出现在国会大厦台阶上的第二天，伯格给他的同伴写信说："现在法官奥康纳得到了参议院的确认，我们可以继续执行过去五周不断演变的计划，这一事件是独一无二的，出席仪式和招待会及新闻报道的压力远远超出我们的应对能力，这引起了相当多的问题，其中大部分问题已经解决。"他总结道："我愿意增加大量的时间，通过努力为这新奇的时刻而完成这个计划，它包含了我们法院六名工作人员的辛勤工作，更不用说我投入的大量时间。"在伯格的备忘录副本上，哈里·布莱克门在最后一句话的旁边打了个惊叹号，他对首席大法官隆重地将奥康纳的宣誓就职称作"授职仪式"（现在法院常用的一种术语）感到不安。布莱克门已经给法院的典礼官写了两封信，他怒气冲冲地坚持说，他的家人和法律助理有权得到他们"通常"就座的前排座位。[6]

在奥康纳宣誓就职前的最高法院招待会上，一名记者问布莱克门是否准备好迎接这一"重大日子"，布莱克门厉声问："这是重大日子吗？"大法官瑟古德·马歇尔在记者面前则表现得更轻松些，他回忆说自己是用一盘饼干来庆祝自己的就职仪式的。[7]（马歇尔是在一个闭门仪式上宣誓就职的——这是应曾经是3K党成员的大法官雨果·布莱克的要求。[8]）

1932年，当建筑师卡斯·吉尔伯特设计最高法院大楼时，他并没有刻意追求微妙。最高法院设立后的一个多世纪里，其办公地点一直被安置在国会大厦地下室一个拥挤但雅致的房间，它位于连接众议院和参议院的通道下面。吉尔伯特希望国家权力的第三个分支有自己的存在和应得之处。要进入这座建筑，辩护人和上诉人需要爬上44级台阶，在两尊重达 50 吨的大理石雕像之间（一尊是坐着的女性塑像，沉思正义；另一尊是男性塑像，象征着法律的权威）有一个巨型匾额，上面赫然写着"法律面前，人人平等"，匾额之下有一扇巨大的铜门。八根高耸的大理石柱子双排排列支撑着山墙，吉尔伯特旨在呼应雅典卫城上的帕特农神庙。[9] 当时，一些大法官认为他们的新家过于宏大，又太威严，他们半开玩笑地称它为"大理石殿堂"。[10]

9 月 25 日，周五中午，首席大法官伯格挽着桑德拉·戴·奥康纳的手臂，沿着最高法院的台阶走了下来，当时几百名摄影师等在那里要拍摄这一时刻，拍照的快门声响个不停。当伯格走到大厦台阶的中部时，他停了下来，向记者感叹道："你们从来没有见过我与一位更好看的大法官在一起吧。"[11]

奥康纳保持着微笑，她对伯格心存感激，此刻她对他已经习惯了，他并不比早期的一些赞助人更自以为是或居高临下。奥康纳早已学会忽视轻微的歧视。与此同时，她完全意识到有尊严的形象的重要性。当她的大多数朋友叫她桑德拉时，她容忍了那些想通过叫她桑迪来显示自己是她的哥们儿的男人（还有一些真正的老朋友，比如威廉·伦奎斯特，他总是叫她桑迪）。她来到华盛顿之后，桑迪·奥康纳的称呼逐渐变成了"桑德拉·戴·奥康纳"。[12]

早年间，大法官们初到最高法院时，几乎没有引起多大轰动。1956 年 10 月，当总统艾森豪威尔提名的大法官威廉·布伦南第一次向他的同伴致意时，大法官们正在最高法院三楼的休息室里边吃三明治边观看世界系列赛。在一番淡淡的寒暄之后，他们中的一位大声叫道："坐下吧，这样我们就能看比赛了！"[13] 而当桑德拉·戴·奥康纳进入大法官们的私人会议室与同事们握手时，她得到了里根总统的陪同。

按照惯例，大法官就职有两个宣誓仪式：司法宣誓在会议室进行，宪法宣誓在大法庭上进行。在第一个仪式上，约翰·奥康纳注意到妻子"有点儿紧张，这是不寻常的"。他在日记中写道："我能感受到她的手有一点儿颤抖，她在司法誓言中说了'客观'（impersonally），而不是'公平'（impartially），誓言中包含'对穷人和富人给予同等的权利'这一精彩的表达。"

在非公开仪式结束后，奥康纳被护送到最高法院那宏大、正式的大法庭，法庭有44英尺高的天花板，装饰着大理石浮雕画，画面展现了魔鬼在受煎熬，描绘了善与恶之间的斗争。在大法庭上最显著的位置，她坐在前首席大法官约翰·马歇尔的椅子上，两个世纪之前，马歇尔曾确立了最高法院作为联邦法律最终裁判者的地位。在她身后有300多名观众，包括总统里根、第一夫人及像奥康纳家族一样能够受到邀请的亚利桑那人。法院典礼官宣诵时，他们都站了起来。"尊敬的最高法院首席大法官和其他共事的大法官们，肃静！肃静！肃静！所有与尊敬的美国最高法院有涉的人请靠前坐并认真聆听，美国最高法院现在开庭，上帝保佑美国和这个光荣的法庭！"在红色天鹅绒幕后面的八位大法官走进法庭，坐在他们的高背黑皮椅上，皮椅位于高起的翼状长台后面，还有一把空椅，也就是第九把椅子，在等待它的主人。

奥康纳在宪法宣誓之后（这次更有信心），法院的副典礼官帮助她穿上黑色长袍，这件长袍是她在亚利桑那州上诉法院穿过的。副典礼官护送她到桃花芯木长桌最右端的椅子上，与其他八位大法官并肩而坐。

从她的座位上，她看见父母坐在观众席上，不禁泪目。[14] 父母老了，又都很脆弱，他们患有因吸烟引起的肺气肿，艾达·梅还有阿尔茨海默病的早期症状。里根总统穿过人群向在轮椅上的艾达·梅致意，艾达·梅对他说："我想我以前在什么地方见过您。"那天晚上有一个家庭晚餐，第二天上午为许多亚利桑那人举办了一场白宫巡游和鸡尾酒会，他们来到华盛顿祝贺他们"最喜欢的女儿"，与此同时，约翰开始寻找工作。[15]

大法官奥康纳正在进入一个秘密的、封闭的世界，大理石殿堂里有自己的安保部队（他们已经记住法院雇员的面容）、木工店、理发店、擦鞋店、裁缝店、护理室和健身房，还有供 400 多名员工使用的图书馆。地下室的 22-B 房间是放映室（实际上摆了一台放映机和一些椅子），大法官斯图尔特在那里看过一部色情电影，并在 1964 年关于淫秽的判决中宣称："我一看到它，就知道是什么。"[16]

1974 年，在第一位女性大法官到来的 7 年前，崭露头角的年轻记者妮娜·托滕伯格写了一篇题为"最后的种植园"的文章。她指出，在 1954 年最高法院取缔公立学校种族隔离的 20 年后，黑人和女性在最高法院仍然只能从事卑微的工作。伟大的自由派大法官厄尔·沃伦、威廉·布伦南和威廉·O.道格拉斯都差遣法院的信使为自己家割草，或在鸡尾酒会上负责提供饮料（没有额外的报酬）。首席大法官伯格上任后，他确保黑人雇员得到更优的报酬和更好的待遇。尽管如此，"仍然有一种令人不快的种族中伤"，大法官奥康纳的法律助理德博拉·梅里特回忆道，"信使和电梯操作员倾向于用黑人，其他岗位都是白人"。[17]

最高法院的外观是宏伟且威严的，但是内部老旧又过时，电梯仍由人工操作。约翰在日记中写道，就在奥康纳就职的那一天，"电梯操作员试图让电梯从第三层降到第二层，但电梯错过了第二层，停到了第一层，操作员花了 5 分钟才将电梯停在第二层"，"我们走进桑德拉的办公室，这几间办公室是大法官史蒂文斯刚刚腾空的（他搬到了已退休的大法官斯图尔特的办公室），它们空荡荡的，很普通"。[18]

没有家具，甚至没有文件柜，顺着墙边堆积着一摞摞纸张，有 5 000 多份调卷令申请——请求最高法院复审。对全国各地上诉法院的案件判决结果不满的当事人可以请求最高法院在有宪法和法律依据的情况下推翻原判决结果（在 1988 年之前，最高法院还被要求审理某些案件，例如涉及被州法院判定为无效的联邦法令或条约的案件）。诉状从文字优美且理由充分的案情摘要到由穷困潦倒的半文盲囚犯手写的粗糙文字，五花八门，前者是由经验丰富的从业人员（通常是曾任最高法院大法官的法律助理的人）撰写的。大法官们会对所有诉状进行审查，但通常是安排他们的法律助理来完成这项工作。九名大法官中有四人投票赞成才能审理这个案件。在奥康纳上任的第一年或最高法院的开庭期——在刚刚开始的前几天里就要做出安排，根据传统是在10月的第一个周一，大法官们将决定167个案件进入复审。

工作量令人震惊，每位大法官必须阅读几百份法律摘要（奥康纳后来估计，她一天必须阅读超过千页），给其他大法官写下大量内容翔实、论点严谨的备忘录，以及不可胜数的判决意见。9月28日，周一，奥康纳正式上班的第一个工作日，她面对的是混乱的文件迷宫。数千封要求最高法院复审的"调取案卷复审令状请愿书"，看上去并没有特别有序地排列。当时露丝·麦格雷戈已经搬到华盛顿，她与大法官奥康纳、约翰一起坐下来开始按日期将请愿书进行分类，这似乎是在做一件合乎逻辑的事情。他们还排除可能需要奥康纳自行回避的案件，因为有可能与约翰在菲尼克斯的律师事务所发生利益冲突。约翰快速浏览了请愿书，认为它们"一切都好"，没有利益冲突。桑德拉说："继续，约翰。"经过一番更彻底的审查，找到了两个可能存在利益冲突的案件。[19]

第二天早上，桑德拉走过大理石大厅，去参加她与其他大法官的第一次会议。在开庭期的大部分时间里，九名大法官在一间橡木装饰的房间里，围坐在一张抛光的长条形桌子旁，房间的墙上挂着约翰·马歇尔的巨幅肖像。为了保密起见，其他人不被允许进入房间。1963年11月，约翰·F.肯尼迪遇刺，首席大法官厄尔·沃伦的秘书犹豫不决地敲门，她不想打扰大法官们。[20]按照惯例，大法官们开会时由资历最浅的大法官应门、记笔记、拿咖啡，同事们稍微有点儿担心奥康纳也许会感到这一角色贬低了第一位女性大法官，但是他们决定惯例必须坚持下去。[21]恰巧，最高法院刚刚撤除了大法官办公室正门铭牌上的"大法官先生"的称谓，然而会议室附近没有女卫生间，她不得不借用走廊尽头一位大法官办公室里的浴室。[22]

按照老规矩，每位大法官在进入法庭或参加会议前都要与其他大法官握手。奥康纳到任的第一天就感受到了大法官拜伦·怀特有力的手。拜伦·怀特在1940年时是耶鲁大学法学院的尖子生，他曾率领全国橄榄球联盟球队对决底特律雄狮队。[23]他在与他的法律助理们进行篮球比赛时，以胳膊肘猛烈撞击著称。"与他握手，就像我把手放进老虎钳一般，"奥康纳回忆道，"他实实在在地握着，疼得我快流泪了。"要说怀特试图恐吓她是不可能的，他把每个人的手都握得很疼。在那以后，奥康纳尽力做到握手时只握怀特的拇指。[24]作为资历最浅的大法官，奥康纳被要求记录大法官们同意复审的案件。她在日记中记录了第一次出席会议的情况，奥康纳指出"首席大法官说话的速度比我所能记录的速度快得多"，她补充道"应门和接收信息是我的工作"，她接着补充说"我不必去弄咖啡"。显然，大法官们不好意思提这个要求。[25]

根据传统，在开庭期的第一次会议上，大法官们决定将哪些案件推入复审流程。讨论开始后，奥康纳很快意识到她收集的"调取案卷复审令状请愿书"的笔记本次序不对，她、约翰和露丝此前错误地猜测这些请愿书是按照在法院归档的时间顺序排列并进行审议的，于是她不得不翻来覆去地找卷宗的位置。午饭时，"她心烦意乱"，麦格雷戈回忆道，"但是没有相互指责，只是说'让我们重新整理好'"。

站在雷兹彼周围山脉的顶峰，人们可以看到，除了远处偶尔有一辆卡车沿70号公路行驶，附近没有接近文明社会的迹象。[26]没有人可以打电话，因此，也没有电话打给他们。当未来可能成为最高法院法律助理的年轻人在大学图书馆阅读拉尔夫·沃尔多·爱默生关于自力更生的文章时，戴氏家族就是这样生活的。

奥康纳习惯于自己照顾自己，尽管如此，她还是有点儿孤单和迷茫，打个比方说，她像是落在了最高法院大理石走廊中晕头转向的矩阵里。到了秋季，白天一天比一天短，当太阳落下时，她会走进最高法院某个露天的内部庭院，面朝暗淡的太阳。[27] 她想念亚利桑那州明媚的阳光。在某种程度上，她甚至想念所有为了得到好处而假意热情和施加压力的亚利桑那州立法机构。她惊讶地发现，在最高法院，大法官们在会议外很少交流，正像一位大法官夸张地说，他们的办公室是九个独立的单人律师事务所，除非有特殊情况，他们从不相互拜访或打电话。[28]

部分原因是，在华盛顿的所有机构中，最高法院最接近柏拉图理想中的中性政府。[29] 在大法官当中，讨论最多的是合法性和技术性问题，谈话是一种不精确的交流方式，容易产生误解，最好把观点写下来，用备忘录来争论，使用通常理解的法律意义上的用词，而不是通过模糊的手势和语调面对面地辩论。人的感受可能会被分散搅扰，可能会使法学污浊，在法律中坚持程序有助于杜绝任意性。

大法官们不是柏拉图的"守护者"，不是通晓一切的哲学家国王，他们也并非总是免受外界的劝说或政治压力的影响。大法官艾毕·福塔斯是由总统林登·约翰逊任命的，他的桌上放着一部红色电话机，可直接与白宫联系。[30] 但是福塔斯是个局外人，他任职的时间并不长，很快因轻微的财务不当行为被曝光而被迫辞职。（福塔斯是个悲剧式人物，被卷入了那个年代的政治，他更严重的问题是与一位不受欢迎的总统走得太近。）大多数大法官都彬彬有礼，与其他大法官之间关系得当，但有些大法官选择与外界隔离式地独处。

他们是受不同的总统任命才偶然地聚集在一起，没有必要相互喜欢。用伟大的大法官奥利弗·温德尔·霍姆斯的话来说，他们可能是"一个瓶子里的九只蝎子"。在 20 世纪 40 年代，曾任哈佛大学法学院教授的大法官费利克斯·弗兰克福特认为首席大法官弗雷德里克·文森（肯塔基州国会议员、总统哈里·杜鲁门的亲信，他从未上过法学院）是一个平庸的人，他对其他人也这样说，最终文森在最高法院周例会上威胁说要用拳头猛击弗兰克福特的鼻子。1953 年，在参加完文森的葬礼回家的火车上，弗兰克福特评论说："这是我第一次感到上帝的存在。"[31]

　　恶意的个人恩怨不时爆发，如文森与弗兰克福特之间，或者像是在同一时代的大法官雨果·布莱克与威廉·O.道格拉斯之间的恩怨。[32]当奥康纳1981年到最高法院就职时，布莱克门与伯格之间的关系已经很冷淡。她发现会议室的气氛沉闷，每个人都小心谨慎，出席每周午餐会的大法官寥寥无几（在大法官们听审口头辩论的日子，他们在二楼一间雅致又简朴的深色木板装饰的房间里用餐，食物的品质不为人所知，奥康纳带了一些辣牛肉干与同事们分享，想以此改善用餐气氛的目的并未达到）。大法官们还在受鲍勃·伍德沃德和斯科特·阿姆斯特朗所著的《隐秘的江湖》的影响——如鲠在喉，这本书几年前隆重出版后销量极大。《华盛顿邮报》的两名记者大肆宣扬（也许是过分渲染）了大法官们的偶然中伤和过度的小心提防。[33]书中的内容对首席大法官伯格来说相当刺眼，他被描绘为既傲慢又浅薄的人。这本书的主要信息来源是大法官们的法律助理，不出所料，有些法律助理（平均年龄大约27岁）认为自己是隐藏的力量。但是有几位大法官（特别是波特·斯图尔特）也与作者有过交谈，现在大法官们小心地处理彼此周边的事务。[34]①

　　对于奥康纳，伯格通常用意善良，但他对奥康纳给他的忠告充耳不闻。1981年11月，奥康纳到最高法院任职不到两个月，首席大法官寄给这位新任大法官一篇学术论文——《职业同行群体中的独身女性》，并附注说她"可能感兴趣"。该论文研究了男性对待其群体中独身女性的方式，并得出结论：女性的存在"很可能削弱男同事的工作效率、满足感和成就感"，除非该群体公开讨论她作为女性的地位，否则女性应该接受更被动的角色，发挥更实际的作用，以此与群体中的男性相处。

---

① 1979年晚秋，这本书出版后不久，约翰·奥康纳写信给他的朋友大法官威廉·伦奎斯特："桑德拉和我整个假期都在读《隐秘的江湖》，当中也许包含了许多流言蜚语，但是它无疑是一本有趣的读物"。[35]

这不是那种最高法院第一女性可能认可的信息，当然也不是桑德拉·奥康纳会接受的。大法官奥康纳例行公事地回复所有的信息，有时是敷衍了事，但通常态度热情。在她的法庭文件中没有她回复这个信息的记录，在首席大法官伯格的便笺下，奥康纳简单地写道："把这篇文章归档。" [36]

大法官奥康纳感到被孤立 [37]，她曾希望（也曾期待）得到朋友威廉·伦奎斯特的帮助。在她的日记里，她冷淡地看待她的老朋友。虽然提到"布伦南、鲍威尔和史蒂文森似乎真的很高兴我在那里"，但也写下"很难说威廉·伦奎斯特，他有些变了，看起来老了，他说话结巴，没有多年前我记得的那么风趣幽默"。[38] 另一位来自菲尼克斯的朋友贝齐·泰勒回忆道："当时伦奎斯特做的一些事情让她很恼火。"辛西娅·赫尔姆斯是中央情报局前局长理查德·赫尔姆斯的妻子，她后来可能是奥康纳在华盛顿最亲密的朋友，她回忆说，起初"她很失望，因为伦奎斯特根本没有帮助她。奥康纳说：'你到了那里，你在这间办公室里，你有那么多简报，而威廉根本帮不上忙。'她不明白，也不能理解，他为什么不愿意帮她"。[39]

伦奎斯特的法律助理布雷特·邓克尔曼在菲尼克斯时就认识奥康纳，他能看出"伦奎斯特没有帮助奥康纳的想法，他不常在附近"。伦奎斯特的健康状况很差，他到法庭晚又离开得早。夏天，他因肺炎而卧床；秋天，他的慢性背痛加剧，在口头辩论审理中，那些旁听的群众都能明显感到他的发言不顺畅。"他不得不服用越来越大剂量的止痛药，"邓克尔曼回忆道，"12月，他出现了药物不良反应，并住院治疗了两周。他必须完全停服止痛药，这些止痛药使他说话吐字不清、声音低微，尽管在语法上都对。他回到法庭，却只能躺在地板上阅读。因肌肉抽搐，他不能长时间坐着，我们会站起来陪他一起围绕着街区走走，讨论案件，这样一天几次。"断断续续地，奥康纳记录下伦奎斯特糟糕的健康状况，回想起他们在法学院共同的朋友比阿特丽斯·查利斯·劳斯，但是伦奎斯特没有向她伸出援手，她也没有向伦奎斯特伸出援手。[40]

邓克尔曼在 2017 年告诉我伦奎斯特与奥康纳保持距离的另外一个原因。"他们毕生都是这样的朋友，他不想……"邓克尔曼停顿一下，寻找恰当的用词，"他不想表现出偏袒，确切地讲，他只是不想使他的个人关系影响到职业关系。"[41] 伦奎斯特清楚他的同事们已经知道他在法学院曾与奥康纳约会，大法官布莱克门时刻不让他忘记这一点。奥康纳 10 月刚加入大法官行列时，布莱克门俯身对伦奎斯特低声说："不要不务正业。"[42]

如果奥康纳曾经知道男孩俱乐部的笑话，她就不会理睬他们，她试图使她周围严苛的环境快乐起来，她用西部风格的饰品装饰她的办公室：动人的黑白色沙漠景色照片，顶着牛仔帽的仙人掌，纳瓦霍人的毯子挂在墙上，以巨大的部落鼓作为咖啡桌。她从国家艺术馆借了五幅最伟大的美国原住民肖像画家乔治·卡特林的作品的复制品。[43] 但是，她的外间办公室像圣诞节前的邮局分拣中心，堆积着成袋的邮件。在她就任的第一年，她收到了约 6 万封信——比历史上的任何一位大法官都多。有些信件直截了当地称呼她为"约翰·奥康纳夫人"，有人甚至来信说："回到你的厨房和家里，女人！这是男人的工作，只有男人才能做出艰难的判决。"奥康纳起初还试图回复每一封信，但是终究因为信件太多，以至于奥康纳和她的工作人员很难做到全部都打开。她从亚利桑那州上诉法院带来的一位女秘书因不堪重负，在六周后逃回了菲尼克斯。[44]

大法官刘易斯·鲍威尔过来援助，他的女儿莫莉·鲍威尔·萨姆纳回忆说："爸爸告诉我，大法官奥康纳的秘书把事情弄得一团糟，她需要帮助。爸爸从他的法官办公室抽调了一名秘书给奥康纳。"这位秘书叫琳达·布兰福德，"她把我们管理得井井有条。法院是如何工作的、文件是如何流转的，我们对此没有任何头绪"，大法官奥康纳回忆道。奥康纳永远心存感激，她自此与温文儒雅的鲍威尔建立了深厚的友谊。[45]

鲍威尔是老派的弗吉尼亚绅士，在会议室里他为奥康纳拉出椅子，奥康纳走进会议室时，他会站起身来。奥康纳赞赏鲍威尔的举止，多年后，鲍威尔的传记作者、他的前法律助理约翰·杰弗里斯问奥康纳，鲍威尔用如此精心的老式礼节，以一种古典方式给予男性中的女性单独的礼遇，这是否让她感到不舒服，她几乎喊着说"不"。杰弗里斯回忆，奥康纳并不认为这种礼遇与增强自我意识之间有冲突。1981年11月，贝蒂·弗里丹将自己继《女性的奥秘》后的新书《第二阶段》寄给奥康纳，奥康纳给她回信说："我期待着有一天能阅读它，但我现在有点儿不堪重负。"[46]

奥康纳喜欢的娱乐活动与鲍威尔一样，那年秋天，鲍威尔告诉一位记者："我听说她是一位优秀的女骑手、一位好射手、一位好的高尔夫球球手……还是一位优秀的交谊舞者。"他确实与她在一个舞会上跳过华尔兹，在华盛顿豪华的苏尔格雷夫俱乐部的社交晚会上，他与大法官怀特竞争，成为第一位与另一位大法官跳舞的最高法院大法官。[47]

鲍威尔的法律助理喜欢取笑他对现代社会的好奇心，"这是牛仔裤吗？"鲍威尔问一位穿牛仔裤的助理。"哎呀！我以前吃过甜甜圈，但你管这些叫什么？"他拿着面包圈问道。他当时的一位法律助理约翰·威利回忆起他的上司是"优雅、得体的南方人，他告诉我们这些助理，'我最喜欢的事情之一就是戴上我的白手套和乔（他的妻子）一起去跳狐步舞'"。[48]

"鲍威尔是一个真正善良、慷慨的人。"威利说。根据他的传记作家约翰·杰弗里斯的说法，他也是一个"强硬的温和派"，20世纪50年代，作为里士满公立学校委员会主席，鲍威尔试图在法院下令废除学校种族隔离制度和弗吉尼亚州当局的"大规模抵抗"之间采取中间路线。[49]基于他保守的观点，他的行动缓慢而谨慎，但他确实在行动，他还是同意了女儿上法学院，并与哈里·布莱克门讲和，他是最高法院第一个雇用女性法律助理的大法官。[50]

奥康纳敏锐的智慧，以及她的魅力和风度，给鲍威尔留下了深刻的印象，有可能还让他感到惊讶。他在 10 月 24 日写信给家人，当时进入开庭期仅仅三周，他在信中写道："有相当的证据表明她在智力上能胜任法庭的工作。"显然，他一直在评估她。他补充道："也许我说过，她是这个镇上最出名的人！"六周后，他写道："你知道，现在我们发现奥康纳夫妇在社交方面很有吸引力，并且她很聪明，她将在华盛顿的舞台上为自己赢得一席之地。"[51]

奥康纳的社交风度一直是媒体关注的重点（有些是非法获取的，一位记者在翻她扔掉的垃圾时被抓住）。11 月 30 日，《华盛顿邮报》刊登了一张照片，大法官奥康纳和丈夫约翰（打着黑领带）与伊丽莎白·多尔在社交舞会上谈笑风生，照片下面的标题是"奥康纳证明大法官也能受欢迎"。

哈里·布莱克门在他的档案中保存了这篇文章的副本，第五段开头写道："没有人更在意，比如说，大法官哈里·A.布莱克门的各种活动。"布莱克门用黑色钢笔在"没有人更在意"下面画了一条线。[52]

大法官们聘用法律助理帮助他们研究并撰写判决意见，从 20 世纪 70 年代初起，大多数大法官会同时聘用三四名法律助理。大法官约翰·保罗·史蒂文斯亲自撰写判决意见，所以多年来他只聘用两名助理，最终他也聘用了四名助理。法律助理们一般为大法官至少提供第一稿，这也许是在霍姆斯、卡多佐、布兰代斯时代最高法院判决意见文字质量下降的原因。[53] 助理们在最高法院待上一年，经常每周不分昼夜地工作六七天，直到他们实在干不动为止。他们是带着顶尖法学院的最高成绩来到最高法院的，并且珍视所获得的法律助理身份。这些法律助理可能有些自负，但又都缺乏安全感。

"最高法院就像一部厄普顿·辛克莱的小说。流水线一直在加速，即使你高傲得令人生畏，仍然会表现出焦虑。"布莱恩·卡特赖特回忆道，他在大法官奥康纳进入最高法院的第一年担任她的法律助理。卡特赖特是那种典型的为大法官担任助理的超级精英，在耶鲁大学获得天体物理学博士学位后，他曾任《哈佛法律评论》主席，也曾获得全班最高分的荣誉。卡特赖特在联邦上诉法院担任过法律助理，但是从来没有真正从事过法律工作。有一天，在自助餐厅里，卡特赖特试图就瑟古德·马歇尔正在研究的判决意见展开交谈："我问他是否应强调这方面或那方面，他看着我，眼睛里闪着光说'哦，我不知道，我找了个聪明的白人男孩帮我写东西'。"[54] 马歇尔是最高法院第一位黑人大法官，也许确实有聪明的白人男孩给他写判决意见，因为顶尖法学院的学生中黑人学生很少。但是马歇尔与卡特赖特在一起很开心。马歇尔在高中时就熟记美国宪法，这是他在课堂上捣乱受到的惩罚。1954 年，在最高法院历史上最重要的案件之一、具有里程碑意义的废除种族隔离案"布朗诉教育委员会案"中，马歇尔曾为胜诉方辩护。他觉得周围那群自负的人非常可笑，他喜欢在走廊里用一种大喊大叫的方式跟首席大法官伯格打招呼："怎么样，酋长宝贝①？"（伯格并不觉得好笑。[55]）

卡特赖特与另外两位助理约翰·德怀尔和德博拉·梅里特最初都被波特·斯图尔特聘为法律助理，在他们入职前，斯图尔特辞职了，奥康纳同意让他们与露丝·麦格雷戈一起承担工作。9 月初，斯图尔特的三位助理穿上他们为成功而精心准备的服装出现在奥康纳夫妇租住的水门公寓前。梅里特回忆说，"我们看上去像尖脑袋的小书呆子，她打开门说，'好啦！你们不必为我穿成这样！在办公室里，你们可以穿牛仔裤'"。

梅里特从奥康纳那里接到的第一个任务是组织一个早操班，她回忆说："我差点儿摔倒，我不是那种好锻炼的人。"[56] 梅里特尽职尽责地从当地基督教女青年会找到一位健美操教练，每天早上 8 点至 8 点45 分上课，大家在位于法庭上方的篮球场集合。"全国最高的球场"异常简朴，被漆成冰蓝色，地板坚硬。那年，给大法官布伦南当法律

---

① Chiefy Baby, chief 既有首席的意思，也有酋长的意思。马歇尔与首席大法官开玩笑，戏称他为酋长宝贝。——译者注

助理的玛丽·米克瓦回忆说："小伙子们会在下午 3 点打篮球，他们都受过伤，也不那么协调，但是他们很有竞争意识！"[57] 健美操教练黛安娜·迪马科回忆说："那里只有一间更衣室，没有镜子，大法官奥康纳买了一面全身镜。"这门课很快就受到欢迎，法院的女性都可以加入，女助理、女电话接线员，偶尔也有参议员的妻子，她们每天早上 8 点陆续到场。一位男助理即使有芭蕾舞背景，也被拒绝了。迪马科说，没过多久，参与者们开始为 T 恤衫设计开心的标语："锻炼身体，坚持运动。"迪马科说，奥康纳否决了"缩小司法尺度"的提案，她说"这暗示我们太胖了"。

奥康纳一周出席五天，通常穿着运动短裤和一件印有蝴蝶图案的棕色衬衫。迪马科回忆说："她没有淋浴，也没有出汗，她把一切都藏得很好。很多次，她在上课时很累，但是你一点儿也看不出来。"虽然被排除在健美操运动之外，奥康纳的男性助理也知道他们应该保持身材。有一个男助理在办公桌前吃蛋筒冰激凌时看到奥康纳来了，赶紧把蛋筒放进抽屉。[58]

大法官们用不同程度的尊重和热情对待他们的助理：大法官威廉·O.道格拉斯因恐吓他的助理而闻名，他莫名其妙地把他们描绘成"最低级的动物生命形式"；首席大法官厄尔·沃伦则会在周六下午邀请他的助理们去大学俱乐部观看棒球比赛，再喝上两三杯苏格兰威士忌。[59] 周六上午，奥康纳会煮一锅红辣椒或者其他得克萨斯与墨西哥风味的调和食物送给法官办公室的助理们。在午餐前后，助理们会以摘要的形式就法庭将于下周审理的案件提交他们的"法官备忘录"，这些摘要是 20~40 页厚的密集的背景和事实分析，以及判例和相关理论。然后，助理们会就得出恰当的结论展开辩论。

"那是一次紧张的经历，我们会在智力之战中摆好架势。奥康纳并不怎么参与，她想听听。"卡特赖特回忆道。奥康纳抑制着自己举手的冲动，为的是让辩论继续下去，她也从助理身上学习。[60] 卡特赖特说："我们的宪法课程是由顶级的教授讲授的，她来自亚利桑那州上诉法院。"也许卡特赖特摆出的是居高临下的态度，但这却是事实。奥康纳在法学院良好的学习成绩和在三个政府机构多年的实践经验，并没有为她在最高法院的充满奥秘的实践做足准备。卡特赖特说，首先，"我们为她准备口头辩论的问题脚本。她大声朗读出来。我会对她的外表更为敏感"。当时，最高法院每周进行三次口头辩论，每月有两周会如此操作。在口头辩论中，大法官们与双方律师（间接地）进行一种快速变化的、严苛的、有时是模棱两可的、有时是反复激烈的争辩。

法律助理们担心奥康纳在最初的几周和几个月会给人们留下什么样的印象。梅里特说："华盛顿东海岸的建制派、常春藤联盟法学院的毕业生把她视为平权运动的代表，他们从来不当着你的面说，但是很明显是在背后。奥康纳来自西部，但在东部，人们一般都很自负。"梅里特是新泽西一个中产阶级家庭的女孩，就读于精英学校（哈佛大学和哥伦比亚大学，在那里，她是《法律评论》的成员）。但是，梅里特补充道："奥康纳很自信，很有主见。"[61]

她的法律助理们都不怀疑谁在主导工作，虽然她没有判案记录，也没有有关宪法方面的经验，没有明确阐述的观点，也没有既定的原则可以遵循，然而她在判决时一点儿也不焦躁，反而很放松，而且几乎总是很平静。梅里特回忆说："她偶尔会发脾气，但是以一种非常内敛的方式，她从不大喊大叫，但是我们知道那周谁是不受欢迎的助理。她的语气严厉，讨论断断续续地进行。"

在最高法院的每周例会上，资历最浅的大法官最后投票。奥康纳回忆起 1981 年 10 月 9 日她第一次投票的情景，当时的她"兴奋不已"。在第一个真正的案件中，大法官们的投票结果是 4 比 4，然后轮到她投票，她在投票桌前不知所措，然而又对在这个位置上立即投下决定性的一票感到兴奋，这是一种她在亚利桑那州参议院那些倔强的议员中从未感受过的力量。这些利害关系远远高于她在州法院曾经面对的任何司法案件。[62]

在奥康纳的自制力面具后面是一种兴奋：一种欢乐的狂喜，一种她父亲那样极度自豪的满足。奥康纳参加完 10 月 9 日的会议回来时，德博拉·梅里特正在她的办公室前厅，梅里特回忆说："她回来时像个小女孩般兴奋。我知道这听起来有点儿性别歧视，但是她并没有像她平时那样克制。她觉得这太神奇了。他们是如何围着桌子做决定的？让她感到惊讶的是，讨论并没有她想象的那么多，而且那些问题也没有她想的那么重要。她好像在说：'我做到了！我活下来了！我坚持住了！'"

* * *

在参议院提名确认听证会上，被提名到联邦法院的法官（包括桑德拉·戴·奥康纳）一般会说参议员们想听的话：他们不是在"制定"法律，而是在"应用"法律，或者至多是"解释"法律。这个神话（古典理论可能是更礼貌的说法）在一个多世纪前就被法律权威小奥利弗·温德尔·霍姆斯在他 19 世纪末论普通法的专题论文中阐明了。联邦层级的法官被任命后将终身任职，只有通过极其罕见的弹劾程序才能被追究责任——他们不希望这被视为篡夺或僭越权力。法官们注重判例，他们知道公众重视法律的预见性和稳定性。[63] 但是，正如霍姆斯指出的，法官当然制定法律 [64]，他们通常是循序渐进地制定法律——按照有数百年历史的英国普通法的传统，在一个个案子的实践中调整法律，偶尔也会彻底地推翻他们自己的判例或在美国宪法中找到新的含义。自合众国初期的"马伯里诉麦迪逊案"后，当首席大法官约翰·马歇尔行使权力遏止了对司法系统施压的政治企图后，法院对国会通过的法律是否违反宪法有了最终决定权。[65] 霍姆斯认为，拥有这种权力的人须适度行使——表现为"司法克制"。与此同时，法官需要塑造法律，以符合霍姆斯明确指出的"感受时代的需要"。[66]①

---

① 在 20 世纪 30 年代的耶鲁大学法学院，正如一位评论员所说，"法律现实主义者"认定法官应该对他们的政治和政策倾向更加开放，"而不是躲在法律的繁文缛节后面"，作为部分回应，20 世纪 60 年代，法学院"法律程序"学派反驳称，法官应该通过紧密地遵循法律程序和判例，提防个人独裁。[67]

这些义务之间的紧张关系在一项美国宪法修正案的来历中表现得最显著，对美国社会来说意义也最重大。对大法官奥康纳来说，《宪法第十四修正案》（它保障"正当程序"和"平等保护"）是她做出最艰难、最重要的决定的背景。

在1868年"重建时期"通过的《宪法第十四修正案》，在南北战争后被添加到《权利法案》中，以保障获得自由的奴隶的权利。它很快就被最高法院的自由放任主义法官解读为保护经济利益——从小店主到富有大亨。"镀金时代"的大法官们在《宪法第十四修正案》的正当程序条款中发现了"契约自由"，这意味着人们之间的协议（一般指雇主与雇员之间的协议）不应受政府干涉。大法官们利用《宪法第十四修正案》推翻了州和联邦通过的规范商业和劳动条件的法律，包括最低工资和劳动条件方面的法律。[68] 到20世纪30年代，总统富兰克林·罗斯福因最高法院判定"新政"项目违宪而被激怒，以至于他威胁要通过任命新的大法官扩充最高法院，直到最高法院投票支持他的路线为止。虽然国会否决了罗斯福的"填塞最高法院"的立法议案，但大法官们也并非对政治充耳不闻。在备受争议的"拯救了九人的一次转变"的议论中，最高法院开始维护国会和州政府通过的保护工人和消费者免受极端自由企业伤害的法律。[69]

钟摆再次摆动，在20世纪五六十年代，最高法院在首席大法官厄尔·沃伦的领导下，开始以《宪法第十四修正案》作为个人自由和社会公正的工具。最高法院的大法官们将修正案对"正当程序"的保障适用于州法律和地方法律，以保护言论自由、出版自由、宗教自由，保护反对不合理搜查和扣押的权利，保护刑事被告人的权利，包括咨询律师的权利和不自证其罪的权利，以及保护隐私权，包括性自由。他们运用平等保护条款保障取缔种族隔离和选民歧视，保障那些传统上受到歧视的人的权利。[70]

沃伦法院的"权利革命"是划时代的，但是在某些方面只是一个开始，其最初的目标是维护黑人的权利（美国南北战争后，修正案最初预期的受益者）。随着时间的推移，其他在美国历史上曾处于社会边缘的群体，包括女性和同性恋，将感受到这个国家最高层级法院的九位男性大法官（早晚也会有女性大法官）的保护。

革命总是孕育着反革命，在 20 世纪 70 年代，随着联邦法官重新设计地方学校体系、接管州监狱和精神病院，保守派开始谴责"威严的司法"。[71] 总统理查德·尼克松信誓旦旦地要击退沃伦法院的越轨行为，但是四位由他提名的最高法院大法官——沃伦·伯格、哈里·布莱克门、刘易斯·鲍威尔和威廉·伦奎斯特被证明都是不可靠的"严格解释主义者"。首席大法官沃伦没有足够的智慧引领持续的多数票，他把他的"明尼苏达双胞胎兄弟"哈里·布莱克门推向了自由派的怀抱。鲍威尔虽然保守，但并不是强硬派，只有伦奎斯特坚定不移地要钳制联邦司法，但他常常是唯一持异议的人，因此他获得了"独行侠"的绰号。

伦奎斯特似乎很享受这个绰号（他的法律助理送给他一个独行侠的玩具模型，他一直将它放在办公室的壁炉上）。桑德拉·奥康纳这位从前在《斯坦福法律评论》的研究伙伴可能会故意挑衅。担任大法官罗伯特·杰克逊的法律助理期间，伦奎斯特写过一份备忘录，建议杰克逊投票支持"普莱西诉弗格森案"。该案是 19 世纪末一个声名狼藉的判例，该案以平等为由支持种族隔离。伦奎斯特后来否认这份备忘录，但是在他担任法律助理期间，当助理们在最高法院自助餐厅围坐在餐桌旁争论时，他很乐于激怒那些毕业于哈佛和耶鲁的法律助理。[72]

作为大法官，伦奎斯特的直言不讳以及他触怒自由派同事的能力有时会在公开法庭上表现出来。1972 年，在一件分歧很大的案件判决中，最高法院宣布死刑是非法的，但实质上是诱导各州恢复死刑，只要它们遵守一定的程序保障。[73] 当奥康纳 1981 年进入最高法院时，大法官们仍在激烈地争论这个问题。在一次早期的口头辩论中，伦奎斯特问一位来自俄克拉何马州的律师："从纳税人角度来看，处决一名被告是否比强制他接受多年的精神治疗更便宜？"在法官席的另一端，大法官马歇尔咆哮道："好吧，你逮捕他的时候打死他就更便宜了，不是吗？"[74]

在这一情景的背后，是 12 月初伦奎斯特和马歇尔之间爆发的摩擦，当时大法官们正在开会表决非法入境移民的子女是否有权接受公共教育。大法官们就"普莱勒诉多伊案"[75]正根据人们熟悉的《宪法第十四修正案》而争辩，这些儿童是否有权得到法律的"平等保护"？法庭以 5 比 4 的投票结果给予了肯定的答案。在法院周五的例会上，当伦奎斯特用"湿背人"称呼非法入境的劳工时，马歇尔怒不可遏。伦奎斯特解释道，在亚利桑那州，"湿背人"一词仍然被普遍使用。马歇尔反驳道："根据这个理论，我过去常被称为'黑鬼'。"

在"普莱勒诉多伊案"中，奥康纳与伦奎斯特及另外两名大法官的投票处于少数派，但是在会议上，奥康纳告诉其他大法官，她对受该决定影响的儿童所遇的困难感到不安。威廉·布伦南（或是他的一名法律助理）在他关于最高法院任期的年度私人历史中写道："这是其在任期中相对较早的阶段，桑德拉·奥康纳还未采取保守派的本能反应，而这似乎控制了她的任期后期的投票。"

布伦南密切观察着奥康纳，把她视为"摇摆不定的投票"——看作保存沃伦法院自由主义遗产的行动中潜在的新战斗成员。[76] 75 岁的布伦南正处于其非凡事业的暮年，沃伦法院也可称作布伦南法院。每天上午，或者法院每周例会前一天的下午，首席大法官都会出现在布伦南的办公室，粗声地问候布伦南的秘书，却叫错了她的名字（称她为富勒小姐，而不是福勒小姐），然后走进布伦南的办公室，关上门。在那大约一个小时的时间里，两个人会制定战略。没有人会比热情的、感知派的、顽皮的布伦南更擅长打造最高法院的多数派，他是大法官们不相互游说的一个例外，他喜欢与最著名的自由派新成员哈里·布莱克门手挽着手一起出现在会议室。每年，布伦南都会测验他的新助理：宪法中最重要的词是什么？他们磕磕巴巴地回答了一些错误答案后，他会举起手，手指张开，说"5"。他告诉他们，拥有了 5 票，"你可以做任何事情"。[77]

布伦南的助理玛丽·米克瓦回忆说，1981年，布伦南在最高法院的第26年开始时，他已经"不是从前的他了"。那年夏天，他的妻子被诊断出患有乳腺癌，他心烦意乱。米克瓦说，他在下午3点左右离开法院去照顾患病的妻子，并且他在认真地考虑退休。[78]米克瓦说，当奥康纳到最高法院时，"他起初在想，好极了，新鲜血液！可他没有精力了。他的技巧是个性化的——他那充满个性的实用主义。但我记得他有多么伤心，他没能向她完全展示这一点"。

奥康纳对布伦南很警觉，她在州议会见过他的同党，或者说是亚利桑那州的变体，她可能对他有轻微的误解。布伦南当年的另一位助理克利夫·埃尔加藤说："布伦南有个'斯文加利'的名号，暗指他是招人高手。但他根本不是那样的人，他不狡诈，然而奥康纳认为他比实际上更马基亚维利主义。"

布伦南调皮的"你好，伙伴"的热情问候掩盖了他害羞的一面。他很好相处，但是仅限于和男性在一起。他是早期一代的律师，在办公室与女性在一起会感到不舒服。玛丽·米克瓦是布伦南的第二个女性助理，他不愿意在她身旁说太多"该死的"这类话语。在2017年的一次采访中，玛丽·米克瓦以既喜爱又困惑的心情想象着她的老上司天马行空的思想："他爱女人，但是你不能说脏话。女人是个谜。你得小心点儿。"[79]

布伦南以他的方式尝试着，他邀请奥康纳加入他和朋友们在米尔特克朗海姆餐厅的午餐会，对最高法院大法官、联邦法院法官及在那里用餐的华盛顿最有权势的律师来说，这里不太像午餐地点——一个改建的酒品经销商的仓库，在市区一个不起眼的地方。午餐会上讲的是下流的笑话，不过大概奥康纳到访那天除外。[80]

在布伦南的法庭私人历史中，他对未能与新上任的大法官结盟感到遗憾。那年春天，奥康纳改变了对一个案件的投票——放弃了布伦南，转而与伦奎斯特一起投票，让布伦南失去了"他的"法庭，以5

比 4 的投票结果转向了保守派。这是"克莱门茨诉法希案",裁定得克萨斯州官员不能同时竞选两个职位,这个案件意义并不重大。[81①] 但是,奥康纳转变投票立场的举动刺伤了布伦南的心。布伦南写道:"我对这个案件的意见和我对'恩格尔诉艾萨克案'愤怒的异议同时送达了她的办公室,我从助理们的小道消息得知,这种组合一点儿也不会令她高兴。"[83]

"恩格尔诉艾克萨案"对奥康纳来说是个重要的案件,它涉及人身保护令。人身保护令一度被法律学者称为"大令状",与英国《大宪章》一样古老的人身保护令是正当程序的基石。在独裁统治下,掌权的男人(或女人)可以随心所欲地关押其想要关押的任何人。在一个非强制的自由民主社会,国家不能在没有法律依据的情况下剥夺个人的财产和自由,大令状是对个人权利的有力保障。事实上,只是因为南北战争爆发,林肯总统才有理由暂停人身保护令,而他的紧急法案仍然存在争议。

从本质上讲,人身保护令是赋予因犯罪而被捕的人出庭受审的权利。在沃伦法院时代,从个人权利有时被忽视或受到不公正保护的州法院到囚犯能有更好的机会维护自己的权利的联邦法院,人身保护令成为贫穷的囚犯(特别是死刑犯)保护个人权利的工具。在具有里程碑意义的人身保护令案件"费伊诉诺亚案"中,最高法院的判决意见是由大法官布伦南撰写的,他使用了《宪法第十四修正案》中的正当程序条款——保障个人自由,它是通过英国普通法成功地进入美国宪法的。[84] 在"费伊诉诺亚案"中,一名被判谋杀罪的男子未能按时提交州上诉,最高法院裁定他仍然可以在联邦法院申冤。

① 奥康纳写信给布伦南,说她在深思熟虑后改变了投票立场,其他大法官办公室的个别助理认为,奥康纳在那个时期(超过 80% 的时间)的动机是出于对伦奎斯特帮助她进入最高法院和对"里根革命"的忠诚。奥康纳的助理强烈反对过这种暗示,即她的助理并不认为她违背自己的良心投票。梅里特说:"她在伦奎斯特熟悉的领域追随他,并真诚地持有与里根相同的观点,这并不奇怪。"[82]

到奥康纳进入最高法院时，保守派的法官和政客们开始抱怨被定罪的犯人玩弄司法系统，他们利用人身保护令请愿书拖延或破坏司法公正，赢得没完没了的关于琐碎或虚假问题的听证会。奥康纳一向高效，决心清扫"混乱"，她对旷日持久或者循环诉讼没有耐心，喜欢法律所说的最终结果。与布伦南和瑟古德·马歇尔两位大法官不同，她并不反对死刑这一绝对原则问题。曾经担任州法官的她对地方的欺诈行为并非视而不见，但她也相信州法院正在改善，州法院和联邦法院几乎平行的系统将会是不必要的多余。

因此，"恩格尔诉艾萨克案"最终结果是 5 票对 4 票，奥康纳削弱了联邦囚犯利用人身保护令向联邦法院申诉的能力，而不是耗尽他们在州法院的请求权。在异议意见书中，布伦南措辞严厉，他称奥康纳的意见难以理解，并嘲笑她的意见是"曲折的推理"。当布伦南的助理提醒他要低调时，他回答（他后来后悔这样说）："她必须学会大联盟的游戏规则。"[85]

在她偶尔记的日记中，奥康纳写道："布伦南昨天在'恩格尔案'中传阅了他的异议意见书，这太苛刻了，没有抓住重点。"[86]刘易斯·鲍威尔和奥康纳的投票一致，他被布伦南的语气吓了一跳。他写道："没有人比布伦南更善良、更慷慨，直到他拿起笔表示异议。"但是投票与奥康纳相左的哈里·布莱克门似乎对这种猛烈的攻击感到高兴。"哇！"他在自己那份布伦南意见书副本的最上边标注，并在内容丰富的段落旁加上了感叹号。[87]

布莱克门对新任大法官的不满正在滋长，奥康纳仍然在了解最高法院不成文的规则，她无意中侵犯了布莱克门的私人空间。最高法院为大法官们设置了一个小图书馆，布莱克门喜欢在那里躲起来做他自己的研究。布莱克门对微小细节的关注是独一无二的，他不想有人在其左右，因为他要在别的大法官的判决意见上做文章，寻找微小的错误。奥康纳回忆，当她进入他的"庇护所"时，他"很惊讶"。[88]

那年春天，在"联邦能源管理委员会诉密西西比州案"中，当奥康纳反对布莱克门的多数派意见时，布莱克门放下了温和的一面。这个案件似乎是技术性的——涉及联邦政府向各州的能源政策发号施令的权力，但奥康纳和威廉·伦奎斯特两个人都很关心根本性的问题。在早期的案件中，伦奎斯特带头缩小国会和联邦政府干预州政府的范围。奥康纳则是以一种不同寻常的表达方式，在长达23页的篇幅里对布莱克门撰写的"联邦能源管理委员会诉密西西比州案"多数派意见提出异议，她认为"州立法机构和行政机构不是国家官僚机构的外地办事处"，换句话说，地方政府官员的存在不只是为了执行那些远离地方现实的官僚们的命令。① 布莱克门在他自己的观点中写道，奥康纳的"世界末日的观察……是夸大的、明显不准确的"。在他1981年的"重大事件编年史"中，布莱克门于4月16日写道："联邦能源管理委员会案冲击了奥康纳。"[90]

奥康纳很难不注意到布莱克门在这个案件和其他案件上对她狭隘的抨击，但是她很久以前就已学会——从她的父亲和亚利桑那州法院和立法机构中不那么友善的男人们的挑衅中——不要上当。6月，布莱克门在"福特汽车公司诉平等就业机会委员会案"中，对她的判决意见发表了一些看似个人的批评，指责她"脱离现实世界"。奥康纳在布莱克门的判决意见草稿副本上的尖锐言辞下面画了横线，然后在自己的判决意见中添加了正式注脚，对布莱克门"个人偏好"的攻击"不给予任何机会"。[91]

与某些大法官不同，奥康纳在她的法律助理身边时，试图控制自己的沮丧情绪，但她并不总能成功做到。德博拉·梅里特回忆，"在布莱克门以不接受她的几个脚注的方式羞辱她后"——拒绝把她的一些细小意见纳入他的多数派意见，奥康纳大叫道"我甚至还去参加了他那该死的祈祷早餐"。[92] 在她的日记中，她想知道布莱克门"是否受到

---

① 奥康纳在进入最高法院前的一份研究报告中呼应了伦奎斯特恢复各州权力的改革运动，她曾帮助一位来到最高法院跟随首席大法官沃伦·伯格工作的司法人员研究这份报告，这是伯格为提高她的法律资历竞选大法官采取的举措之一。[89]

某种微妙欲望的影响，想要挫败他看到的法院中任何可能的新生力量。他在谈话中谈到出现在开庭期末的'竞争'，如果存在这类感觉，那是一种遗憾，它不属于这里"。[93]

在开庭期的最后一天，奥康纳尽职尽责地给布莱克门写了一张言辞恳切的便条，打算平息他的愤怒。她用清晰的女子学校练就的笔迹写道："你的知识和你所付出的一切给我树立了良好的榜样。"[94]奥康纳还写信给布伦南：

> 亲爱的威廉：
>
> 　　由于我要到9月才能再见到你，所以我想对你在我到最高法院第一任期内的好意表示感谢，能认识你并学习突显你卓越才智的第一手资料，这是一个特殊的待遇。很高兴听到你在大法官例会上表达的观点，我相信你的暑假会过得宁静且快乐！
>
> 桑德拉[95]①

她还必须与她的朋友刘易斯·鲍威尔修复关系，她在6月25日的日记中写道："我犯了一个错误。"她曾建议把一个已经讨论过的复杂的税务案件推迟到下一个开庭期做判决。"刘易斯几乎不理我。"她写道。鲍威尔告诉她，如果有必要，他会在这里待一整个夏天，以完成税务案件的审理工作。奥康纳继续写道："他显然很沮丧，我很惊讶。在所有大法官中，他是最体贴、最善良、最有绅士风度的，我从来没有故意使他悲伤和苦恼。"鲍威尔并没有回应来自奥康纳的和解请求，但终于同意走进会议室并进行了一次尴尬的谈话。他们谈话时，奥康纳落泪了，她没有意识到他的愤怒程度。"我还需要很多年才能了解这个不寻常的地方约定俗成的一切。"她在日记中懊恼并忧虑地写道。

---

① 布伦南同样优雅地回应："我被你的亲切和慷慨深深地打动，就像我之前所说的，看到你这样轻松而高效地成为我们的一员，我感到很高兴，我不记得还有哪位新同事这么快就掌握了这项工作。"[96]

与鲍威尔的口角没有持续，在开庭期的最后一晚，他来到奥康纳的办公室。"他为造成我的心烦意乱而道歉，"她写道，"他伸出双手，我握着他的手，他亲吻了我的脸颊，我重申了我对他的尊敬、钦佩和爱戴之情。一切都好……"[97]

第八章
堕胎法案

那是个坏法律，
但我必须考虑所有的美国女性。

当桑德拉和约翰跳舞时，人们会驻足观看。她善于交际，希望能给丈夫一个展示才华的机会，所以大多数晚上都出去，不过在举行口头辩论会的前一晚，她从不出去。

到 1982 年，也就是奥康纳在最高法院工作的第一个完整年份，女性才开始大量进入法律界。20 世纪 70 年代以前，法学院招收的女学生很少。年轻的女性律师穿着带垫肩的棱角分明的套装、带领结的丝绸衬衣，在几乎全是男性的律师事务所里，她们尽量避免吸引太多的注意。为数不多的女法官不确定是否要冒险在她们的长袍下穿裤装。

大法官奥康纳想要帮助这些女性和其他人跟上时代，她要做上百场演讲，旨在激励各州乃至全世界女性从事法律工作。1982 年 4 月，在她第一个任期即将结束时，她在威斯康星州拉辛举行的有大约 40 名女性州法官参加的全国会议上发表演讲。芭芭拉·巴布科克是以斯坦福大学法学院第一位女教授的身份参加会议的，她回忆说，这些女性见到奥康纳非常兴奋。演讲前在女洗手间里，第一位女性大法官受到近乎崇敬的礼遇。"那里站着一排等待如厕的女人，但每个人都会给她让路，她说'不，不，我不介意等待'，但我们还是鞠躬让她先进，"巴布科克回忆说，"她很谦逊，但是她也很享受这样的礼遇。"

听众中大多数女性是新接受任命的地方法院的法官，这些法官应对超负荷的刑事案件和家庭纠纷案件，一位来自底特律的法官在听众席上问奥康纳："您是如何兼顾家庭和事业的？"大法官回答："永远把家庭放在第一位。"巴布科克感到一股失望的浪潮席卷整个会场。巴布科克本人不相信大法官奥康纳给出的简单答案，无论对她还是其他想要在法律界有所成就的女性。当时，以及多年后回想起来，巴布科克认为真正的答案是"要靠不断奋斗"。[1]

巴布科克回忆，会场内的法官们感到失望，她们在寻找一个故事，可能是她与男性主导的法律机构之间有时很有趣的斗争，或者如何在工作到深夜之前赶回家喂孩子，或者至少表明一下她的想法，因为她自己在攀登顶峰的同时也经营着一个幸福的家庭。

多年后，她表现得更坦诚，在 2001 年的一个口述历史项目中，她说平衡工作与家庭"极其困难"。[2] 但奥康纳总是避免抱怨，以及坦露私事，甚至公开反省，这些都不是奥康纳的行事风格。当时，她和其他女性还只是法律界的临时成员，在女性作用和女性权利方面，她是个谨慎的改革者。在亚利桑那州时，她放弃对《平等权利修正案》的支持，激怒了女权主义者。《平等权利修正案》的支持者不愿意听到她渐进式的做法：修改地方法律；通过挑战性别歧视的个别诉讼，让女性权利在法庭上得到推进。

事实证明，奥康纳不仅有耐心，而且有先见之明。1982 年，国会通过《平等权利修正案》10 个年头后，它最终被废除了，因为其未能在要求的最后期限前被 2/3 的州立法机构投票通过。但是，到那时为止，通过许多法律案件已经逐渐废除了歧视女性的法律。在成为联邦法官之前，曾任美国公民自由联盟律师的露丝·巴德·金斯伯格曾提出很多争论。[3] 在最高法院，黑人的民事权利最终慢慢地被认可，在对待女性权利方面则更慢。然而，胜利即将到来，在 1976 年的"克雷格诉博伦案"中，最高法院裁定，俄克拉何马州允许女孩年满 18 岁后饮酒，而要求男孩年满 21 岁后才能饮酒的法律，违反了《宪法第十四修正案》中的平等保护条款。该案听起来虽微不足道，但实际上它是女权倡导者精明的选择，这表明男性也有可能受到过时的性别刻板印象的影响（该案的原告是一个贪酒的兄弟会成员）。[4]

1982 年 3 月下旬，在最高法院，大法官奥康纳听审了她的第一个性别歧视案件——"密西西比女子大学诉霍根案"。26岁的霍根想成为一名护士，密西西比女子大学有一所护理学院，但是不招收男生。霍根赢得了诉讼，获得了入学资格，但是密西西比州希望保留全部为女生的大学（被称为W大学），于是提起上诉，案子成功地打到了最高法院，被安排在大法官面前进行口头辩论。[5]

最高法院口头辩论的目的是在传达信息的同时使人敬畏。"肃静！肃静！肃静！"在大法官马歇尔的喊声后，九位大法官三人一组从红色天鹅绒幕布后面走出来，坐在桃花芯木长桌后面的黑色高背椅上。在大法官们下面的讲台上，离法官席几英尺远的地方，站着为案件辩护的律师。一些辩护律师，尤其是新辩护律师，会感到震惊，也是可以理解的。在没有经历过的人看来，大法官们表现得十分粗鲁。在口头辩论阶段，特别是当辩护律师笨嘴拙舌或者拒绝给出直接答案时，大法官们会表现得很强硬，他们紧锁眉头、交谈、插话、聊天甚至讲笑话，偶尔还会闭上眼睛，似乎在打盹。

大法官们的投票很少受口头辩论的影响，他们利用询问切磋观点，使观点清晰尖锐，或者梳理松散的结论。通常，辩护律师刚开始发言，大法官们就连珠炮似地抛出问题，有时还涉及令人头晕目眩的假设。

在后来的岁月里，奥康纳通常是第一个提问的大法官，辩护律师刚说一两句话，她就觉得无聊。在"霍根案"中，她等待了几分钟，然后用一种柔和但有金属质感的西部声音慢慢地、清晰地发问，她问密西西比女子大学的律师亨特·戈尔逊："我们必须适用什么程度的审查？"[6]

这个问题看起来深奥难懂，但它能触及美国最高法院如何在平等问题上做出裁决的核心。一般来说，当大法官们考虑政府的政策或者法律是否侵犯了一项权利时，他们会问法律的目的是否合理。国家能要求近视的人在开车时戴矫正镜片吗？显然可以，出于公共安全的需要，这就是所谓的"理性基础"测试。但是，如果法律歧视一个有着被排斥和被压迫历史的少数群体——特别是非洲裔美国人，那么这个门槛就会更高。国家现在必须拿出一个坚如磐石的理由来解释这种歧视。这项测试被称为"严格审查",这意味着大法官们将密切关注歧视背后的历史和社会环境。出台的政策必须有必要的政府利益",例如国家安全,而法律或政策必须在"狭义定制"下实现这一目标。严格审查可能是一种难以通过的测试。最著名的案例是排斥少数族裔的公立学校,它就失败了。[7]

对种族的歧视会被法院要求进行严格审查,但是对女性的歧视呢?对同性恋的歧视呢?他们也是历史上歧视的受害者。然而,在桑德拉·戴·奥康纳 1981 年进入最高法院时,大法官们仍在着手解决同性恋和女性是否与非洲裔美国人同样受《宪法第十四修正案》保护的问题。用法律术语讲,问题是按性别或性取向分类的法律是否可疑,因此需要屈从于严格审查,从而要求政府展示一种"必要的利益",以便使法律或政策得到支持。因此,大法官奥康纳的问题是:"我们必须适用什么程度的审查?"

护理学院的代理律师戈尔逊想回避这个问题,他想要的是一种尽可能淡化的审查程度——一种更理性的基础,而不是"必要的利益",他意识到奥康纳对他保持学校里全是女性的做法持反对态度,他希望能说服大法官奥康纳和马歇尔——法庭上唯一的女性和唯一的非洲裔大法官——全女子学校是女性平权运动的一种形式。他很快试图改变话题,引发强制男女同校住宿念书的诉讼阴霾。他对奥康纳投票的担心是对的。[8]

口头辩论通常在周一和周二的上下午及周三上午举行,周三下午和周五上午大法官们会在会议室里碰头,讨论案件并对它们进行投票。3 月 26 日,周三下午,奥康纳小心翼翼地握住了大法官怀特的拇指,而不是他的手,进入首席大法官办公室旁边的专项会议室,加入同事们中间。首席大法官伯格和大法官伦奎斯特、鲍威尔及布莱克门投票允许该州保留女校,大法官布伦南、怀特、马歇尔和史蒂文斯则投票反对,在大法官投票 4 比 4 的情况下,该由奥康纳——这位资历最浅的大法官，也是这间会议室里唯一一个经历过性别歧视的人投出决定性的一票。

这一次，她从布伦南那里夺得了领导地位。布伦南争辩道，没有必要针对所有单一性别的学校做出裁定，而应该只针对女校的护理课程，这是该州唯一的护理课程。奥康纳表示赞同。[9]布伦南很精明，他知道赢得多数票的最好办法是缩小做出决定的余地。正常情况下，由首席大法官决定由哪位大法官撰写案件的判决意见，但是如果像"霍根案"那样，首席大法官属于少数派，那么多数派中最资深的大法官就有指派具体人员撰写判决意见的权力。这个权力落在布伦南手上，他选择了奥康纳，因为他知道如果由奥康纳撰写判决意见，她就不会转而支持另一方。

在奥康纳的办公室里，形成判决意见是一个漫长而艰难的过程。露丝·麦格雷戈撰写草稿，但是由奥康纳统筹，装满法律图书的推车塞满了她的办公室。麦格雷戈回忆说："它看上去似乎是一个相当清晰的案件，她并没有期望女性得到特殊待遇，她只是不希望女性被阻止做某些事情。"但对于她在口头辩论中提出的至关重要的问题，仍然存在一些棘手的问题：法院应适用何种程度的审查？她在考虑未来的性别歧视案件。在"克雷格诉博伦案"中，代表多数派撰写判决意见的大法官布伦南选择了一条中间道路，这条道路比严格审查要求更高，但缺乏维护法律所需的"必要的利益"。奥康纳以他为榜样，她写下，密西西比州缺乏对男性实施禁止令的"极具说服力的理由"，将男性排斥在护理培训之外，有一种"将护理作为女性特定工作的刻板观念永久化"的倾向。

奥康纳根据事实的裁决范围很窄，她为男性申请者打开了通向密西西比女子大学护理学院课程的大门，但基于更广泛的意义，她想为那些在类似甚至不同情况下受到歧视的女性诉讼也打开大门。她告诉她的助理，她想补充一个脚注，即"我们不需要决定基于性别分类是否本身就值得怀疑"。她的几个助理警告说，实际上这种温和的、有限的表述是一个危险信号。"值得怀疑"一词在涉及《宪法第十四修正案》的案件中有特定的含义,引发了严格审查,因此可以看出奥康纳是在向法院发起挑战。作为撰写法院多数派意见的大法官,她是否暗示,未来,女性有资格作为一个"分散且被孤立的少数群体",就像从20世纪30年代起就开始享受宪法特别保护的非洲裔美国人或宗教团体一样吗?为什么会引起对她愿意把女性作为"可疑阶层"享有与黑人同等的法律保护的猜测呢?她因司法克制而享有盛誉,为什么还要暗示她可能成为激进分子呢?但奥康纳坚持。"她的态度就是让我们不要对所有事情都犹豫不决。为什么要隐瞒和假装呢?"德博拉·梅里特回忆道。重要的是(随着时间的推移)奥康纳(越发地)把最高法院看作正在进行的关于公平这一重大而艰难的问题辩论的一方,以促进与政府其他部门长达几个世纪的对话。她的注脚被加了进去。

奥康纳相信循序渐进,但是她不喜欢动摇和退缩,她在争取女性权利的长期斗争中取得了一些进展,她想保住这一点,并为获得更多支持留出余地,就像这份判决意见所做的那样,通过挑战未来的立法者和法学家来参与对这个问题的讨论:女性是否应该得到与黑人同样的保护?[10]

奥康纳在最高法院最好的朋友刘易斯·鲍威尔受自己所珍视的传统上流社会的影响困扰。他担心,学生们在荷尔蒙分泌旺盛的年纪在课堂上会分心;他关心的是,年轻的女性和年轻的男性被塞进同一间教室,他们可能会因给人印象过于聪明或过于愚笨而无法吸引异性而焦虑。在鲍威尔不复存在的世界中,那些后来显得过时和"父权"保护的观念是基本保障。他的妻子和女儿们曾在弗吉尼亚贵族女子学校就读,这些庇护所现在似乎受到了威胁。鲍威尔怀疑废除单一性别学校的行动是否会止步于单一的护理课程。他不无理由地担心,单一性别学校最终会被完全淘汰。

"对他来说,认为单一性别机构本身违法的想法令人震惊,而且是错误的,"曾为这个案件工作过的鲍威尔的法律助理约翰·威利回忆,

"通常情况下，鲍威尔将起草判决意见的工作分派给助理，但这一次是他自己做这件事。我记得我拿到了他的判决意见，第一句话就很刺耳——'法院多数派的意见深深地屈从于一致'，这是一个巧妙的修辞手法。鲍威尔对奥康纳说：'你认为你在开辟一条大胆的新路，但是你真的只是在赶时髦。'我想她读到这里时，会倒吸一口气。"[11]

鲍威尔的异议"并没有使奥康纳心烦意乱"，露丝·麦格雷戈回忆："因为他们是朋友，她理解他，其中没有敌意，没有不安。"尽管如此，奥康纳还是从瑟古德·马歇尔的反应中捕捉到了一丝嘲笑，他把有绅士风度的鲍威尔看作古老的南方种植园时代的人。奥康纳在她的日记中写道："当刘易斯·鲍威尔将对于女性的不同意见投射到'上流社会小姐'这个群体身上，我对其缺乏法律权威的做法感到震惊……听助理说，瑟古德读到刘易斯的异议意见书时，对自己的女助理说，'告诉大法官奥康纳不要担心，异议意见书只会追溯到南方种植园时期'。"[12]

在最高法院公布这一案件判决意见的前两天，也就是最高法院10月至次年7月开庭期的最后一天，奥康纳与露丝·巴德·金斯伯格共进午餐，金斯伯格当时是美国哥伦比亚特区联邦巡回上诉法院的法官。她们就餐的餐厅以前是一家专为最高法院服务的农场俱乐部，午餐由德博拉·梅里特安排，梅里特在担任奥康纳的法律助理的前一年曾担任金斯伯格的法律助理。1981年1月，梅里特和她的同事在金斯伯格法官办公室的窗前，在一种悲伤的氛围下观看了总统罗纳德·里根的就职游行。梅里特回忆说："我们知道我们的法官将不会成为第一位女性大法官了。"

当梅里特建议奥康纳邀请金斯伯格共进午餐时，奥康纳说："噢，绝对没问题！"午餐被安排在奥康纳的专用房间。梅里特回忆说："金斯伯格法官很安静，她进餐特别慢。奥康纳很健谈，但也不是一个话匣子。受金斯伯格的影响，席间有很长一段时间的沉默。你开始会想知道金斯伯格是否会回应，但是她的肢体语言还是积极的。她们在那里没有讨论'霍根案',也没有被人认出来,很明显,那是法律界最重要的两位女性在一起用餐。"[13]

两天后的晚上,金斯伯格带回了一份当天公布的大法官奥康纳在"霍根案"中的多数派判决意见副本,她的丈夫马丁读了那份意见书,抬头看着妻子,问道:"这是你写的吗?"[14]

最高法院的大法官们放暑假了。碰巧,奥康纳夫妇在一次慈善舞会上凭门票上的奖号赢得了去摩洛哥的往返机票。8月初,他们抵达后,国王哈桑二世坚持要奥康纳到摩洛哥沙漠参加他儿子、王储穆罕默德的派对。"这是阿拉伯之夜的一幕。"布莱恩·奥康纳回忆说,他已经22岁,这次随父母一同旅行。"巨大的帐篷,沙地上的地毯,妈妈坐在王子旁边,他不讲英语,所以两人都讲法语。看着我妈妈和他互动真是太有意思了。她逗得王子哈哈大笑,我心想我得学点儿法语。"回到王宫,大法官奥康纳得到王子母亲的接见,她为国王生下第一个儿子。有人向奥康纳解释,每个部落都将最漂亮的女孩送给王储,他们实行一夫多妻制。奥康纳此时保持着老练的外交面孔。[15]

在奥康纳一家去摩洛哥旅行之前,约翰在一个全是男性的环境中度过了17天,那里比国王的后宫要平淡得多,但在20世纪的背景下,几乎一样颇具异国情调。作为旧金山一家私人男性俱乐部——波希米亚俱乐部的会员,约翰参加了俱乐部在加利福尼亚红杉林中的波希米亚格罗夫举办的年度露营活动。每年夏天,业界领袖和政界人士都会去那里待一两周,以暂时远离烦恼,放松身心,恢复精神。波希米亚格罗夫的活动丰富多彩,有外交政策演讲,有低俗的笑话,有小提琴演奏会,还有粗俗的狂欢。波希米亚俱乐部的会员和嘉宾每年超千人,其中包括共和党籍的总统(赫伯特·胡佛、理查德·尼克松、罗纳德·里根和乔治·H.W.布什是会员,德怀特·艾森豪威尔和乔治·W.布什是嘉宾)、政治家和将军,还有大量的企业大亨,但从来没有女性。

约翰的儿子杰伊回忆说:"爸爸很早就听说过波希米亚格罗夫,

1977 年，斯坦福大学校友会的一位成员邀请他作为嘉宾去过。他第一次去波希米亚格罗夫旅行后回到家，发现自己在 17 天里增重了 15 磅。我们看着他说，'天哪，发生了什么？你看起来糟透了！'他说，'绝对太奇妙了！'他已经死了，去天堂逛了一圈。"约翰在他的家庭回忆录中写道："我第一次走进波希米亚格罗夫时，不知所措，它如此大，如此美丽，它是个神奇的游乐场。"[16]

由于约翰·奥康纳很风趣，很有魅力，并且善于交际——为了游戏而熬夜，约翰·奥康纳跳过了 20 年的等候名单，成为会员。"他在桑德拉被提名进入最高法院前 6 个月被接纳为会员，这对他来说意义重大——他是靠自己的努力加入的。"一位富有的华盛顿银行家、波希米亚俱乐部会员弗兰克·苏尔回忆道。[17]

桑德拉·奥康纳的朋友贝齐·泰勒说，她起初被波希米亚俱乐部和格罗夫惹恼了（当奥康纳请泰勒为从亚利桑那州来参加奥康纳宣誓就职仪式的宾客举办一场招待会时，她规定派对不得在男性俱乐部举办），奥康纳听说了男人们在波希米亚格罗夫的作为——他们在树丛中撒尿，在其他方面也像重新经历了延迟的青春期，但是她默不作声。泰勒说："约翰从波希米亚格罗夫回家后，我们见到了桑德拉，她说，'我现在很好，我什么也不会说的'。"桑德拉看到约翰在波希米亚格罗夫很快乐，并且她知道约翰在没有她的情况下也能发光是多么重要。"对约翰·奥康纳来说，波希米亚俱乐部是他的救星，因为他现在是一位重要人物，他得到了认可。"查尔斯·伦弗鲁说道，他是一位联邦法官，在旧金山社交圈很有名望，也是奥康纳夫妇亲密的朋友。这是婚姻和谐的公式，伦弗鲁补充道："对于这一点，桑德拉百分之百地认同。"

当桑德拉·奥康纳被任命为最高法院大法官时，奥康纳夫妇在天堂谷的朋友琼·迈尔斯写信给桑德拉的父亲哈里·戴："每个人都问，'约翰呢？'"[18]朋友们有理由怀疑，华盛顿的大型律师事务所对雇用最高法院大法官的丈夫持谨慎态度：有人担心潜在的利益冲突，也有人担心来自菲尼克斯的普通商业律师可能不适应华盛顿律师高度专业化的执业方式。约翰找到了一个中等规模的律师事务所——米勒和希瓦利埃律师事务所。10月，米勒和希瓦利埃律师所的合伙人霍默·莫耶前往奥康纳夫妇位于高档的卡拉玛社区的新公寓，与约翰共进晚餐。（奥康纳夫妇决定搬进一套公寓，而不是一栋独立的房子，部分原因是大法官已经收到一些死亡威胁。[19]）到达后，莫耶走进用亚利桑那沙漠的暖色装饰的客厅，他被主人的漫不经心迷住了。他感激地接过约翰递过来的鸡尾酒，在一把椅子上重重地坐下，脆弱的椅子突然断裂，他向后倒了下去。莫耶说："约翰给了我一杯加了奎宁水的杜松子酒，我坐了下来，在椅子上向后翻了个跟头。约翰说，'没有问题，就在这里签字'。晚餐后，桑德拉说：'我们到客厅去毁坏更多的家具怎么样？'"[20]

奥康纳夫妇接到很多邀请，他们聘请亚利桑那州朋友迷人的女儿南希·考夫曼担任全能助手和社交秘书。她回忆道："这太疯狂了，有些人就是能不睡觉，他们晚上出去的时间比在家的时间多。我22岁，都跟不上她。"奥康纳夫妇迅速成为华盛顿社交界的明星，他们当中既有旧时代的"穴居人"，也有杰出的记者和政府高官。他们参加了凯瑟琳·格雷厄姆在乔治敦举办的舞会，格雷厄姆是《华盛顿邮报》的出版商和所有者。"如果桑德拉被邀请，那就是我该做的事情；如果她被邀请，那就是我该去的地方。"安·胡普斯回忆道，胡普斯和丈夫汤森是一对热爱运动、很受欢迎的夫妇，汤森曾是耶鲁大学橄榄球队的明星，也是约翰逊政府的空军部长。奥康纳夫妇很快就在切维蔡斯俱乐部与他们交好，这是一家首都当权派的乡村俱乐部。[21]①

约翰跳进了社交圈，他的日记里讲述了许多夜晚的事情：菜单、客人、名单、闲聊、兴奋和偶尔的尴尬时刻，他把"吸引力"与"俗气"划作相对立的感觉。在白宫的一场晚宴后，他这样记述："当时

---

① 约翰·奥康纳在切维蔡斯俱乐部的保荐人是大法官波特·斯图尔特，他在波希米亚俱乐部遇到了约翰，并热情地将接替他职位的大法官的丈夫介绍给他的会友。

南希·里根示意阿斯特夫人和我们坐在沙发上，为的是让我坐在桑德拉和阿斯特夫人之间。桑德拉是美国历史上地位最高的女性，而布鲁克·阿斯特是慈善家、社会名流。对面就是总统和第一夫人、亚历山德拉公主（伊丽莎白女王的堂妹）和她丈夫。那天晚上的晚些时候，科尔曼演奏了一曲《如果我的朋友现在能看到我》，我想那恰恰就是我的感觉。"[22]

约翰不在乎自己在华盛顿等级制度中的从属地位，联邦参议员皮特·威尔逊的妻子盖尔·威尔逊回忆说："约翰和桑德拉无处不在，如果总统在那里，桑德拉就坐在他的右边，约翰将被安排在房间的后面。他开玩笑地说，'在房间后面，厨房附近，两边都是我不认识也不喜欢的女人'。"但是他的抱怨并不强烈，也不频繁。约翰在日记里记下了他在舞池里的表现，他写道，在切维蔡斯俱乐部的一次茶舞之后，"女士们向我涌来，我猜想有 30 位女士邀请我跳舞……其中两三位女士说，为了和我跳舞，她们等了整整一晚上。整个晚上我都与她们跳舞，甚至没机会到餐桌边休息。那个乐队很一般，但是我玩得很开心"。他写道，跳了一整晚华尔兹组曲舞之后，"在深夜 1 点离开时，我简直像被杀死了一样，因为音乐还在播放"。[23]

大法官奥康纳的助理们想知道她晚上出去的频率，以及她能否保持这种节奏，其他大法官也是这么想的。[24]她定了一个规矩，就是在口头辩论前的几个晚上待在家里，以便做好准备，但在其他晚上，奥康纳夫妇经常出去。他们的亲密朋友明白这是微妙的婚姻关系在起作用。"约翰从不是一个害羞的人，他总是聚会的中心人物。桑德拉会退让，让约翰展示自己的才能，"他们的朋友比尔·德雷珀说，他是富有的风险投资家，被里根总统任命管理美国进出口银行，他接着说，"桑德拉在社交场合甘居次要地位，约翰讲笑话时，她在一旁等待着。"当约翰用完晚餐后站起来讲"柴油机装配工"的笑话（一个略微粗俗的、涉及一名工厂装配线工人和一双连裤袜的双关语故事）时，桑德拉哈哈大笑，直到笑出眼泪，这一幕就这样一遍又一遍地上演。多年后，在与我及儿子斯科特的一次谈话中，桑德拉承认，她也许是少睡了会儿，但为的是给约翰扮演社交雄狮的机会。她说："我本可以待在家里多读些简报。"[25]

1982 年 1 月 26 日，总统里根在他的第一次国情咨文中宣布，他非常高兴任命了最高法院第一位女性大法官。在下面的众议院议员席上，身穿黑色长袍的奥康纳与其他大法官坐在一起，旁边是内阁成员和身上挂满勋章的参谋长联席会议成员。约翰在日记中写道："桑德拉不知道他（指总统）将要讲这件事，这句话赢得当晚最热烈的掌声。听众们齐声鼓掌，热烈而欢快。"

27 日晚上，他们动身去参加华盛顿记者俱乐部的"向国会致敬"仪式。第二天晚上，约翰简单地写道："多好啊，我们待在家里。"两天后的晚上，他们成为凯瑟琳·格雷厄姆家的客人（这是三个月来的第二次），桑德拉那天下午和格雷厄姆一起打了网球。华盛顿大佬、政府高官和记者们共坐了三桌，每桌八人。约翰讲述了他与总统助理迈克·迪弗在鸡尾酒会上的谈话："迪弗说每个人与桑德拉在一起多么开心，对于总统罗纳德·里根把她放到最高法院大法官的职位上这件事，她是一个绝对完美的人选。他说她的风度和魅力吸引了每一个人。"在为大法官奥康纳正式祝酒时，凯瑟琳·格雷厄姆半开玩笑地宣布："现在，我很高兴地把美国最有权势女性的头衔让给你。"[①] 约翰指出，嘉宾名单上有鲍勃·伍德沃德，他是《隐秘的江湖》一书的合著者，也是《华盛顿邮报》报道水门事件的记者。"他见到桑德拉很兴奋，不断追问她对最高法院的看法。"[27] 11 月，《世界年鉴概况》称，奥康纳已经小胜凯瑟琳·格雷厄姆，成为全球最具影响力的女性，网球明星比

---

① 约翰为妻子受到称赞而高兴，他在日记中写道，美国海军学院学员大队为她举行了阅兵式，鸣了 19 响礼炮。他接着写道："唯一曾获此殊荣的女性是伊丽莎白女王。"在国家肖像馆的招待会上，"当桑德拉·奥康纳到达时，20 英里内的所有闪光灯都亮了"。她在国家大教堂的伯利恒教堂读《圣经》章节时，"当人们认出她是谁时，都在往前挤"。在海军陆战队的生日宴会上，当指挥官宣布她在场时，"整个房间的人自发地、兴奋地发出赞许的声音。这象征着国家对桑德拉的看法"。[26]

利·简·金位列第三。[28]

奥康纳夫妇开始担心桑德拉的社交形象太张扬，在科科伦画廊年度舞会后，约翰写道，他发现《华盛顿邮报》时尚版记者洛伊丝·罗马诺在跟踪他。他试图私下向记者解释，他们夫妇俩不想出风头。约翰很欣赏《华盛顿邮报》一周后发表的文章《舞会圈子里的大法官》的"乐观基调"，约翰指出："真正有趣的是，作者在谈论我们繁忙的日程安排和娱乐日程时，丝毫不知道她只看到了冰山一角。"桑德拉就没有那么乐观了，约翰说："她谈到，当文章称法院工作负担过重时，公众舆论对法院不利。"令她烦恼的是文章中的一句话："就在一周前，奥康纳还穿着飘动的紫色丝绸衣衫，在科科伦画廊的舞会上与一群迷人的宾客共舞，而她大多数的法院同事都在一场亲密的晚宴上庆祝大法官威廉·布伦南新婚。"布伦南在妻子死于癌症后，与长期担任他秘书的玛丽·福勒结婚。约翰如实但有一点儿防备地写道："文章的表述可能会导致一种推论，即桑德拉·奥康纳与布伦南、马歇尔相处得不太好，或者桑德拉·奥康纳把'社交生活'放在维系与其他大法官的关系之前，这两种推论都是错误的。"[29]

桑德拉和约翰都努力与同事和睦相处，1982年12月，布莱克门接受了一个长达一小时的采访，透露了一些法院内部的故事后，奥康纳夫妇有些吃惊。布莱克门描述了奥康纳是如何因会议室里的"嗡嗡声"而惊呼，以及她是如何大声怀疑房间里装了窃听器。布莱克门有意作弄她，他没有告诉她，声音来自他的助听器。桑德拉被布莱克门的小故事惹恼了，但按她的习惯，她假装没有生气。在副总统乔治·H.W.布什的住所举办的圣诞节早午餐会上，她和约翰与布莱克门谈到他的电视采访，约翰写道："我们俩都盛赞他在谈话中的冷静、细致等。他显然非常感兴趣，并深深地感激我们对他的言论的评价。我们并没有谈论他是否应该接受采访。"

两天后，奥康纳夫妇正与布莱克门及其妻子站在迎宾队列中，已退休的大法官阿瑟·戈德伯格走过来说："哈里，我不希望你对她（指大法官奥康纳）太刻薄。我读过你的判决意见，有时候你很刻薄，我希望你能变得温和些。"在日记中，约翰记录道："布莱克门只是笑了笑，没说什么。我想布莱克门夫人被吓到了。桑德拉·奥康纳说，'哦，他很好，在那里的人都不得不被吊打'。后来，桑德拉和我真的为戈德伯格的那番话偷偷笑了起来。"[30]

假期里，约翰在日记中写下了桑德拉对她在最高法院工作的一年零三个月的评价。桑德拉从未与约翰讨论过未决案件，她对法院的活动一般都很谨慎，但在那年12月的"两次单独谈话"中，她描述了"她对自己迄今为止在最高法院的表现及对法院其他成员能力的感受"，约翰写道：

> 她在接受这份工作时就知道这将是一项挑战，但她并没有真正体会到它的现实意义。在她刚进入最高法院时，没有人给过她任何关于如何管理文件流程、组织管理办公室或做其他事情的建议。法律助理和桑德拉必须弄清楚什么是合乎逻辑的，法律助理还要努力弄清楚其他大法官的办公室在做什么。但当她开始第二个任期时，她感到在组织和控制方面已遥遥领先。

> 她从来没有提出或暗示过这份工作超越了她的能力，她觉得自己无法与最高法院历史上一些伟大且智慧的大法官相提并论，比如霍姆斯，但她觉得自己对周围所发生的一切了如指掌，并且有能力清晰地表达自己，说服其他人把工作做好。

奥康纳告诉丈夫："最高法院伟大的头脑是威廉·伦奎斯特。"约翰继续说："桑德拉认为伦奎斯特极其闪亮，但是他们确实很少见面，虽然他们的办公室相邻，并且开庭时他就坐在她的邻座，但他从不溜达。他们关系很好，但是就现实中一起度过的时光而言，他们并不亲密。"

奥康纳讲起刘易斯·鲍威尔时滔滔不绝。"就个人的基本立场而言，桑德拉·奥康纳感觉她与刘易斯的关系比最高法院的任何一位大法官都更亲近。鲍威尔是那里最善良的人……只要她受到抨击，他都会特别有心地走过来，告诉她一切都好。"

至于她有时的对手哈里·布莱克门，约翰写道："她觉得（他）拥有非常棒的头脑。"她赞扬他的研究和准备工作，但是她告诉约翰，布莱克门是最高法院最短的导火线。若会议被改为在与正常时间不同的时间召开，他就会很生气。他总是与他人书面交流，而且经常谴责别人。到开庭期结束时，他真的看起来压力很大，而且很脆弱。约翰写道："桑德拉决心与他相处，并将做出特别的努力在社交上与他做一些事情，以成功应对这一切。刘易斯·鲍威尔曾经对我说，他是这样看待布莱克门的——'我从来不知道他会做什么'，这是来自鲍威尔的严厉批评。"

奥康纳对布伦南的评价很慷慨，约翰写道："她认为布伦南非常聪明，他在如何遵守规则上也很精明，为的是实现他所追求的结果。"奥康纳告诉约翰，"拜伦·怀特很有头脑"，瑟古德·马歇尔"很少在法庭上讲话"。她补充道，在会议上，马歇尔最常说的一句话是"我支持布伦南"。她把约翰·史蒂文斯描述成"非常快乐"和"特立独行"的人，他"似乎以走自己的路为乐，并为此感到骄傲"。对于伯格，奥康纳说了许多感激的话。约翰写道："首席大法官对桑德拉一直都很友好，并给予支持。"（桑德拉显然并未对首席大法官以高人一等的态度传阅关于女性如何在男性的世界中生存的文章感到不快。）"他时不时地会请她喝茶，并坦率地就几个案件游说她，或者谈论有关最高法院的问题，包括她在1982—1983年开庭期内，更多预料中的与布莱克门相处的困难。"奥康纳并没有详细说明这些问题，但是就在她向约翰吐露心声的时候，最高法院同意重新审查布莱克门对"罗伊诉韦德案"中堕胎问题的裁决，这一裁决是布莱克门的"挚爱"。[31]

在聘用法律助理时，奥康纳的做法是，无论是男性还是女性、保守派还是自由派，其衡量标准大致相同。她告诉一位名叫加里·弗兰乔内的候选人，她想让她的法律助理与弗兰乔内辩论，弗兰乔内回答"我是您的孩子"。弗兰乔内在1982—1983年的开庭期被聘用，为大法官工作，他毕业于弗吉尼亚大学，获得法律学和哲学学位，是一位积极的动物权益保护者。弗兰乔内回忆，有位助理告诉他刚看到外面街上有只狗被汽车撞了，"我把狗带进了法院，血洒在东方地毯上，大法官伦奎斯特很生气。我把事情弄得一团糟，确实很心烦。大法官奥康纳听到乱糟糟的声音，走出办公室，她告诉伦奎斯特：'你知道，威廉，他对动物问题感受强烈。'有一些大法官经常以严厉、羞辱的方式对助理大喊大叫，奥康纳从不会这样对我们，永远不会的"。

　　与许多助理一样，弗兰乔内对于最高法院在涉及死刑案件中作为最后裁决的角色感到不知所措。死刑犯通常会在最后一刻以申请人身保护令的方式向最高法院请求暂缓执行死刑，而大法官们必须表态——行或者不行，有时是在午夜时分。"有一次遇到了这样的案件，我走进她的办公室八次，一直试图提供一些争论意见以阻止那个家伙被执行死刑，"弗兰乔内回忆说，"第八次之后，她站起来，关上门，让我坐在沙发上，拉着我的手，非常严肃地告诉我：'加里，你必须接受一些东西，上帝让我成为大法官。'我说：'不，上帝没有！是罗纳德·里根做的！''很好！'她笑着说，'但底线是一样的，我必须做出这个决定。'"她投票同意执行死刑。[32]

　　助理们感觉到，在大法官奥康纳热情的背后，她正在使自己更坚硬。2016年，斯图尔特·施瓦布在接受我的采访时回忆说："奥康纳相当自信，但也很谨慎。她所承受的压力是惊人的。我们现在忘记了。她觉得，确切地说，如果她以一种公开而明显的方式把事情搞砸，那么在接下来的50年里，就不会有另一位女性大法官了。"早些年，奥康纳一丝不苟地检查她的助理引用的每一个判例。按照指示，助理们要将案卷放在手推车上，标有记号页码的案卷从左至右顺序码放。手推车被推进她的办公室，停放在她的办公桌旁，有时能排成三排。

大多数大法官将审查成千上万份调卷令申请的工作委托给助理，助理们撰写有关调卷令申请的备忘录，与其他大法官办公室的工作人员分享。他们用自己的姓或首字母在备忘录上签名。1982 年秋，当"希顺诉金和斯伯丁案"被提出重审时，施瓦布还是个后备助理。该案是一名被亚特兰大著名律师事务所拒绝合伙人申请的女性提起的诉讼，她声称自己的公民权利受到侵犯。施瓦布建议法庭"拒绝调卷令"——拒绝听审此案。通常最高法院会拒绝听审这类案件，除非不同的联邦上诉法院的判决之间存在冲突。截至那时，律师事务所合伙人是否属于 1964 年《民权法案》第七章所涵盖的雇员，在这个狭义的法律问题上并不存在冲突。

施瓦布回忆说："大法官突然来到我的办公室。""施瓦布，我看到你名字的首写字母，这是你写的吗？"她举着施瓦布写的"拒绝调卷令"的备忘录问道。"当我看到这是出自我的助理之手的时候，我真想拧断你的脖子。"奥康纳微笑着，但不亲切地说，"你在做什么？对这个案子我们要争取调卷令！这是一个重要的问题，它影响着成千上万努力成为合伙人的女性律师。"虽然奥康纳总体上或者至少名义上是一个信奉"司法克制"理念的人，但是她也非常实际。在周六例会上讨论案件时，施瓦布和其他助理观察到她对法律抽象的概念和哲学辩论已经失去耐心。施瓦布说："她总是考虑现实世界的后果。"（在"希顺案"中，伊丽莎白·希顺赢得了最高法院全票通过的判决。这家律师事务所开始接纳女性合伙人。[33]）

1983 年 1 月 22 日，当"现实世界"出现在最高法院时，正值最高法院做出"罗伊诉韦德案"堕胎权判决 10 周年纪念日，数千名抗议者聚集在最高法院外，部分原因是大法官们同意受理另一宗堕胎案——"阿克伦市诉阿克伦生殖健康中心案"。在全美各地、各州和各个城市已经开始实施旨在阻止或劝阻女性堕胎的限制措施，俄亥俄州阿克伦市制定了一项规定，要求女性签署"同意书"，其中包括听由医生做的关于胎儿"从受孕那一刻起就是生命"的讲座，以及在堕胎前要等待 24 小时。

里根政府支持当地的规定，在口头辩论中，大法官布莱克门举起政府简报，怒视司法部副部长雷克斯·李，他问："这份简报是你亲自写的吗？"政府律师显然大吃一惊，回答道："其中大部分是的。"[34]

对哈里·布莱克门来说，有关堕胎法律是高度个人化的，当堕胎案件第一次被提交到最高法院时，布莱克门在 1972 年的暑假回到明尼苏达州的家中，在梅奥诊所的图书馆里度过，这里曾是他穿上法袍之前担任法律顾问的地方。他在这里研究了堕胎的医学历史，并深入思考了有关隐私的宪法问题，然而这些充其量是模糊的。在"罗伊诉韦德案"中，布莱克门为最高法院撰写了长达 55 页的判决意见，试图在女性的隐私，即她们控制自己身体的权利，与国家保护女性健康和胎儿生命权的利益之间谋求平衡。他制定了一个条例，在女性怀孕的前三个月（妊娠早期），她的堕胎权是绝对的；在怀孕的第二个三个月（即四到六个月，妊娠早中期），国家可以干预，但只能出于保护女性健康的目的；在怀孕的最后三个月（妊娠晚期，此时胎儿有可能在母亲的子宫外存活），国家可以维护自己的利益来保护母亲与她的孩子。布莱克门的观点偏重于医学分析，他对保护医生免受刑罚的关注与保护女性隐私权似乎差不多。[35]

在奥康纳的办公室，助理们对案件进行了划分，以便四名助理每个人撰写的"法官备忘录"数量大致相等。最高法院在那个开庭期判决了 162 个案件，每个案件都要求写法官备忘录。加里·弗兰乔内负责撰写"阿克伦案"的法官备忘录，他说："我是以隐私为依据主张自由选择堕胎的，我认为国家永远不应该告诉女性不要堕胎，这与医生无关，只与女性有关。"在由大法官亲自主持的周六午餐例会上，助理们针对案件的事实和适用的法律进行辩论，奥康纳提了几个问题，但是像往常一样，在重大案件上，她很少表明自己的观点。奥康纳的助理简·费伊从她的问题和偶尔的评论中感觉到，大法官对宪法中没有明确保障隐私权这一概念感到不安，认为《宪法第十四修正案》的正当程序条款是布莱克门在"罗伊诉韦德案"中判决意见的根本依据。在为"阿克伦案"做准备的过程中，奥康纳读了一篇新近被任命为斯坦福大学法学院院长的约翰·哈特·伊利所著的法律评论文章，伊利认为从宪法中推断道德权利是不民主的。大法官奥康纳可能因伊利对"罗伊诉韦德案"的攻击而摇摆不定，但助理们只是猜测，奥康纳从来没有透露，更没有明确地说出来。[36]

大法官们在接下来的周五会议上投票之后，奥康纳把弗兰乔内叫到她的办公室，安排他起草一份判决意见。他回忆说："这恰恰是我们的意见，很显然她并不同意我们的意见。"

在 12 月初审议"阿克伦案"的最高法院会议的个人记录中，奥康纳简明扼要地阐述了自己的观点，她用沉稳的笔调写道："简单地用宪法理论对不同的妊娠期采用不同的标准或测试毫无正当理由，这似乎让我们成为科学审查委员会的一员。在怀孕的各个阶段，国家保护胎儿的利益基本上是相同的。我会允许国家制定规则，在妊娠的每个阶段不对女性终止妊娠的权利造成不当负担。"[37]

换句话说，她拒绝了布莱克门在"罗伊诉韦德案"中提出的条例，她对法官们试图确立胎儿何时能在子宫外存活的纯粹现实问题比对宪法理论问题更感兴趣。医学的进步意味着胎儿越来越早地具备生存能力，这意味着正如她后来所说的，布莱克门的三个月妊娠期框架在"罗伊诉韦德案"中会与其自身过程发生冲突。奥康纳一如既往地保护各州的权利，她倾向于让各州限制堕胎，只要他们不给女性的选择权造成不当负担。"不当负担"一词曾出现在里根政府的简报中——大法官布莱克门曾激动地向其作者、司法部副部长李挥舞过这份文件，这是一个有目的的模糊术语。"不当负担"为各州和法院在未来几年留下了很大的回旋余地和诉讼空间，但值得注意的是，里根政府并没有完全试图推翻"罗伊诉韦德案"。1983 年 6 月，六名大法官投票赞成推翻"阿克伦案"的限制，三名大法官——奥康纳、伦奎斯特和怀特投票支持他们。"罗伊案"原封不动地幸存下来，女性仍然有终止妊娠的宪法权利。

布莱克门也许感到满意，但他对大法官们最终可能推翻"罗伊案"而焦虑不安。在他看来，奥康纳是总统罗纳德·里根未来任命的一系列大法官的第一个，里根寻求的报答是反对堕胎的投票。[38] 布莱克门有理由担心奥康纳，因为奥康纳认同大法官怀特的观点，认为在"整个怀孕期间"保护潜在的生命对国家而言有"必要的利益"，当他读到奥康纳的异议意见书草稿时异常恼怒，异议称布莱克门的妊娠框架"完全没有原则，也不可行"，这句话实际上是弗兰乔内写的，他也许是过于尖锐地表达了他的上司的意见。

布莱克门的一位助理向弗兰乔内抱怨，弗兰乔内就去找了奥康纳。他回忆说："这是一个误解——我们并不是说布莱克门缺乏道德准则。我告诉大法官奥康纳，她说：'删掉它！'"于是"没有原则"这个词被删除，只留下"不可行"。[39]

在最初的几年里，奥康纳和布莱克门的助理之间很少接触。施瓦布回忆说："如果我们与其他大法官办公室的助理交谈，她会问：'你在那里做什么？你说了些什么？'她不希望我们与其他大法官办公室的助理协商。"一些大法官让他们的助理当使者，甚至充当间谍，但奥康纳对这种方式持谨慎态度。弗兰乔内说："她不喜欢助理们以兄弟般的处事方式操纵局势。"[40]

7月，开庭期结束，奥康纳夫妇飞往威斯康星州打高尔夫球，与朋友们一起放松。在飞机上，桑德拉告诉约翰，在最高法院的第二年，"她对如何做事有了更充分的认识"。她吐露，她对布伦南、马歇尔或布莱克门没有太多的影响，但是"她对首席大法官和刘易斯·鲍威尔有很大的影响，并不时对威廉·伦奎斯特产生影响"，约翰写道，她已经"大权在握，她是第五票"。一个月前，奥康纳告诉约翰，她很享受大法官们在开庭期结束时争取多数票的"博弈"。约翰写道："当她谈论这件事时，她的身体语言和她说话的方式都呈现出兴奋的情绪。"很明显，对她的丈夫来说，大法官奥康纳是以一种谦逊的态度对待法学，但她并不完全反对在法庭上行使权力。[41]

到那个夏天快结束时，奥康纳和多年来的高尔夫球玩伴佩姬·洛德一起去佛蒙特州徒步旅行，两位女士在位于斯特拉顿山的高尔夫球学校上课。在那里，教练告诉她们，用洛德的话说，"要把屁股撅起来"。洛德谈论起"罗伊诉韦德案"的问题，奥康纳也许认为布莱克门在"罗伊诉韦德案"中的推理是错误的，但她感觉各州不应该完全禁止堕胎。洛德在日记中记录，奥康纳回答说："噢，佩姬，那是个坏法律，但我必须考虑所有的美国女性。"（听到这个故事，奥康纳的一些前法律助理感到惊讶，他们猜想奥康纳会回答"嗯，嗯"。[42]）

第九章

第一女性

她知道自己的力量及如何使用它，
努力将现实世界纳入她的法律体系。

奥康纳在一次司法会议上引领一个康加舞队。她确保自己在联邦的每个州都
演讲过，并很快试图在东欧、非洲、亚洲和南美传播法治。

1983 年 1 月，在水门大厦举行的一次正式晚宴上，美国电影协会主席、华盛顿高薪说客杰克·瓦莱蒂在鸡尾酒会期间走近大法官奥康纳。喋喋不休的瓦莱蒂曾是约翰逊总统的助手，他说那天上午他在最高法院审理索尼影业的版权案现场，他想和大法官谈谈。奥康纳"突然走开了"，约翰在他的日记中写道。[1]

最高法院的成员被假设为凌驾于影响力之上，并把自己从政治中隔离开来。奥康纳在鸡尾酒会圈中必须格外小心。无论是在最高法院还是在外面的世界，奥康纳从来没有隐瞒自己是共和党人。她喜欢与伦奎斯特一起下赌注，伦奎斯特在大法官们中开了一个低赌注的博彩池，赌的是选举结果、体育赛事、预测降雪及任何他好奇和有胜心的想法。[2]但是奥康纳避开政治话题，即便是和亲密的朋友也是如此。比尔·德雷珀回忆说："她并不自负。她会说，'不赌这个，哦！不！'"露丝·麦格雷戈说，当约翰·奥康纳表达他的政治观点时，她有时会"扬起眉毛，并保持距离"。如果人们追问她的观点时，她会问他们的孩子怎么样，只是为了转移他们的注意力。她的朋友辛西娅·赫尔姆斯会捕捉她的眼神，她说："当人们开始谈论小苏西的时候，我看着她，她一点儿也不在乎，并且她知道我知道这一点。"奥康纳不喜欢人们喋喋不休地猜测她的政治抱负。"我提到她有可能成为副总统，她让我见鬼去吧。我说："这只是鸡尾酒会上的闲谈。'"弗兰克·苏尔回忆说。[3]

奥康纳对高级记者做的有关社交圈的报道很谨慎，在为大使索尔·利诺维茨举办的派对结束后，约翰在日记中记下他们偶然遇到萨莉·奎因："那个能把所有人都活活吃掉的社会专栏作家……与奎因女士打交道必须非常小心。"[4] 1984 年，《华盛顿人》杂志发表了一篇名为"她是一位女士——坚强、聪明、风趣的最高法院第一女性"的文章，对奥康纳大加赞赏，但这篇文章包含了一些私人的细节，比如她的卡洛拉马公寓的价格（355 000 美元），以及她个人净资产的大致数额（150 万美元）。奥康纳谨慎地配合，包括允许她的健美操教练迪马科接受记者采访。"我们再也不会这样做了。"奥康纳告诉迪马科。[5]

"禁止记者"规则的一个例外是吉姆·莱勒，他是美国公共电视网晚间新闻节目的联席主持人，奥康纳经常收看这档节目。奥康纳和莱勒因是殖民地威廉斯堡基金会的共同受托人而成了朋友，莱勒回忆说，在一次盛大的集会上，他注意到了奥康纳。当时里根政府的一位高级官员（莱勒不愿意透露其身份）在餐后演讲过程中发表了不恰当的言论，莱勒看了看奥康纳，"她看上去很沮丧"。奥康纳站起来去洗手间，假装没注意到莱勒，但是当她经过莱勒的座位时，把自己的座位卡递给了这位记者，她在上面写下了她对那位餐后演讲者的看法——"傻瓜"。

奥康纳的怒火虽然被小心地"收纳"起来，但仍需要一个出口。在网球场、高尔夫球场或者桥牌桌上，她从不退缩。1984 年，她和约翰结识了一对特别迷人、有吸引力、喜欢运动的夫妇——吉姆·霍尔曼和戴安娜·霍尔曼，他们经常一起双打。"她和我一起玩，因为我从来没有输过，她也不喜欢输。"吉姆回忆说。戴安娜记得，"她拒绝与约翰搭档，她说'我和吉姆一组'。她记录分数：'30 比 15！'我说：'不是 15 比 30 吗？'她重复说'30 比 15'，并说'戴安娜，如果你不记分，别人会替你记分，这是我在法庭上学到的'"。

吉姆·霍尔曼作为奥康纳的桥牌搭档，打得不是太好。"我试图用偷牌的方式先出，结果输掉了飞牌和四圈牌。奥康纳用一种我从来没有见过的表情看着我（包括在我父母的脸上），她说：'吉姆，我实在不知道你在想什么！'"霍尔曼回忆道，"我再也不打桥牌了。"

她充沛的精力让朋友们招架不住，在与霍尔曼夫妇及他们的朋友斯基普和金·纳伦在太阳谷的滑雪之旅中，奥康纳会为每个人做早餐（墨西哥风味蛋，她最喜欢的墨西哥式煎蛋），并提议："在我们滑雪之前，先玩一盘胜局（桥牌的说法）！"吉姆说："每个人都想躲起来。"她会毫不犹豫地指导别人，包括在他们自己运动项目上的冠军。"她会说：'不要击高尔夫球那儿，直接击球！'"安·胡普斯回忆道，胡普斯在切维蔡斯俱乐部玩最低女子让步赛。奥康纳五音不全，但仍忍不住给专业音乐家一些有用的提示。芬兰大使犹卡·瓦尔塔萨利回忆说，一个著名的爵士三重奏乐队在芬兰驻美国大使馆演出后，奥康纳对钢琴手说："年轻人，如果你弹得那么起劲，你应该减掉一些体重。"奥康纳能够将一场古典音乐会变成合唱会，在霍尔曼夫妇为伟大的瓦格纳男中音托马斯·斯图尔特举办的派对上，奥康纳以洪亮的声音，热情地与斯图尔特合唱了一首牛仔歌曲《不要阻挡我》。"她的声音高亢。"霍尔曼说道。

打网球时，奥康纳最喜爱的击球方式是又狠又准的斜线正手球，国会前议员詹姆斯·赛明顿记得奥康纳站在发球线上时的肢体语言。"就好像，这是一天中最重要的时刻，她准备好开打，没有别的更重要的事情了。"当她太紧张时，约翰会与她开玩笑。有一天打双打，她大声喊："约翰！约翰！"为的是让他在球场上移动起来。在剩下的比赛中，约翰无目的地大声叫喊："桑德拉！桑德拉！"[6]

也有一些朋友对她的专横表示不满，中央情报局前局长理查德·赫尔姆斯喜欢与她交谈胜过与她一起打网球。"在去切维蔡斯俱乐部的路上，理查德会模仿她发号施令：'你站在这里，你站在那里，你发球！'我不得不竭力制止他。"他的妻子辛西娅回忆说。但在大多数情况下，奥康纳夫妇的朋友（像约翰一样）被告知该做什么时，他们觉得很有趣，甚至很高兴。不过可以肯定的是，当他们与她谈话时，有些人稍微有点儿害怕，赛明顿回忆说："会有某种沉默的表情，不祥的沉默。如果你了解她，你就能预见到它的到来，你可以分辨出对一个主题的谈论什么时候要结束了，那就是转移话题的时间，试图迂回没有意义，她也会给你一个眼神，那就结束了。"

但是他们也看到了奥康纳更甜美的一面。"她身上没有一丝吝啬，没有愤怒或怨恨，"赛明顿说，"我看到人们巴结她，她不会让他们难堪。在滑雪小屋里，一个年轻的女人走到她跟前，滔滔不绝地谈论她的成就。'你真好！'桑德拉说，'告诉我，你要去哪所法学院。'"奥康纳很少冷嘲热讽，即使是在与约翰私下的谈话中，她也鄙视自夸自大的人。"桑德拉对他人最差的评价是'他对自己的评价过高'。"约翰在日记中写道。[7]扮演受害者的人会自讨没趣，戴安娜·霍尔曼回忆说："当我为工资比同岗位的男性（美国合成燃料项目的产业关系主管）少 5 000 美元而哭泣时，奥康纳只是看着我。'这就是你的人生道路，为什么你觉得会不一样呢？'"如果父母吹嘘"小苏西"的成就，她就会感到无聊，但是如果孩子生病或遇到麻烦，她会用温暖和关怀把他们包裹起来。

她知道自己的力量及如何使用它。佩姬·洛德回忆说："她对切维蔡斯俱乐部规定女性必须等到上午 11 点半后才能进去打高尔夫球一事有点儿恼火，于是我们会在上午 10 点半左右坐在第一个发球台旁边的长凳上，并与所有男士打招呼——'哦，你好，皮特；嗨！你好，乔治；嗨，约翰'，不到一个月，他们就改变了规则。"[8]

"她不装作一本正经的时候，可能有点儿傻。"加里·弗兰乔内说。奥康纳在开庭期期末助理们编排取笑她的短剧上喊叫。她在工作的地方既严肃又虔诚，但并不总是这样。当亚利桑那州参议员卡尔·库内塞克造访时，她不仅向他展示大法官的长袍，还建议他穿上"感受一下"。库内塞克披着黑色的垂褶袖长袍大步走进法庭后看到一群目瞪口呆的参观者，便急忙跑了回来。[9]

　　　　　　　　第九章　第一女性

在 1984 年 10 月 31 日的日记中，约翰讲述了桑德拉为活跃最高法院会议室的气氛所做的努力：

> 在回家的路上，她告诉我她今天在最高法院玩的万圣节把戏。从她到最高法院的第一天起，她就想在万圣节做些有趣的事，但是她担心这样做，别人会认为她是疯子。
>
> 大法官们开会时，桑德拉戴上了格劳乔·马克斯式的眼镜，那种眼镜有大鼻子、小胡子和浓密的眉毛，她只是安静地坐在那里。刘易斯·鲍威尔和拜伦·怀特最先发现了她的装扮，但是他们保持沉默，观察其他人的反应。然后，约翰·史蒂文斯看到了她，惊叫起来，这时瑟古德走了进来，坐下，环顾了一两分钟，最终他也认出了桑德拉的装扮，大笑起来。这是一个巨大的成功，每个人都乐在其中。

当然，奥康纳的朋友们想知道是什么在驱动她。"桑米（桑德拉的昵称）这样做总是有一点儿原因的。"珍妮特·布罗菲说，她来自亚利桑那州，与丈夫雷一起搬到了华盛顿。很少有朋友问珍妮特有关奥康纳在雷兹彼和在外祖母家孤独的成长经历，除了编一些老生常谈的牧场故事，她没有讲其他的。他们不确定是什么激励了奥康纳，但确定奥康纳有一种目标感，虽然她不喜欢炫耀，但她决心成为一个榜样。1983 年秋，《纽约时报》在一篇取笑政府缩写词的文章中提到："负责执行法律的总统被称为'饮剂'，因为'饮剂'的英文拼写 POTUS 与美国总统（president of the United States）的缩写相同。最高法院的九个男人常常被称为'司各脱'①。"奥康纳写信给《纽约时报》，提醒他们，两年来，"'司各脱'不再由九个男人组成"，奥康纳在信尾的签名

---

① 司各脱是中世纪英国哲学家，其英文名字的拼写为 Scotus，与美国最高法院（Supreme Court of the United States）英文首字母缩写相同。——译者注

是 FWOTSC——最高法院第一女性。她的语气很轻松，但是这封信被特别刊登在社论版上——正如她所期望的。《纽约时报》的编辑公开道歉："她发现了我们所犯的愚蠢的错误，并对我们'处以重罚'①，这是完全可以理解的。反倒是，她以一种秘密的方式宽容地提出了我们文章中的错误。"[10]

"她知道她的角色，她想与众不同。"她的华盛顿伙伴辛西娅·赫尔姆斯说道。"她是一个偶像，一直都是。她在公众中有大量追随者，女性居多。她有一种命运感，我从不知道如何打败她，在我认识她的25年中都是如此。没有负担，只有快乐。"这是赫尔姆斯在2016年说过的一段话。

* * *

1984年4月10日上午，奥康纳打电话给丈夫约翰，她哭着说："爸爸去世了。"她的父亲享年85岁，患有肺气肿，他前一天晚上与桑德拉的母亲在床上睡觉时中风去世了。"我去了最高法院，试图尽我所能安慰她，但是没有效果。她坐在办公室里，面前是堆积如山的信件。她红着眼睛哭泣并想念爸爸。"约翰在日记中写道。

两天后，在雷兹彼，桑德拉站在大约150人的面前，这些人是穿着自己最好的套装的牧场主、穿着靴子的牛仔，以及她的丈夫和儿子们。奥康纳开始讲话："你如何与你一生所挚爱的人告别？""她讲完第一句话就哽咽住了，我也一样。"约翰在日记中记录道，"她不得不极力保持镇静，而且她做到了。"桑德拉谈到了她父亲的工作品质、他的节俭、他的机智、他无尽的好奇心，以及他的基本行为准则。约翰记录了她是如何谈论她父母的："他们拥有真正幸福的婚姻，尽管我相信这并

---

① 原文是"throw the book at us"，这是美国口语的一种说法，《美国口语词典》指明book是"载有法律条文的书"，这一表达的实际意义并不是从条文规定的刑罚中挑出一种进行处罚，而是"以书中所载的全部刑罚"，即把书本身整个都抛过去。这一说法除使用于真正的犯罪外，也可转用于日常生活，表示加重处罚。——译者注

不容易。爸爸曾经说'你妈妈告诉我应该做什么，上帝作证，我照做了'，然后他会笑，并且做他想做的事。但是妈妈是宽容的，他们一起在西部这片贫瘠的土地过着潇洒的生活，我们称这里为'雷兹彼'。"

日落时分，戴氏家族和奥康纳一家爬上了朗德山，夜晚是静谧的、晴朗的，他们可以看到远处 50~100 英里的地方。艾伦把父亲骨灰的一部分撒在土地上，然后将剩余部分放进岩石冢，等待有一天母亲百年。桑德拉指示全家人围成一圈站立，低声念起"主祷文"。[11]

两天后，桑德拉在华盛顿痛苦地写信给儿子杰伊：

> 去牧场与爸爸的告别之行确实充满悲伤，我一直都知道自己难以承受失去他的痛苦，这甚至比我的想象还要糟糕。我体会到强大的失落感和"无根感"，我意识到他一直以来提供的强有力的支持断掉了。妈妈也很可怜，她觉得没有什么再值得她活下去，她的世界已经崩塌。她甚至不能照顾好自己，她忘记发生了什么，还在寻找爸爸，因此我们又必须重温失去爸爸的恐惧。
>
> 艾伦和安像我一样为此伤心。[12]

到 1981 年奥康纳进入最高法院工作时，大法官们偶尔也会聘用女性法律助理，奥康纳则一直这么做。虽然奥康纳很少从性别的角度定义自己——乃至她的判例，就性别而言，她实际上已经意识到她可以给年轻的女性律师机会，这些机会对她而言已经消逝了。她正在为未来的女性检察官、女性最高法院律师、女性法学教授和女性法官——开辟一条管道。

顶尖法学院的女生在争夺进入奥康纳办公室做法律助理的机会，有关她面试的过程，产生了一个早期的传说（很大程度上是杜撰的）。她们说，穿一件红色的裙子或化一个得体的妆很重要。"奥康纳喜欢让你坐下，这样你就会面对阳光，她就能看到你的面部表情和肢体语言——你难以控制的东西。"斯坦福大学法学院的伊曼·阿纳巴塔维回忆道，她于 1990 年担任奥康纳的法律助理，曾是一位运动员。阿纳巴塔维回忆说，一次她和奥康纳搭档与伦奎斯特的两个助理进行网球比赛，赛后，"我说，这场球很有趣，不是吗？她看着我，说道，'我们没有赢'"。

奥康纳所有的助理都成绩优异，享有通常的荣誉，但她也会聘用能在音乐会上演奏钢琴的助理，或者能变魔术，或者能演唱歌剧，甚至能游过英吉利海峡的助理。她也聘用贫穷移民的孩子、第一个残疾助理（出生时肢体就畸形）和一个盲人。她问跟随全家人搭乘敞篷船逃离越南的丁赫："你能努力工作吗？"丁赫 10 岁时就去摘草莓的农场打工，从未考虑过能从事在图书馆研究案例的工作，不知如何回答这个问题。奥康纳重复了一遍："你能努力工作吗？"丁赫回答："是的，夫人。"然后他得到了这份工作。[13]

雪莉·伍德沃德上的是法律夜校，在最高法院法律助理申请者中很少见，更不寻常的是，她来自得克萨斯州西部的一个小镇，曾在中央情报局担任卧底特工，她被奥康纳选中（并且在几年后，成为中央情报局总监察长）。美国联邦第四巡回上诉法院法官 J. 哈维·威尔金森三世推荐他的助理斯里·斯里尼瓦桑应聘最高法院大法官奥康纳的助理。"我不知道的是，斯里要求重新安排他与大法官奥康纳的面试时间，从周五改到周一，这样他就可以在西部度过一个浪漫的周末，"威尔金森回忆道，"桑德拉马上打电话给我，很不高兴。她问斯里对他的职业义务或社会义务是否有更多的兴趣，我确认他每天醒来都在考虑法律！"斯里尼瓦桑回忆说："这是一个误解，当我见到她时，她问'你真的感兴趣吗'，同时用那双眼神锐利的蓝眼睛注视着我。"斯里尼瓦桑向她保证他是真心的，并且在离开时提到他是一个高尔夫球球手。奥康纳在助理工作区设置了一个果岭，她对斯里尼瓦桑说"让我看看你的推杆"，斯里尼瓦桑反问"到什么程度"，他站在 10 英尺开外，球落洞。她说："好啊！我会打电话给你。"在担任奥康纳的法律助理几年后，斯里尼瓦桑成为美国哥伦比亚特区联邦巡回上诉法院的法官，他的名字曾出现在总统巴拉克·奥巴马提名进入最高法院的短名单上。[14]

奥康纳想在法律之外寻找既懂专业又有经验的人。"她想找一个有经济学和数学背景的人，因为作为资历最浅的大法官，她负责税务和反托拉斯案件，而我刚刚取得经济学硕士学位。"肯特·赛弗鲁德回忆道，他曾在1984—1985年开庭期申请为奥康纳工作，后来担任范德比尔特法学院院长，随后担任雪城大学校长，并成为奥康纳终身的朋友。他对奥康纳的第一感觉是令人敬畏，但同时又略带高傲——具备高素质工作者的典型特质。同样令他吃惊的是，在奥康纳活泼的外表下，竟然隐藏着一个更深沉、更复杂、难以理解的女人。"我把她当作美国最著名的女性去接近她，但是精英阶层认为她不过是总统罗纳德·里根的朋友和无足轻重的法官。"赛弗鲁德回忆道，"她有一双像激光一样的蓝眼睛，牢牢盯住你，注意力完全在你身上，心无旁骛。她很快就证明作为一个人、一位母亲，有着丰富的经历，她不是我料想的那样。"

在赛弗鲁德上班的第一个月的一个夜晚，奥康纳为一个人身保护令的案子工作到很晚，投票（一个投票结果5比4的案子）否决了囚犯的申诉，囚犯在午夜后被处决。赛弗鲁德既是一个自由主义者，又是一个虔诚的教徒，当大法官第二天一大早到达的时候，赛弗鲁德正在办公室，奥康纳说她对当天晚些时候的活动有"非常棒"的安排（"非常棒"是奥康纳最喜欢用的形容词）。赛弗鲁德说："我就囚犯被处决的事打电话给她，她说'你要向前看'。"对判决担心的时刻应该是判决做出之前，她说道。[15]

"她是我服务过的最注重隐私的人，"赛弗鲁德说，"只有很少很少的人完全了解她，有一个坚硬的外壳包裹着她内心深处的思想，她表现出一种外在的人格——喜欢跳舞的她积极出现在商务会所、女青年会。但是，她是如何在孤独中独自成长的，这是一个核心问题。"

多年来，曾为大法官奥康纳工作的100多位法律助理一般都用钦佩、爱戴、忠诚且没有一丝恐惧的混合情绪看待她。玛吉·杜普里担任奥康纳的二号秘书20多年，她看着一代代的法律助理学会与奥康纳的生硬相处。不管她是不高兴，还是只是想继续推进，奥康纳都不会浪费时间安抚下属。杜普里说："她会转身离开，一些助理很难应对这种状况，她们会哭。"

朱莉·奥沙利文曾在1985—1986年开庭期担任奥康纳的助理，她回忆说："我经常在地下室的苏打水机器旁哭泣，周六的午餐会上，奥康纳看到我垂头丧气的样子，问我'你怎么啦，我伤感的孩子'。"但是，在后来几年与奥康纳的关系变得亲近的奥沙利文也观察到："桑德拉是我认识的唯一不说'对不起'的女人。女人会说'对不起，我不能那样做'，而她只会说'不'。我真的欣赏这一点。"

许多助理认为要保护"大法官"，他们都这么称呼她。在成名早期，当她带着大墨镜和帽子以避免被人认出时，一些助理在公共场合用"布朗夫人"的化名称呼她。助理们不必担心她能否承受得住媒体的聚光灯。1985年1月，奥康纳作为《人物》杂志的嘉宾，出席了"向国会致敬"晚宴，另一位客人是华盛顿红人队的橄榄球明星约翰·里金斯，他喝多了，大声喊叫："来吧，放松点儿，桑迪宝贝！"（约翰在日记中记录道，大约晚上10点50分，我跨过约翰·里金斯，桑德拉和我离开了会场。）第二天早上的报纸兴高采烈地报道了这一事件。"我们都惊呆了，"奥康纳的助理斯科特·贝尔斯说，"她只是一笑了之。"她在私下有点儿不高兴，在3月中旬的一次晚宴后，奥康纳在她偶尔记的日记中写道："凯瑟琳·格雷厄姆告诉我，我将永远摆脱不了约翰·里金斯的'桑迪宝贝'的标签——这是几周以来的话题，我相信她是对的，这标签会紧跟着我——不是指我的脸，一定是我仪态之外的东西。"[16]几年后，当里金斯的橄榄球生涯结束后，他作为一名演员出现在当地的一次戏剧表演中，奥康纳夫妇带着一束玫瑰花出现在舞台门口，并在纸条上留言说，虽然他的表演很好，但是他需要放松一点儿。[17]

助理们竞相展示他们的忠诚，他们意识到其他大法官办公室（尤其是大法官布莱克门的办公室）正伺机抓住奥康纳这边出现的哪怕是最细微的错误，所以奥康纳的助理们互相检查并仔细批注其他人的意见草案和备忘录。他们竞相雕刻出最好的万圣节南瓜，并加入他们自己的"奥康纳式"生日狂欢庆祝活动，如果再稍微猛一些，就成了欢闹了。"有个疯狂的庆祝传统，大家会试着把香槟酒的软木塞（实际上是马德天尼的起泡苹果酒）崩开，让它撞击天花板再反弹到吊灯下的篮子里。我们像一群猴子一样挨个尝试，但没有人成功。"约翰·塞蒂尔回忆说，他曾于1985—1986年开庭期担任奥康纳的助理。

在后来的岁月里，助理们之间喜欢讲奥康纳在春天冰雪消融时带着大家在宾夕法尼亚山区的急流漂流的故事。漂流向导告诉他们，如果一个人从木筏上掉了下去，其他人不要跳下去救——向导解释说"因为这样我不得不救你们两个"。在第一个激流中，奥康纳被弹出木筏，四个助理全部随之跳进水里。随着时间的推移，这个故事大概是被改得更完善了。实际上，有一个助理是跳进水里的，另外一两个助理可能是跳入，也可能是掉入水里的。[18]

为了拓展助理们的文化视野，奥康纳会带他们去华盛顿的各个博物馆和画廊参观。当奥康纳不停地向解说员问这问那时，助理们会三五成群地走过伦勃朗和雷诺阿的作品，抱怨自己必须做的工作。奥康纳不想听到借口，她告诉助理斯图尔特·施瓦布怀孕的妻子诺玛·施瓦布，她希望每天早上在健美操课上看到她，直到孩子出生。诺玛记起自己当时的犹豫，模仿大法官鼓励的话语："怀孕不是残疾！你可以克服的！我们不是温室里的花朵！"那年3月，奥康纳告诉助理们，他们要步行去两英里外的潮汐湖畔参加樱花节，一位助理竟冒失地提出外面的天气潮湿阴冷。"我们要去！我们会玩得很开心！"奥康纳叫喊起来，不利因素见鬼去吧！大法官热爱大自然，助理们也需要学会爱上它。[19]

助理们喜欢抱怨"野外旅行"，虽然有些不太情愿，但是他们通常又都很享受，奥康纳对他们个人生活的关注令他们受宠若惊、深受感动。大法官喜欢规划他们的未来，为他们的职业生涯和在哪里生活提供建议，并就他们何时结婚、与谁结婚提供建议。任何一位助理的后代都被视作"孙辈助理"，凯西·斯莫利回忆道："我去菲尼克斯后，她把我介绍给一位很好的男青年，还告诉我去哪个社区找房子。"凯西在 1982—1983 年开庭期担任奥康纳的法律助理，也成为奥康纳终身的朋友。

几个年长的助理有了孩子，她对他们很关心。芭芭拉·伍德豪斯于 1984—1985 年开庭期担任奥康纳助理期间与孩子们分开生活，她 12 岁的儿子住在纽约的家中，15 岁的女儿在马萨诸塞州的寄宿学校。"今天是我儿子的生日。"芭芭拉告诉大法官。"哦，我们必须打电话给他！"奥康纳回应道。她拿起电话，对男孩说："我要感谢你把你的妈妈借给了我，我知道你一定很想她，我知道那是一种什么样的感觉。当我还是一个小女孩的时候，我就和外祖母生活在一起，我想念妈妈。"她继续告诉这个听得全神贯注的小男孩，他妈妈的工作是多么重要。伍德豪斯听着，擦去了眼泪。后来她告诉大法官，她的女儿正在寄宿学校表演吉尔伯特和沙利文的歌剧，奥康纳问道："你不想去吗？""工作太多了。"伍德豪斯说。奥康纳打电话给她的旅行代理，为她的助理订了一张去波士顿的机票。伍德豪斯回忆说："这传达的信息是家庭至上，而且你不该做选择，你应该做到两者兼顾。"[20]

每一位大法官的办公室都有自己固定的程序，布伦南喜欢在上午与他的助理喝咖啡、谈案子。在开会的日子，上午 10 点前的 10 分钟，他会和助理们结束手头的工作，站在宽敞的大理石走廊，等待哈里·布莱克门走过。布伦南会站出来大声说："哈里，老朋友！"然后勾着他的肩膀、挽着他的手臂，或者拉着他的手臂，下楼去和他们的法官兄弟姐妹们商量会议议题。

"长久以来都是如此，这不仅仅是战略。他们真的彼此喜欢，当然这也是战略。"唐纳德·韦里利回忆道，他在 1984—1985 年开庭期担任布伦南的助理（后来担任奥巴马政府的美国司法部诉讼长）。"布伦南并没有那样与奥康纳相处，他把她迷住了吗？我不确定他是否尝试过。他只是不习惯与身居要职的女性打交道。"另外，还有年龄鸿沟，布伦南比奥康纳年长 24 岁，当她 52 岁进入最高法院时，与大多数大法官同人相比，她属于年轻一代，甚至连伦奎斯特也长她 6 岁。对奥康纳来说，需继续谨慎对待布伦南这些年长的大法官，克制自己专制的一面。[21]

1982 年，布伦南的妻子死于癌症时，他的情绪极其低落，以至于他的助理们期望他退休。但 1983 年 3 月，在他与自己精力充沛的秘书玛丽·福勒结婚后，助理们注意到他拥有了焕然一新的斗争热情。[22] 随着"里根革命"的兴起，沃伦法院的自由主义遗产（并且相当一部分是布伦南的）仍然悬而未决。"我们正生活在一个意识形态的时代，"韦里利回忆说，"我们意识到自己正投身于一场非常重要的战役。"年近八旬，布伦南重新振作起来，他唤醒自己，力求在事关国家和最高法院最势均力敌的案件中"拿到 5 票"。

奥康纳对那种全神贯注的法学学者创建的学术理论兴趣平平，她没有援引，甚至没有提及 18 世纪政治家埃德蒙·伯克、大法官约翰·马歇尔·哈伦二世，或者耶鲁大学法学教授亚历山大·比克尔的名字，他们都是带着司法谦逊、遵行谨慎渐进式改变的智者和精神先驱。"但是她确实谈论过'宪法逃避'问题。"盖尔·阿格拉沃尔回忆道，她在 1984—1985 年开庭期担任奥康纳的助理。按照她的说法，奥康纳的意思是尊重州法院和立法机构的权利，不受激进的自由派法官的影响，他们利用宪法，特别是用《宪法第十四修正案》捍卫"正当程序"和"平等保护"，并以此作为斗士的利剑。

阿格拉沃尔曾担任联邦上诉法院法官约翰·迈纳·威兹德姆的助理，威兹德姆在废除南方种族隔离的过程中发挥了重要作用。阿格拉沃尔出身于新奥尔良一个工人阶级家庭，当奥康纳为她提供一份助理工作时，她彻底被征服了。奥康纳留下她面试时，她感到头昏脑涨。她坐在最高法院的台阶上喜极而泣。阿格拉沃尔深深地敬重奥康纳，但她觉得无论表面上还是象征意义上，自己都来自不同的地方。她说："在南方腹地，我们将联邦政府视为我们寻求国家保护的地方。路易斯安那州是一个充满种族主义、性别歧视的地方，在那里你不能信任州官员，他们是白人、男性基督教徒，通常不是天主教徒。"奥康纳的司法哲学是，在她愿意认可的范围内，从不同的视角看问题。阿格拉沃尔记得，在一个春日的下午，大法官和她的助理们坐在法院内一个私密的庭院里，阿格拉沃尔把问题摆了出来。阿格拉沃尔说，正如奥康纳所理解的那样，"亚利桑那州是一个自由的地方，在西部长大的人如此不同，我们能够处理事情，或者让开"。[23]

在 1984 年 3 月辩论的"加西亚诉圣安东尼奥都市运输局案"和 1984 年 10 月该案的再次辩论中，奥康纳希望法庭采取强硬的立场，反对联邦政府干预州政府。[24]此案涉及美国劳工部强制圣安东尼奥运输局实行最低工资和超时工作管制的诉讼，奥康纳相信最高法院掌握的案例脉络清晰，那就是地方政府应该独立运作自己的基本政府职能，如公共交通，不应受联邦政府干涉。她以为总统尼克松任命的四名大法官伦奎斯特、鲍威尔、伯格和布莱克门都会站在她这一边，判决支持运输局，但是在最后一刻，布莱克门改变了立场，站在了美国劳工部一边。

"啊！"刘易斯·鲍威尔听说布莱克门改变了他的投票立场，惊叹道。奥康纳的愤怒几乎达到她的极限值，她在日记中写道："布莱克门显然不是一个'具有团队精神的人'，他似乎很享受别人遭受的任何不舒服。"布伦南则非常高兴，高呼："好极了，哈里！太棒了！"作为资深的新自由派，布伦南立即指定布莱克门撰写判决意见。[25]在"加西亚案"中，法庭以 5 票赞成、4 票反对的结果推翻了 1976 年"全国城市联盟诉尤塞里案"的判决，该判决极大地限制了国会将其意志强加于州和地方政府的权力。受"加西亚案"的影响，沃伦法院的自由主义偏好用联邦之手保护工人免受地方政府的贪婪或不讲道义之害，至少不止一天是靠与大法官伦奎斯特领导的，通常（但并不总是）还有大法官奥康纳加盟的保守主义简约理念对抗而生存的。1985 年 2 月

18 日，也就是公布"加西亚案"判决的当天，奥康纳让约翰从他的办公室过来搭自己的车回家，路上他们讨论了布莱克门转变投票立场的问题。在约翰的日记中记录着，他想知道："布莱克门对桑德拉的嫉妒会促使他做出实质性决定吗？特别是在奥康纳强烈认同的问题上。"[26]

对布伦南来说，这是一个重大的胜利，他没有游说布莱克门——至少没有以任何明显的方式。周五晚上，最高法院的电脑系统于午夜时分关闭后，各位大法官办公室的助理们聚集在附近的"爱尔兰时报"酒吧，享受忙碌后的放松时刻。一名助理问："谁的政治技巧最好？""当然是奥康纳。"另一位助理答道。"你见过她在会议室工作吗？"另一位助理插话说："是的，我见过，真的。但是最高法院最好的政客是布伦南，因为他在会议室里工作时，你不知道他在做什么。"[27]

为了与布伦南相处，奥康纳夫妇做出协调一致的努力，约翰送给布伦南一本爱尔兰笑话集，作为回报，他被邀请到布伦南的办公室共进午餐。他们之间变得很友好（在一次聚会上，两个男人讨论了男性俱乐部接纳女性显失公平的问题）。[28] 为庆祝布伦南在最高法院工作30 周年，奥康纳在她的办公室举办了一场派对，完全以 T 恤衫为载体，在上面用单一的脚注列出他经手的所有标志性案件。为什么要用脚注的方式呢？有一个内部笑话，布伦南因试图在支持自己观点的脚注中插入小惊喜而"臭名昭著"。"布伦南在脚注中植入一点儿复活节彩蛋。"朱莉·奥沙利文说，她在 1985—1986 年开庭期担任奥康纳的法律助理，并帮助策划为布伦南举办聚会。布伦南总是想办法扩大联邦法院的授权，以实行"平等司法"，他巧妙地将宽泛的宪法语言添加进案件的脚注，希望法官们在此基础上沿用这种语言。①

---

① 在此后几年里，奥康纳发起了一场反对判决意见脚注的运动，部分原因是为了让判决意见更清晰、更容易理解。虽然脚注中的语言似乎只是旁注，并不是最高法院裁决的核心，但是小橡子可以长成大橡树，这样的事情在以前（1938 年）就发生过。在著名的"美国诉卡罗琳产品公司案"的脚注四中，大法官哈伦·斯通在多数派的意见中加入了一些关于保护少数群体的措辞，成为利用《宪法第十四修正案》作为社会正义工具的基本文本。[29]

奥康纳对布伦南不那么直接的立法方式持谨慎态度，并对最高法院在 20 世纪七八十年代越来越随意地使用脚注的做法感到不满。当然，双方都可以玩这个游戏。奥康纳警告她的助理注意大法官伦奎斯特的保守主义议程的脚注。"你们了解他！"她说。[30]

但是布伦南是更有实战经验的玩家。"他有一个系统——一个执行得很好的系统，可以尽可能多地写出宪法，"史蒂夫·吉勒斯说，他在 1985—1986 年开庭期担任奥康纳的助理，"奥康纳会对布伦南说，除非你把脚注去掉，否则我不会同意你的意见。"在来来回回的较量中，并没有出现布莱克门式肆意抨击的那种个人敌意，朱莉说："她爱布伦南，但完全不信任他。"[31]

在沃伦法院所有自由派的裁决中，最不受欢迎的可能就是 1962 年的"恩格尔诉瓦伊塔尔案"，它推翻了公立学校由国家资助的祈祷活动。《宪法第一修正案》既保障宗教自由，又禁止确立国教。当言论自由，比如在公立学校念祷文，与禁止国家宣传或"确立"国教相冲突时，这种紧张关系很难调和。最高法院裁决，要求学生祈祷违反了《宪法第一修正案》的政教分离条款。在"恩格尔案"之后，沃伦法院大法官们收到的仇恨邮件比其他任何案件都多，因把上帝和道德教诲从教育中剔除而受到强烈的指责。在 20 世纪 70 年代，这个问题推动了宗教右翼的兴起，他们鼓动将祈祷重新带回学校。州立法机构试图绕过"恩格尔案"，通过法律允许学生"静思"，在静思期间，学生可以选择祈祷，从而行使他们的宗教自由权。[32]

亚拉巴马州通过了这样一部法律。在亚拉巴马州莫比尔，一些学生家长提起诉讼，称他们的孩子因没有祷告而被玩伴排挤。在最高法院，首席大法官伯格和大法官伦奎斯特想维持"静思时间"法，允许在学校祈祷，相当于将 20 多年前"恩格尔诉瓦伊塔尔案"关闭的大门推开一道缝。但是奥康纳的观点与他们并不一致，在"华莱士诉杰弗里案"中，她加入了自由派，使之成为多数派，推翻了允许"静思时间"的州法律，将其判定为违反宪法的政教分离条款。[33]

　　她的投票让一些人——特别是首席大法官伯格感到惊讶，他写了一份措辞强烈的异议意见书。奥康纳的投票揭示了她作为大法官，行为方式重要的一面。她担任州议员和州法官的经历使她在联邦官员汹涌来袭时，对"州权利"表示同情，与此同时，她又对州政府里发生的事情持现实态度。她的助理肯特·赛弗鲁德曾和她一起研究过"华莱士诉杰弗里案"，赛弗鲁德记得有一次交流是这样的："我建议，作为一个争议焦点，我们应该假定立法的诚信和适当性动机。她直接纠正了我，'你可以这样设想，但是有些州议员可能是你能想象到的最唯利是图、自命不凡的人'。"

　　现实世界和其中的经验对奥康纳来说一直很重要，这使她有独立思考的判断力。在"华莱士诉杰弗里案"中，她在协同意见中把亚拉巴马州的"静思时间"法撕开以揭示它的真实目的——在学校推广祈祷活动。她的观点引起了大法官约翰·史蒂文斯的注意，他是最高法院理智的反传统者。赛弗鲁德回忆说："那是我唯一一次看到大法官步行走过大厅，他没有预约就过来了，他支持她的观点，他很高兴。对史蒂文斯来说，这证明她是一位严肃的法官，这是他第一次这样看待他的同事。"

　　奥康纳对史蒂文斯的反应深感欣慰，也有点儿惊讶。她曾经"挣扎过"，她在日记中写道，她"试图努力构建一个敏感的分析框架，用于政教分离条款和宗教信仰自由条款的索赔案件——这个框架通常遵循判例，但要忠实于这些条款的历史和根本目的。这并不容易"。事实上，几个月来，她在她的办公室连续组织了小型模拟法庭。赛弗鲁德站在极端的政教分离条款角度进行辩论，而另一个助理芭芭拉·伍德豪斯站在极端的宗教信仰自由条款一边，奥康纳则在探索中间立场。史蒂文斯来到她的办公室，就"华莱士诉杰弗里案"支持奥康纳的意见时，这是奥康纳进入最高法院后史蒂文斯第一次过来看她。奥康纳把史蒂文斯视为一位稍微有点儿孤独的标新立异者，她在日记中写道：

约翰·史蒂文斯手里有我的意见副本，我猜想他会劝我赞同他的观点，并提出让我做必要的更改，但是我错了。他说："桑德拉，我只是顺便告诉你，我读了你的意见，真的很棒。在未来的岁月里，你应该为此自豪。这是一篇很好的分析文章，很有帮助——也许比我自己的还要好。"

　　我很吃惊，眼眶也有些湿润了——我们很少得到其他大法官对我们工作的赞扬。[34]

　　另一方面，对首席大法官来说，奥康纳1985年在"华莱士诉杰弗里案"中的意见进一步证明了她的"背信弃义"，她并不是他所希望的并肩前行、和睦相处的大法官（视其为被动的女性，并且毫不隐讳地暗示她应该这样）。退休后，奥康纳向弗吉尼亚大学的一群学生讲述了首席大法官曾邀请她喝茶以说服她赞同他的观点的做法。安排她演讲的弗吉尼亚大学教授吉姆·托德说："从她吐出'茶'这个词的样子，你可以判断她在那些喝茶时间的感受。"奥康纳的助理们很紧张，曾在1985年开庭期担任奥康纳助理的斯科特·贝尔斯说："你会感觉到，伯格对她不满。只是伯格和伦奎斯特的想法，并不意味着她也这么想。"[35]

　　当一个州违反了政教分离条款，奥康纳有她自己的观点，并且与伯格并不完全一致。奥康纳相信，检验的标准应该是州对宗教符号或文字的使用是否会让一个人觉得自己像"局外人"。她再次凭借自己的经验，作为一个男人世界中的女人，尤其是作为一个被外祖母带到埃尔帕索浸信会教堂做礼拜的女孩，与公开表露宗教倾向的浸信会教徒在一起，她感受到公开信仰的压力，对她（哈里·戴的女儿，出生于雷兹彼星空下的大自然教堂）而言，宗教信仰是私密的、个人的。[36]

　　在"林奇诉唐纳利案"中，法院被要求裁定，被罗得岛州波塔基特市认可的，在一场精心策划的圣诞假日展览中展出一尊基督诞生塑像（即基督诞生的场景）是否违反了政教分离条款。[37]奥康纳认同首席大法官提出的不违反政教分离条款的意见，但是并不赞同他的理由。她写了一份单独的协同意见，对州行为是否属于为特定宗教①"背书"提出了自己的检验标准。伯格气疯了。大法官奥康纳的协同意见越来越多地受到批评，这些协同意见缩小甚至混淆了多数派的意见，让律师和下级法院的法官感到困惑。伯格给奥康纳手写了一封私人信件，信中写道："我非常难过。"奥康纳的回信带着一丝嘲弄的意味："我不能让您为我的缘故而深受干扰。"但是她拒绝退缩。[39]

伯格以分配撰写"次等"判决意见的方式——像处理税收和水权等经济问题，而不是主要的宪法争议来"奖励"奥康纳的独立性。奥康纳无奈地告诉她的助理，不要指望接手备受瞩目的案件。她悲伤地向助理芭芭拉·伍德豪斯透露，在她担任最高法院大法官的第一任期，首席大法官指定她撰写多数派意见时对她说："桑德拉，你愿意试一试吗？"她回答（稍微有点儿一反常态）："嗯，我不确定。"一段沉默之后，奥康纳意识到她给出了错误答案。随着时间的推移，伯格办公室与奥康纳办公室之间的紧张关系日益加剧，但她避免对首席大法官的无端攻击。若芭芭拉·伍德豪斯对一份判决意见稿进行了小小的挖掘，奥康纳会在里面画一条线，说："芭芭拉，我们没有必要这么说。"（史蒂夫·吉勒斯回忆说，当他在一份异议意见书的草稿中指出多数派的意见是一种"篡改宪法的大发脾气"时，奥康纳"哈哈大笑，然后把这句话划掉"。②）[40]

---

① 正如一位助理解释的那样："如果你看到市政府前面有一尊基督诞生塑像，你会想'我的政府爱基督，但我不爱'，但是如果它像'林奇诉唐纳利案'那样，有节日问候、麋鹿、圣诞老人和拐杖糖，这只是大规模的节日活动的一部分，它处在具体情境中。"奥康纳的测试被称为"麋鹿测试"。[38]

② 在助理们的年度小品表演中，"首席大法官是大家调侃的对象"，约翰在他的日记中写道。以《绿野仙踪》里的稻草人为灵感，一位助理饰演首席大法官，演唱"假如我只有大脑"；一位助理饰演伦奎斯特，演唱"假如我只有一颗心"；一位助理饰演布伦南，演唱"假如我只有一个法院"；瑟古德·马歇尔被扮演成被唤醒的人，并说"我投票支持法案"。约翰写道："我认为桑德拉和我一样，对有关首席大法官的表演感到震惊，却无能为力。"[41]

作为首席大法官，伯格感受到的是不受欢迎和四面楚歌。他以琐碎的方式表达他的沮丧，痛苦地抱怨哈里·布莱克门上下班使用法院的车，并告诉奥康纳，她不能在法院正式场合跳舞，或者邀请超过 18 位宾客参加宴会。[42] 在没有告诉其他大法官的情况下，伯格就寻求了一份新工作——纪念宪法诞生 200 周年策划委员会的负责人。1986 年 4 月 30 日，在口头辩论后，返回办公室的途中，鲍威尔告诉奥康纳，他已经发现首席大法官伯格计划在今年年底退休的"某些迹象"。

然后，出现了一个有趣的秘密：鲍威尔告诉奥康纳，"他（指鲍威尔）打算支持奥康纳被提名为首席大法官"。约翰那天晚上在日记中写道："他告诉她，相比其他人，她有应有的眼光，能看出超越手头的案件内容本身的东西，也能看到对一个案件所做的最终判决在今后相当长的一段时期内的影响力。"

令人惊讶的是，奥康纳告诉鲍威尔："从外面引进人来担当首席大法官也许更好。"当她将这件事告诉约翰时，约翰认为："刘易斯告诉她的，是人们能够得到的最大恭维。"约翰一直对妻子充满信心，他预言总统里根会任命她为首席大法官。

六周后，伯格宣布辞职，总统任命威廉·伦奎斯特为首席大法官。约翰在日记中写道，奥康纳既不惊讶也不失望。她告诉约翰，虽然她本来是被威廉·弗伦奇·史密斯选中取代伯格的，但是更坚守保守主义的埃德温·米斯现在是司法部部长，在亚拉巴马州的案件中，奥康纳与自由派站在一起投票反对"静思时间"法后，她就成为"被煮熟的鹅"——飞不起来了。她说，她很庆幸不必忍受首席大法官工作带来的附加隐私损失和额外义务。很难想象，奥康纳对得到这个国家最高法院的最高职位没有什么兴趣。她当然知道自己有政治技巧用各种方式使最高法院团结一致，而其他人可能做不到这一点，而且她早就学会在保持斗志的同时控制火势。[43]

考虑到她自己的任命背后的环境，奥康纳可以用哲学上的超然来磨炼她的雄心。在米勒和希瓦利埃律师事务所 1986 年 3 月举行的晚宴上，她对约翰的合伙人罗伯特·赫夫曼说：备受尊敬的美国上诉法院法官亨利·弗兰德利自杀了，他常被认为可能成为美国最高法院大法官（弗兰德利，82岁，健康状况很差，并且最近丧偶）。赫夫曼问奥康纳："您知道弗兰德利为什么从来没有被提名到最高法院吗？"奥康纳说："被提名到最高法院就像被闪电击中一样。"[44]

威廉·伦奎斯特晋升为首席大法官标志着最高法院的一个转折点，但令人惊讶的是，这并不是向右转。正如奥康纳早就知道的那样，伦奎斯特是一位有趣的人，他的直率掩盖了他的敏感，他的不安分之心并不总是可预测的。

可以肯定，伦奎斯特不像奥康纳，他持强烈的保守主义立场（奥康纳本身没有议题，尽管她常与保守派一起投票）。1983年在国会山的餐厅，伦奎斯特与奥康纳的助理们在最高法院举办的年度午餐会上，他喝了一杯马天尼酒，就滔滔不绝地讲述起什么叫法律的"弯曲"，法律可能经历曲折，但是可以推动它、塑造它，他就打算这样做。[45]伦奎斯特可能会给人留下傲慢甚至装腔作势的印象，尤其是当他试图调教一下美国东海岸各大学法学院精英中的自由主义毕业生时。每年，他都兴高采烈地带领最高法院的工作人员唱圣诞颂歌，"他跳过了所有没有耶稣的歌曲"，奥康纳的助理布莱恩·霍夫施塔回忆道。另一位助理丹·巴塞尔回忆说："当伦奎斯特高唱'听！天使高歌'时，信奉犹太教的助理会四处张望。"[46]

然而，渐渐地，伦奎斯特对其他大法官采取了一种和平共存的态度。尽管他的前任伯格僵硬且拘谨，但伦奎斯特是随意、随和的。身材颀长的首席大法官与他的自由派对手、顽皮的布伦南走得很近，人们经常看到他们并肩行走，一个高大，一个矮小，两个人看上去似乎在私下开玩笑。[47]伦奎斯特考虑到，大法官们在来开会之前都对案件大致做出了判断，所以没有必要进行详尽、冗长的辩论。伯格让其他大法官恼怒的是，他让别人先投票，显然是为了看各方是如何站队的，而伦奎斯特在奥康纳的热情推动下，一直以来使会议进行得顺利且高效。[48]通过确保国会免除对某些案件的强制性司法审查，他还找到了削减最高法院工作量的方法——最终待审查的案件数量降幅达50%——减轻了大法官们的负担（以及他们最得力的助理们的负担）。

奥康纳刚到最高法院时，她对伦奎斯特的冷漠感到困惑，还有一点点受伤。伦奎斯特仍然很少到访她的办公室，有一次，奥康纳看到他在一份备忘录上称赞自己的观点，她对自己的助理惊叹道："我们并不经常听到来自那个角落的赞扬。"[49]伦奎斯特在法学院时对奥康纳的浪漫追求已成为遥远的记忆，但也许他并没有完全忘记。在后来有一次与奥康纳的助理们共进年度午餐时，有人就像破冰者一样小心翼翼地问伦奎斯特，他能否讲一些他们在法学院那段时光的"八卦故事"。伦奎斯特的表情变冷了，他说："如果我有什么故事，我也不会告诉你。"助理比尔·纳迪尼当时也在场，他回忆说："没有一丝幽默感，他让我们大失所望。"[50]奥康纳与她的助理们在一起时，对有关伦奎斯特的话题几乎保持沉默，但也承认他们在斯坦福大学看过一两次电影。即便如此，后来助理们注意到伦奎斯特与奥康纳之间有一种密切的联系，尽管这种联系基本上是不言而喻的。

1993年6月，奥康纳寄给伦奎斯特一幅《花生漫画》，她写道："为你的幽默档案。"漫画中，查理·布朗靠在一棵树上，对他的狗史努比说："我能看到你现在正坐在最高法院的法官席上，他们可能会把你放在桑德拉·戴·奥康纳的右边。"史努比头上画框中的话是："她可爱吗？"[51]

在她偶尔记的日记中，奥康纳写道，当她听到伦奎斯特升任首席大法官这一"令人惊讶"的消息时，她"非常高兴……我只佩服伦奎斯特，他有能力，并且擅长法律分析，他的态度友好而低调，他会管理得很好。从某种意义上讲，知道我没有被要求担任首席大法官是一种解脱，这份工作与我现在的工作相比，需要更多的时间、精力和技能，而我现在的工作已经非常耗费精力了。我毫不怀疑威廉·伦奎斯特的法学体系更受司法部部长埃德温·米斯的喜爱，而我做不到。我的法学观点并不总是与政府的观点一致……称伦奎斯特为"首席"是很难的，尽管我们将尽力适应。他笑着告诉我们如果我们愿意的话，仍可像原来那样称呼他，至少在交往中。我照做了"。

从伯格转变为伦奎斯特，奥康纳写道："最高法院的气氛，仿佛每个人，从大法官到门卫，都发出如释重负的长叹，因为现在我们的首席换人了。"[52]

桑德拉·奥康纳和拜伦·怀特在某些方面正好相反，约翰称他的妻子是"世界上发音最好的人"。一位英国记者写道：当奥康纳用她那有力完美的措辞，以及每个从句都恰如其分的语言表达时，"你似乎可以听到标点符号"。[53]大法官怀特在法官席上用一种人们听不懂的咆哮的方式说话，奥康纳则始终彬彬有礼，时而冷酷无情。若怀特不喜欢一位律师的论点，"他会在他的椅子上旋转180度，这样他就不必再看那个家伙了"，斯科特·贝尔斯回忆道。[54]

奥康纳早上的健美操课非常轻松，以至于这位大法官下课后都懒得洗澡。拜伦·怀特与助理们在下午的篮球比赛是以达尔文主义的弱肉强食的野蛮方式进行的。"他会挥动臂肘，"在1986—1987年开庭期担任奥康纳助理的丹·巴塞尔回忆说，"一位助理从角球处投定位球，怀特说'不要投'，这位助理以为他在开玩笑，没有停手，怀特就用前臂将他打倒在地。"巴塞尔接着说："你怎么可能用肘反击一位75岁的最高法院大法官呢？"[55]

奥康纳对她的助理强调要保持一致性，即她的判决意见应该是连贯的，案件之间不能相互矛盾。[56]怀特则声称，他永远不重读他过去的观点，没有这个必要。在最高法院工作20多年后，他知道他要说什么。1986—1987 年开庭期任奥康纳助理的苏珊·克赖顿回忆说："大法官怀特会与他的助理们比试完成一份草稿的速度，如果助理们输了，他们会将自己的草稿扔进废纸篓。"在相对不符合逻辑的案件中，怀特给出两种相对立的意见，这两种意见在开庭期期末会被匆忙送到奥康纳的办公室。克赖顿回忆说，她向奥康纳表示抗议："不改变就不能加入这些意见！"奥康纳回复："我不能提议让拜伦在两个中改变哪一个，你自己选一个。"[57]

奥康纳放任怀特是因为她很实际且需要怀特的善意，也因为她喜欢他，她发现他很直率、有男子气概。怀特用一种天真的、好像校园大男孩的方式与她调情。在一场晚餐聚会后，怀特离开奥康纳家前门时，给了她一个热烈的吻，并说"晚安，美人儿"，这话被人无意中听到。[58] 怀特是由总统约翰·肯尼迪任命的，在他上任早期，经常与自由派一起投票；奥康纳被视为中间偏右派，但事实上，这两位大法官在法庭上都持中间立场，80% 的时间是一起投票的。[59] 怀特喜欢在他的办公室练习高尔夫球推杆，他喜欢挑战击败过他的助理，但很少有人接受挑战。奥康纳接受他的挑战，她溜达到怀特的办公室，进行一会儿击球入洞的比赛，特别是如果她需要他的投票的话。[60]

怀特想要奥康纳在"索恩伯勒诉美国妇产科医师学院案"中投与他一样的票，该案于 1985 年 11 月 5 日在最高法院听证。[61] 堕胎问题重新出现在最高法院，发给奥康纳办公室的邮件中包括死去胎儿的照片。最高法院处理的问题与 1983 年"阿克伦案"相同：州能在多大程度上（这次是宾夕法尼亚州）通过法规限制堕胎？怀特是投票反对"罗伊诉韦德案"的两名大法官之一（另一位是威廉·伦奎斯特）。他并没有找到宪法中规定女性有终止妊娠权利的语句或文意，他想推翻"罗伊案"，他希望奥康纳能够加入他的阵营，她确实是以这种方式做的，尽管这并不会对堕胎选择权利造成关键性影响。

以 5 比 4 的投票结果，"罗伊案"幸存下来。大法官布莱克门撰写判决意见，驳回宾夕法尼亚州限制堕胎的企图。奥康纳写了一份异议意见书，她写道："我只想说，我不仅质疑法院的智慧，而且质疑法院试图抹杀和抢占国家堕胎法规的合法性，丝毫不顾及它所服务的利益和它的影响。"换句话说，她抨击布莱克门在"罗伊案"中所珍视的意见是对国家权力的非法篡夺。

在奥康纳的异议意见书的草稿副本上，布莱克门在那句话旁边加了个感叹号，并用铅笔写道："她只是反对堕胎。"[62]

但是布莱克门错了①，奥康纳并不反对堕胎。她愿意让各州限制堕胎，除非这些限制对女性堕胎权造成"不当负担"。值得瞩目的是，她并没有加入怀特寻求推翻"罗伊诉韦德案"的异议，奥康纳的助理史蒂夫·吉勒斯负责这个案件，他是一位生命权保守派，他希望大法官奥康纳能被怀特的异议说服，他有一丝希望：在"阿克伦案"中奥康纳曾宣布国家在"整个怀孕期间"保护胎儿方面具有"必要的利益"，但是奥康纳不愿意彻底推翻"罗伊诉韦德案"。[64]

奥康纳想法的根源在于她的法学体系、她渐进的且务实的法律方法。虽然奥康纳的法学体系不易被归类，但是她的判案方法都可被划入实用主义的哲学传统。法律实用主义者认为，就像过去那样，一切需要实践证明，信仰的真理在于它的实际应用的成功。"法律的生命不在于逻辑，而在于经验。"奥利弗·温德尔·霍姆斯写道。与霍姆斯一样，相较理论，奥康纳更在意结果。[65]

她的朋友、前联邦法官且曾任联邦调查局局长和中央情报局局长的威廉·韦伯斯特称她为"结果主义者"。作为结果主义者，她对结果很谨慎。在"索恩伯勒案"中，奥康纳的观点是："因为宾夕法尼亚州没有要求最高法院重新考虑或推翻'罗伊诉韦德案'，所以我没有提出这个问题。"该对"罗伊诉韦德案"做些什么，她一直很纠结。无论如

---

① 布莱克门的忧心忡忡是可以理解的，几个月前，有人开枪，子弹穿过弗吉尼亚州罗斯林市的法官公寓（警方认为枪击是随机的）。从那以后，布莱克门没有像大多数大法官那样驾驶自己的车，而是开着法院的车去上班，引起了首席大法官伯格的不满（伯格是唯一有资格使用法院的车上班的大法官）。[63]

何，她认为没有必要解决一个严格地讲在法院面前不存在的问题。更微妙、更重要的是，她可能一直在权衡大法官怀特笼统言论的实际后果。她的助理吉勒斯回忆说，奥康纳"很清楚"，怀特的判决意见坚持认为国家在保护胎儿方面必要的利益"开始于怀孕"。这可能意味着各州也可以禁止某些避孕措施。在大法官奥康纳对"阿克伦案"的判决意见中，她说到国家在保持胎儿方面必要的利益"贯穿整个怀孕期间"，这是一个比"怀孕"更模糊的措辞。要求推翻"罗伊诉韦德案"在某种程度上可能会干扰避孕和节育技术，所以奥康纳显得谨慎小心。她一直想要仔细权衡长远影响，以及对受影响的人的实际冲击，以确定她的决定。[66]

与此同时，她可能一直希望整个问题会消失。在"索恩伯勒案"被最高法院复审前的一两年，约翰所在的米勒和希瓦利埃律师事务所正在考虑是否承接一个堕胎权案件，"无偿地（为了公共利益，免费）"代表一个支持堕胎权的团体，约翰找到他的合伙人罗伯特·赫夫曼，告诫他说接受堕胎案是一个"可怕的错误"，因为如果最高法院同意重审此案，桑德拉就必须回避，以免与她丈夫的律师事务所发生利益冲突。约翰说："你将失去桑德拉的投票，并且可能是关键的一票。"不久以后，1984年5月，赫夫曼回忆，他在位于卡洛拉马的奥康纳家参加一个晚宴，他走进厨房，发现大法官奥康纳穿着围裙在洗碗。赫夫曼告诉奥康纳，律师事务所决定不接受有关堕胎的案件。据赫夫曼回忆，奥康纳回答道："这些堕胎案件将会消失，这个问题将因一种新药而变得无实际意义。它将消除堕胎的必要性。"[67]

奥康纳的想法是一厢情愿的，而且她对自己内心的想法不同寻常的坦率。她可能是指几年后市场上出现的一种被称为"凌晨之后"的药片，它拯救了数百万女性，让她们免于不期望的怀孕。但是，这并没有使堕胎问题消失，或者把这个有争议的问题从法院的诉讼案件表中剔除。

奥康纳努力将现实世界纳入她的法律体系，这提出了一个令人不安的问题，就是法官与重大社会政策角力的问题。最高法院大法官可能是法律方面的专家，但他们通常不是科学、社会或自然方面的专家，他们试图将社会面临的具有挑战性的道德和科学问题呈现为"法律"问题，这可能会导致不可预测的后果。

堕胎是一件令社会特别为难的事，宪法是一份道德文件，它承认人是理性生物，理性到足以管理自己，但是他们也是非理性的，容易受到权力欲望和部落仇恨等低级冲动的影响。制宪者的意图是支持和鼓励前者，控制后者。大法官们解释宪法时不可避免地要做出道德判断，有时他们反映社会道德规范，有时他们遵循社会道德规范，也会很偶然地推动社会前进。女性的隐私权是否赋予她终止妊娠的权利？大法官奥康纳最终的回答是肯定的，只要国家没有强加"不当负担"，人们将顺从国家的控制。

但是哈里·布莱克门在"罗伊诉韦德案"中的观点更进一步深入科学和医学领域，在他所掌握的复杂的妊娠系统知识和一页页的医学证据的支持下，他对"罗伊案"的判决意见使大法官们成为无所不知的专家，并将其推到通常留给政策制定者和民选立法者来决定的领域。州立法机构在20世纪60年代末到70年代初开始放宽堕胎法律。如果最高法院远离政治纷乱，堕胎会被广泛合法化吗？国会会介入以确保女性的堕胎权吗？这是不可预知的，因为通过参与堕胎斗争，大法官们也许已经帮助确保了一波反弹。

堕胎是一场社会冲突，它调动了大法官们的非法律专业知识，并且有可能会压倒他们。平权运动是另一个挑战，在未来几年里，利用种族偏好来提升少数族裔就业率和学校录取率，将给奥康纳带来一项艰巨的任务。通过允许大学招生委员会、政府承包商、公司人力资源部门明确适用不同种族的政策，法院认可那些导致各方长期怨恨和诉讼的做法。这场战斗也许是必要的。克服几个世纪以来的歧视是一个不容易回答的难题，法院的介入不可避免。尽管如此，将宪法理论与现实世界的实践结合起来，也确实会将大法官们引入迷宫。随着时间的推移，大法官奥康纳不得不努力解决这样一个问题：如何在消除种族歧视的同时，又不受种族歧视的影响。和她的许多前辈一样，她认为别无选择，只能通过法律来"解决"这个难题。尽管她小心谨慎，在充满不确定的道路上努力保持清醒的头脑，但是固有的困难程度是值得注意的。

　　在前往华盛顿之前，奥康纳与非洲裔美国人打交道的真实经验有限，她很少与生长在亚利桑那州或者斯坦福大学的黑人接触，虽然她赢得了亚利桑那州立法机构唯一的非洲裔美国人汉密尔顿的尊重，但她只与少数族裔中的西班牙语裔频繁接触。

　　作为《宪法第十四修正案》平等保护条款的主要解释人之一，奥康纳的工作要求她更多地了解少数族裔的经历。少数族裔在美国历史上的大部分时间里都是被奴役的，后来又被系统地歧视。从某种意义上讲，她的导师是非洲裔美国人瑟古德·马歇尔，他更愿意以这种方式被评价：为了自己的人民获得自由，他已尽了最大努力。[68] 奥康纳第一次在收音机里听到马歇尔的声音是在 1954 年，当时她还在德国——担任美军驻德国的民事诉讼律师。马歇尔那时正在谈论"布朗诉教育委员会案"，这是他作为美国全国有色人种协进会的律师在最高法院赢得的具有里程碑意义的案件。如今在最高法院的会议室，马歇尔继续着对奥康纳的教育。在那里，他将他作为民权律师的那段日子里的故事讲述给大法官们。不知何故，同样的故事他从不讲两遍。马歇尔喜欢揭露无意识的偏见，他曾经在最高法院的会议上断言："人们不知道自己有偏见。"他特别提到了一起死刑案件中的白人陪审员，但是从他的言论中可以明显地听出，他在影射围绕着桌子坐着的那些白人大法官。[69]

　　马歇尔在许多案件上并不认同奥康纳的观点，但是他渐渐地喜欢上了她。"桑德拉，"他会大声叫她，"我告诉过你我曾在密西西比受到的欢迎吗？"他描述了一个被持枪的警长赶出城或者因保护无辜的人而受到监禁威胁的场景后，会眉飞色舞地走开。[70] 马歇尔的故事极其严肃，但他也有可能做恶作剧。在起草肯尼亚宪法时，他遇到菲利普王子，王子问他："你介意听听我对律师的看法吗？"对此，马歇尔回答："只要你不介意听我对王子们的看法。"

马歇尔大胆地穿着白色运动袜搭配松松垮垮的西装，他花很多时间用办公室里的小黑白电视看肥皂剧和智力竞赛节目，或者闲逛，戏弄他的助理，称他们为"女孩""男孩""矮子""傻瓜"。他能对其他大法官冷嘲热讽，称他们为"老爷"，又可能变得郁郁寡欢。[71]

一天，马歇尔来找奥康纳，带着一种他对法院工作的沮丧，他说："我一无所成。"奥康纳看着他说："瑟古德，你说什么呢，你是最高法院唯一一个即使不在此任职或从未审理过案件，也能成为真正的美国英雄的人。"[72]①

到奥康纳赴最高法院任职时，有关学校废除种族隔离的重大民权案件早已做出判决，最高法院已经转向棘手的平权运动问题上，或者如律师描述的问题：宪法和法律何时允许利用种族偏好？以一种狭隘的、有时限的方式纠正过去已被证明的歧视是一回事，但是假使目标更模糊一些，比如需要促进劳动力市场或高等教育的多样性的目标，会怎么样呢？更根本的问题是，可以用现在的歧视解决过去的歧视吗？自由主义者（马歇尔和布伦南）的回答通常是肯定的，而保守主义者（伦奎斯特和后来的安东宁·斯卡利亚、克拉伦斯·托马斯）的回答是否定的。奥康纳处于中立状态：她一个案子接一个案子地摸索她的方向，几乎本能地与公众的心态保持一致，寻找平衡利益的方法。你能歧视某个权利受到了宪法保护的个体吗？你能为长期受歧视的群体伸张正义吗？随着时间的推移，奥康纳试图调和两者之间的矛盾，这将决定她在最高法院的角色。

---

① 马歇尔于 1993 年去世，奥康纳在他的葬礼安排单的封面上用她独特的字体写道："记住，在一次法庭会议上，当有人说我们'必须'做点儿什么时，瑟古德说：'必须吗？我只有两件事要做——待在黑暗中和死去。'"[73]

第十章

不让癌症定义自己

她也有自己无法对抗的时刻。
但术后第 10 天，
她早上 8 点就去了最高法院的健美操课。

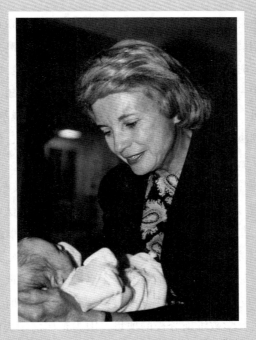

接受乳腺癌治疗后戴假发的奥康纳抱着她的第一个孙辈孩子。

为了避免游客和好事的记者偷听大法官助理们的谈话，最高法院的自助餐厅用墙隔出了一间午餐餐厅。在这里，承受高强度工作的大法官助理们有时候会对上司们的怪癖和习惯说三道四。内部笑话包括双关语，其中一些巧妙地揭示了真相。鲍威尔（Powell）这个名字变成了一个动词，比如 to powell。一位大法官，他"鲍威尔"（powelled）一个案件的判决意见的撰写，希望找到一条中间道路，但是由于意见过于狭隘，以至于混淆了法院的裁决。[1]

历史上最"鲍威尔"的案件是著名的"反向歧视"案件——"加州大学董事会诉巴基案"，它是 1978 年 6 月由最高法院做出裁决的。

艾伦·巴基想成为一名医生，但是在申请加州大学戴维斯分校医学院时，他因为是白人而被拒绝。虽然一些学生的入学考试成绩较低，却被一个专门为少数族裔留出 16 个名额的项目录取。巴基提起诉讼，称这是"反向歧视"。这个案子被提交到最高法院时，四名大法官投票否定加州大学戴维斯分校的项目，因为正如前辈大法官约翰·马歇尔·哈伦在 1896 年的"普莱西诉弗格森案"的异议意见书中所说："我们的宪法是色盲的宪法。"[2]

通过这一解读，种族偏好表面上看是违宪的。另外四名大法官则投票支持戴维斯分校的项目，因为正如哈里·布莱克门注解所称："要超越种族主义，我们必须首先考虑种族问题。"大法官鲍威尔站在两种意见中间，他写了一份其他大法官完全没有参与并且受到法律学者批评的判决意见，找到了一种妥协。鲍威尔对明确的种族偏好说"不"，但对模糊的种族目标说"是"。由于没有证据证明加州大学戴维斯分校过去存在歧视，他接受了一个全新的种族偏好理由：增加学生群体的多样性。鲍威尔是哈佛大学法学院的毕业生，他援引哈佛大学"整体"招生方案，即给少数族裔申请者以优待（就像给捐赠者后代和运动员优待一样），但没有设定明确的配额。《华盛顿邮报》发表了一篇题为"每个人都赢了"的社论，指出鲍威尔将孩子们分类的决定使这个在许多人看来是两极化和混乱的问题失去了一些热度。然而，最高法院在接下来的几十年一直试图准确地弄清楚鲍威尔的意思。[3]

在"威甘特诉杰克逊教育委员会案"中，鲍威尔发现自己陷入了尴尬境地，他试图解决"巴基案"遗留下来的许多关于平权运动的悬而未决的问题。[4] 20 世纪 80 年代初，在经济衰退期，密西西比州杰克逊市解雇了一些白人教师，同时保留了资历较浅的黑人教师的工作。由于之前有一份与教师工会的集体谈判协议，城市学校系统被禁止降低少数族裔教师的整体比例。白人教师提起诉讼，声称存在"反向歧视"。

1985 年 11 月 8 日，在最高法院会议上，保守派首席大法官伯格和大法官伦奎斯特投票否决平权运动项目，在种族问题上向右倾斜的大法官怀特也是如此。大法官鲍威尔是里士满公立学校委员会主席，他对教师工会没有好感，他也投票反对作为"配额"的百分比计划。最高法院的自由派法官马歇尔、布伦南、布莱克门和史蒂文斯希望支持该市采取平权行动的做法。

当这个案子摆到奥康纳面前时，投票结果是 4 比 4。她想拖延，把它发回下级法院重新辩论，而不是对平权运动投赞成票或反对票。她告诉其他大法官，她在该案中投票否决下级法院的判决是"试探性"的。

"非常具有试探性!!!"哈里·布莱克门在他的会议投票记分卡上靠近奥康纳名字的地方这样写道。回到他的办公室,他开始逗弄他的助理,用一本正经的女声模仿奥康纳:"我试探性投票,非常具有试探性……"[5]

大法官鲍威尔创造了"9家一人律师事务所"的说法来描述最高法院大法官们令人惊讶的相互孤立的状态,但他又时不时地走进大厅去了解奥康纳的想法,探寻她的投票动向。奥康纳的助理已经习惯鲍威尔瘦削的身形(一直很瘦,又患了前列腺癌)和他绅士般的询问:"桑德拉有时间见我吗?"[6]

1985年12月,随着假期的临近,鲍威尔想确认一下奥康纳对"威甘特案"的想法,因为作为实际问题,奥康纳在"鲍威尔"(powelling)他。奥康纳只想在最高法院之前裁决这个案件,仅此而已,以避免在其他案件中留下一个也许是错误的答案,但是这也留下了不确定的结果。鲍威尔被首席大法官指派撰写多数派意见,希望他能带动他的朋友奥康纳成为推翻杰克逊平权运动项目的第5票。

一直温和的鲍威尔在起草他的多数派意见时,没有争辩说杰克逊教育委员会从来就没有歧视白人,但是他写道,国家需要这种必要的利益,即补救已经被证实的对黑人和其他少数族裔的歧视,并且只有当补救措施是"狭义定制"的以纠正错误而不是形成新的错误时才有可能。

即使是这种妥协的表达方式,对奥康纳来说也过于明确,她想找到一个更开放的平权运动方式。奥康纳的"试探性"也许惹恼了大法官布莱克门,但它显示出奥康纳作为最高法院大法官工作方式的优点,她比她的许多同事更明白,把最高法院当作最后话语权者,对其有最终权威的老生常谈印象,从根本上是一种错误。最高法院是一个政治机构——不是在党派意义上的,是在宪法中规定的权力平衡的一种方式。在重大而艰难的案件中,司法审查与其说是来自高层的轰动裁决,不如说是法院与立法机构之间正在进行的一种对话——对这个说"不"、对那个说"是"。对特别敏感的案件，如死刑或平权运动，允许"再尝试一次"。

奥康纳一直是同时站在这场对话双方的角度，她曾经在州立法机构任职，不像最高法院的其他大法官，她竞争过公职，也拜过票。尽管像奥利弗·温德尔·霍姆斯一样自信，但是她也像法官勒恩德·汉德（"自由的精神是一种不太确定自己是否正确的精神"）一样，知道怀疑精神的重要性。正如亚历山大·汉密尔顿所说，司法部门是"最不危险的分支"（因为它缺乏行政权力和立法机构的政治激情），它正与国家其他分支机构跳着冗长而精细的小舞步，这些分支机构既有州层面的，也有联邦层面的。最高法院受理最棘手的案件，即那种"正确"结果不明显或不清晰的案件，堕胎和平权运动就是主要事例。有些社会问题并不会有非黑即白的答案，部分原因是美国人的看法存在的分歧，他们在探索自己的道路，或者是因为社会态度在演变，时而缓慢，时而仓促。美国人可能会相信枪支管制或死刑刑罚之类的事情，并在其后又改变他们的想法。[7][①]

最高法院是道德态度与法律融合的长期过程的重要组成部分，几乎没有最后的话语权。有时候，最高法院会走在公众舆论的前面，或者至少提供一些根深蒂固的意见，尤其是 1954 年学校种族隔离案件——"布朗诉教育委员会案"，以及 1973 年的堕胎案——"罗伊诉韦德案"（国家最终消除了种族隔离，但在堕胎问题上仍然存在分歧）。奥康纳非常清楚最高法院有义务介入并解决一些日益激烈的争端，但她也敏感地意识到需要允许一些棘手问题存在，比如，什么时候利用种族来克服种族的影响才合适？随着时间的推移，尽管最高法院做了些温和的暗示，虽然她也可以是钢铁般的强硬和果断的，但是属于她的是一种本质上的谦逊方式。这源于智慧和个人经验，她本人既是歧

----

① 《平等权利修正案》需要得到 38 个州的批准，其中有 35 个州在 1977 年前批准了该修正案，但是在 1979 年的最后期限之前，已批准的州中有 5 个州投票撤销了他们的批准。

视的产物，后来也是平权运动的产物。终究，她将成为（有限的，时间敏感的）平权运动的救世主。

因此，在"威甘特诉杰克逊案"中，奥康纳极不情愿"关门"。当时鲍威尔写了一份要求，即只有在表明教育委员会存在有目的的歧视的情况下，解雇白人教师才是正当的。奥康纳在鲍威尔起草的意见的空白处用铅笔写下："不——太严格了吧？"当鲍威尔宣称裁员计划并不是"足够严格地量身定制"，她写道："从来没有吗"？

奥康纳想要留下这扇门，以使未来的平权运动项目的大门再开得宽些。她想发出这样的信号，即使不能确凿地证明过去对少数族裔的歧视，城市机构在雇用员工时也可以使用种族偏好。她还希望他们在寻找使工作场所更加多元化的方法时，拥有一定的灵活性。

在罕见的犹豫不决的时刻，对她来说，当正确航线并未清晰地显现时，她使用了大法官同人们熟悉的话——"我不是在休息"，意味着她还没有最终决定她的投票。平权运动是一个让她保持清醒的话题，她写信给鲍威尔："在这个问题上我并没有停滞不前，但我倾向于认为，在促进公立学校种族多元化方面，有正当的国家利益。"在此后几年里，"多元化"这个词在大学校园里成为一个代名词。但是在 1985 年，这个词听起来仍然有点儿模糊。鲍威尔指出，杰克逊市没有把多元化作为在教师裁员期间保留一定比例的少数族裔的理由，但是他与奥康纳对于这是一个非常实际的两难问题的看法一致。鼓励雇主自愿设定雇用少数族裔员工的目标（而不是配额）符合社会利益，然而如果法律要求雇主证明先前存在歧视，他们就陷入了两难困境：在采取雇用少数族裔的平权行动之前，他们必须承认自己违反了反歧视法吗？换句话说，他们必然因过去的歧视招致诉讼吗？而这仅仅是因为他们想创造一种更多元化的劳动人口结构，以更好地反映他们社区的状况。这是一个进退两难的困境。最高法院在早先的一个里程碑式的案件中试图避免这一困境，即 1980 年裁决的"富利洛夫诉克卢茨尼克案"。[8]

1986 年冬，鲍威尔和奥康纳反反复复地沟通。"我需要你的投票。"3 月 19 日鲍威尔恳求道。没有奥康纳的一票，他将失去他的多数派地位，判决意见将被重新分配给一位自由派大法官撰写。

3 月 28 日，奥康纳回应道："这些平权运动案件的审理异常艰难，至少对我来说是这样。"她举棋不定。作为女性，她知道雇主有时不得不雇用那些看上去他并不喜欢的人，而且她明白更合格的人反而可能被雇主拒绝。她对善意但遥远的上级官员颁布法令时所产生的怨恨非常敏感。回想家乡雷兹彼，当土地管理局官员制定了一些新规则时，她在父亲脸上看到了愁容。

最终，在 4 月，奥康纳和鲍威尔找到了一个让奥康纳作为第 5 票加入鲍威尔的多数派意见的方法，即推翻杰克逊市裁员计划，同时允许奥康纳发出平权运动仍然可行的信号。奥康纳的协同意见试图帮助下级法院在平权运动混乱的迷宫中找到自己的道路，同时保持司法的灵活性。鲍威尔一如既往地彬彬有礼，他在 4 月 18 日给奥康纳的信中写道："在开庭期能够与你讨论平权运动案件对我格外有帮助，我们也许应在最高法院更经常地这样做，以便设法处理一些更困难的案件。" 9

鲍威尔写那封信时正处于前列腺癌手术并发症的康复期，行动缓慢。那次手术期间，他差点儿因失血过多而死。他快 80 岁了，精疲力竭，更重要的是，1988 年的总统大选即将拉开大幕，如果民主党获胜，鲍威尔的继任者很可能是左派，也可能是极左派、中间派，以及鲍威尔式的人物。

1987 年 6 月 26 日，也就是最高法院开庭期的最后一天，大法官鲍威尔宣布他将退休。10 那天，约翰·奥康纳也在最高法院，和他的妻子一样沮丧。约翰在当天晚上的日记中写道："我去桑德拉的办公室，看到她听闻这一消息泪流满面。她说当刘易斯告诉他们时，她忍不住哭了。到了离开的时候，她甚至不想在法官席上继续坐下，因为她还没有从悲伤的情绪中恢复过来。她说，刘易斯是她在最高法院最好的朋友，对她来说，刘易斯宣布退休就好像得知她最好的朋友刚刚去世一样难以接受。"

奥康纳夫妇一起走进鲍威尔的办公室，"他穿着衬衫，站在那里，桌上放着饼干和牛奶"。约翰写道：

> 桑德拉走到刘易斯的办公桌前，他们站着相互拥抱。没有眼泪，但他们离得很近。桑德拉说，她只是还不能谈论刘易斯的决定，因为如果她这样做，肯定会崩溃。刘易斯转向她，然后对我说："约翰，你知道你有一件多么珍贵的珠宝，如果桑德拉没有嫁给你，我就会追求她。"然后，他对桑德拉说："也许我们应该那样做，让乔和约翰一起走。"然后，桑德拉说："嗯，我想现在说有点儿晚了。"我不禁感到，刘易斯对桑德拉表面上的轻描淡写，实际上表达了一种更深刻的感受，我想他是用一种奇妙的方式真心爱她。

四天后，奥康纳夫妇正在收拾行装准备出门度暑假，得知里根总统提名保守派法官罗伯特·博克接替鲍威尔任大法官。博克从一开始就是里根政府中狂热的保守派的最爱。在他们的热情中，总统的幕僚们看不到对他的提名会成为自由派反对"里根革命"的避雷针。

像许多革命运动一样，由总统罗纳德·里根领导的革命运动在言辞上比实际更强硬。20世纪80年代初，社会经济发展得更兴盛后，里根确实成功地提振了公民情绪。他增加了国防预算，还挑衅地谈论苏联是把冷战推向一个不确定的且可能危险的结局的"邪恶帝国"。但是，里根也善于妥协，在与克里姆林宫握手之后，他开始寻求达成军备控制协议。与此同时，他回避坚持共和党运动的社会议程。他没有推动禁止堕胎的宪法修正案，也没有推动国会通过一些可能威胁到女性权利进步的"家庭保护法案"，相反，他更愿意通过最高法院的任命发挥作用。白宫和司法部的忠实的保守主义者开始寻找能够反对沃伦法院的自由激进主义的司法候选人。事实上也是这样，他是比桑德拉·戴·奥康纳更靠得住的保守派。

总统的巨大权力之一就是有机会填补最高法院大法官的空缺。理论上，总统可以按照自己的意识形态重塑最高法院，而现实很少如此明晰或可预测。但是，随着首席大法官伯格于1986年退休、大法官刘易斯·鲍威尔于1987年退休，里根总统有机会通过找到比笨拙的伯格和彬彬有礼的鲍威尔更可靠、更有说服力的保守派人士推动最高法院向右转。

在鲍威尔退休的前一年，伦奎斯特接替沃伦·伯格晋升为首席大法官，里根选择了安东宁·斯卡利亚填补伦奎斯特空出的位置。博克和斯卡利亚都是华盛顿特区巡回上诉法院的法官，也都是保守主义运动的宠儿，直言不讳地反对沃伦法院的自由主义。司法部部长埃德温·米斯的高级助理肯·克里布回忆说，里根在博克之前挑选斯卡利亚是"出于保险考虑，斯卡利亚比博克年轻10岁，他抽雪茄而不是香烟"。

约翰在那天晚上的日记中写道，对博克的任命意味着桑德拉的右边将有三位保守派——伦奎斯特、斯卡利亚和博克。"几年前，她曾预测比自己更右倾的人会得到任命，这将会让她不再占有最高法院中间派的位置。总统对博克的任命将对堕胎问题产生重大影响。可以假定，他将是推翻'罗伊诉韦德案'的第5票。"① 约翰以一种先见之明的口吻写道："看看支持堕胎合法化的团体是如何与对博克的提名作斗争的，这将是一件有趣的事情。"[11]

当尼诺②·斯卡利亚于1986年10月第一次在最高法院法庭上就座

---

① 约翰·奥康纳的假设很有趣，因为他似乎认定他的妻子会投票推翻"罗伊诉韦德案"，5票包括伦奎斯特、怀特、斯卡利亚、博克和奥康纳。然而，在其他时间，他似乎猜测她会投票支持堕胎权。他确实是猜测——她甚至没有向约翰吐露过自己在这个最困难的议题上的真实倾向（也许是不确定的），这似乎很有可能。

② 尼诺是安东宁·斯卡利亚的昵称，朋友们习惯称呼他为"尼诺"。——编者注

时，桑德拉·奥康纳对他的高智商和热情表示欢迎，布伦南、布莱克门和马歇尔则明显放慢速度，允许他们的助理做大部分工作。奥康纳相信斯卡利亚会是一剂补药，她在日记中写道："尼诺·斯卡利亚在这里将有一种戏剧性影响，他有才能、自信、机敏且迷人。"这是她中断她相对谨慎、断断续续的最高法院时期的记录之前的最后一篇日记。[12]然而，没过多久，对她而言，认识到斯卡利亚所做的一切，可能有点儿太令人振奋了。

奥康纳夫妇和斯卡利亚夫妇是社交界的熟人，这两对夫妇曾在1984年与他们共同的朋友伊万和妮娜·塞林一起去阿米什小镇旅行。妮娜·塞林回忆说："这次旅行是桑德拉提议的，她想邀请尼诺——她知道他将要到最高法院任职。"白宫宣布斯卡利亚的提名后，奥康纳夫妇举办了一个仅邀请亲密朋友参加的小型晚宴款待斯卡利亚。[13]

1986年10月8日，斯卡利亚参加了第一次最高法院会议之后，来到奥康纳的办公室，关上门，问道："会议总是以这种方式开吗？这甚至比华盛顿特区巡回上诉法院的会议还要糟糕，我难以描述自己有多么的震惊和失望。似乎没有任何相互让步的余地。"根据约翰的日记，奥康纳的回答是："一般说来，事情就是这样。大法官们准备充分，知道他们将如何投票，而且没有太多的讨论就这么做了。"

约翰继续写道："她非常喜欢尼诺，但是若他这么快就表现得如此强势，不知道其他人会作何反应。"[14]

斯卡利亚是最高法院第一位意大利裔美国人，他是天主教徒，有一个大家庭（9个孩子）。无可否认，他才华横溢、热情洋溢，但有时也很专横。20世纪50年代，斯卡利亚被普林斯顿大学拒之门外，当时普林斯顿仍然是盎格鲁–撒克逊裔白人新教徒的堡垒，如他所言，因为他"完全不是普林斯顿的类型"，所以斯卡利亚明显地不习惯顺从。他和当时在最高法院任职最后一年的刘易斯·鲍威尔是一对糟糕的组合，鲍威尔看重礼貌的举止，而斯卡利亚面对比他更资深的同事会直接发送措辞尖锐的备忘录——"尼诺标签"，以纠正他们从语法到对宪法理解的一切问题。在最高法院的第一次口头辩论中，斯卡利亚问了很多问题，以至于鲍威尔转向坐在他旁边的瑟古德·马歇尔，低声说："你认为他知道其他人在这里吗？"[15]

作为资历较浅的大法官，奥康纳被委派承担改善最高法院自助餐厅和在国会委员会面前为最高法院年度预算拨款争辩等任务。后一项职责已经被转移给最高法院最新的大法官斯卡利亚，但是他首次赴国会便因傲慢冒犯了立法者。1月，首席大法官伦奎斯特出现在奥康纳的办公室，询问她能否前往国会与拨款人讲和。[16]

国会议员也许因斯卡利亚的举止而拖延拨款，但是最高法院的助理们（自由派和保守派）都被斯卡利亚迷住了。一位自由派大法官的助理回忆道："这座大厦里充满了对斯卡利亚的嫉妒。"斯卡利亚绝不是一个遥不可及的人物，他的办公室实际上是一个激发宪法分析的沙龙，这正是奥康纳热烈欢迎的清新之风。

这样的感觉直到奥康纳感受到反作用为止。斯卡利亚继续向奥康纳招手，虚张声势地与她打招呼，但是在他自己的办公室里，他非常坦率地对他的助理说实话，他开始嘲笑奥康纳是一位政客，而不是一名法官，他甚至认为她不是一位严谨的法律思想家，而是通过自己的方式来取悦大众。[17]

奥康纳更加谨慎，她的助理感受到她的情绪有些变化。"起初，她对他的加入很兴奋，充满热情，"史蒂夫·卡特利特回忆道，他那年是奥康纳的助理之一，"早些时候，斯卡利亚一直向奥康纳献殷勤，给她留下深刻的印象。但到了年底，这一切都变了。若你创造了一条中间道路（就像奥康纳倾向的做法），你必须模糊处理，才能让事情顺利进行。斯卡利亚会招呼她出去，他是个有才智的纯粹主义者，奥康纳恪守礼仪，她不喜欢被叫出去。"[18]

桑德拉没有向她的丈夫透露斯卡利亚在最高法院第一年对她的冒犯程度，1986年10月开庭期（用最高法院的行话表示是OT'86）至少在约翰的日记中没有在某种程度上表现出来。斯卡利亚迟早会激怒奥康纳，但在 1986—1987 年开庭期，斯卡利亚到最高法院的第一年，她尽力不理睬他的冷嘲热讽。可以说，存在两个斯卡利亚，一个是在会上夸夸其谈、卖弄学问的教师，另一个是在鸡尾酒会上不安分的施展魅力者。

对约翰而言，和斯卡利亚这样的生活达人交往令他感到兴奋。他们都喜欢分享笑话和机智之语，热爱音乐和文化，乐于品尝葡萄酒。约翰邀请斯卡利亚参加波希米亚俱乐部的活动，两人在他最喜爱的新俱乐部——阿利比俱乐部共进午餐。[19]①

约翰在日记中写道，1988 年 4 月，约翰和桑德拉在参加最高法院举办的大法官们和他们的妻子口中的"家庭"晚宴后开车回家，他们聊起"这个夜晚在某些方面有多么无聊"。大法官们被禁锢在他们的法庭里，避免讨论他们共同的兴趣——他们面前的案件，因此当他们聚在一起进行社交活动时，一点儿也没有体现出他们做大法官时那种闪闪发光的才智。奥康纳指出，大法官们可能被他们修道院式的生活磨得愚钝了。

约翰试图找到光明的一面，他写道："尼诺·斯卡利亚、拜伦·怀特和刘易斯·鲍威尔并不愚钝，并且我认为安东尼·肯尼迪也许更有趣，尽管他小心谨慎。令我惊讶的是，安东尼今晚问我是否愿意在今年秋天和他一起在奥古斯塔打球。"（"奥古斯塔"是指位于佐治亚州的奥古斯塔国家高尔夫球俱乐部，它是大师赛的主场。对约翰和许多人来说，

---

① 约翰是一个俱乐部达人，1998 年，奥康纳夫妇单独或一起加入了 10 个俱乐部（其中有几个俱乐部对最高法院大法官免会费或会费打折）：有加利福尼亚州的波希米亚俱乐部；在菲尼克斯，有亚利桑那俱乐部、天堂谷乡村俱乐部、山谷马术和马球俱乐部；在华盛顿，有大都会俱乐部、大学俱乐部、苏尔格雷夫俱乐部、切维蔡斯俱乐部、苜蓿草俱乐部（举办具有影响力的人物云集的年度晚宴），以及被约翰称为美国具有排他性的俱乐部埃利比俱乐部，它有一所房子与白宫只隔几个街区。约翰是由刘易斯·鲍威尔推荐给埃利比俱乐部的，约翰自豪地指出，俱乐部 50 名成员中包括副总统乔治·布什、两名最高法院大法官（伯格和鲍威尔）、共和党参议院少数党领袖、联邦调查局局长、中央情报局前局长、美联储主席，以及退休的高级军事指挥官。[20]

它是全美顶级的高尔夫球俱乐部。[21]）

1988 年 2 月，来自萨克拉门托联邦上诉法院的法官安东尼·肯尼迪被任命为最高法院最新的大法官，填补鲍威尔的空缺。约翰·奥康纳警惕的目光是对的，四个月前，也就是 1987 年 10 月，罗伯特·博克的提名在参议院司法委员会听证会会场的闪光灯下面对自由派的猛烈攻击而被毁灭。关于另一位被提名者道格拉斯·金斯伯格法官，当时有报道称他在法学院担任教授时吸食过大麻，因而他于 1987 年退出竞争提名。（像博克一样，金斯伯格也留着胡子，当金斯伯格被提名后出现在电视画面上时，奥康纳对她的助理说的唯一一句评论是："又一个有胡子的？"[22]）与总统罗纳德·里根关系密切的肯尼迪带着一种刻意的绅士风度到最高法院上任。他是保守派，但也不确定。他对奥康纳夫妇热情且亲切，奥康纳夫妇在最高法院为他举办了一场欢迎晚宴。约翰·奥康纳对肯尼迪的印象不错，不论他们是否去奥古斯塔打球。

约翰·奥康纳喜欢看到光明的一面。1987 年 12 月底，在加拿大大使馆举办的一场舞会上，司法部副部长查尔斯·弗瑞德听到大法官奥康纳说，美国还未遭遇一场彻底的经济灾难——"迄今为止"。约翰在当晚的日记中记录道："弗瑞德注意到她的'迄今为止'，对她说，'你本质上是一个悲观主义者、一个胆小鬼吗？'她坦言自己是，她说很多年前她母亲买了两个滑稽的木制娃娃，其中一个的嘴角向上翘着——一个乐观主义者，另一个嘴角耷拉着，桑德拉的母亲说前者代表我（指约翰），后者代表桑德拉。"[23]

大多数人都认为桑德拉·奥康纳是个乐观主义者，或者即使她是一个悲观主义者，那也只是与她热情洋溢的丈夫相比。桑德拉决心表现出天生的优雅，她一直在预想父亲常说的最糟糕的结果，并尽可能地开心、尽可能地振作起来解决问题，坚持下去，绝不回头。相比之下，约翰则快乐无忧得多，他要尽情地享受每一刻。他的华盛顿日记里尽管有几处存在偏颇，却是一部关于"特级"美食、美酒、迷人的陪伴、有趣的故事和引人入胜的谈话的乐观编年史。他不再是华盛顿社交圈里那个睁大眼睛的暴发户，他是一位被内部圈子接受的成员。1987年9月，他描述了在博克的确认听证会休息期间去大都会俱乐部的情景，进入会员烤肉餐厅，他坐在长桌旁，"保罗·尼采（总统里根的军备控制顾问）正好起身，所以我坐在他那个位置，桌旁的其他人有威廉·霍华德·塔夫脱三世，他的祖父曾任前总统、最高法院首席大法官；埃迪·伊达尔戈，海军部前部长；莱斯·道格拉斯，一位著名外交家的儿子；中央情报局官员科德·迈耶，他的妻子在他们恋爱期间和结婚后与约翰·肯尼迪总统有私情。出入这里的都是在华盛顿特区很有故事的人物"。[24]

那年秋末，约翰记述"那天晚上花了大部分时间与凯瑟琳·格雷厄姆聊天"。格雷厄姆是《华盛顿邮报》职业威望最高的女性，在奥康纳之前，她是"美国最有权势的女性"。约翰在日记中写道，格雷厄姆告诉他："她认为我以优雅的态度接受桑德拉的名望很了不起。她说她很多次与沃伦·巴菲特出双人对，尽管他是华盛顿最富有、最受尊敬的男人之一是事实，但是在这些场合，他不能以屈居凯瑟琳之后的方式被对待。"[25]

约翰克制住了自己的自尊心，他在西服翻领上别着一枚感到自信的徽章，表明自己是最高法院的男性辅助者。他出席为大法官们的夫人举办的定期午餐会，午餐会在一个用木板屋中举行，以前被称为"女士餐厅"，奥康纳夫妇到来后被更名为"夫妇餐厅"。他炫耀地授予自己"美国男性辅助者协会荣誉主席"的称号，任命英国首相玛格丽特·撒切尔夫人尽职尽责的丈夫丹尼斯·撒切尔为国际同行的主席，他们的座右铭是"借助妻子的美德，我们成为明星"。[26]

但是随着时间的推移，这些笑话不可避免地逐渐减少了。1987年11月，约翰出席了一年半以来在最高法院举办的第一夫妇午餐会。他知道他并不真的属于那里。[27]莫琳·斯卡利亚回忆说："约翰不喜欢午餐会，他想邀请一位男嘉宾，但被茜茜·马歇尔否决，她说'这是我唯一能谈论丈夫瑟古德·马歇尔的地方'。"女士餐厅对大法官们的妻子来说是一处庇护所，"过去她们是丈夫喜欢的听众，现在轮到她们讲话了"，莫琳解释道。[28]

约翰的沉稳（并且真诚）很好掩盖了其职业生涯不那么美满的现实。在他所在的律师事务所——米勒和希瓦利埃律师事务所，他的合伙人霍默·莫耶说："约翰不是一个有天赋的人。"（该律师事务所以擅长税法而闻名；约翰被分配做政府采购合同，他的一位合伙人说"他对这个项目一无所知"。）莫耶说："约翰是一个通才，而不是专家。我们曾经设想，也许他能在菲尼克斯发展他的人脉，但这从未真正奏效。"[29] 1988 年春，约翰开始寻找新的律师事务所，但是他不想扮演一个咄咄逼人的受雇枪手的角色。当他听说因在 1987 年"伊朗门"事件听证会上为白宫助手奥利弗·诺斯上校辩护而出名的布伦丹·沙利文一年有 3 000 个计费工时的时候，约翰在日记中感叹："我好伤心啊！"约翰也许可以通过在一些公司董事会任职轻松赚钱，但是他担心这会与他妻子的司法角色产生冲突。在其 1986 年 3 月 9 日的日记中，约翰记录了他与参议员保罗·拉克索尔特的对话："我告诉他，华盛顿特区的律师执业领域与其他地方不同，没有那么多的乐趣。"[30]

奥康纳夫妇最亲密的朋友看到了约翰扮演美国最有权势的女人的丈夫所做的努力，澳大利亚驻美大使罗顿·达尔林普尔（也是约翰固定的高尔夫球友与笑话分享者）回忆说："约翰在桑德拉身边的举止相当得体，如果沙地上有一条线的话，约翰知道那条线的确切位置，他尽量不越过那条线。"[31]

桑德拉自我感觉可以肆无忌惮地玩闹——只有可靠的同伴在场时。在内华达山脉，奥康纳夫妇和斯坦福大学的老朋友比阿特丽斯·查利斯·劳斯在钓鱼旅行返程的途中，法官查尔斯·伦弗鲁驾车穿过位于加利福尼亚州与内华达州边界的农业检查站时开错了车道。伦弗鲁回忆说："一个家伙尖叫着冲出来，说我违法行车大约 6 次，应该逮捕我。桑德拉从后座探过身子与那家伙嘀咕了几句，说'带这几个女人越过州界也是出于不道德的目的'。我说：'桑德拉，别开玩笑了！'"

其余时间，她站在公众面前得体地表现自己。约翰有时对跟随她表现出厌倦。1984年7月，在伦敦英美交流会期间，桑德拉·奥康纳、法官伦弗鲁和其他法学家在律师学院的法律会议排满了日程，他们的配偶被邀请去观看时装表演。与众不同的是，芭芭拉·伦弗鲁说她要去剧院。"约翰问'我能和你一起去吗'，"芭芭拉回忆道，"我们每天下午都去，我能看出他不高兴。他说他很茫然，但是他不会做出改变。"[32]

约翰一直对桑德拉的超强体力感到惊奇，他在1985年5月4日的日记中写道："桑德拉直到睡觉前才会说她累了。"一年后，桑德拉患了重感冒，约翰记录："她的状态很差，这不太像她。"[33]1988年3月7日，她因急性阑尾炎而入院做手术，第二天她就给法律助理纳尔逊·伦德打电话，谈论一个案子的情况。"她的声音听起来与平常日子里给我打电话时一样，声音洪亮，思路清晰，完全集中在这个案子上。"但是，她的健美操教练黛安娜·迪马科回忆说，去看望她时，大法官让我在病房外等了几分钟，"奥康纳不想让我看到她躺在床上的样子"。[34]

1988年美国独立日假期，奥康纳夫妇去了威斯康星州的欧文湖。像往常一样，去朋友家的私人高尔夫球场打球，他们是庄臣公司的财富继承人。约翰在当天晚上写道："桑德拉说她体力跟不上，她很少说这样的话。"[35]

58岁那年，奥康纳看起来体形和健康状态都不错，但是8月末，在一次常规的乳房X光检查中，医生发现她的右侧乳房有肿块，需要做活检，以防万一。但她迟迟没有去，直到9月29日才去检查，距离开庭期还有不到一周的时间。

约翰在日记中写道，10月3日，第一个周一，她接到医生打来的电话，"他们想与她谈谈，很明显，这个消息不会是好消息"。[36]

诊断结果是癌症，活检发现了原位癌，是一个小肿瘤，还没有扩散。大法官奥康纳板起了面孔，她对秘书卡洛琳·桑德说，这是"多么烦人的事啊"。

接下来的两周，奥康纳咨询了多位医生，像许多癌症患者一样，她逐渐认识到专家们的意见并不总是一致的，每位医生都给出了不同的建议。贝塞斯达海军医院的医生（她咨询的第一站，也是总统和其他高级政府官员经常去的地方）建议做外科手术切除乳房；华盛顿医院中心的医生给出了第二种意见，推荐乳房切除术，并切除一些淋巴结，以防癌细胞扩散；乔治敦医院的医生给出第三种意见，建议她再做一次活检，但不要做乳房切除，相反，他推荐"肿块切除"，只切除乳腺的癌变部分，然后进行化疗。10月11日，她与三名医生谈话，他们仍然不认同彼此的建议。可以理解，她很沮丧，她向约翰承认，她现在在工作中"分心"了。

10月19日，传来的消息更加不祥：第二次活检的病理结果显示她的癌细胞是浸润性的。目前做乳房切除术比较合适，连同她手臂下的一些淋巴结一起切除，手术安排在两天后。约翰在那天晚上写道，"桑德拉真的很沮丧"，她吐露她畏惧被"肢解"，害怕她的右臂完全失去功能：右臂用于书写意见，用于在网球场上用力击打斜线球，以及将高尔夫球送入球道。

奥康纳同意第二天在大法官刘易斯·鲍威尔的母校华盛顿与李大学发表演讲，她说到做到，尽管这意味着在重大手术前夕，她要和约翰一起坐8个小时的车去弗吉尼亚的列克星敦然后再赶回来。在问答环节，她把一个法律问题变成一场充满激情的谈话，谈论帮助那些需要帮助的人的纯粹乐趣。约翰记录道："我感到神奇，因为我知道她不仅演讲得如此出色，而且……她不可能完全不受明天将进行乳房切除术的影响。"他们直到午夜后才到家，约翰记录道，她凌晨4点半就醒了，好像因泌尿系统感染而感到疼痛。尽管如此，她还是决定如期手术，因为她需要在10月31日回到工作岗位听审口头辩论——也就是

10 天后。

10 月 21 日，当奥康纳到达乔治敦医院时，"下着倾盆大雨"，约翰发现妻子穿着医院的长袍在手术室外等候，"对即将发生的事闷闷不乐"。

手术看起来很顺利，尽管再造乳房的手术出乎意料地漫长和困难（并且留下一些麻烦的疤痕组织）。当天下午和晚上，她都在休息和睡觉。第二天早上 8 点半，"桑德拉招呼我们，又开始下命令了，"约翰写道，"我笑着告诉她，我将请求医生给她更多的麻醉药，这样我们（约翰和他们的儿子杰伊）就多一些安宁和平静（尽管杰伊在商学院寄宿，但他还是与父母一起生活）。"

10 月 24 日，约翰去了他的办公室，向米勒和希瓦利埃律师事务所的合伙人解释他要转到一家新的律师事务所——布赖恩·凯夫律师事务所，这家律师事务所的总部位于圣路易斯，在华盛顿和菲尼克斯设有办事处，在那里，约翰的旧关系可能会很有用（在他的日记中，约翰宣称他的新伙伴都是"绅士"）。[37] 离开那里后，约翰本要与一位朋友在大学俱乐部共进午餐，但恰好在那之前不久，桑德拉在病床上打来电话，约翰的日记用令人心碎的细节记述了这次谈话：

> 她说："你最好过来，我们拿到了报告。"我说："听起来你很悲伤。"她回答说："我恐怕这是坏消息。"听到这儿，我伤心地哭了……我以最快的速度开车去了乔治敦医院。
>
> 我走进桑德拉的病房，她穿着浴袍坐着，我知道这个消息很糟糕，我俯下身亲吻她。她哭了，说："他们在淋巴结里发现了癌细胞。"桑德拉开始抽泣，说："他们要我去做化疗，我不知道我能承受多少。"

坏消息像瀑布一样袭来——越来越糟糕的诊断结果、令人抓狂的混乱不堪的医生建议、屡次上手术台、完全的不确定性，最终付出巨大的代价。对她来说，更糟糕的是需要化疗来进行癌症二期的治疗。她告诉约翰，她害怕像他们的朋友阿什·泰勒那样离开人世。阿什·泰勒是菲尼克斯一位杰出的医生，当时刚刚去世，他的身体饱受癌症的折磨，还有化疗导致的可怕的副作用——恶心、呕吐和疲惫，化疗是用来对抗癌细胞的药物毒素。

对桑德拉·奥康纳来说，仅仅忍受持续数月的使其虚弱的治疗是不够的。她已经建立起一种取得非凡成就的个人形象，对她来说，任何时候都"在线"是必须的。这就是她如何承受作为"第一人"的负担和挑战，"在线"使她能欣然接受"美国最有权势的女人"这一称号。尽管她非常谦虚地知道这个称号根本不存在。她被赐予了无穷的精力；现在，它将被毒药侵蚀，即使没有被耗尽，也可能很难拖延多长时间。和约翰在一起时，她开始感到悲伤，就好像她是在尝试和她深爱的丈夫一起唱她自己的挽歌。她告诉约翰："我努力成为一个榜样，但是我做不到。对不起，我无能为力了。"她情不自禁地说：

> 我有美好的生活，我们一直非常幸运，我已经尽我所能去做到最好，我成功了。我不知道我是否想继续接受治疗。

这么多年来，桑德拉一直是聚光灯下耀眼的楷模，而现在她精疲力竭。约翰写道："她已经融化，她一直在说她甚至不想挣扎，因为未来看起来暗淡无光。"

最终，对约翰来说要承受的太多。那天晚上，他在日记中写道："我还是忍不住哭了，我以为我控制得很好，但是我完全控制不住。太可怕了，那是我一生中最糟糕的时刻。我能想象她为什么那么悲观，并且确信她会改变自己的想法。但在那一刻毫无帮助，因为她真切地认为自己会在短时间内以这样或那样的方式死去。"

桑德拉的医生、乔治敦大学肿瘤学系主任马克·李普曼不在城里，另一位肿瘤专家（被约翰描述为"我所见过的最冷漠的专业人士"）告诉奥康纳夫妇，再活 5~10 年的概率为 50%。约翰以为他听到她说"接受不接受化疗"，但是他可能明白她的意思是不接受积极的化疗。李普曼医生在 2018 年告诉我："事实的真相是，不进行化疗则距离 50% 的概率并不遥远。"

在某种程度上说，桑德拉在这之前从来没有绝望过。她打电话给朋友南希·伊格内修斯，她马上就过来了。南希毕业于韦尔斯利学院，是《华盛顿邮报》前社长和海军部长保罗·伊格内修斯的妻子。南希过去与桑德拉打过网球，并招募她于多个周日上午在国家大教堂的伯利恒小教堂做《圣经》领读，然后，桑德拉会到施食处做三明治。

约翰在日记中写道："南希很了不起，她描述了当她被告知自己的淋巴结有癌细胞时也有同样的反应。而且她也被告知只有 50% 的存活概率，面对这种情况，她不知道自己是否要接受化疗，但她接受了，而且奏效了。"

南希·伊格内修斯回忆说，两个女人都"流下眼泪"。南希告诉桑德拉，治疗是"必不可少的"，也是为了"维持生活"，桑德拉似乎很怀疑。伊格内修斯回忆说，"她担心自己将很难处于最佳状态"，她担心化疗"在某种程度上会影响她的思维"和她的"行为"，她担心"感觉如此虚弱"。伊格内修斯接着说："她担心社交活动，因为在那里她一直是被关注的焦点。"

伊格内修斯领悟到，乳腺癌"对桑德拉的信念，即认为自己能做好一切事情的信念，造成了不同寻常的打击，她需要一个经历过一切的人告诉她一切都会好起来"。[38]

那年夏天结束时，奥康纳一家从他们位于加利福尼亚街靠近市中心的公寓搬到了刚过马里兰边界的一幢宽敞、舒适的房子里，那里非常方便，就在切维蔡斯俱乐部及它的高尔夫球场和网球场对面。10 月 26 日，奥康纳出院回家，整整三天，她重复着她在医院对约翰说过的话——一种悲伤和放松的咒语，或者尝试放松。

约翰写道："桑德拉几次情绪崩溃，她说她只是不知道她能否完成化疗。我们有过美好的时光，她有过美好的生活，也许我们应该让一切顺其自然。在这些时刻，我的眼睛一直含着泪水，但是我能控制自己不崩溃。" [39]

最终奥康纳振作起来，李普曼医生回来并告诉她有一种治疗侵袭性癌症的药物——阿霉素，它是一种被称为"红色魔鬼"的强大的草莓色毒素。一段时间内，她会掉头发和眉毛，但是她存活的概率将提升到 75%。一天后，医生又把概率提升到 85%。李普曼医生觉察到，他的病人在听到这么多坏消息之后，需要听到一些更有希望的东西。"我记得在医患关系中，她显得非常的胆怯和私密。"李普曼医生回忆道。他并不惊讶，极度乐观的奥康纳在这一时刻会感到不知所措。他说，病人的正常性格"与她突然感觉到周围有翅膀发出的沙沙声时的感受几乎没有关系"。

阿霉素还有其他风险，这种药物会导致心脏损伤，令她感到恶心甚至秃顶。对桑德拉来说，当她还是一个小女孩的时候，就担心过自己稀疏的头发，失去头发可不是小问题。然而她的个性还是让她下定决心，立即开始化疗。她第一次服用阿霉素/环磷酰胺是在 11 月 5 日，这比约翰预想的早两周。她重整旗鼓。

她已经返回最高法院工作；她把化疗服药（每三周一次）安排在周五，这样最难耐的症状会出现在周末。约翰记录说，第一个周末"还不错"，只是在凌晨 4 点半出现一些"干呕"症状。

她告诉约翰，她"昏昏欲睡"。令人难以置信的是（以奥康纳的情况可以预料），她决定在第二天晚上参加苏尔格雷夫俱乐部的周六晚宴舞会。她一直睡到晚上 7 点，这时鸡尾酒会开始了，参加聚会的人都知晓奥康纳做手术的消息，所以没有指望看到她。"我们 7 点半到达苏尔格雷夫俱乐部，"约翰写道，"当我们走进去的时候，你能看到无数人转过头来，因为这是桑德拉手术后第 15 天，她就出现在晚宴舞会现场。" [40]

南希·伊格内修斯坐在她的桌旁，伊格内修斯回忆说："她看上去脸色苍白，但是她来了。"第二天，奥康纳的朋友朱迪·霍普打电话给她，说要带晚餐来。"她拒绝了，"霍普回忆道，"我点了一份鸡肉餐和一份冷柠檬蛋奶酥。当她看到蛋奶酥时，哭了起来。她说'没有人照顾我'，我说这是因为你不让他们照顾你。"

奥康纳的自怜完全不符合她的性格，以至于震惊了霍普。但是奥康纳处于极不寻常的依赖状态，无助像持续的疲惫感，对她来说是一种完全陌生的感觉。[41]

"没有人"照顾她，并不真实。她的妹妹安得知消息后马上就过来了。但两姐妹并不亲密，安在亚利桑那州的政治活动中很活跃，有时她会这样介绍自己："我是安·戴，不是桑德拉的妹妹。"[42]约翰的日记中记录了安待了一周，并且"在困难时期确实帮了很大的忙"。与此同时，约翰写道，许多朋友一直给她送食物（"足够养活两支部队"），并试图安慰她。

约翰把自己看作一个传统的男性，他的角色性格是坚忍，但是他出于理智而不与桑德拉争论令她苦恼且忧伤。他绝不是冷酷的、不动感情的人，他只是善于倾听。约翰在米勒和希瓦利埃律师事务所的朋友莱恩·比奎特回忆起那段时间与约翰的一次谈话："他走进我的办公室想谈点儿别的事情，却情不自禁地崩溃了。他被自己的状态吓到了。他的话讲到一半，却很难讲下去。"

桑德拉感受到家人的爱，就像她从一开始就感受到父母的爱一样。但是，她的身份在一定程度上是建立在帮助别人的基础上的，她喜欢说"我是一个强迫型的志愿者"，她很难想象自己是一个需要帮助、依赖别人的人。她曾经目睹好朋友刘易斯·鲍威尔因前列腺癌接受手术后出现并发症而痛苦挣扎，也见过由于他多次缺席口头辩论和会议而无法就案件投票，给最高法院带来了怎样的不便。她告诉约翰，如果她在两个月后感到失能，她将不得不从最高法院退下来——这是一个巨大的让步。她知道她正被密切关注，回到法庭审判席的第一天，她震惊地看到美国广播公司新闻频道报道最高法院的记者蒂姆·奥布赖恩在记者席上通过双筒望远镜观察她，他俩的距离也许只有 50 英尺。

对奥康纳来说，家庭意味着一切，她经常打电话与儿子斯科特和布莱恩交谈，并且很高兴她最小的儿子杰伊能住在家里。在亚利桑那州，直言不讳的妹妹安从小就试图摆脱成功的、高度自律的姐姐的阴影，而弟弟艾伦的叛逆和怨恨在家庭中也造成了一些痛苦的时刻。但是发生这些事之后对桑德拉很触动，她很感激妹妹的帮助。自由不羁的艾伦在安之后也来了，他是一个颇具传奇色彩的牛仔，喜欢开玩笑，这掩盖了他敏感的内心。艾伦提出要在一个名为"西瓦心灵术"的超心理学组织里安排一节自我催眠课，桑德拉兴致勃勃地同意了。[43]

桑德拉的信仰一直是低调而私人的，但是她开始更公开地转向宗教。[44]她的朋友盖尔和约翰·德里格斯——菲尼克斯前市长来到华盛顿，带来了万豪集团的总裁——摩门教的一位长老比尔·马里奥特，在奥康纳家的客厅里为桑德拉举行了一场信仰治愈仪式。约翰·奥康纳记录道："比尔从口袋里掏出一小瓶油，往桑德拉头上倒了几滴。他双手交叉放在她的头顶上，闭着眼睛，祈求上帝保佑并治愈桑德拉。他讲了大约一分钟，约翰·德里格斯的眼睛充满了泪水，但并未失控，然后他交叉双手将手放在比尔的手上。约翰·德里格斯讲了三四分钟，祈求上帝的帮助，并提到桑德拉正在做的工作。这次祈福结束。"

奥康纳过去几乎总是立即写感谢信，但这次她等了一周才给约翰·德里格斯写信感谢他的亲自祷告。她的信是真诚的，虽然有些生硬："我相信我们的行动会有实质性的结果。你为我向上帝祷告，我相信是会有帮助的。"[45]两天后，大法官为她的法律助理们做了感恩节晚餐。约翰写道："我们就座准备开餐时，桑德拉做了祷告。她这样做让我相当满意……她平常要我做事时会直接说，而不是照这样感谢上帝。她的祷告比平常说得更长、更虔诚，我很惊讶。"

第二天，她去乔治敦的发型师艾文德·比约克那里取假发。约翰写道："这个人的假发做得非常好，但是，当然与桑德拉自己的头发相比看上去很不一样……假发使她的头发比以前更浓密。她的头发现在真的掉了很多，她认为她三天内可以戴上假发。"[46]

据比约克说，大法官奥康纳开始掉头发后，她极度悲伤。"在她治疗癌症期间，我会在一天结束时偷偷地把她从后面的停车场带过去，大约每两周为她清理一次假发，她对我说的第一句话就是'我没有时间做这件事'。"[47]

奥康纳夫妇的社交日程几乎没有间歇。在她戴上假发的第二天晚上，她与劳拉和乔治·W.布什共进晚餐。布什曾为他父亲成功竞选总统而工作，并表示他对自己的选择持开放态度"。乔治告诉奥康纳，他曾建议父亲考虑将奥康纳作为竞选伙伴，并问她是否会接受。"她毫不犹豫地说，她不会，"约翰写道，"我觉得他很惊讶，他是个讨人喜欢的人，但是肯定没有什么不寻常的。"[48]

在10月21日手术前，奥康纳给其他大法官发了一条信息，比她想象中的更乐观些："在你们从报纸上读到我今天将要做乳腺癌手术这个消息之前，我想先让你们知道，请不要对此过分担心。对病情的预判是，我会百分之百恢复，我不希望因手术错过法庭的任何一次口头辩论，我将很快回到你们中间。没有鲜花，只有美好的思念，真诚的，桑德拉。"[49]

术后一周，尼诺·斯卡利亚打电话给他的朋友约翰，询问桑德拉的情况。斯卡利亚已经和心烦意乱的桑德拉谈过，约翰写道："他是桑德拉在最伤心的时候能发泄情绪的唯一一位大法官。"斯卡利亚告诉奥康纳"要把健康放在第一位"，他说"即使她错过一些案件，也不会是什么惊天动地的事情"。约翰告诉斯卡利亚，不要来家里探望，因为"她等你走了又会哭，这是大家不愿看到的。我告诉他，当桑德拉打电话给他，向他倾诉时，那真是一种赞美。他说他也是这么想的"。[50]

10月31日，术后第10天，她回到最高法院。令人难以置信但也毫不奇怪的是，她早上8点就去了最高法院健美操课的场地。教练黛安娜·迪马科回忆说："她在后排站了一天，没过多久，她又回到前排。"[51]

奥康纳不想让乳腺癌定义她，她有 6 年没有公开谈论自己患癌这件事，但她在与美国国家癌症幸存者联盟的一次非正式谈话中非常坦率。"我记得这次谈话令她相当紧张。"李普曼医生回忆说，他鼓励她去讲，就像她经常做的那样。她控制着自己的紧张情绪，稳步向前。美国有线电视播放了她的演讲视频，值得所有身患癌症的人观看，也值得所有希望看到奥康纳日常一面的人观看，就像她的朋友和家人看到的她那样。

她笔直地站在讲台上，64 岁的她仍然很美丽，她的头发是金灰色的，眼睛明亮，炯炯有神，她操着降调的女牛仔口音，谈起话来兴致勃勃，既热情又风趣，有时她的脸上会绽放可爱的微笑。她很认真，很专业，同时也很迷人。她说，她为会场的每个人演讲，她做到了："我们的焦虑贯穿各项检查的全过程，你在乳腺 X 光照片中看到了什么，或者你背上有个小斑点，不管是什么，然后你开始检查……最初对我的影响是完全不相信，我感觉很好，确实好！我被告知我患有一种可能致命的病。现在，那该引起你的注意了。"她告诉听众，用一种鼻音强调"那"这个词，引得听众大笑。"大写的 C，'癌症'这个英文单词的首字母，它让人精神崩溃。恰恰是这个词。我简直不敢相信，我对巨大的情感冲击毫无准备……我的脸、我的手、我的整个身体都感到刺痛，我能记得。这一切都太突然了，我不敢相信我所听到的。它不可能是真的，我异常忙碌，我感觉很好！你不是认真的吧！"

奥康纳描述了治疗的反应："我很累……我不习惯累，我的生活中充满了能量。我不敢相信我需要那么多睡眠，我是一个觉不多的人。嗯，现在的我几乎起不来。下午，我觉得我需要打个盹，这很可怕……健美操课上，有许多动作我不能做了，但是我做了我能做的……我的胃口仍然不错，所以我能继续工作……"

得知自己需要化疗后，奥康纳曾说她无法成为一个榜样，6 年后她做到了，她选择成为一个榜样的方式是诚实、务实和最终恢复乐观。她列出了改善这个令人恐惧的神秘过程的步骤，做了一些研究，拜访了朋友。她谈到她家人的压力，谈到了意见不一的医生，然后她描述了"所有的一切不利方面中的积极面"。正如她所说的，"患上这种病使我比以往任何时候都清楚地认识到，地球上的生命是短暂的，我的生命是短暂的，它让我比以往任何时候都珍惜生命中的每一天"。

她没有把全部经过讲出来，避开了一些自己无法对抗的时刻，像化疗期期末，当时她正在演讲，感到一阵恶心，她为自己找了一个借口，返回后台呕吐，然后回到台上，若无其事地完成了演讲。[52] 桑德拉不是"普通女性"，但在美国国家癌症幸存者联盟发表演讲的那天，她在华盛顿的一间会议室向聚集在那里的人们敞开了心扉。她完成演讲后，听众们站了起来，掌声经久不息。然后，桑德拉回去工作了。[53]

第十一章

被看见的女性

受益于奥康纳公正且实事求是的协同意见，
"罗伊案"的核心——女性堕胎权受宪法保护幸存下来。
她完全理解女性在这些深刻的
个人决定中可能面对的问题。

桑德拉并没有对她的超级明星法律助理大加赞赏，并且这些人对她有些畏惧，但是她
深切地关心着他们，几乎所有人都感激她给了他们"一个终身学徒的身份"。

10 月，当大法官奥康纳以一种平淡无奇的语气告诉她的法律助理们，她第二天要去医院做乳腺癌手术时，他们惊呆了，他们被要求不得与任何人分享这个消息。在她住院期间，助理们抽签决定由谁给她送简报材料。她的助理阿德尔伯托·乔丹回忆说"我没抽中"，他不愿意看到他受人尊敬的上司如此虚弱。

　　乔丹回忆，1989 年冬，大法官奥康纳"面色憔悴且苍白"。另一位助理丹尼尔·曼迪尔说："她装出准备好迎接挑战的样子。"周六午餐会搬至位于切维蔡斯附近的奥康纳家举行，而不是在她最高法院的办公室里，但是餐食仍然由她烹制。助理们在最高法院他们的办公室里安装了一张孩之宝牌乒乓球桌。奥康纳的右肩虽因手术而下垂，但她也会参与。"首席大法官伦奎斯特不止一次地过来打球，奥康纳向他发起挑战，她喜欢击败他。"简·斯特罗梅斯回忆道，她是那年奥康纳唯一的女助理。[1]

　　奥康纳的另一个助理安德鲁·麦克布莱德回忆说："她坚强到底！早晨她走进办公室时，你能看见她的眼睛是红的。"麦克布莱德注意到，对来自其他大法官办公室的助理来说，这使她的目光看上去更令人生畏。麦克布莱德解释说："大法官肯尼迪的一个助理告诉我：'安德鲁，我只是不想面对那些火的光束。'火的光束！我喜欢它。如果她盯着你，她是难过或是失望，你能知道。"

28 岁的麦克布莱德是一个身材魁梧的前橄榄球运动员，以名列前茅的成绩从斯坦福大学法学院毕业，随即成为主诉检察官，这正好与奥康纳的要求相匹配。最高法院 1988—1989 年的开庭期充满了重大案件，存在激烈的争议，特别是在法律助理当中。在新保守派对自由派判决的攻击中，麦克布莱德是一位击球手。奥康纳喜爱麦克布莱德，一定程度上可以向他敞开心扉。她在自己生病和疲倦的时期，以一种信任和低干涉的态度对待他。

麦克布莱德一见到奥康纳，就对大法官的勇气和坚韧印象深刻（约翰也是如此，"许多男人都受到女强人的威胁，而他的男性魅力从不会示弱"，麦克布莱德说道）。麦克布莱德是一位图书管理员的儿子，在圣十字学院接受教育，这是一所位于波士顿郊外、规模不大、要求严格的天主教学院，麦克布莱德推崇艰苦教育。作为在新泽西州蓝领区卑尔根天主教高中成长起来的橄榄球运动员，在训练疾风冲刺时，他曾经被教练下令趴在地上全程用鼻子在整个球场上推球，他的队友则在一旁欢呼并起哄。

盛气凌人的麦克布莱德是当年最高法院法律助理中保守派 10 人集团的核心人物，这个组织被其他助理甚至他们自己称为"阴谋集团"。"联邦主义者协会"是一个日益强硬的少数派组织，他们的成员在精英法学院抵制自由派偏见的感知中成长。"阴谋集团"努力劝说他们的大法官接受"制宪者意愿"原则，他们争辩道，宪法应该按照"创建者"的原始意图解读，而不是由后来的（自由派）法院解释。[①] 他们的英雄是罗伯特·博克——一位政治殉道者。据麦克布莱德说，他曾在上诉法院做过博克和尼诺·斯卡利亚的助理，博克相信光明的路线规则和"文本主义"。（按照"文本主义"，宪法和法规应该由它们的字面意思

---

① 原意主义已经演变成这样的意味，与其说是创建者的意图，不如说是最初的公众意思和他们话语的目的。[2]

来解释，而不是由法官试图捉摸立法者的目的。）"阴谋集团"每周在当地的一家中餐馆会面一次，谋划战略，然后他们以电子邮件沟通。

大法官布莱克门的助理爱德华·拉扎勒斯后来写了一本有争议的书——《封闭的大法官办公室》，讲述了1988年10月开庭期"阴谋集团"与人数较多但组织松散的自由派助理之间的激战，一场达到顶峰的争斗，或者叫作怒火燃烧，是由麦克布莱德与另一位助理于开庭期的最后一天，在最高法院的一座户外喷泉那里进行的格斗。[3]

奥康纳的法律助理阿德尔伯托·乔丹（后来成为联邦上诉法院法官）说，大法官奥康纳"仍然凌驾于一切之上，她并没有被消费或关注，她懂得大法官应该决定什么，而我们是那些自认为什么都懂的孩子，并且我们中的一些人认为比别人懂得更多"。如果一个人因焚烧国旗而被起诉，助理们很快就知道谁负责这个案子。四名助理都认同焚烧国旗是《宪法第一修正案》保护的言论自由。奥康纳没有与他们争论，甚至没有解释她的观点，她只是走了另外一条路。[4]

麦克布莱德从保守派和自由派助理之间的你进我退中寻找乐趣，尽管如此，他并没有幻想过他或任何法律助理小团体能控制奥康纳，奥康纳不时会温和地挫一下麦克布莱德的锐气。麦克布莱德回忆说："'阴谋集团'会搞一些竞争——谁能写出最短的调卷令汇总备忘录？我赢了。"有一个申请调卷令的案件，案情是：一些被捕入狱的毒贩试图辩称船上没有大麻以撤销对他们的逮捕，尽管有人看见他们将大麻扔到了海里。麦克布莱德的备忘录写道，"事实：原告被看到将大麻扔到船外。争辩点：船上没有大麻。分析：事情不言自明"。布莱克门打电话给奥康纳，抱怨麦克布莱德的轻率，贫穷犯人的人身保护令权利问题被布莱克门视为比较大的问题。麦克布莱德说："奥康纳认为这很有趣，她边笑边说：'重写这份备忘录，别让大法官布莱克门不高兴。'"

奥康纳想要在一定程度上适应布莱克门和他的自由派伙伴。她做完手术回到最高法院那天，坐在法官席上听取一个案件的口头辩论，这个案件会令那些试图打破玻璃天花板的职业女性产生真正的共鸣。安·霍普金斯申请普华永道会计师事务所的合伙人资格失败了，部分原因是她被一些合伙人描述为"太具男子气概"，显然，她只是和男人们一样使用过不敬的语言。转达这个坏消息的合伙人告诉她，如果她"走路更女性化，说话更女性化，化妆、做发型和戴首饰"，她的职业前景会更好。她根据 1964 年《民权法案》第七条起诉并胜诉，该法案禁止基于性别和种族的歧视。最高法院通过这个案例决定了性别歧视案件的适当标准，以及当性别的刻板印象在雇佣决策中起作用时，由哪一方承担举证责任。

奥康纳是唯一一位在工作场所遭遇过性别歧视的大法官，她是与自由派及大法官怀特一道将举证责任分配给被告普华永道会计师事务所的第六票——使原告在这类案件中更容易获得赔偿。她是撰写多数派意见的合乎逻辑的候选人，但是大法官布伦南将撰写判决意见的工作留给了自己。因此奥康纳坚持写一份协同意见，而不是签字同意布伦南的意见，即使布伦南一再劝说她。大法官布莱克门轻蔑地说："她觉得雇主太可怜了。"他暗示奥康纳对这些民权案件中的被告过于敏感。但是奥康纳在协同意见中列出的理由与布伦南非常接近，不同的是"实质性的"和"激励性的"两个词语义上的细微差异，那感觉是双方都在发挥个人的愤怒。[5]

在那个开庭期的其他几起案件中，奥康纳与保守派一起投票限制民权法的适用范围。在其中一起案件的异议意见书中，布莱克门抱怨道："人们感到疑惑，大多数人是否仍然认为歧视……在我们的社会中是个问题，或者甚至不记得它曾经是个问题。"[6]

最高法院元老级的"自由之狮"布伦南、布莱克门和马歇尔经常手挽着手走进会场，但是他们的步伐正在放缓。1989 年冬，布伦南因胆囊感染入院，出院时明显很虚弱。在会议上，他开始读他写在小卡片上的争论点。奥康纳觉得三位自由派的助理开始对他们的大法官施加过多的影响。的确，她的助理肯特·赛弗鲁德回忆，从 1985 年开庭

　　　　　第十一章　被看见的女性

期开始，奥康纳就告诉他，"一旦这些情况发生在她身上，她不想在这个位置上待太长时间"。奥康纳请赛弗鲁德留意她介入案件的程度和精力，并告诉她是否很难胜任。在接下来的 20 年里，直到奥康纳退休，赛弗鲁德每年都忠实地向她报告。（他从来没有告诉大法官她正走向衰弱。[7]）

1989 年冬，奥康纳知道自由派如果不是全部三个，至少有一个人不得不退下来，她不想让其他自由派替换他们。奥康纳每周二早上与芭芭拉·布什（老布什总统的夫人）打网球，那时她还在为乔治·H. W. 布什赢得 11 月的总统选举而努力。大选前一周，奥康纳写信给朋友巴里·戈德华特："如果乔治赢了，我将非常欣慰。如果他做到了，这对国家和最高法院至关重要。"[8]①

奥康纳不喜欢被当作政治道具，当她在事先不知情的情况下被卷入乔治·H.W. 布什 1 月 20 日的就职游行时，她很恼怒。约翰写道，当他们坐在宪法大道上的黑色豪华轿车里等待被送上检阅台时（作为新总统宣誓就职仪式的嘉宾），"我们意识到我们将参加游行"，"没人告诉过我们"。这个意外的结果令人愉快。"当我们沿着大街行进时，人们从车侧的标志上意识到桑德拉在车里，他们开始挥手并高喊'嘿，这是桑德拉·戴·奥康纳''桑德拉'。这种欢快难以描述，人们认出这是桑德拉后，人群中爆发出绝对的热情。这种情况持续了数英里。毫不夸张地说，上千人给在车里的她拍照，上万人挥手致意。这是非常、非常、非常感人的"，尤其是对一个几周前还为妻子的生命安全担忧的丈夫来说。[10]

从历史的角度来看，乔治·H.W. 布什总统的政府在国家的首都呈

---

① 奥康纳和戈德华特保持着密切的联系，巴里·戈德华特曾写信给奥康纳说："我一直在说，你是我认识的最优秀的女性。"戈德华特从美国参议院退休后（他的席位由约翰·麦凯恩接替），给了奥康纳一些他在美国西南部拍摄的照片，奥康纳把它们挂在她的办公室里，其中一张是一位经受了忧虑和岁月磨砺的年老的印第安妇女。奥康纳在给戈德华特的信中写道："纳瓦霍族女人看上去就像我在最高法院一些会议上的感觉。"[9]

现的是一种温和与礼让的爱德华式全盛时期。对桑德拉·戴·奥康纳这样的建制派人物来说，20世纪80年代末的华盛顿是一个舒适的环境。前互联网时代的媒体大亨们在凯瑟琳·格雷厄姆的家中宴请布什政府的达官显贵们，如国务卿詹姆斯·A.贝克，通常还有约翰和桑德拉·奥康纳。没有人对众议院的保守派煽动者佐治亚州的纽特·金里奇给予太多的关注，他正从右翼煽动一场政治革命，民粹主义不过是遥远的宣泄。尽管里根已经回到他的牧场，但是里根的保守派仍然没有放弃他们的智库和政治行动委员会，他们有自己的英雄，其中之一就是安东宁·斯卡利亚。

斯卡利亚从到最高法院的第一天起就发动了一场猛烈的运动来结束平权运动。在一起案件中，一名女性公交车调度员的晋升超过了一名在求职面试中得分略高于她的男性。大法官布伦南代表多数派撰写判决意见，他试图让奥康纳与他一道全面支持针对女性的平权运动。像往常一样，奥康纳想避免走得过远，因此她写了一份比较狭义的协同意见，紧紧抓住案件事实。在这次会议上，在法律问题上喜欢直截了当地指导其他大法官的斯卡利亚痛斥基于种族或性别的雇佣偏好。"怎么啦，尼诺？"奥康纳面无表情地插话，"你想过我是怎样得到这份工作的吗？"[11]

1989年春，安德鲁·麦克布莱德看到了促使奥康纳转变到斯卡利亚关于种族偏好观点上来的机会。作为牧场主的女儿，奥康纳有长期在不同背景下涉及平权运动的经历，她一直赞赏美国原住民的文化，并且作为菲尼克斯原住民艺术和文化博物馆的负责人，她做了大量工作来保护美国原住民文化。但是像许多牧场主家庭一样，她对部落在州与联邦用水权方面获得的优惠感到恼火。她对麦克布莱德抱怨说，在一个水权案件的口头辩论中，一个穿着部落服装的印第安人代表团自始至终坐在听众席上盯着她，她感到不舒服。[12]

对奥康纳来说，平权运动往往更多的不是关于社会正义，而是关于政治权力战利品的分配。在她看来，"里士满市诉J.A.克罗森公司案"大概就是这样。20 世纪六七十年代的投票革命席卷南方后，非洲裔美国人差不多占里士满人口的一半，他们以 5 比 4 的票数控制了市议会，市议会迅速制定了一部法律，要求该市主要承包商将 30% 的分包合同给予少数族裔管理的企业（在联邦法律中，这一定义包括在里士满人数不多的因纽特人和阿留申人）。在少数族裔人口众多的城市，将政府合同交给少数族裔企业（被称为预留）已经司空见惯，但这种做法存在争议。里士满的一家白人所有的公司被拒绝签订厕所供应合同，便以"反向歧视"为由起诉市政府。

六名大法官投票驳回里士满的少数族裔预留合同份额的方案后，首席大法官伦奎斯特将撰写多数派意见的工作分派给奥康纳。麦克布莱德说："在奥康纳看来，里士满的预留合同更像是特威德老大，而不是平权运动。"这意味着它更像是旧式的政治机器赞助，而不是正当的偏好。按照大法官奥康纳的观点，她集中精力对准市议会的愚蠢，它的动机带有"现在轮到我们了"的种族政治意味。让奥康纳感到困扰的是，在提出 30% 这个数字时，市政府并没有试图确定有多少个合格的少数族裔所有的建筑公司，甚至没有确定有多少比例的城市建设资金流向少数族裔建筑承包商。

在异议意见书中，大法官瑟古德·马歇尔引用了里士满长期的、"不光彩"的歧视黑人的历史。"这可是原南部联盟的首都啊！"布莱克门一边在奥康纳起草的多数派意见的副本上用问号、惊叹号做标记，一边用气急败坏的腔调说："哇！""真的吗？"但是奥康纳并不想回顾过去，她希望推动社会走向使种族偏好成为历史遗迹的那一天。[13]

在为奥康纳起草一份判决意见建议稿时，麦克布莱德希望她能跟随斯卡利亚的引导，以断言宪法是"色盲"的方式，采取强硬路线反对种族偏好。与通常的平权运动案件一样，关键是审查标准，奥康纳选择了"严格审查"，作为一个实际问题，这可能会使平权运动计划符合宪法变得很难。在法律学者当中，有"理论上严格，事实上致命"的表述，因为这种检测太具挑战性：在没有其他替代方案的情况下，要证实过往存在歧视，还要有狭义的补救措施。

但是奥康纳（像她经常做的那样）让门开着。如果事实是正确的话，"理论上严格"并不意味着"事实上致命"。在她对麦克布莱德的草稿的编辑中，她指出，如果政府在识别过去歧视的具体事例，甚至有一个清晰的统计推断，那就能定制一个狭义的补救措施，包括为少数族裔所有的公司留出合同份额。这并不是斯卡利亚（或安德鲁·麦克布莱德）想要开创的判例。"安德鲁想把奥康纳推向一个广泛的法律议题，使她的法学体系更加纯粹，但是那就不是她了。"麦克布莱德的同伴、助理阿德尔伯托·乔丹说，"奥康纳本质上是一个渐进主义者和极简主义者，每次只走一两步。平权运动的严格审查是一大步，她不愿意走完全程。"

麦克布莱德无奈地接受了现实。多年以后，他回忆说："在奥康纳为支持高等教育平权运动投出了决定性一票后，她开始不喜欢平权运动，尽管她是拯救过平权运动的人。"[14]

人越聚越多，1989 年 1 月 22 日，"罗伊诉韦德案"16 周年纪念日，超过 6 万名示威者聚集在华盛顿林荫大道上抗议最高法院著名的堕胎案裁决。通过扩音器，他们听到了新总统乔治·H.W. 布什在就职典礼上告诉他们（并向最高法院发出了不那么微妙的信号）推翻"罗伊案"的时代来临了。反堕胎运动的政治压力持续增加：布什总统曾经是支持计划生育的温和派，他感受到有必要支持生命权运动。在布什政府中，温和派也许已经占据统治地位，但总统自己也知道要掩护他的右翼。[15]

两周前，最高法院同意就密苏里州一项严格限制堕胎的法律做出裁决，密苏里州立法者称其为"厨房水槽法"，因为他们对其所能想到的堕胎情形实行了完全限制：从序言宣布"生命始于受孕"到禁止公立医院实施不是为挽救母亲生命所必须的堕胎，与这项法律有关的案件有"韦伯斯特诉生育健康服务中心案"。[16] 信件又在奥康纳的办公室里堆积起来，有些信件中装有死去胎儿的照片，有些信件中装有挂衣架的照片（在"罗伊案"前的年代，这是非法堕胎的象征）。

哈里·布莱克门很郁闷，他称奥康纳、斯卡利亚和肯尼迪是"里根团伙的阴谋集团"，并预测他们将与伦奎斯特和怀特一起投票支持密苏里州的法律，并推翻"罗伊诉韦德案"。[17] 他对斯卡利亚的看法是正确的，他正试图说服肯尼迪。肯尼迪是最新晋升的大法官——与斯卡利亚一样是天主教徒。肯尼迪认为，"罗伊诉韦德案"是现代版的"德雷德·斯科特案"，后者是美国最高法院做出的支持奴隶制的裁决。

奥康纳再次成为摇摆票，就在"韦伯斯特案"在最高法院辩论的前一周，《新闻周刊》封面标题就是"所有人都注视着奥康纳"。[18] 封面照片上的她看起来很瘦，并且显然戴着假发，她正在康复中。一周前，奥康纳完成了最后一次化疗，并在切维蔡斯俱乐部与约翰共舞庆祝。在那里，他们即兴跳起摇摆舞，还跳了吉特巴舞和查尔斯顿舞。[19]

安德鲁·麦克布莱德用尽心思试图说服奥康纳加入斯卡利亚投票推翻"罗伊案"的阵营，他写了一份长长的备忘录（就像斯卡利亚在另一个案件中所做的那样），指出《宪法第十四修正案》的正当程序条款所建立的隐私权应该限于历史的、传统的权利，如婚姻，而不是堕胎。[20]

就奥康纳对堕胎案关注的立场而言，麦克布莱德的竞争对手是同为法律助理的、毕业于耶鲁大学的罗德奖学金获得者简·斯特罗梅斯，她也写了一份很长的备忘录，争辩道，女性决定是否终止妊娠的权利是她自由的基础（受《宪法第十四修正案》正当程序条款的保障），即使布莱克门在"罗伊案"中提出的有关三个月妊娠期的体系并不是走向保护女性自由的最佳道路。奥康纳手下的四名助理都记得在每周例行的周六午餐会上，在这两位聪明且意志坚强的助理之间发生了一次紧张又充满情感的对峙。"每个人都清楚简与安德鲁的这场对峙是为了对奥康纳的内心施加影响。"麦克布莱德回忆道，以一种他当时也许没有表现出的诙谐语气。

奥康纳边听边提问题，没有露出她的底牌。多年后，她回忆起当她看到麦克布莱德与斯特罗梅斯摆好对峙架势时她的感受："这是一场对峙，我从不喜欢这样的举动，我试着不表现出明显的心烦，但是它难免使我心烦。"[21] 她并没有表现出来，她喜欢取笑麦克布莱德，这位圣十字学院的毕业生是斯卡利亚和肯尼迪之间的天主教纽带。她开玩笑说（但是并不完全是）："我发现天主教大法官聚在一起并不合适。"[22]

斯特罗梅斯有理由相信她的观点会占上风，她说："我了解大法官，懂得对女性来说什么是紧要的。她经历过分娩，她明白孕育孩子到足月所面临的挑战，以及它意味着什么。"斯特罗梅斯回忆，在周六与助理紧张的会面后，"当我们走出她的办公室时，奥康纳用胳膊搂住我的肩膀"。斯特罗梅斯感觉到奥康纳所传达的似乎不只是安慰或陪伴，就像斯特罗梅斯所说的那样，大法官"完全理解女性在这些深刻的个人决定中可能面对的问题"。[23]

在过去几年里，奥康纳的大儿子斯科特和他的妻子琼尼一直在备孕，奥康纳对怀孕的理解也在深化。最终，通过人工受孕，琼尼成功怀孕。1989 年母亲节，也就是"韦伯斯特诉生育健康服务中心案"口头辩论及她出现在《新闻周刊》封面仅仅两周多后，奥康纳与她的丈夫、儿子和儿媳坐下来观看她的第一个孙子的超声波视频。那天晚上，约翰在日记中写道："我们看了一段非常棒的'奥康纳婴儿'视频，从怀孕到现在已四个半月，大约有 6 英寸长。我脑海中情不自禁地出现桑德拉看着她孙子——屏幕上的胎儿的情景，而那个时候，她正被视为堕胎问题上的摇摆票。"[24]

在最高法院，奥康纳喜欢当第一：每年第一个聘用法律助理（为的是挑选最优人才），第一个写完被分派的判决意见（为获得更多机会撰写判决意见），第一个在口头辩论时提出问题（为先于最高法院证实问题）。但是在"韦伯斯特案"中，她放慢了对最高法院多数派意见的表态。在布莱克门的办公室，大法官和他的助理们焦急、小心翼翼地等待着。5月1日，布莱克门的助理爱德华·拉扎勒斯写信给他的上司说："我的消息来源告诉我，大法官奥康纳确实有一个怀孕的儿媳，显然，她多年来一直想要孩子。"七周后，当这个开庭期接近尾声时，拉扎勒斯敏捷地写信给布莱克门说："预计来自桑德拉的供传阅的判决意见被推迟到今天下午晚些时候。显然，今天早上她与芭芭拉·布什的网球比赛及午餐约会都延误了她最终的预传阅的审查意见。"[25]

最终，奥康纳采用了助理丹尼尔·曼迪尔推荐的方法，这与奥康纳的法学体系完全一致：尽可能地少说，让这种争论通过由人民选出的立法机构与宣誓捍卫宪法的法官之间的微妙平衡中发展。她的结论是，恰当地解读，密苏里州的法规并没有对妊娠期妇女施加"不当负担"（她在"阿克伦案"和"索恩博勒案"中得到的验证结果），没有必要重新审视"罗伊诉韦德案"的宪法有效性。[26] 换句话说，这场争斗将回到各州，各州可能继续试图限制堕胎，并继续试图说服最高法院放弃已四面楚歌的、它在"罗伊诉韦德案"中创设的判例。

"一阵寒风吹来。"布莱克门在他对伦奎斯特支持密苏里州法律的多数派意见的异议意见书中写道。但是，受益于奥康纳公正且实事求是的协同意见，"罗伊案"的核心（女性堕胎权受宪法保护）幸存下来。斯卡利亚对奥康纳拒绝推翻"罗伊诉韦德案"十分恼火，在他的判决意见中，指出这使最高法院和国家处于更大动乱的影响之下，而这正是奥康纳回避基本职责造成的。"现在我们只能期待至少另一个开庭期，满载着公众邮件的手推车和大街上众多示威者敦促我们（未经选举并终身任职的大法官们，正是这些法官被赋予了非同寻常的、非民主的特征，恰恰是为了我们能够遵从法律而无须顾忌民意）遵从民意。事实上，我们希望能够比我们今天做出优柔寡断的决定之前期待更多。"带着近乎轻蔑的嘲笑，斯卡利亚写道，大法官奥康纳的协同意见"不能被当真"。

7月3日，当首席大法官伦奎斯特公布"韦伯斯特诉生育健康服务中心案"的判决结果并敲响结束这个充满焦虑的开庭期的木槌时，一些助理喝了几杯并走出最高法院内院。自由派与"阴谋集团"之间相互奚落，不一会儿，安德鲁·麦克布莱德就与大法官布伦南的助理蒂姆·毕晓普推搡起来，挥拳击打对方，直到他们在院子的喷泉边打到流血才停手。[27]

奥康纳没有等候开庭期最后一天的仪式，她去了位于威斯康星州的朋友所有的私人高尔夫球度假村，这位朋友也是亚利桑那州人，奥康纳常去那里过独立日假期。7月3日晚，约翰在日记中写道："在两场九洞赛中，桑德拉都赢得了最接近洞口的女子赛冠军，并且在女子比赛中获得第二名。"[28]

奥康纳的朋友刘易斯·鲍威尔很担心她，7月10日他在里士满的家中写信给奥康纳："我不记得以前哪个开庭期有过如此多的协同意见和异议，在异议中有些过激的语言达到人身攻击的程度，如果这一趋势继续下去，会削弱对作为一个国家机构的最高法院应有的尊重。"虽然鲍威尔已经退休，但是也许他感觉到奥康纳需要援军，他说："你必须知道，我个人很喜欢你，对你这个富有思想和勤勉认真的大法官有很高的评价。我曾公开表示，总统找不到比你更尽职尽责的女性作为在最高法院担任大法官的第一人。我也很钦佩约翰，他在这座关键城市为自己赢得了一席之地，并且广受欢迎，我向你们俩致以最亲切的问候。"[29]

与其说斯卡利亚令约翰愤怒，不如说更令他感到困惑，因为斯卡利亚同意作为他的嘉宾在第二年夏天在波希米亚格罗夫发表演讲。约翰写道，9月5日，在法国与美国法律交流午餐会后，"尼诺·斯卡利亚与我同桌，我们相互开玩笑。在桑德拉发言之后，我隔着桌子小声对他说：'有什么反驳的话吗？'考虑到桑德拉正处于'韦伯斯特案'的背景下这个时点上，这样问特别有趣。他放声吼了起来。"[30]

多年后，大法官奥康纳承认："斯卡利亚对我有点儿严厉。"但是最高法院的大法官们必须合作，"无论他们喜欢与否"，奥康纳说道。[31] 1989年秋，她决心不让历史重演，她读了《敌手》这本书，书中讲述了沃伦法院时期费利克斯·弗兰克福特和雨果·布莱克之间的分裂竞争。[32] 约翰在日记中记录道："圣诞节前，她告诉大法官斯卡利亚，自从他来到最高法院，最高法院变得更好了。尼诺·斯卡利亚告诉她，这是他收到过的最好的礼物。桑德拉认为尼诺受到了很大伤害，并且对媒体上关于他在'韦伯斯特案'的协同意见中'教导'桑德拉的叙述非常敏感。在今天的闲谈过程中，尼诺提到了这一点，并且对桑德拉说，实际上'不要相信那些垃圾'。"[33]

假发游戏在 10 月结束，奥康纳的头发重新长了出来，而且比此前更浓密。约翰写道："这太棒了。她看上去像《丧钟为谁而鸣》里头发花白的英格丽·褒曼。"那个月，当她抱着她的第一个孙女考特尼时，奥康纳"默默地哭了"。12 月，她给一位朋友写信，自豪地说她的高尔夫球差点与患癌前的比赛没有差别。[34]

大法官斯卡利亚对最高法院在"罗伊诉韦德案"上的优柔寡断将招致更多的政治和法律争斗的预测没有错，反堕胎的州立法机构继续测试他们能走多远的极限。明尼苏达州开始要求少女在堕胎前必须经父母双方同意，这个案件在 1989 年 11 月底上诉至最高法院，这距做出"韦伯斯特案"的判决不到 6 个月。这一次，奥康纳划定了底线，她第一次投票推翻了州政府对堕胎的限制，认为它对女性终止妊娠的权利造成了"不当负担"。[35]

奥康纳的助理马尔奇·汉密尔顿说，奥康纳担心父母会虐待女儿。汉密尔顿在该案的庭审备忘录中写道："奥康纳不愿看到把孩子置于危险境地，她受自己孩子的影响。"当奥康纳穿上法袍时，她并没有放下母亲的身份，她的助理们很清楚她对孩子们的关心。奥康纳的儿子们都是有很强的进取心的年轻人，但是他们也在不确定的经济形势下面临着职业生涯初期常见的挑战。斯科特和妻子琼尼终于有了孩子，但是他们的女儿心脏有问题，需要做手术。汉密尔顿说："我走进奥康纳的办公室时，她有一半时间都在与她的儿子打电话。她告诉我们'首先要做好父母'。有一次，她正要挂断电话时，我走进去，她说'这永远不会结束'。"

明尼苏达州的堕胎案再次撕裂了奥康纳与斯卡利亚之间的关系，他提交了一份严厉的异议意见书。汉密尔顿说："我不喜欢斯卡利亚对她的评价，所以我写了一封言辞激烈的回信。奥康纳把我叫到她的办公室说，'现在我们不要那样说话'。我说，'但是我喜欢那样'。她说，'我们不要那样说话，把信取回来吧'。"[36]

奥康纳对儿童的敏感在那年的另一个案件中显露出来，根据《宪法第六修正案》，被控犯罪的人有权与证人对质。那么对性侵案件中的儿童来说，这可能意味着出庭并面对坐在法庭被告席上的"怪物"。马里兰州试图保护被猥亵的儿童，让他们通过摄像机作证。对死抠字眼的斯卡利亚来说，修正案的意思正如它所说的——原告有权与证人对质。但是奥康纳撰写的多数派意见允许儿童通过单向闭路电视作证。承担该案件研究工作的助理方富宇说，社会科学研究表明，被迫面对施虐者的儿童会遭受精神创伤，并会被证明是不可靠的证人，奥康纳被这一研究结论说服了。[37]

学者和法庭观察人士注意到，奥康纳一直以来在她的裁决和判决意见中对妇女和儿童尤其敏感，他们开始就此做文章。有些文章把她提升为"新女权主义者"的标杆，称她为男女之间的差异带来了"独特的视角"。另一些文章则认为她扮演着传统女性的角色，试图通过妥协把交战双方拉到一起。"韦伯斯特案"之后，《波士顿环球报》广受欢迎的专栏作家埃伦·古德曼写了一篇题为"奥康纳试图成为最高法院的妈妈"的文章。[38]

奥康纳既不希望被视为"新女权主义者"，也不希望被视为"最高法院的妈妈"。在1991—1992年开庭期担任奥康纳助理的琳达·迈耶回忆说："奥康纳一直是一个性别平等的人，对她来说，不存在'女人是不同的'。"1991年秋，迈耶为奥康纳编辑了一篇关于性别和法律的重要演讲，题为"波西亚的进步"。一群支持堕胎的女权主义示威者在外面高喊："桑德拉·戴·奥康纳，你不能躲起来！'不当负担'是谎言！"大法官奥康纳告诉纽约大学法学院那位询问女性律师是否会用一种"不同的声音讲话"的听众，这不仅"无法回答"，而且"很危险"。它冒着颠覆维多利亚时代"真正女人"神话的风险，她们的女性特质需要被强壮的男性保护，这与让女性置身于职业之外所使用的理由是一样的。尽管奥康纳在职业生涯中一直受到歧视，但是她反感"受害者"的概念，并且永远拒绝扮演殉道者的角色。奥康纳问纽约大学的听众："女性法官会因为女性的美德而对案件做出不同的判决吗？"她引用了另一位法官的话来回答："聪明的男性长者与聪明的女性长者得出的结论是一样的。"[39]

这是一次强有力的演讲，在未来的日子里，在许多著作中，奥康纳不断重复这一主题。[40]但是她的助理们，带着27岁的傲慢，时而会对她的缺乏自我意识摇头，即使不是有意否定。毫无疑问，作为女人、女儿、妻子、母亲——并且现在是祖母，她的经历影响着她的法学体系。的确，对于妇女问题，她没有压倒一切的总体议程，也没有"基于性别"的法律方法。与此同时，她是通过一事一议的处事方式判断，通过密切观察事实和更广泛的社会背景，她的确带来了一个独特的女性视角——她自己的视角。她决心将她的法学体系锚定在现实中。奥康纳在1994年的一个案件中裁定州刑事法庭不能排除女性陪审员，她写道："在某些案件中，一个人的性别和由此产生的经历与其对案件的看法有关。认同这一直觉的人不一定就是性别歧视者。"她宣称，性别作为一个"法律问题"应该没有差别，但是这并不意味着性别作为"事实问题"也没有差别。[41]

奥康纳对女性来之不易的地位保持着警觉和防护，对此不应感到奇怪。她时常在大大小小的方面被提醒：争取平等的斗争还没有取得胜利。10年前，1984年7月，当民主党总统候选人沃尔特·蒙代尔选择女性国会议员杰罗丁·费拉罗作为他的竞选伙伴时，奥康纳在日记中写道："这让我这个共和党人的心跳都加快了，国家政治将不可逆转地改变，这是历史性的。无论民主党在这次选举中是赢还是输，在总统大选中，任何一个政党都不能不严肃地考虑多样性的问题。现在正是时候，这是非常快乐的一天。"[42]

但是缓慢的进步令人痛苦。1991年，就在奥康纳发表题为"波西亚的进步"这一演讲的前一个月，她在最高法院听取了来自保守南部的律师小哈里·麦考尔的辩论意见，他为路易斯安那州囚犯权利案辩护，他说："我想提醒你们，先生们。"奥康纳靠在法官椅上，带着一丝调皮的微笑说："你也想提醒我吗？"75岁的麦考尔改口："大法官奥康纳，以及先生们！"大法官拜伦·怀特不耐烦地插话说："就称'大法官们'挺好。"[43]

奥康纳对待大多数事情的方法并不是理性的，当然也不会攥着自己的手，而是放手去做。1990年秋，在一次题为"当权的女性"的演讲中，她直接且令人难忘地陈述道：

> 无论男性还是女性，获得权力的第一步都是让别人看到你，然后上演一场令人难忘的表演。
> 当女性获得了权力，障碍就会降低。社会看到女性能做什么，女性也看到女性能做什么，就会有更多的女性外出做事，我们大家都会因此变得更好。[44]

奥康纳不仅"上演了一场令人难忘的表演"，她还喜欢运动。1990年5月，吉布森、达姆和克拉彻律师事务所邀请她在律所百年庆典上发表演讲，她欣然接受，并直截了当地问该律所的合伙人泰德·奥尔森：在律所工作的女性律师有多少？合伙人中有几位女性？最近招聘员工的性别比例如何？在比弗利山庄威尔希尔酒店的宴会厅，在洛杉矶市市长、加州州长、加州首席大法官及律所所有高端客户等800名听众面前，奥康纳首先带有讽刺意味地提到，38年前这家律师事务所允许她申请一份秘书工作。她估计，如果他们聘请她当律师，她在一家有 650 名律师的事务所可能排在第 10 位。结果是她无奈接受了一家小律所，在那里，她只能从第 9 位升到第 7 位。在听众席上，紧张的轻笑一下子变成了哄堂大笑。她也咧着嘴笑着，继续说，是这家律所的合伙人威廉·弗伦奇·史密斯推荐她到最高法院的，所以"一切都被原谅了"。她的丈夫帮她写了演讲稿中的幽默部分，她向他报告说，听众听后"叫喊起来且非常喜欢"。几年后，深夜电视节目主持人大卫·莱特曼询问她对去吉布森、达姆律师事务所演讲的感受，她说："这是我有生以来最有趣的一次。"[45]

大法官奥康纳患癌症后，她的助理推测她可能会放松一些，她似乎确实有意放慢了节奏：早些离开办公室，减少旅行，晚上也不那么频繁地出门了。然而过了一年左右，她又恢复了忙碌的状态。2004 年，她的办公室秘书玛吉·杜普里在服务了 20 年之后退休时已经疲惫不堪，她要兼顾从给航空公司总裁打电话安排航班到处理她的上司已经接受的各种演讲邀请。她回忆说："我快疯了！我不能再多工作一年了，你必须把每件事做得完美。"[46] 在 1991 年 10 月开庭期担任奥康纳助理的斯图亚特·班纳回忆说："我担任助理期间，最深刻的记忆就是所有事务都要努力跟上她的节奏。"到国家植物园游览也绝不轻松，在班纳的记忆中："这不是停下来闻闻玫瑰花香，它更像是加速去闻玫瑰花的芳香，还要了解它们靠什么途径发出这样的香味，以及怎样才能成为一个更好的品香人，应该采取哪些步骤来改善玫瑰的品质和它们的分布范围。这之后，才沿着路走向下一丛玫瑰。"[47]

奥康纳坚持不懈地确保她的助理和家人永不错过受教育的机会。在华盛顿每 17 年一次的休眠蝉爆发期间，奥康纳收集了一批大个的死蝉，装在鞋盒里寄给她在亚利桑那州的孙辈们（此时，斯科特和妻子琼尼已经有三个孩子）。她向朋友玛丽·亚当斯讲述了蝉的故事，她解释说："对我来说，最重要的事情之一就是我的子孙们都富有好奇心，因为如果你对周围不好奇，你就不会聪明。"[48]

对奥康纳来说，放松是一个相对的术语，对助理们来说，郊游的兴奋多于轻松。1990年春，奥康纳的助理方富宇带着他两岁的女儿在谢南多厄山谷参与他以为是3英里的徒步旅行，结果却是9英里的艰苦跋涉。"大法官奥康纳甩开大家走在前面，我们苦撑着前行。只要我一赶上，她马上又出发。我们最终到达了小旅馆，瘫倒在椅子上。奥康纳宣布：'到做晚餐的时间了！'。"回想在早些时候在大法官办公室举办的乒乓球比赛中，她向方富宇发起了挑战，方富宇在香港生活过一段时间，在那里经常打乒乓球。他回忆说，当他发现自己的领先优势比预期的要大时，他陷入"两难境地，是随随便便跟她打呢，还是完胜她呢？不管怎样，这都是一个糟糕的结果！我赢了之后，她就一言不发地走了，我们再也没打过乒乓球了"。[49]

布伦南是老自由派大法官中离开最高法院的第一人，1990年夏，开庭期结束后他去欧洲旅行时在机场不慎摔倒，头部受伤，还患上了轻度中风，几天后，这位沃伦法院伟大的共同创建者和守护神宣布辞职。[50]

布什政府的白宫幕僚长约翰·苏努努起初吹嘘布伦南的继任者戴维·苏特是保守派的"本垒打"，但是当他们看到苏特在为出席参议院确认听证会做准备的演练会上出人意料地沉思后，白宫法律顾问博伊登·格雷对他的同行说："天哪，我们是不是选错人了？"[51]

52岁的苏特以谦逊、说话得体的魅力顺利地通过了他的听证会。他是与众不同的，他未婚，独自住在新罕布什尔州一个老旧的农舍里。他有一台电视机，但从未打开过。一次，奥康纳走进他在最高法院的新办公室，发现灯都关着，苏特正竭力借助自然光读书，他解释说自己喜欢节约用电。奥康纳催促他来吃午餐，他要求将他平时吃的餐食（一个苹果和一杯酸奶）一丝不苟地放在法院精致的瓷器上。[52]

奥康纳与联邦调查局前局长、时任中央情报局局长的威廉·韦伯斯特及他年轻活泼的妻子琳达关系密切。10月，奥康纳受邀去位于贝塞斯达郊区的韦伯斯特家中吃午餐，奥康纳夫妇带着苏特一同前往。

在厨房，桑德拉告诉琳达："我敢打赌，你一定想知道我为什么这么大胆。是这样，芭芭拉·布什和我聊天，我们认为大法官苏特应该结婚。而且，芭芭拉和我认为，如果他周围聚集着幸福的已婚人士，他必定也会想成为其中的一员。"

琳达被逗乐了，她说："今天我会尽最大努力表现出快乐。"她低声命令她的丈夫："表现出快乐！"[53]

大法官苏特的确参加了一两次奥康纳安排的约会。某次约会之后，他感谢那位女士，并说："会面很开心，我们明年再约吧。"奥康纳邀请苏特来家里一起过感恩节，苏特谢绝了。她坚持邀请，苏特再一次谢绝。奥康纳问："你还有别的事情要做吗？"苏特回答："我是一个尽量减少社交的人。"[54] 约翰在日记中记录道："桑德拉邀请苏特吃晚餐，但是他婉拒了，他要独处。然而他告诉他母亲，他将与我们在一起。显然这是为了让他母亲认为这个感恩节他是和别人一起过的，他母亲住在新罕布什尔州的一家养老院里。"[55]

苏特是一位潜心研究的思想家，他返工和改写他的助理撰写的草稿，使它们更紧凑、更有条理。到 4 月中旬，他只提交了两份传阅的判决意见（奥康纳提交传阅了 14 份）。在从最高法院开车回家的路上，奥康纳告诉约翰，苏特的慢节奏"是个现实问题，没有人知道将会发生什么，因为这个问题以前从未出现过"。

六周后，苏特同意与奥康纳夫妇沿着波托马克河的运河——C & O 运河徒步旅行。他的情绪有了很大的改善，他提交传阅了大量的判决意见。苏特承认，"坦率地讲"，实际上他一直在努力"与最高法院周旋"，直到 3 月或 4 月，但是"他最终放松了很多。他是一个很开放、很容易交流的人"，约翰带着一丝惊讶记录道。[56]

苏特从最高法院退休很久以后，2016 年冬，他来到菲尼克斯，在桑德拉·戴·奥康纳法学院（亚利桑那州立大学法学院最近更名以纪念她）的颁奖晚宴上向奥康纳敬酒。苏特找到坐在轮椅上的奥康纳，"嗨，你好，亲爱的"，他与她打招呼并握着她的手，他们走进宴会厅，他称奥康纳是"他在最高法院的第一个朋友"。在 1990 年 10 月开庭期伊始，苏特提交的 24 份决定中，他的投票百分之百地与奥康纳一致。[57]

大法官瑟古德·马歇尔 1991 年 10 月也追随他的"伙伴布伦南"离开最高法院。那年夏天，奥康纳听到这个消息时哭了，她知道自己将想念这位民权英雄的故事，尽管在重大宪法案件上，她的投票很少与他一致。

老布什总统提名克拉伦斯·托马斯为最高法院第二位非洲裔美国人大法官，在他的确认听证会上，曾在平等就业机会委员会为托马斯工作的律师安妮塔·希尔指控托马斯对她发表过不受欢迎的性评论。在电视转播中，大法官奥康纳保持着冷酷的沉默，她的身边围绕着她的助理们，她也许能容忍她的丈夫私下与男人们开粗俗的玩笑，但是她清楚地意识到许多人对安妮塔·希尔的证词感到震惊。奥康纳对此感到沮丧，虽然她没有表露出来。约翰私下的反应比较轻松，在听证会期间，约翰·奥康纳在家吃早餐时打开报纸，看到一幅托马斯坐在奥康纳旁边的漫画，是一幅大法官们的年度肖像照，托马斯的手放在奥康纳的膝盖上。约翰在日记中写道："这真是一幅有趣的漫画。"[58]

托马斯否认了希尔的指控，当他到最高法院上任时，显得既痛苦又孤独。他成长于佐治亚州极其贫困的家庭，在耶鲁大学法学院接受教育，他似乎觉得自己被自由派的东方精英所出卖。在他办公室的壁炉架上，托马斯贴了一张"耶鲁糟透了"的保险杠贴纸。当受邀请到哈佛和耶鲁做讲座时，他通常回答："我不做常春藤盟校的讲座。"[59]他小心翼翼地同意遵循与其他大法官的助理共进午餐的惯例。奥康纳的助理沃恩·邓尼根以班级第一的成绩毕业于哥伦比亚大学法学院，与托马斯一样有着工人阶级背景，后来她回忆起对托马斯的印象：

> 当我们见到大法官托马斯时，大概他仍然有点儿心烦意乱（因为安妮塔·希尔的证词），这一点令我略感震惊。他状态不是

很好，闷闷不乐，我们因此也不舒服。而且我们都不是富有的、有权势的家庭的孩子。[60]

托马斯让他的助理们观看 1949 年的电影《源泉》，这是一部根据安·兰德小说改编的歌颂个人主义的电影（主人公是一位拒绝屈从于世俗的建筑师）。在最高法院，相对于斯卡利亚的右倾，托马斯更满足于做一个司法独行侠，他要通过辨识开国者的意图和剥离新政后激进主义法官的分层，使"流亡中的宪法"回归。[61]

托马斯是奥康纳权衡各方因素的评分审核制的反面镜子，她很少加入他的意见，即使在一个案件中他俩的投票一致。在托马斯第一年任期结束时，奥康纳写了一篇协同意见，批评他对人身保护令案件的分析草率。多年后，在接受我的采访时，托马斯先是摇了摇头，苦笑着说，"在'赖特诉韦斯特案'中，我鲁莽地写下了她不会同意的判决意见，她回敬道：'欢迎来到最高法院！欢迎来到美国橄榄球联盟！'我的助理很生气，但是我说：'别、别、别，我是初来乍到的。'她要的是玛格丽特·撒切尔式的坚定，她拒绝被他人摆布"。

回顾他在最高法院上班的第一天，托马斯回想起他有一种被击垮的感觉。"我年轻——43 岁，深受重创。我有大量的工作要做，每个法律领域都必须跟上进度，所以我总是拖着两个廉价的大袋子到处走，并且不打算吃午餐。"他说道，这也涉及大法官们的传统，即在进行口头辩论的日子里，他们在最高法院的餐厅共进午餐。

在口头辩论结束后，奥康纳开始与托马斯一起走回他的办公室。在他们第一次散步时，她提到了令托马斯感到不快的确认听证会，她说："他们造成了很大的伤害。"托马斯不确定奥康纳指的是对最高法院的伤害还是对他个人的，他猜想两者都有一点儿，但他完全不知道该说什么，所以他沉默不语。

每次会议之后，奥康纳仍与托马斯一起走。"她一直在说'你应该来吃午餐''你应该来吃午餐'，一天，她看着我，又说：'现在，克拉伦斯，你应该来吃午餐！'她摇晃她的手指！"当托马斯回忆起这一幕时，哈哈大笑起来，"所以那时候我说：'是的，女士！'然后我开始去吃午餐了。"[62]

奥康纳一直相信共进午餐是讲和、促进理解和团结的方式，在奥康纳看来，展现主妇的传统角色是一种好客和慷慨的姿态。成绩优异的法律专业学生急切地申请最高法院法律助理的职位，当大法官奥康纳不仅用咖啡款待他们，还把咖啡倒进杯里端给他们，询问"加糖，还是加奶"时，他们有时会受宠若惊，然后感受到一种安慰。[63]

几年后，托马斯在波希米亚格罗夫的一次谈话中指出，若你们共进了一顿美好的午餐，就很难再刻薄起来。[64] 这句话被波希米亚俱乐部会员约翰·奥康纳及时地记录下来。

起初，托马斯在接受过常春藤盟校法律教育的法律助理面前可能不苟言笑，但是他对最高法院的行政人员、保安和电梯操作员热情而幽默，他们也对他的好意表示赞赏。随着时间的推移，他的良好本性在他的同事和助理眼中显现出来（他甚至与耶鲁大学法学院和解），他还成为约翰·奥康纳的朋友。约翰于1994年6月写道："我与克拉伦斯·托马斯进行了一次长谈，他说他永远不会忘记桑德拉对他多么体贴和善良，但是他笑着补充道，'她可真会讨价还价！'我笑着说，'哦，真的吗？她在家里可不这样'。然后，我们都大笑起来。"[65]

最高法院的大法官们，无论是自由派还是保守派，在奥康纳时代很少雇用非洲裔美国人担任助理。大法官托马斯雇用的前40个助理中，只有一位是黑人。大法官桑德拉·奥康纳挑选第一个非洲裔美国人小詹姆斯·福曼担任助理是在1991年秋，也就是瑟古德·马歇尔退休后的两个月。[①] 福曼来自一个引人注目的家庭：他的父亲老詹姆斯·福曼

---

① 瑟古德·马歇尔退休后，遵循最高法院的惯例，他把他的一个助理克里斯特尔·尼克斯-海恩斯分配到奥康纳的办公室，海恩斯是一位非洲裔美国女性，毕业于普林斯顿大学和哈佛大学法学院。是她将福曼的简历放在了大法官奥康纳的收件箱里。[66]

曾是学生非暴力协调委员会（SNCC）的负责人，领导民权运动；他的母亲康斯坦西亚·罗米利是英国记者杰西卡·米特福德的女儿，米特福德是两次世界大战之间风靡伦敦的著名的布鲁姆斯伯里社交名媛米特福德姐妹之一。

1991 年秋，福曼从就读的耶鲁大学法学院所在地纽黑文市乘火车去华盛顿参加法律助理职位的面试时，他只是常见的才华横溢的法律评论编辑，正想办法给大法官留下深刻的印象。他要记得一个个模糊的案例吗？他要刻意奉承吗？这还不够吗？他会被要求或被诱惑以某种方式牺牲自己的尊严吗？他对这次面试近乎滑稽的意识流式的描述，揭示了一位精英人士通往金字塔顶端的必经之路。更微妙的是，它暗示着奥康纳真正在寻找什么：

> 我被警告，她可能会问我最喜欢的大法官是谁。无疑是瑟古德·马歇尔，他代表了民权运动，我应该说马歇尔吗？或者这是不是太明显了？我是不是应该更有趣点儿？在去最高法院的路上，我想到了马歇尔。我感到害怕。看到电梯操作员，我很惊讶（这是他在那里看到的唯一的另一位非洲裔美国人）。我满脑子都是案例——我被告诫要研究她的法律观点，但她一开口，我就知道自己跑偏了，因为她只想谈论她的家庭、她的三个儿子。出生顺序与性格有关吗？我感到惊讶——松了一口气，但仍然很担心。法律问题在哪里？她谈到助理的工作，谈到这项工作有多难，她多么希望她的助理能努力工作。她问："你是一个努力工作的人吗？"我说："是的！"

福曼停下来，喘口气，又继续前面的话题：

> 但是也许她要求得更多！当然，我会说是的……
> 她从未问过我最喜欢的大法官是谁，她看着我说："詹姆斯，

我从你的简历中看到你在法学院参与了许多民权事务和社会正义工作，我想我的一些观点，你并不赞同。"这是个很难的问题，显然答案是肯定的。她撰写了"克罗森案"的多数派意见（推翻了里士满市的种族偏好），对我来说，她的结论和推理令人不安。我不知道该说些什么，但是我想到了我父亲……

福曼的父亲在他参与民权运动的生涯中，曾经历了多次审判。他劝告他的儿子："只讲真相。"福曼意识到他即将迎来自己的真相时刻：

> "是的，有些判决，我不认同，"我进一步补充说，"当然我是一名法律专业的学生，还没有研究这个案子的记录。"但她点头说："好的。"面试到此结束！她说："我愿意给你一个1993年开庭期的职位。"
>
> 对这样的结果，我没有一点儿思想准备，我从来没有以这样的方式得到一份工作，这对我来说是难以想象的。我笑了，我笑了。"这是我收到过的最好的消息，是的！"我们握了握手，我高兴地跳了起来。

多年后，在讲述这段经历时，福曼依旧难以掩饰自己的喜悦和疑惑，得到奥康纳助理这个职位就像"中了人生的法律彩票"，他解释道，"突然间，你有了一份充满吸引力的工作。它改变了我的生活，我意识到了"。在助理工作结束后，福曼放弃了司法部一个具有更高影响力的职位，接受了一份代表穷人的公共辩护人的工作，对此，奥康纳似乎有点儿失望。其实奥康纳不必担心，福曼接着在哥伦比亚特区创办了一所特许学校，以耶鲁大学法学院的方式教授法律。2017年，他出版了一本极具影响力的书《把我们自己关起来：美国黑人的罪与罚》，该书获得了普利策奖。[67]

1989 年，奥康纳患有阿尔茨海默病的母亲艾达·梅·戴去世。艾伦·戴接管了雷兹彼牧场，但牧场正深陷财务困境。家人指责政府过度监管，增加了放牧成本，使牧场面临破产的危机。痛苦又令人遗憾的是，家里人决定逐步卖掉牧场里的地。[68] 1992 年感恩节，只有被称为"总部"的住房周边的一块地还保留着。那天，在牧场吃午饭时，艾伦注意到桑德拉情绪低落，显然不只是因为正在失去雷兹彼。她告诉弟弟，堕胎问题"让我不得不咬紧牙关，它使我精疲力竭"。[69]

若堕胎问题出现在社交场合的对话中，奥康纳很善于转换话题。因为在华盛顿的社交活动中，坐在她桌边的那些不假思索的宾客有时会谈到这一话题。"桑德拉，生命是什么时候开始的？"一位过于好奇的晚餐伙伴问道，奥康纳强颜欢笑地回答："等孩子们大学毕业了，狗死了。"但是，对澳大利亚驻美大使罗顿·达尔林普尔的妻子罗斯·达尔林普尔——信赖奥康纳夫妇判断力的朋友，她表现得异乎寻常的开放。达尔林普尔夫人回忆说："桑德拉·奥康纳把我拉到一边，对我说，'你对这件事（罗伊诉韦德案）怎么看？'我说，'女性有选择的权利，这不关别人的事'。她全神贯注地倾听，等待着我的回答。"[70]

这个问题不会消失，1992 年冬，在"罗伊诉韦德案"的周年纪念日当天，10 万人参加一年一度的生命权组织的抗议游行。保守派的克拉伦斯·托马斯接替自由派的瑟古德·马歇尔后，最高法院有可能找到五票推翻"罗伊案"。宾夕法尼亚州颁布了迄今为止最严格的法律：想要堕胎的女性在联系到接受她的诊所后，必须等待 24 小时；她们必须参加一个关于胎儿发育的强制性讲座；如果是已婚妇女，她还必须告知她的丈夫。

1992 年 4 月 22 日，就"计划生育联盟宾夕法尼亚州东南分部诉州长凯西案"进行辩论。[71] 约翰回忆，大法官奥康纳凌晨 4 点 15 分在"痛苦"中醒来，"她开始像风中的树叶一样颤抖，持续了 5~10 分钟。6 点，她起床前往最高法院"。[72] 她痛苦的直接原因是她在健美操课上背部屡次受伤，但这有可能源于她感受到堕胎风暴眼中多年积聚的压力。在"韦伯斯特案"发生时，两位著名的女权主义律师苏珊·埃斯瑞奇和凯瑟琳·沙利文写了一篇广泛传播的充满激情的文章为"罗伊诉韦德案"辩护，题为"堕胎政治：为一个人的信念而写作"。正如法律界和政界所知，这个人就是大法官奥康纳。[73]

代表计划生育联盟的律师凯瑟琳·科尔伯特的辩论主张是废除宾夕法尼亚州的堕胎限制，她采取了激进的策略，旨在迫使最高法院直接判决"罗伊案"，或者干脆推翻它。民意调查显示，大多数人支持女性拥有选择权。科尔伯特是在玩弄政治。假设最高法院推翻了"罗伊案"，支持堕胎者就打算将堕胎作为 1992 年美国总统大选的中心议题，以增加民主党人胜选的机会，他将任命自由派大法官。

大法官奥康纳对科尔伯特的要么全有、要么全无的论点感到厌烦，在问第一个问题时，她平淡的声音中流露出掩饰不住的烦躁。奥康纳说："科尔伯特女士，你在争论这个案子的时候，就好像我们面前所有的问题就是是否遵循判例，并在所有方面保留'罗伊诉韦德案'。不过，我们是因为本案某些特定的问题才同意调卷令申请的，你打算在你的争论中关注这些问题吗？"[74]

在这次会议上，首席大法官伦奎斯特清点出五票同意推翻"罗伊案"，并承担起撰写判决意见的工作。5 月下旬，伦奎斯特传阅一份多数派意见草稿时，哈里·布莱克门在页边空白处写道："哇！相当极端！"这位"罗伊诉韦德案"判决书的作者绝望地认为，他已经失去自己心爱的具有里程碑意义的判决。然而，仅几天后，也就是 5 月 29 日，他收到了大法官肯尼迪写给他的一封信，信的开头说："亲爱的哈里，我需要见你，只占用你一点儿空闲时间，我想告诉你'计划生育联盟诉凯西案'的一些进展，至少我所说的部分应该是你想听的消息。"[75]

这个"你想听的消息"是三位大法官（肯尼迪、苏特和奥康纳）正在秘密会面，以维护女性堕胎的权利。这三个人后来被称为"三驾马车"，他们正在拼凑一份联合意见，到时加上布莱克门和约翰·史蒂文斯支持堕胎的投票，将有效否决伦奎斯特推翻"罗伊诉韦德案"的努力。

苏特与奥康纳联手并不奇怪，作为约翰·马歇尔·哈伦三世大法官的信徒，苏特尊重判例，并对宪法中的隐私权持开放的观点。在会上，他和奥康纳的投票几乎一致。安东尼·肯尼迪是"三驾马车"中比较引人注目的一位。

在最高法院的前三年，肯尼迪由于经常与斯卡利亚投票一致（比率大约85%），以至于他的法律助理称他为"尼尼"，意为"小尼诺"。[76] 肯尼迪是罗马天主教徒，他能够包容广泛的争议和固定的规则。斯卡利亚是他在华盛顿近郊麦克莱恩的邻居，在绿树成荫的街道上散步时曾经向他献殷勤。[77] 但是斯卡利亚按捺不住的说教和指指点点，以及写一些恶语相加、人身攻击的异议，激怒了肯尼迪。到1992年，他站在斯卡利亚一边的次数少了很多，与他投票一致的比率大约60%。

肯尼迪的助理布拉德·贝伦森和迈克尔·多尔夫观察着他们的上司与奥康纳的关系。他们说，奥康纳与肯尼迪的关系并不亲密，或者说不是特别亲密，但是，至关重要的是，她并没有以高人一等的态度对待这位来自加利福尼亚州的大法官。肯尼迪彬彬有礼，具有绅士风度，但似乎缺乏安全感。[78]

奥康纳的法律公文写作风格几乎是故意写得枯燥乏味（她要求为她起草判决意见的助理们写得平淡一点儿），与奥康纳不同的是，肯尼迪喜欢华丽的辞藻，在"凯西案"中，他在着手准备"三驾马车"的联合意见中写道："自由派在怀疑的法律体系中找不到避难所。"奥康纳并没有挑剔肯尼迪花哨的辞藻，她明白，信奉天主教的肯尼迪需要一些勇气来支持堕胎权问题上的任何妥协或中间路线。此外，制定实际上"促进"了妊娠终止的基本规则，肯定会给肯尼迪招致诸多批评——不仅来自他的邻居斯卡利亚。苏特和奥康纳通过呼唤肯尼迪基本的正派和公正意识，说服他甘愿冒个人风险，改变在会议上的投票，使他从推翻"罗伊案"到维持它。

由苏特处理所谓的"遵循判例"，也就是到目前为止公认判例的重要性问题；奥康纳则解决判决意见中具体的细节问题，她去掉了布莱克门那摇摇欲坠的三个月妊娠期体系，并将她的"不当负担"测试观点牢牢地植入堕胎法律。它发出了这样的信号：各州对堕胎的任何限制仍然必须通过司法审查，以保障女性的选择权。她投票支持宾夕法尼亚州法律中的大部分内容，重要的是，废除了要求妻子在堕胎前正式通知丈夫的条款。总的来说，最高法院的意见明确捍卫了女性的自由。[79]

作为曾经的州法官和助理总检察长，奥康纳见过许多实施家庭暴力的丈夫。更宽泛地说，她关注的是女性的健康、安全和自主权，而布莱克门在"罗伊诉韦德案"中的观点聚焦于医学科学和医生。对于"凯西案"，有关堕胎的法律被打上奥康纳实用主义的印记——巧妙的写法，尽可能不着痕迹，却是来自女性的内心和经验。

第十二章
你能做一切

她在建立一种平衡的生活模式，为亲人腾出时间，
照顾好自己，体验户外生活，做一些锻炼，对更广泛的
文化感兴趣，享受热闹的晚宴派对和各种各样的朋友圈，
永远不忽视照顾别人。

第二位女性大法官露丝·巴德·金斯伯格终于在 1993 年 10 月加入最高法
院。她与奥康纳并不是亲密的朋友，但是露丝一直感激桑德拉在大大小小
的方面指点她如何在一个几乎两个世纪以来都是男性主宰的世界里航行。

桑德拉·戴·奥康纳是运动型的亚利桑那牧场女孩，而露丝·巴德·金斯伯格成长于布鲁克林，她身材瘦小，好像小鸟一样。20世纪90年代初，在一次欧洲司法之旅中，奥康纳每天上午一大早就下楼到会议大厅和与会者打招呼，金斯伯格则晚到大约半小时，也不会直视别人的眼睛。金斯伯格回忆说："我们的日程安排令人相当疲惫，桑德拉的动作非常快，对会议的东道主说了最亲切的话。"[1]

1993年，总统比尔·克林顿任命金斯伯格接替退休的拜伦·怀特，因此她成为最高法院的第二位女性大法官。奥康纳对此感到欣慰，也松了一口气，这不只是因为最高法院终于在法官席位后面的更衣室设置了一个女洗手间。"我如此高兴有了同伴，"奥康纳对美国广播公司通讯记者简·克劳福德·格林伯格说，"很快，媒体开始把我们当作可替代的大法官，而不再聚焦于唯一一位女性，这立刻产生了很大的不同。"[2]

金斯伯格后来成为流行文化中的女权主义偶像，但是她最初到最高法院就任时被视为渐进主义者，肯定比奥康纳激进，但是和奥康纳一样，她在自己的法学体系中谨慎而深思熟虑地前行。这两个女人并没有自然而然地成为伙伴，她们的关系并不是亲密无间的。金斯伯格回忆说，她们在最高法院共事的12年里，奥康纳从未到金斯伯格的办公室讨论过案件，金斯伯格也从未参加过奥康纳的早间健美操课。

接下来是金斯伯格的驾驶技术问题，桑德拉 10 岁开始驾驶拖拉机，金斯伯格直到中年搬到华盛顿后才学会开车。最高法院分配给她们的停车位相邻，奥康纳的朋友、亚利桑那州立大学法学院院长帕特里夏·怀特回忆说："桑德拉很生气，因为露丝·金斯伯格晚到并撞到她的车。"奥康纳办公室的"信使"和临时司机罗密欧·克鲁茨回忆说："在最高法院停车场，奥康纳的车被金斯伯格的车追尾两次。"当我问金斯伯格是否曾撞上奥康纳的车时，她举起双手回答道："哦，天哪！"她解释说："我的停车位在桑德拉和斯卡利亚的车位之间，我担心刮到斯卡利亚的车，结果就刮到了桑德拉的车。我上楼告诉她我做了件坏事，她说：'我昨天刚把车从汽车修理厂开回来。'"（罗密欧·克鲁兹在驾驶大法官奥康纳的汽车时发生了小事故。[3]）

撇开小事故不谈，当出现重大事项时，两位女士能互相帮助。1999 年，金斯伯格被诊断出患有癌症，奥康纳引导她顺利走出一个充满矛盾的医学观点和过分关心的祝福者的迷宫。金斯伯格听从了奥康纳的建议，在周五做化疗，这样在周一的口头辩论中能够避免恶心症状的影响。[4]

她们作为女性先驱而受到磨炼，因而联系在一起。20 世纪 50 年代，哈佛大学法学院有 500 名学生，其中有 9 名女生，金斯伯格就是其中之一。那些家伙给她起绰号叫"母狗"（金斯伯格说"叫母狗比老鼠强"）。两位女性都曾被男性律师事务所拒之门外，她们为女性的权利而战，尽管她们采用的方式不同。[5] 在最高法院，她们比其他大法官受到更多的死亡威胁（出于安全原因，奥康纳不参加选举投票，也从不透露她的家庭住址。她拒绝看电影《鹈鹕案卷》，因为它讲述了最高法院两名大法官的遇刺案）。[6]

在金斯伯格就任最高法院大法官的第一次会议后，首席大法官伦奎斯特指派她主笔一份棘手的判决意见时，她向奥康纳求助。金斯伯格回忆说："按照传统，新任大法官得到的通常是主笔一份简单的判决意见，然而我们的老首席大法官（她指的是伦奎斯特）分配给我一份关于《雇员退休收入保障法案》（ERISA）的判决意见（涉及保险法的高度技术性和疑难问题）。我找到桑德拉，说：'桑德拉，他本不该这样做。'"

奥康纳说："露丝，你现在就去做吧！去做吧！在他做下一个指派之前，将你撰写的意见传阅出去，这样你就能得到下一个任务。"金斯伯格回忆说："那就是她对待一切的方式，不管喜欢与否，尽管去做。"第二年，奥康纳和金斯伯格一直竞争成为第一个发表判决意见的大法官。

金斯伯格怀疑伦奎斯特在惩罚她，她后来回忆说："因为他认为我说得太多，他认为新晋升的大法官应该更低调些。"[7] 资深的大法官们在口头辩论中变得越来越安静，金斯伯格和斯卡利亚向律师们提出的问题越来越多、越来越尖锐。奥康纳从不羞于提问，但是她也感觉到资历浅的大法官垄断了口头辩论的时间。1993 年 11 月，奥康纳夫妇在最高法院举行了一场正式晚宴，欢迎金斯伯格夫妇（约翰开玩笑地邀请露丝·金斯伯格的丈夫马丁加入丹尼斯·撒切尔协会）。桑德拉在祝酒时说，最高法院正考虑一项堵住嘴的规定：每位大法官在每半个小时的口头辩论时间里只有三分钟的发言时间，以确保律师们至少还有三分钟时间陈述他们的案子。约翰·奥康纳在日记中写道："虽然这个概念表面上是个笑话，桑德拉却使它达到一个目的：让大法官们（尤其是斯卡利亚和金斯伯格）在提问时约束自己。桑德拉说，这确实成了一个严重的问题。当桑德拉讲完这一点时，露丝·金斯伯格（用一种可笑的方式）说，有位记者告诉她，尼诺·斯卡利亚比她多问了一个问题。"[8]

在最高法院，奥康纳与金斯伯格上演了一出姐妹戏，精神紧张的律师有时会混淆她们的名字，尽管她们看上去一点儿也不像。全美女性法官协会赠送给她们的 T 恤上分别写着"我是桑德拉，不是露丝"和"我是露丝，不是桑德拉"。[9] 在争取女性权利的道路上，奥康纳并不总是有金斯伯格那样激进的日程安排，但是她知道什么时候该让路。[10]1996年，最高法院同意审理一个挑战全体男性的弗吉尼亚军事学院的性别歧视案，在会议上，六名大法官最初投了反对票，资深大法官约翰·保罗·史蒂文斯拥有指派撰写多数派意见者的权力，他选定了桑德拉·戴·奥康纳。奥康纳大度、机敏地提出了不同意见，她说"这个案子应该由露丝撰写多数派意见"。她知道金斯伯格在推进反性别歧视法律的同时，若攻下最后的男性堡垒，她将会非常荣幸地为女性权利领域漫长的职业生涯画上圆满的句号。金斯伯格回忆道："当然，我为这件事感激她。"1996年6月26日，金斯伯格宣布了对"美国诉弗吉尼亚案"的判决结果，裁定政府机构对基于性别的歧视必须有一个"极具说服力的理由"，并援引奥康纳在"密西西比女子大学诉霍根案"中的判例——两位大法官会心一笑。[11]

大法官奥康纳频繁出差并在大量的活动中演讲，以至于大法官金斯伯格办公室的秘书们开玩笑说，必须有两个大法官奥康纳，一个是真的，另一个是替身来发表演讲。1997年10月，奥康纳实现了在美国联邦每个州演讲的目标（最后一个是西弗吉尼亚州），她的助理们为写出既鼓舞人心又令人愉快的演讲稿而挣扎——还不能引用他人的文章或泄露消息。1991年10月开庭期的助理斯图尔特·班纳（他也在"凯西案"中负责为奥康纳起草判决意见中的事实部分）说："我们成为撰写无聊演讲稿的专家。"

20世纪90年代，在不听审案件的时候，奥康纳不停走访全球各地——去印度等亚洲国家或地区、阿根廷、非洲、中东、澳大利亚和新西兰。特别是在90年代初，她去了东欧。她跨越时区的能力让人瞠目结舌。她确实喜欢重温过去待过的地方，每年花一两周的时间在铁泉——坐落在菲尼克斯北部的、稍微有点儿破旧的山间度假区。在那里她可以坐在门廊上闻闻松树的味道，或者仰望星空（在读简报的间隙）。她也能在那期间穿插出行，参加在伦敦举行的法律会议，然后飞往东京，再飞回来（每段航程在空中待 8 个小时，整整一个周末），为的是在一个女性会议上致辞。她在日记中写道："这可不具有令人愉快的前景，但我不能让那些期望见到我、正在试图在工作中获得更好的机会的日本女性失望。"[12]

作为一个仔细研究成摞的《国家地理》杂志的女性，当奥康纳还是一个小女孩的时候，出于对大自然的热爱，她就被异国情调和遥远的他乡所吸引。她总是挤出时间离开办公桌去户外，带着她那只有城市气息的年轻丈夫去内华达山脉骑马旅行，引领她的儿子们去印第安人的洞穴探险，无论她走到哪里，都要去钓鱼和观鸟。她具有强烈的好奇心，不断地向导游提问。但她对钓鱼和观鸟并不是很有耐心，她喜欢钓溪流鳟鱼或者观察虹彩吸蜜鹦鹉，但也不喜欢在这类事情上耽搁太久。而且，目的地再远，她也不嫌远。1992 年，她徒步穿越新西兰，还曾去卢旺达看大猩猩，途中还停下车来向卢旺达法官讲解法律原则。[13]

1994 年，当她得知那些与她打过交道的卢旺达法官在可怕的种族大屠杀中遇难时，她感受到在这个暴力混乱和枪杆子行使权力的世界里，法律制度是多么脆弱。她特别关注那些摆脱了多年暴政和威权政府的新兴国家建立健全的司法体系的过程。20 世纪 90 年代，她陆续去了波兰和匈牙利、罗马尼亚和保加利亚、捷克和斯洛伐克，还去了南斯拉夫正在交战的各共和国。

1989 年，随着柏林墙的倒塌和苏东剧变，当时的环境对有助于推广依法治国的律师和法官产生了巨大的需求。虽然前东方集团国家正在起草西方式宪法，但它们距离建立保障平等和个人权利的独立法律体系还有很长的路要走。中欧和东欧法律项目部（CEELI）负责人马克·埃利斯说："没有经验，没有历史，法官也不独立，他们要向党和政府报告。"法官们实行的是"电话审判"——他们会拿起电话询问他们的政治领导如何判决。

巧合的是，约翰·奥康纳在米勒和希瓦利埃律师事务所的前合伙人之一霍默·莫耶是美国律师协会国际部负责人。美国律师协会招募了数量惊人（共 5 000 人）的美国律师前往国外，花费数月时间开展公益工作，免费为大众服务，起草法律文件，培训法官。（"律师现在很无聊，我们真想去。"参与其中的玛丽·诺埃尔·佩皮斯说，她是堪萨斯州一名精通土地法的律师，那年冬天她去了保加利亚，要穿着大衣睡觉。）莫耶对大法官奥康纳很友善，邀请她加入中欧和东欧法律项目部理事会。

奥康纳立刻就成为美国的法治大使，莫耶说："她知道如何利用自己的名气，她会说'这真的很重要'，并且直视他们的眼睛。"中欧和东欧法律项目部负责人埃利斯在长达十多年的时间里，每年夏天都会花一周与奥康纳一起走遍整个东欧。埃利斯说："当她走进房间，必定引起人们的注意，就好像你把美国宪法复活了。如果她想指指点点，她无疑拥有巨大的力量。她甚至有点儿粗鲁，如果她认为到该走的时间了，那就该走了。她意识到，她懂得自己的地位意味着什么，这对她来说很自然，这是人们的反应。没有人考验过她，没有人事后评论过她，永远没有。"佩皮斯回忆起在保加利亚首都索非亚与大法官奥康纳及其他法官共进午餐的情景："午餐吃了一半，她问'现在是不是该走了'，我们都跳了起来，就像美国赫顿金融的广告。我们把这当作命令。"[14][①]

奥康纳之所以令人敬佩，部分原因在于她的衷心。"不是因为她的智慧，不是因为她读的书，她喜欢律师们的反馈。"佩皮斯说。1994年，在索非亚举行的一次招待会上，一位大学教授走到她面前，拿出一本磨损严重的美国宪法，说他读了 40 年了。奥康纳的手提包里总是

---

① 很难衡量大法官奥康纳和其他成员长期以来所起的作用，他们与根深蒂固的抵抗和破坏法治的势力斗争。约翰在记载 1993 年 11 月与阿根廷最高法院一位法官共进晚餐的日记中暗示她面对的是什么："不幸的是，自从我们在阿根廷以来占最高法院多数的庇隆派与激进派一直公开争吵和指责。激进派的法官从来不见桑德拉和安东尼·肯尼迪，我认为这是一种严重违反礼节的行为。"[15] 至于中欧和东欧法律项目部，奥康纳在 2002 年给一位朋友的信中写道："我想说，我们努力的结果喜忧参半。"[16]

装着一本美国宪法，她哽咽了，对老先生说："它将很好地帮助您，就像引导我们一样引导您。"[17]

奥康纳不是美国例外论者，也不是西方必胜主义者，尽管她对斯坦福大学的"西方文明"课程有着美好的记忆。她曾对一位助理说，她很钦佩罗纳德·里根总统，除了在 1984 年生气地观看他的《美国早晨》竞选广告的时候。她对这些不太爱动感情，驱动她的是一种强烈的公民责任感。假如奥康纳有一种至高无上的信仰的话，那就是服务社会的责任。她对此是坚定不移的信徒。她会试图引导她聪明的助理们远离舒适的学术道路，转而加入像美国司法部这样负责起诉案件的具有一线工作体验的部门。"做些事情！帮助别人！"是她发出的命令。20 世纪 90 年代，她成为一名全球社会活动家。在 20 世纪 90 年代结束时，她被邀请谈谈"新千年"，她说，就像 20 世纪以来美国一直在做消除女性和少数族裔所面临障碍的工作那样，21 世纪的工作将是打破一些美国与世界其他地区分隔的障碍。回到社区问题时，实用主义是一种理想主义。[18]

与闺密们一起旅行时，奥康纳可能非常直率。每年 7 月下旬，约翰和他在波希米亚俱乐部的伙伴们离开的时候，十几位女性朋友就会与奥康纳相聚，卡罗尔·比亚吉奥蒂就是其中之一。这些女性称她们自己为"流动派对团队"——1991 年在爱达荷州一家低级酒吧与一些热情的牛仔跳舞后取的名字。比亚吉奥蒂回忆起带奥康纳去意大利佛罗伦萨的一家工人阶级小酒吧的情形，她们走进这家酒吧后，比亚吉奥蒂说："这是一家共产主义酒吧。""这是一家共产主义酒吧吗？"奥康纳嚷道，所有的老主顾都转过身来看着她。在前往华盛顿的途中，比亚吉奥蒂来到位于切维蔡斯俱乐部的牛津街的奥康纳家。当时奥康纳正与一群阿根廷法官讨论问题，她中断了谈话，问比亚吉奥蒂，她的家具布置有什么不当。很快，奥康纳下达命令改变布局，这些阿根廷法官将沙发和椅子推来推去变换位置，奥康纳则发出更多的指令。[19]

无论是在国内还是国外，奥康纳的任性可能都会变得可笑得过头。

20世纪90年代中期，在一年一度的"罗伊诉韦德案"的周年纪念日的大规模抗议活动期间，奥康纳决定去购物。她的司机罗密欧·克鲁兹回忆说："当我们回来的时候，有一大群人在那里，我们无法通过。她下了车，截住了人流，这样我得以通过。我真是难以想象，大法官居然管理起交通了！"[20] 这不是大法官唯一一次扮演交通警察，在马里兰州贝塞斯达度假时，当汽车和行人在靠近巴诺书店和地标电影院的十字路口挤作一团时，奥康纳走到马路中间，开始向一脸惊讶的驾驶员下达命令。

通过这样的逸事，把奥康纳描绘成专横的、鲁莽的女士既简单又有趣。有一次她甚至告诉一个助理应该要几个孩子。但是，作为最高法院的大法官，1990年，年满60岁的桑德拉·奥康纳进入了她漫长的职业生涯的中游阶段。她是个难以捉摸的人，不但擅长迂回攻击，而且具有正面攻击的能力。她不是严格执行纪律的人，的确，随着时间的推移，她松弛下来，她的朋友安·胡普斯说："她刚来华盛顿的时候非常刻板，异常小心，但现在她变得更开放、更自在，她会在晚餐会上争论。"[21] 她仍然决心掌控局面：她知道什么时候该放松警惕、什么时候该捍卫阵地，必要时就果断出击，通常带有一种坚忍的风度。

虽然奥康纳曾告诉一位朋友，被任命为最高法院大法官就"像被闪电击中一样"，但是她的成功绝非偶然：她将精明的政治技巧、严守的正直和敏锐的直觉精妙地结合在一起。她很细心，也很善于与人打交道，"她对任何事都手到擒来"，约翰·麦康伯说道。麦康伯1989年来到华盛顿，为老布什总统管理美国进出口银行，经常与奥康纳夫妇一起出席社交活动。"她可以本能地觉察到人们对什么感兴趣，以及他们对什么敏感"，麦康伯回忆起奥康纳主持一场业余"娱乐"活动时的情景，在那次活动中，很明显一位艺人开始失声。"奥康纳留出足够的时间让那个人唱，但又不会唱得太长。"麦康伯回忆道。

在一个仍然由男性主宰的世界里，桑德拉"更偏爱男性，她对待男性的方式不同"，麦康伯说。在华盛顿，就像在菲尼克斯一样，她设法做到这一点，而且避免冒犯他们的妻子。"她有点儿像在调情，使用一些女性的小动作，比如身体语言，歪着头看着你不断地眨眼睛，说'就现在，约翰，你真的那么认为吗'，我说'是的，我真的这么认为'，然后她说'让我们想想……'然后，她会把手放在你的胳膊上，撩拨你一下。"[22]

同时，奥康纳是一个细心的、忠诚的女性朋友。1991 年，在朱迪·霍普和托尼·霍普（喜剧演员鲍勃的儿子）离婚时，奥康纳"没有说她为我感到难过，但是在此后半年里，她每周都给我打电话，说'我们去看电影吧'，从来没有间断过。'你必须狠下心来'，是的，'我们不要哭泣，我们要行动'"。奥康纳还对霍普说："感谢上帝，约翰不是畏惧聪明女人的人。"[23]

奥康纳有时候被描绘成乡村俱乐部的主妇，她的政治就像老式乡村俱乐部的共和制。事实上，她确实住在切维蔡斯俱乐部的街对面，并且经常去那里，白天打高尔夫球和网球，晚上吃饭和跳舞。她的许多朋友都是这个俱乐部及其他豪华俱乐部的会员，但她简直不像是一个坚守美国价值观的白人精英——精明势利，而像是华盛顿的"穴居人"。她与各种各样的人相处得都很融洽，并且能寻求多种体验。她喜欢派对游戏，一次在菲尼克斯举办的参加者全是女性的晚宴上，女主人问她："如果你能在身上任选一个地方文身的话，你会文什么？你会在什么位置文？"她回答说："很简单，在我左臀上文个'Lazy B'（雷兹彼）。"

奥康纳那几个切维蔡斯俱乐部的朋友对她与一些朋友一起去位于市中心的高档酒店过夜嗤之以鼻，她们认为这是一些向上流社会爬的女人（当这些女人喝香槟、吃早午餐时，奥康纳离开，去施食处工作，就像往常周日早上常做的那样）。[24]她有时会去迈尔·费尔德曼的遗孀阿德里安娜·阿尔什特家过夜。费尔德曼曾在肯尼迪政府担任白宫法律顾问，阿尔什特继承了一家位于迈阿密的银行，她亲自打理，并且她的活动圈子比奥康纳交往的切维蔡斯俱乐部的那伙人更广。阿尔什特说："我和奥康纳的那些女性朋友不同，她想要新的体验，我可以给她。"

阿尔什特带奥康纳前往纽约，去了美国芭蕾舞剧院后台，并与杰奎琳·肯尼迪·奥纳西斯共进午餐。"奥康纳很好奇，她想去看看，去拜访，我想是我介绍奥康纳认识了她的朋友中第一个公开的女同性恋。"迈阿密大学法学院副院长拉克尔·马塔斯回忆说，奥康纳很有"礼貌"，但不是很好奇（极有可能是奥康纳那时已经和许多公开的女同性恋接触过），奥康纳的好奇心并不是无限的。阿尔什特说："她听说百老汇上演《摩门经》，跟我说她想去看看。她说，'我可能是唯一一读过《摩门经》的人'。我告诉她，节目中的一首歌是'（咒骂）上帝'。她说，'哦，那我不想看到那个'。"[25]

阿尔什特带奥康纳去纽约服装设计师乔西·纳托瑞那里买了件新法袍（奥康纳一直穿着一件不到 50 美元就能买到的小号男士法袍）。当奥康纳为她的黑色长袍看上去太朴素而烦恼时，阿尔什特将自己母亲留给她的白色花边领饰送给了奥康纳，还有法国律师佩戴的那种颈部围巾装饰（阿尔什特的母亲罗克珊娜·坎农·阿尔什特是特拉华州第一位女法官。此后，奥康纳陆续收集了更多的白色领带）。阿尔什特说"我试图将她打扮一番"，但是奥康纳喜欢去成衣女装品牌 Chico's 买衣服，那里的衣服售价适中，并且穿着不会起皱，容易打理。奥康纳并不像她母亲那样有时尚感，她母亲即使在牧场搜寻箭头时也会穿正装鞋子。奥康纳经常在公共场合露面，经常参加宴会，因此她要穿着得体，只不过不想为此花费太多。她的朋友卡罗尔·比亚吉奥蒂回忆说，购物时，她的眼光不错，但她"对大品牌的名字完全没兴趣或者不知道"。她喜欢绿松石印度珠宝，选择的颜色常让人联想到亚利桑那州的日落。[26]据约翰的日记记载，桑德拉在纽约买了几件打了大折扣的名牌服装，有一次她花了 700 美元买了一件原价超过 2 000 美元的衣服。[27]在她办公室的衣柜里放着一个吹风机，她对芭芭拉·伦弗鲁说:"这样我能看上去像个女孩。"[28] 约翰在日记中写道,周日早上,她不去教堂时会去打理头发,让她的金发更有光泽。

她想为那些近距离学习她的助理树立一个榜样。西尔维娅·斯特莱基斯(1997 年 10 月开庭期的助理)回忆说:"她很时髦,但不太正式。她戴纽扣式耳环,黑色点缀着金色镶边。她穿平底鞋,不穿高跟鞋,穿时尚的商务套装和连衣裙。她的夹克衫质地柔软,剪裁考究。她经常穿一件色彩鲜艳的衬衫,打一个花式蝴蝶结。她不穿黑色为主的服装,也敢挑战粉红色。"20 世纪 90 年代中期,奥康纳的腰围变粗了,但是她通过举重来增强肌肉并使其匀称(也能缓解她肩膀上因滑雪留下的旧伤)。她告诉斯特莱基斯:"我现在处在一生中最好的状态。"[29]

奥康纳很在意保持自己的美貌,甚至选择了医美手术去除眼袋。她告诉朋友琳达·韦伯斯特:"你应该注射肉毒杆菌毒素,我在用。"奥康纳 85 岁时,菲尼克斯的奥康纳研究所所长对她的眼线大加赞赏。奥康纳说:"当我用眼睛看人的时候,我想让它保持清晰。"[30]

在大法官办公室,助理们对奥康纳严厉和苛刻的态度不屑一顾。他们习惯于父母和老师们热情洋溢的赞美,如今不得不去适应一个在牧场长大的上司。在牧场,牧场主的赞美通常是断断续续的——"那样就好,好吧"。20 世纪 80 年代末,助理们用胶带将大法官奥康纳手掌的复印件粘在墙上,下面还有一句话"如果你想得到鼓励,就靠在这里"。

奥康纳并不在意这个玩笑,她也参与其中,让助理们复印她的手。1990 年 10 月开庭期,助理凯文·凯利写了一份很好的判决意见草稿,奥康纳读后出现在助理们的办公室,说"凯文,站起来",她拉着他走过去,推他背靠那面贴着复印件的墙。[31]

助理们传言称,奥康纳因与癌症作斗争而变得"温和"且"心软"。的确,她开始更关注助理们的工作负担重不重,至少比此前稍微关心些。当西尔维娅·斯特莱基斯不得不通宵追踪一起死刑案件时,奥康纳在她的办公室放了枕头和毯子，并让她把沙发当床休息，但是工作仍然需要完成。奥康纳把年度第一份判决意见的起草任务分配给了丁赫（1994年10月开庭期的助理），他试着解释说他已经预约了拔除智齿。大法官问："这是择期手术吗？"她继续扮演老母亲的角色，为忘记注射流感疫苗而染上流感的助理而悲伤。她有时会命令一个助理停止嚼口香糖。（这位助理请她给予处罚，她回答："不，处罚是一个令人厌恶的习惯。"）当布莱恩·霍夫施塔（1996年10月开庭期的助理）从一串葡萄上摘下一颗时，她纠正他，要他把整根茎折断。马特·斯托（1997年10月开庭期的助理）因担心自己的举止而购买了一本关于礼仪的书，该书的作者是肯尼迪总统的白宫社交秘书莱蒂茨亚·鲍尔德里奇，发现他桌上那本书后，奥康纳说："哦，蒂什，她很棒。"

她仍然是婚姻和家庭的拥护者，而且哪怕只有偶尔成功，她仍是一个不知疲倦的媒人。尽管如此，奥康纳还是愿意与时俱进的。当她的前助理朱莉·奥沙利文有了孩子，奥康纳走进助理办公室，说："她还没有结婚，但这是她当下的一种选择。"西尔维娅·斯特莱基斯注意到，奥康纳正在用"她的那双鹰眼"看着她。"我30多岁时离婚了，奥康纳一直说，你可以离婚，但仍然要有一个家庭。"斯特莱基斯说。[32]

助理们明白，他们在奥康纳办公室接受了超出法律范围的训练。"她实际上是在建立一种平衡的生活模式，"丽莎·克恩·格里芬（1997年10月开庭期的助理）说，"为你的亲人腾出时间，照顾好你自己，体验户外生活，做一些锻炼，对更广泛的文化感兴趣，享受热闹的晚宴派对和各种各样的朋友圈，永远不要忽视照顾别人，这真是很不寻常。我们得到的不仅是法律上的引导，还有生活上的言传身教。"奥康纳的"你能做一切"的信念鞭策着女助理中一些不善于交际的人。格里芬说："她精力充沛，与众不同。我们会想，嗯，这对你也很有效。"

助理们在奥康纳的身边时，会受到她的绝对关注。他们注意到，当奥康纳专注于一件事时，她的身体会不自然地静止不动，不会打手势或者动一动，或者坐立不安，她的眼睛会盯住某个位置。格里芬注意到，奥康纳"在没有合适的词来表达之前，会留心观察。奥康纳与你在一起时完全投入，我们都会认为自己是她喜爱的助理，她很认真地对待我们每一个人，虽然这似乎是不可能的"。[33]

助理们也许忽视了奥康纳隐藏得很深的脆弱。1985 年任职的助理朱莉·奥沙利文认为自己没能赢得奥康纳的信任，但是在她进入一家实力雄厚的律师事务所工作后，两个女人的关系变得亲密。奥沙利文后来在乔治敦大学法学院任教，一路走来，她成为一位单亲妈妈。20 世纪 90 年代，在一次助理们的重聚中，奥沙利文能看出，由于参加者寥寥无几，奥康纳很难过，为此奥沙利文邀请一帮以前的助理到自己家与奥康纳进行了一次更随意的聚会。奥康纳对奥沙利文说"你是唯一曾邀请我到家里开派对的助理"，奥沙利文被这位隐藏在精致外表下的朴实女性迷住了。"她身体里面有个有点儿坏的女孩，"奥沙利文说，"我曾见过她做墨西哥式辣汁，还会喝上一两杯特大号玻璃杯装的葡萄酒。她可能很有趣，还有点儿顽皮，那些东西就藏在外表下。"[34]

在最高法院最初的几年里，奥康纳一直对助理们的关系网络持谨慎态度。在大法官们的法律助理构建的关系网络中，有许多人曾在耶鲁、哈佛或斯坦福的《法律评论》任职，不同大法官办公室的助理之间会闲聊，会分享笔记，有时会炮制多数派意见，有时会煽动恶作剧，这取决于参与此事的助理的技巧、意识形态和自我意识。奥康纳警告她的助理，不要夸大自己的角色，不要在未经她允许的情况下与其他大法官办公室的助理沟通。

但是随着她的自信心增强，以及在最高法院大法官阵容中关键角色的巩固，奥康纳能更顺畅地融入助理们的关系网络。正如她在 2017年直率地向我解释的那样："我想知道将要发生什么。"[35] 沃恩·邓尼根（1992 年 10 月开庭期的助理）说："助理们很自命不凡，我们喜欢想象自己的游说和牢骚是多么重要。事实上，我们提供给上司的信息才是最重要的。大法官奥康纳想知道若我们这么做会怎么样，或那么做又会怎么样。她对此很谨慎，我们从来没有被派去做间谍。"

凯特·亚当斯（1993年10月开庭期的助理）同意上述说法，"她永远不会说去看看人们在做什么，但是存在势均力敌或者有争议的地方，我们这些助理就会到别的大法官办公室，想看看他们在哪些地方着手会有利于这些问题的解决。我们感觉我们的工作是从头捋到尾，这可能意味着达到最终目标需要说些什么。大法官布伦南会告诉他的助理们：'自己找去吧！'大法官奥康纳则巧妙地处理了这件事"。

像布伦南，不像史蒂文斯那样的独行侠或者斯卡利亚那样的绝对主义者，奥康纳不管怎样都要尽其所能地拼凑多数派。她没有布伦南那么多的权宜之计，更倾向于走自己的路。她分别写信，为的是缩小或限制最高法院的裁决范围。但是，如果她能在自己关心的问题上拼凑出五票，她愿意妥协。亚当斯说："当开始思考最高法院每个法官的动态时，奥康纳是一个精明的人。"她知道哪些大法官可以被劝诱（大法官肯尼迪），哪些人不值得一试（大法官托马斯）。

当奥康纳和她的助理们拼凑成了一份旨在"开庭"的意见——赢得了成为多数派的五票，最终的结果看起来像是东拼西凑，不是那么高雅，但实用。她聪明地删除了助理们的一些措辞，尤其是当这些措辞是针对另一位大法官的工作时。"我们是不是有点儿无礼？"她对丁赫说，因为她非常擅长用她的红铅笔。格里芬说，奥康纳"并不担心《纽约时报》会引用她的话，她说，通过他们刊登的照片就能辨别出《纽约时报》对她的判决意见的感觉——皱眉和阴沉对微笑和迷人"。

对一些助理来说，她有点儿高深莫测。马克·佩里（1993年10月开庭期的助理）回忆起她在做口头辩论时的情景：在用一两个问题投石问路后，"她会休息一下，以平静、放松、微笑和全神贯注的神态聆听"。佩里观察到："她会静止不动，找到一个轻松的姿势待在那里，没有前后左右的晃动，她很长时间都没有动。"[36]

奥康纳不喜欢律师广告，她认为律师协会应该致力于维护律师行业的文明。伊丽莎白·厄尔·贝斯克（1994 年 10 月开庭期的助理）说，"追逐救护车"指律师们寻找受害者以便在诉讼中代理他们的案件的做法，为的是高额的胜诉酬金（一般能达到赔偿金或者和解金的 1/3），这令奥康纳厌恶。在佛罗里达州，律师协会出台了一项规定，律师在事故发生 30 天后才能向潜在客户发送直接的广告邮件请求委托。一些原告律师提起诉讼，声称这侵犯了他们的言论自由权。

1995 年 1 月 11 日，针对该案在最高法院法庭上展开辩论时，奥康纳用尖锐的问题痛击原告律师的代理律师，代理律师挣扎着回答，无意中称她为"大法官康纳"。"是奥康纳！"她纠正他，那口吻是她留给那些"没有吸引力"的人的。在评议会上，奥康纳站在律师协会一边，属于少数派。大法官肯尼迪被指派撰写多数派意见，奥康纳则传阅了一份异议意见书，说服最高法院新晋大法官斯蒂芬·布雷耶改变他的投票立场。"她的基本论点是：'你知道这些家伙（原告们的律师事务所对此趋之若鹜，详见信中附件）是令人讨厌的人（这是助理们的用语，奥康纳可能会用一个更精炼的术语），而它（指禁止招揽客户的规定）仅仅限制 30 天。'"奥康纳的异议变成了多数派意见。在赢得了布雷耶的一票后，奥康纳回到自己的办公室，她走进助理们的房间，拥抱了为她起草异议意见书的伊丽莎白·厄尔·贝斯克。"她简直可以说是把我提了起来，并抱着我转了一圈。"贝斯克回忆道。[37]

那一年早些时候，斯蒂芬·布雷耶接替了已经退休的奥康纳的老对手哈里·布莱克门。约翰在日记中写道："桑德拉认为，斯蒂芬是聪明且完美的选择。"[38] 布雷耶自刘易斯·鲍威尔之后很快成为奥康纳在最高法院最好的朋友，他曾在斯坦福大学和牛津大学接受教育，与一位英国子爵的女儿成婚。人们说他长得像一位心不在焉的教授，也有人说他的身形像动画情景喜剧《辛普森一家》中邪恶的伯恩斯先生，但是他很平易近人，乐于与其他法官的助理就一块比萨的问题辩论。[39]

约翰写道："斯蒂芬聪明、乐观、机智，但是人们从来不会认为他是像尼诺或安东尼那样'好相处的人'。乔安娜（布雷耶的妻子）很聪明，小巧玲珑且与众不同，绝非一个乖乖的大女孩。"[40][①]

奥康纳和布雷耶分享一种强烈的公民意识。布雷耶的重心更"偏向左边"，作为旧金山最好的公立学校洛威尔高中的毕业生，以及参议院司法委员会主席爱德华·肯尼迪的前雇员，他比奥康纳更相信政府的效力。[42]"他喜欢法国行政法院——非常专业的官僚机构。"奥康纳的助理凯特·亚当斯说。布雷耶在美国联邦上诉法院时，亚当斯曾是他的助理。亚当斯接着说："布雷耶认为你应该让机构正常运转。"但是布雷耶在思想上并非教条主义，他总是渴望以一种热情且友好的方式与他人辩论。[43]

布雷耶开始出现在奥康纳的办公室，他回忆起他们不同寻常（作为最高法院大法官）的友好情谊时说："我喜欢交谈，她也喜欢。"[44]对布雷耶在法官席上提一些冗长的、令人费解的问题这一偏好，奥康纳只是开一些温和的玩笑，她乐于接受布雷耶的忠告。布雷耶是一个有自我意识的知识分子，这一点并没有困扰奥康纳。的确，尽管她有时嘲笑理论界人士，但她对各种各样的想法充满好奇，并且完全有能力对灵性、宗教和税法等各种复杂的主题进行深入的智力探索和解读。[45]

奥康纳以与每位大法官和睦相处为己任，但斯卡利亚不断考验她的忍耐力。当奥康纳站在联邦政府一边保护濒危物种栖息地时，斯卡利亚开始畏缩了。法庭应该担心排干蚝蝓嬉戏的池塘中的水会伤害它们的感情吗？斯卡利亚在一旁冷笑。[46]"哦，尼诺！"当奥康纳读到他的异议意见书时叹息道。[47]在会议上，斯卡利亚患上了"班上最聪明的孩子综合征"，私下也很粗鲁。满脸惊愕的奥康纳告诉她的助理：

---

① 在相当罕见的社交场合，当大法官们就实质问题发表意见时，他们的配偶通常会保持沉默，但也不总是这样。在桑德拉·奥康纳和辛西娅·赫尔姆斯打桥牌期间，布雷耶滔滔不绝地谈论种族问题时，乔安娜插话说："你对种族问题一无所知。"[41]

"他刚刚挂了我的电话！"这位助理当时正坐在奥康纳办公桌的对面。

大法官金斯伯格警觉地观察斯卡利亚的愤怒，金斯伯格与斯卡利亚关系密切——他们都喜爱歌剧，经常带着配偶一起聚餐。金斯伯格回忆说："我告诉他，他正在失去朋友，屏蔽同事的方式不是影响他人的好办法。"金斯伯格还回忆道："这样做并没有任何效果。奥康纳在我面前只字不提斯卡利亚，表面上，她对他不理睬，她肯定没有试图以同样的方式回应他。"[48]

远离最高法院，这是奥康纳在球场上的真情表露。每周日，神经科医生比尔·莱希都会与斯卡利亚打网球，约翰·奥康纳邀请他们打双打——斯卡利亚和莱希对阵奥康纳夫妇。莱希回忆说："那是我曾度过的最不舒服的时刻，两位大法官相互不喜欢，斯卡利亚发球并一发制胜，奥康纳也用相同的方式对待他。比赛一开始就极其紧张，她打得更好。当比赛结束时，斯卡利亚说，'我们再也不打双打了'。"

斯卡利亚的遗孀莫琳·斯卡利亚坚持认为，斯卡利亚与奥康纳之间的关系"不那么亲密，但总是彬彬有礼"。她补充说："如果说打双打是约翰的主意的话，那么他对尼诺的了解就不太透彻。"

虽然莫琳·斯卡利亚不是律师（她遇见尼诺时，是拉德克利夫学院的学生，而尼诺当时就读于哈佛大学法学院），但是她像律师一样敏锐地洞察到她的丈夫与桑德拉·奥康纳之间深刻的哲学分歧。除了有竞争关系，奥康纳和斯卡利亚之间的与众不同之处超越了单纯的性情，他们的分歧体现在最高法院大法官角色的典型本质上。莫琳说，她的丈夫认为奥康纳不像布雷耶和金斯伯格，她"对法律本身不太热心"。斯卡利亚把奥康纳视为关注实际、关注具体结果胜过塑造广泛法律原则的人。一个愿意适应或塑造法律以实现结果的法官被称为"结果导向型法官"，它在法律纯粹主义者眼中是一个贬义词。莫琳·斯卡利亚指出："在斯卡利亚家族，你能说的最糟糕的事情就是'结果导向'。"[49]

斯卡利亚与奥康纳采用的判断方法根本不同，斯卡利亚信奉规则和固定原则，奥康纳则偏向于制定更灵活的标准以适应事实和变化的环境。斯卡利亚的世界由绝对化的"你不应该"统治，奥康纳则更倾向于三部分测试：如果这个条件被满足了，或者那个情况出现了，或者这件事发生了，理性的人会产生怎样的感觉或如何行动？背景和环境不仅重要，有时甚至是决定性的。

奥康纳决心在最高法院保持礼节，她有能力维持大法官之间的和睦，一定程度上依靠的是坚持让他们共进午餐。大法官托马斯回忆说："她会让你去吃午餐，她是对的，她就是黏合剂！这个地方有礼貌存在是因为有桑德拉·戴·奥康纳。"奥康纳 1981 年加入最高法院时，很少有大法官聚在一起吃午餐，他们会在主餐厅外一个更小、更私密的房间用餐。但到 20 世纪 90 年代中期，经过奥康纳多年的敦促，八名或全部九名大法官每顿午餐都会聚在一起。他们走进更大的正式餐厅吃三明治。托马斯说："这里不讨论法庭事务，我们会谈论莎士比亚是否写了全部剧本，谈论电影（斯卡利亚喜欢电影）或者讲故事，这里充满了乐趣。"

威廉·伦奎斯特坐在餐桌主座，奥康纳通常坐在他旁边。托马斯是一个笑声爽朗且情感充沛的热情的人，他观察着奥康纳与首席大法官之间的互动。"午餐结束时，首席大法官会吃苹果、喝一杯牛奶，而我们会讲笑话。他逗她笑，而她会教训他，是的，'我知道你是首席，但是……'轮到她时，在这群人中他与她之间更平等些，因为他们首先是朋友。"

"他爱她，尊重她。"托马斯说。"你有爱、尊重和情感在其中。这部分从未被描述过。"托马斯在 2018 年对我讲述道。

一天午餐后，奥康纳抱怨说，大法官在提出一些异议时使用了过激的言语，损害了最高法院的公共地位。托马斯有点儿内疚地说："我记得我请求她原谅，并说'我也提出了很多异议，我很抱歉'。她以她特有的表情看着我，说'但是你从来不刻薄'。"（显然她指的是托马斯那位尖刻的右翼搭档斯卡利亚。）

第十二章　你能做一切

1999 年，托马斯和妻子金妮去菲尼克斯购买一辆定制的房车（夏季开着它在全国各地旅行），他们住在奥康纳家。"我们去汽车之家看车，奥康纳对房车一窍不通，但这是一次大胆的开拓。她为我播放了一部露西尔·鲍尔主演的电影《蜜月花车》（1953 年拍摄的喜剧片，讲的是露西尔和戴斯在他们的新房车里的故事）。"托马斯回想起来依然咯咯地笑。[50]

最高法院里的人际关系——随着时间的推移而形成的温暖纽带——是必不可少的，托马斯说："最高法院变成了一个小家庭，它可能在某些方面失调，但是它仍然是一个家庭。"可是，对法律的不同处理方式仍然存在，并且在法律与社会之间，这个模糊的领域存在无法弥合的鸿沟，反向歧视就是一例。

20 世纪 90 年代中期大体上是美国社会繁荣进步的时代，计算机的出现和互联网时代的到来催生出蓬勃发展的科技行业，并带动了社会经济的其他领域，生产效率得以提升，促使许多行业（并不是全部）水涨船高。

在繁荣时期，旧有的差距仍然存在，种族分裂的创伤持续存在，平权运动赋予美国中产阶级黑人一个推动力，开辟了他们在军队、大学、公司和许多工作岗位的晋升渠道。从警察到建筑承包商，遍及联邦、州和地方政府的各个领域。但是，学校竞赛的测试成绩仍然存在差距，城市内的生活也几乎没有改善，假如这种改善真的会发生的话。20 世纪 80 年代，可卡因的危害有所减轻，但监狱里到处都是年轻的黑人男子，他们中的许多人因轻微的毒品犯罪而被判处长期徒刑。种族矛盾偶尔也会爆发，1992 年洛杉矶发生的罗德尼·金事件就是以这种致命的方式爆发的。

在最高法院，大法官们继续奋斗去寻找促进非洲裔美国人及历史上被边缘化的群体进步的工具，并不与写进美国宪法的平等保护条款冲突。如果说这些争论显示出技术性和狭隘，那是因为最高法院正试图找到巧妙处理社会问题的方法。这里没有全面解决和"是"与"否"的答案，还要争取时间来推动其他民主制度全力对付这些问题。

在种族问题上，最高法院在1954年"布朗诉教育委员会案"中做出令人信服的判决后，又陷入了挣扎和踌躇。是的，学校必须废除种族隔离，但是要怎么做？要多快？要通过校车长途接送学生吗？要将黑人城市学校与白人郊区学校合并吗？伯格法院给出的是不确定的、混乱的答案。[51]平权运动导致最高法院陷入了一个问题爆发越发密集的复杂境地，大法官们以各种不同的方式回击这些问题，但还没有完全令人满意的答案。

斯卡利亚与奥康纳之间长期存在的争斗，以及他们因判决案件引发的基本方法之争，在最高法院再次面临的有关种族偏好的几乎难以解决的公平问题上凸显出来。1990年，就在大法官布伦南退休前，确切地说，他踢出临门一脚，支持沃伦法院的自由派，以一票成就了多数派，支持联邦预留份额规则——在正常的竞标程序外预留的那些政府合同——为少数族裔的公司争取联邦广播牌照。为此，白人拥有的大都市广播公司提起诉讼，称美国联邦通信委员会（FCC）交予彩虹广播公司牌照后存在反向歧视，彩虹广播公司90%的所有权归西班牙语裔。国会为少数族裔预留份额的理由——鼓励在公共波段广播上的多样性——得到了最高法院的支持，赢得了布伦南、马歇尔、史蒂文斯、布莱克门和怀特的赞成票，这个决定有利于平权运动。

五年过去了，随着布伦南、马歇尔、布莱克门和怀特的离开，奥康纳领导的5比4的多数派推翻了"大都市广播公司诉联邦通信委员会案"，并停止在联邦合同中使用种族偏好。在"阿达兰德建筑承包商公司诉佩纳案"中，一家护栏建筑公司对美国运输部一项有利于将分包合同给予少数族裔所持有的公司的计划提出疑问。在平权运动的案件中，这个问题再次成为大法官们审查的标准。奥康纳写道，联邦法院应该对存在种族歧视的联邦项目适用"严格审查"标准，就像她在"里士满市诉J.A.克罗森案"中对有利于少数族裔承包商的州和地方平权运动项目所规定的那样。

但是，与她之前面对的平权运动和堕胎案件一样，奥康纳回避给出明确的答案。"严格审查"并不像俗话所说的那样——"在事实上致命"。奥康纳的多数派意见保留了一种可能性，即联邦政府可以设计能够通过宪法审查的少数族裔预留条款，因为这些条款（可争辩）是"狭窄定制"，旨在纠正过去的歧视，或者以限定时间的方式鼓励多样性。

作为一项实践事务，奥康纳对此敞开大门，不是半敞开，几乎是全开。斯卡利亚自然是怒不可遏，他想要的明确路线是对种族偏好说"不"。他写道，如果不这样做，"就会为将来的伤害保留产生种族奴役、种族特权和种族仇恨的思维方式"。

克林顿政府成立了一个委员会，根据最高法院在"阿达兰德案"对种族偏好的裁决重新设计了"预留份额项目"，然而在实践中几乎没有什么改变，联邦政府照例继续将合同给予被推荐的少数族裔持有的公司。白宫的法律顾问沃尔特·德林杰管理着"阿达兰德案"后的委员会，他说，大法官奥康纳无疑会意识到，在"阿达兰德案"之后，平权运动如果几乎像以前一样继续。奥康纳明显对平权运动的公平性和有效性持怀疑态度，但是她显然相信，只要政治体系和商界大体上愿意，社会实践就应该继续下去。"她是个实用主义者。"德林杰赞许地说。[52]

种族问题会引发带有感情色彩的争论，还会造成挥之不去的阴影。奥康纳到底相信什么？当她触及"不公正地划分选区"这个由来已久的问题时，种族问题再次出现：宪法是否允许操纵选区的边界以有利于某个阶层、政党或种族。她的儿子斯科特回忆说，作为曾经的州议员，奥康纳一直"吃惊地"看着她的同事为了保住自己的席位在某种程度上划定选区边界。种族问题又增加了另一个复杂的维度。[53]"在依据种族因素划分选区的问题上，我一直不明白她把线画在哪里。"西蒙·斯蒂尔（1995 年开庭期的助理）说，他曾与奥康纳就一个投票权案件一起工作。奥康纳试图形成一种压倒性理论来决定州议员何时可以利用种族因素创建国会选区，但以失败告终。

利用人口普查数据，有可能划定一个国会选区的边界，几乎可以肯定地确保有足够的黑人选民选举出一名黑人国会众议员，因为投票通常遵循种族模式。两年前，在"肖诉雷诺案"中，奥康纳为 5 比 4 的多数派撰写判决意见，裁定北卡罗来纳州试图保证第 12 国会选区能够选出一名黑人众议员的做法走得太远。这个选区的地域形状很奇怪，边界沿着 85 号州际公路蜿蜒而下，部分是基于审美的考虑，这似乎激怒了奥康纳。奥康纳的助理肖恩·加拉格尔说："这很不适宜，这是奥康纳对这种状况使用的语言。""很不适宜"与"毫无吸引力"是一对堂兄弟，与其说这是一种原理的阐述，不如说是一种本能的反应，就像大法官波特·斯图尔特界定"淫秽"时的名言："当我看到它时，我就知道了。"

在最高法院面临的重大问题上——堕胎、种族、同性恋权利，助理们很少（如果有的话）知道奥康纳的真实想法，她没有告诉他们。斯蒂尔说："她的脸上毫无表情。"尽管她必须尽力在这些困难的案件中表现出果断，但她有时还是拿不准。虽然不太确定，但她认为明智的做法是彻底离开，让社会辩论显露出来。[54]

1991 年，首席大法官伦奎斯特的夫人南在与卵巢癌长期斗争后去世，奥康纳伤心地哭泣，她也担心首席大法官，因为他开始独自一人去看电影。为寻找一种更具社交性的方式款待她的老朋友，奥康纳想到了华盛顿阿利比俱乐部的楼上，几年前，约翰·奥康纳极其自豪地加入了这个小的兄弟圈俱乐部。桑德拉告诉西尔维娅·布莱克："威廉谁都不认识。"西尔维娅的丈夫罗伯特·布莱克大使是阿利比俱乐部的长期会员。奥康纳提议每月在阿利比俱乐部举行一次五组人或六组人的桥牌比赛，参加的人包括首席大法官伦奎斯特和偶尔合适的（有资格的人）寡妇或离异人士。[55]

阿利比俱乐部是一座狄更斯式的两层砖砌建筑，隐匿在市中心玻璃和混凝土结构的办公大楼当中。每周五，俱乐部提供高热量的午餐，但是座位都坐不满。偶尔，奥康纳夫妇会和其他夫妇在楼上的牌室打扑克或桥牌。一位女士看到一幅巨大的壁画，画上两个婀娜多姿的女人赤裸地坐在桌子旁玩牌，她感到十分震惊。"如果你长成那样，你也会摆姿势。"奥康纳说道。她不喜欢电影中突如其来的性爱场景，但私下会因下流的笑话发笑（约翰海量的藏书中包括一套《史上最牛的下流笑话》）。[56]

在最高法院 10 月至次年 6 月的开庭期，阿利比俱乐部桥牌小组每月举行一次碰面会，通常是在周五晚上，出席的人包括最高法院的几位大法官（爱社交的斯卡利亚喜欢阿利比俱乐部）、中央情报局前局长理查德·赫尔姆斯和白宫前法律顾问博伊登·格雷。[57]

"晚餐什么时候来？"辛西娅·赫尔姆斯问首席大法官伦奎斯特，当时他们正坐在俱乐部古怪的、堆满艺术品的客厅的沙发上。"别担心，桑德拉会告诉我们的。"伦奎斯特冷冷地说道。赫尔姆斯夫人带来一位桥牌高手——女子桥牌世界冠军莎伦·奥斯伯格，她曾教比尔·盖茨和沃伦·巴菲特打桥牌。赫尔姆斯大叫道："桑德拉整晚都在告诉莎伦怎样出牌！莎伦永远不会忘记这件事。"[58]

这样的夜晚被视为巨大的成功，甚至在首席大法官于 2005 年去世后仍在继续，唯一没有表现出兴趣的是约翰·奥康纳，他在日记中提到自己被困在"桥牌地狱"。[59]打桥牌要求玩家拥有强大的记忆力——记住打出的牌，桑德拉的外祖母就是桥牌高手，有着近乎照相机般的记忆力。[60]

尽管约翰的智商毫不逊色，但他发现自己在记卡片方面有困难，并且不仅是牌，在他的律师事务所，秘书琳达·内亚里也对约翰要求她将同样的文件复印两次感到不解。[61]

第十三章

布什诉戈尔案

她相信法律的存在是为了塑造社会，
而不是作为柏拉图式理想而存在。

在最高法院，奥康纳最好的新朋友是大法官布雷耶。布雷耶说："当她做出一项决定，
就这样定了。她告诉我，'这是我们应该做的'。"

桑德拉原本计划在 1996 年，也就是 66 岁时从最高法院退休。在最高法院任职 15 年后，大法官可以领取全额退休金，并且仍然可以做"巡回法官"，在全国各地的联邦上诉法院担任临时法官开庭。从日常折磨人的事务中解脱出来，奥康纳夫妇想象着一种更轻松的生活，与家人和朋友一起旅行、运动，趁着他们还不算老，可以享受这种生活。[1]

但是当 1996 年来临时，比尔·克林顿已经当上了总统，而且很可能再次当选，而奥康纳不希望她的继任者被民主党人选出。同时，她在自己的角色中感到很舒服，奥康纳频繁地成为多数派，以至于权威人士开始写关于"奥康纳法院"的文章。她对被称为"摇摆票"感到愤怒，这是个暗示着变化无常和权宜之计的术语。"这让人觉得你前后不一致，"她告诉我，"非常缺乏吸引力，非常缺乏吸引力。"[2] 她不像布伦南那样公开带有政治目的和投机取巧（座右铭：需要五票），但她确实有强烈的控制欲。

因此，她不再谈论退休。在一年审理 75 个案件、发表大量演讲的间隙，奥康纳仍然设法找到足够的时间打网球、打高尔夫球、滑雪，以及发展她最新的爱好——飞蝇钓。经常陪她钓鱼的伙伴琳达·韦伯斯特回忆说，在偏远的山间小溪钓到一条神出鬼没的鳟鱼时，奥康纳会大喊大叫："太棒了！"约翰的渔线很容易缠在一起，所以他不太热衷于钓鱼。在一个钓鱼营地，有人问他是否需要钓鱼的月许可证、周许可证或日许可证，他却问："有没有小时许可证？"[3]

在爱达荷州太阳谷，奥康纳夫妇夏天可以钓鱼，冬天可以滑雪。他们华盛顿的朋友斯基普和金·纳伦在山区度假胜地建造了一座原木小屋，可以俯瞰山谷的景色，奥康纳夫妇作为他们的客人曾去那里度假。1996年1月末滑雪时，奥康纳滑到了悬崖边，摔得很严重，她坚持自己能滑到山下，但是滑雪巡逻队要求将她绑在雪橇上，她伤到了肩膀。[4]（女助理们多希望她因受伤而取消健美操课，但她们看到她绑着绷带来参加时，只有失望了。[5]）

在奥康纳摔伤两天后的晚上，在一场热闹的晚宴上，斯基普·伦纳请约翰讲一个有趣故事。伦纳回忆说："约翰说'我不想讲'，我估计他喝多了，桑德拉说'不要逼他'，但是人群中有人起哄说'哦，讲吧，讲吧'。"

约翰站起来，开始讲一个情节复杂的故事，内容是企鹅和穿正装的人。一个蹩脚的开头后，他的声音越来越小，然后完全静了下来。吉姆·霍尔曼当时也在场，他回忆说，"他刚刚停下来"，桑德拉就轻轻地拽了拽约翰的袖子，让他坐下，欢宴者安静下来。纳伦回忆说："现场的气氛非常尴尬，我们马上转换了话题。"[6]

在同一趟旅行中，约翰丢失了他的钱包。回到华盛顿，他在大都会俱乐部用完午餐后，拉住朋友雷·布罗菲，说："雷，我有个难题，在写作时，我发现自己想不起单词的拼写，这让我很沮丧。"他对伊万·塞林说："我有清醒的时候，但我记不起15分钟前自己做了什么。"其他朋友也渐渐注意到约翰已经不是原来的约翰。那年夏天，在亚利桑那州普莱森特湖乘船旅行时，"他看上去真的很奇怪，他说了一些奇怪的事情，并且喝了很多酒"，盖尔·德里格斯回忆说（作为一个摩门教徒，德里格斯完全不赞成饮酒）。[7]

约翰的儿子布莱恩后来回忆说，父亲试图向母亲隐瞒自己记忆力减退的情况，但是母亲当然注意到了，也很担心，她悄悄地联系了几个朋友。阿德里安娜·阿尔什特的丈夫迈克·费尔德曼患有痴呆，奥康纳打电话将阿尔什特从董事会会议上叫出来，当时她在迈阿密，她的银行在那里。奥康纳焦急地说："阿德里安娜，我认为这种病也出现在约翰身上了，你对这种病了解多少？有什么感觉？"阿尔什特回忆说："桑德拉当时不知所措。"1998年年初，奥康纳以一种特有的"牢牢抓住牛犄角"的方式应对约翰断断续续的记忆：她鼓励他写回忆录，他照做了。（用于家庭阅读，清晰明了。内容传达出对他一生的感恩。[8]）

在他的律师事务所——布赖恩·凯夫律师事务所，麻烦困扰着约翰的每一天。他的法律工作正在缩减，在他60岁以后，社会上对通才律师的需求很少。他指导年轻律师，但是他哀叹他们对"公民参与"不再有时间或兴趣，他们聚焦于累计收费小时，很少有大律师事务所的律师像他当年那样在医院董事会任职或参与地方政治。[9]在他的律师事务所，约翰不再是能呼风唤雨的人，他放弃了合伙人身份去当"法律顾问"。他一个月里仍有10天待在菲尼克斯，但已经对宴会上谈论房地产价格感到厌烦。

他向往他最喜爱的避难所——在波希米亚格罗夫的17天，他总是第一个到达且最后一个离开。他的妻子理解他，奥康纳在2017年告诉我："约翰喜欢那里，他体验到了乐趣。这对他来说是件好事，因为做我的丈夫不是一件容易的事。"[10]

艾伦·柯克回忆说："桑德拉是华盛顿女王，但是约翰是格罗夫的国王。"沿着俱乐部中间道路通向俄罗斯河，两边的露营地都延伸入红杉林。怀俄明州前联邦参议员艾伦·辛普森回忆说"约翰是格罗夫的社交天才"，辛普森当年被约翰招入他的鹈鹕营地。辛普森说："约翰知道沿河道两边的营地里发生的一切，他站在那里就知道——'基辛格3点在曼德勒营地'或'布什4点在穴居人营地'。"国会前议员詹姆斯·赛明顿回忆说："夜晚，人们上床睡觉后，约翰会沿路走下去，寻找正在演奏的钢琴、正在唱的歌、正在讲的笑话，他走进任何一个营地（那里有超过 100 个营地）都会受到欢迎，一直到最后，他才去睡觉。"[11]

在坚定的欢呼声中，也许不那么轻松友好，有压力和紧张的存在。一天早饭后，约翰告诉他的朋友菲尔·施奈德，他必须回到他的小屋去研究他的笑话。施奈德讲述了那天午餐时的情况："他表达得结结巴巴，看上去很艰难，他一直很肯定地告诉你做什么——'现在阿尔，你来主持（邀请）赫尔曼·沃克出席午餐会'。突然，产生了一种焦虑，他试图回忆起什么。"[12]

约翰的日记很少记录这种挣扎，1996 年 2 月，一次他将他的高尔夫球球杆放错了地方，他写道"我想也许我的记忆力正在衰退"，但是随后日记又转回记录晚餐和派对的内容。他的痴呆慢慢加剧的唯一警示迹象就是他的话语的长度：从 1996 年开始，他的表达逐渐变得更短、更简单，像灯泡一样变暗。他可能不想看到正在发生什么，在一条他描述阿尔茨海默病的词条中，他写道，虽然发生在别的人身上，但同样"可怕"。[13]①

1997 年春，约翰患病发高烧，他的内科医生泰伯·摩尔观察到他神志不清，就把他送到乔治敦医院的神经科医生斯坦利·科汉那里。科汉医生做了一些测试，初步断定约翰的问题不是痴呆，而应归因于酒精——他喝得太多。医生要求约翰减少酒精摄入，他做了（或者试着做了），但是他的认知能力持续地、不可逆转地下滑。[15]

有一种现象被称为"恩惠投票"。在 20 世纪 80 年代，最高法院在死刑案件的最后一分钟一直受到一种可怕的异常现象的折磨。为获得同意复审案件的调卷令，需要拿到四票，而要缓期执行死刑，需要拿到五票。因此，在死刑牢房的囚犯可能会发现自己处于一个终极的好坏消息参半的状况：是的，最高法院已经决定复审你的案子，但是，

---

① 根据波士顿大学健康学院的罗伯特·斯特恩博士的说法："阿尔茨海默病的一部分是逐渐缺乏对这种疾病的认识和洞察力，这种情况被称为疾病失认症。这不是心理否认，而是基于神经的，你觉得好像什么都没有错。"[14]

不，他们不可能这样做，因为你将被执行死刑。

佐治亚州死刑牢房里的一名囚犯身陷这座哥特式监狱，1985 年他被执行死刑后，《纽约时报》的社论标题是"杀死他，四比四票"。为了防止这样不人道的结果，最有恩惠之心的绅士大法官鲍威尔决定了他将是"恩惠"的第五票。如果只有四票同意调卷令的话，他总是投票支持暂缓执行死刑。[16]

自由派大法官通常投票支持缓期执行死刑，而保守派大法官则允许继续执行死刑，因此，投出第五票或"恩惠票"就落到了中间派的大法官手中。鲍威尔退休后，通常意味着是奥康纳或肯尼迪——当他们的助理因面临立即执行死刑的囚犯恳求暂缓执行而半夜打来电话时——会主动投出"恩惠票"。

随着马歇尔、布伦南和布莱克门的离开，一个新自由派集团（通常有金斯伯格、史蒂文斯、布雷耶和苏特）继续需要奥康纳和肯尼迪在缓期执行死刑上的帮助。但到了 20 世纪 90 年代后期，大法官肯尼迪自动停止提供"恩惠票"的义务。奥康纳的助理布拉德·朱德普（1999 年 10 月开庭期的助理）说："即使不总是这样，提供'恩惠票'也常常落到大法官奥康纳的身上。她很沮丧，我从未直接和她谈过此事，但她可能把它解读为一种没有明说的假设，即女性会为集体的好处着想，并且允许男性为自己的个人偏好投票。"[17]朱德普的同事雪莉·伍德沃德回忆说："有时大法官肯尼迪办公室的工作人员似乎在回避我们的电话，因此，这方面可能有一些沮丧。"[18]

奥康纳与肯尼迪这两位大法官之间的关系从来没有私人的热络，甚至渐渐变冷。他们在"凯西案"上达成一致，这是一个具有里程碑意义的堕胎案件。虽然他们投票时经常站在同一边，但是他们的方式方法不同，肯尼迪更认真、更戏剧化、更情绪化，他毫不掩饰自己对棘手案件的苦恼，并在做决定时使用笼统的辞令。

肯尼迪批评奥康纳是一个吹毛求疵的人，他嘲笑说，大法官奥康纳在展示基督诞生的马厩图案件中引入了针对特定事实的"麋鹿测试"——在判断宗教目的时权衡假日陈俗，只会导致一种"细枝末节的法学体系"依赖的"只是直觉和标杆测量"而已。[19] 但是其他人，包括她自己的一些同行，把奥康纳视为更个性化的保护。大法官金斯伯格在2017年告诉我："桑德拉在成为那个必须投决定性一票的人时感觉最舒服。对安东尼来说，这是比较困难的事。也许她对自己的判断更有信心，桑德拉可以接受处于中间派的角色，没有过度的担忧。"[20]

奥康纳转而靠向布雷耶，她回忆说"我们非常喜欢彼此"，又补充道"有些大法官比其他人更容易沟通"。布雷耶说："我们相互欣赏，很有趣。当她做出一项决定，就这样定了。她告诉我，'这是我们应该做的'。然后继续下一个。'明天是另一天'，她说了很多。"[21]

但是在她做出决定之前，布雷耶可能会尝试巧妙地影响她。他明白，虽然她不可能被推着走，但至少在他们有共同立场的情况下，有可能轻轻地拉着她走，毕竟他们俩都有实践倾向。当左右两派的教条纯粹主义联合起来，通过要求陪审团，而不是法官，在刑事审判中发挥更大的作用，从而有效地撤销《联邦量刑指南》时，奥康纳和布雷耶持不同意见。作为美国量刑委员会成员，布雷耶曾协助起草《量刑指南》；奥康纳，这位前审判法官，懂得要求更多的陪审员审理案件会造成"混乱"，用奥康纳最喜欢的委婉说法来描述就是积压案件和推迟正义，她的助理诺厄·莱文说道。[22]

奥康纳不喜欢"混乱"，她喜欢现实世界的解决方案，对如何得到它，她相当灵活。从一个案例到另一个案例去审视，她并不是完全可以预测的，当然也没有受到僵化的教条或另一位大法官的约束。尽管如此，她是个有观点、有情感、有信仰的人，这些东西有意识或无意识地影响着她。她有自己的样子，随着时间的推移而变化。

许多大法官在法庭上不断变化，随着年龄的增长，他们多半会向左移动，有时令任命他们的总统感到惊讶（布伦南和布莱克门分别由艾森豪威尔和尼克松任命，他们就是两个明显的例子）。尽管"自由主义"和"保守主义"的标签被例行使用，但它们并不总是有用，甚至

　　　　　第十三章　布什诉戈尔案

可能被误用来描述大法官。虽然如此，大法官斯卡利亚在自由主义刑事辩护律师中不大可能被称为英雄，因为他为《宪法第四修正案》禁止"不合理搜查和没收"的规定辩护。[23]不过，从广义上讲，最高法院是一个政治机构，尽管奥康纳反对将其类型化，但是她不能完全逃脱它。从一个 10 年到下一个 10 年，她在最高法院的投票显现出一种模式，它很微妙，但是可以识别。

纵观大法官奥康纳在最高法院的第一个 10 年，可以将她公平地描述为一个中间偏右的法官，但是根据她在重要的宪法案件上的投票判断，她在移动——不是戏剧性的，而是可测量的，向中间偏左方向移动，有时还会稍稍偏左。

一份重要的司法意识形态表显现了奥康纳向左的转变
桑德拉·奥康纳的马丁-奎因评分
（数字越大越保守）

（数据生成由安德鲁·马丁和凯文·奎恩完成[24]）

开庭期（年）	意识形态
1981	1.563
1982	1.715
1983	1.687
1984	1.5
1985	1.28
1986	1.38
1987	1.563
1988	1.501
1989	1.52
1990	1.12
1991	0.693
1992	0.855
1993	1.017

开庭期（年）	意识形态
1994	0.829
1995	0.838
1996	0.976
1997	1.077
1998	0.964
1999	0.869
2000	0.584
2001	0.356
2002	0.243
2003	0.196
2004	0.12
2005	0.071

　　人们给出各种各样的解释，有些更有说服力。有些朋友，尤其是西部人，认为她强烈的西部人特有的个人主义被改变了，因为她花费时间与华盛顿建制派亲密交往，而这些建制派很大程度上都是自由派。华盛顿特区上诉法院法官劳伦斯·西尔贝曼是直言不讳的保守派人士，他认为奥康纳受到了他所说的"温室效应"的影响[1]，即受有影响力的、持自由思想的《纽约时报》驻最高法院通讯记者琳达·格林豪斯的影响，奥康纳和肯尼迪都尊重格林豪斯。[25] 其他人则认为：奥康纳雇用了更多的自由派助理（的确如此，但不清楚她在多大程度上受他们的影响）[2]；当法庭向右移动时，她并没有过多地向左移动；她因受到患癌症的惊吓而被软化和"自由化"；她是被大法官斯卡利亚过激的异议

---

[1]　西尔贝曼所称的"温室效应"中"温室"（Greenhouse）与记者格林豪斯（Greenhouse）为同一词，所以借用"温室效应"一词来形容奥康纳受记者格林豪斯的影响。——译者注

[2]　虽然不是有意为之，但是奥康纳通常会平衡地雇用自由派和保守派助理，但是到了 21 世纪，这种平衡向右倾斜，至少是根据她的助理向自由派政治候选人的捐款作为粗略的衡量尺度得出的结论。[26]

推到左边的。最后一种观点是大法官史蒂文斯在 2016 年接受我的采访时提出来的，史蒂文斯说"他（斯卡利亚）总是以一种不公平、不友善的方式批评她的观点"。[27]

最简单的解释有一个最明显的事例：奥康纳变得越来越愿意去事实和她的敏感判断所引导的地方。总的来说，奥康纳赞同"司法约束"的概念，即法官有义务遵循判例和程序，而不是将他们的个人观点强加于法律。但是，随着时间的推移，如果她的良心受到触动，或者如果她认为法律与时代的基调不同步，她也不会回避能动性。奥康纳1999 年开庭期的助理布拉德·朱德普说："她相信法律的存在是为了塑造社会，而不是作为柏拉图式理想而存在。"

尽管奥康纳坦言自己对法律哲学只有低限度的关注，但是有一种学说——联邦主义，她在早些年确实拥护过。虽然在民权运动废除 20世纪五六十年代的《吉姆·克劳法》之前，"州权利"已经呈现出酸涩的内涵，但是奥康纳始终把州视为美国政治的重要组成部分，其天然具有的权力受宪法保护。当她第一次出现在最高法院的法庭上时，她就加入了威廉·伦奎斯特抵制联邦权力侵蚀州和地方政府的努力，为州长、市长和地方公务员与华盛顿官场之间微妙的权力平衡辩护。她甚至罕见地发表了一番豪言壮语，在她任期第一年宣称州和地方政府"不是联邦官僚机构的外地办事处"。

但是她从来都不是反对联邦入侵的强硬派，在她后来的职业生涯中，她的态度也有所缓和。她密切关注案件的真实情况，特别是涉及妇女和儿童的事实。她会深入研究下级法院的记录，寻找对所涉及个人在现实世界中造成的后果，以及尚未捕捉到的对整个社会的潜在影响。[28]

在一个案件中，拉森达·戴维斯是一名五年级的学生，有一个男同学不断骚扰她，对她说："我想摸你的胸，我想和你上床。"甚至在体育课上，他在自己的裤子里塞了一个挡门器，把它当作生殖器顶拉森达。这种骚扰持续了五个月。拉森达的父亲抱怨说，她的成绩下降，越发沮丧，还产生了自杀的想法，但是老师和管理人员对这名男同学的行为熟视无睹。拉森达的父亲只有举起法律武器，根据《民权法案》第四条起诉学校制造了一个"充满敌意的环境"。

最高法院第一次以 5 比 4 的投票结果裁定可以因学生的性骚扰行为而起诉学校。大法官奥康纳撰写了"戴维斯诉门罗县教育委员会案"的判决意见，她以所控事实为导向，并用图像细节讲述这些事实。最高法院自由派人士——金斯伯格、布雷耶、苏特和史蒂文斯加入了奥康纳阵营，最高法院保守派（伦奎斯特、斯卡利亚、托马斯和肯尼迪）表示反对。大法官肯尼迪的反对意见指责奥康纳允许联邦政府干涉地方学校，背离了联邦制。1998—1999 年开庭期结束之际，肯尼迪采取了不同寻常的做法，在法官席上宣读自己的异议意见书。

奥康纳甚至采取了更不同寻常的做法，她公开地谈论了讽刺、攻击法官同事的行为。她在法官席上宣读自己的观点，反驳说肯尼迪的异议指责大多数人给"小约翰尼上了一堂有悖常理的联邦主义课"。她宣称，相反，最高法院的判决确保了"小玛丽"可以在不被"小约翰尼"性骚扰的情况下在校学习。[29]

在下一个开庭期，即 1999—2000 年开庭期，肯尼迪与奥康纳又在堕胎这一永远令人烦恼的问题上争吵不休。他们在 1992 年"凯西案"中的联合意见曾一度使堕胎的争论平息下来，但是 7 年后，这个问题又咆哮着回到了最高法院。再一次，事实，更精确地说是每个大法官通过个人的镜头审视的事实，使一切变得不同。

俄亥俄州的一名医生阐述了一套用于妊娠后期（16 周后）的堕胎和晚期流产的流程，先扩张子宫颈，把胎儿的脚拉出来，然后压碎胎儿的头部以使其通过。这一流程被认为可以降低对女性子宫颈的损害。但反堕胎活动人士认为，这无异于杀婴，因为胎儿此时看起来完全成形了。超过一半的州通过法律禁止这种"部分出生堕胎"（这是一个有点儿夸张的描述，医学术语是"扩张和提取"）。

当"斯坦伯格诉卡哈特案"到达最高法院时，肯尼迪与奥康纳分道扬镳。肯尼迪是虔诚的天主教徒，无法忍受所谓的"部分出生堕胎"，于是他重新加入斯卡利亚的反堕胎阵营。由于四名保守派都站在另一边，奥康纳在她熟悉的位置上投下决定性的一票。正如杰弗里·图宾在《九人》一书中所描述的，大法官布雷耶谨慎且巧妙地游说奥康纳为推翻内布拉斯加州的法律投下了第五票，该法律将堕胎定为重罪。在布雷耶等着看奥康纳是否会加入他的阵营时，他劝说金斯伯格和史蒂文斯不要传阅他们的判决意见，以免奥康纳被他们的自由主义论调吓跑，被推入保守派阵营。[30]

在口头辩论中，奥康纳问了一个对她很重要的问题：内布拉斯加州禁止"部分出生堕胎"的法律为保护母亲健康规定了例外吗？因为得到的答案是否定的，所以奥康纳与布雷耶和自由派一起推翻了这项法律，但是她保留了各州或国会可以修改法律使之符合宪法的可能性（事实上，这发生在 2006 年奥康纳离开最高法院后）。[31]

奥康纳的助理布拉德·朱德普说："大法官奥康纳真诚地以谦卑的态度对待悬而未决的事情，她不想预先对案件做出判决。"尽管她拒绝被贴上标签，但那时在芝加哥大学法学院任教的教授凯斯·桑斯坦还是恰当地将她描述为"极简主义者"。

没有什么比她在极富争议的死亡权利案件中的作用，更能说明奥康纳有能力将判决的意义缩小到仅限于事实。1997 年，有一项投票结果为 9 比 0 的判决——支持纽约州禁止医生协助自杀。桑斯坦写道，这项判决"乍一看像个大消息"，最高法院似乎在说，对隐私来说，不存在宪法权利，这对堕胎和同性恋权利有着巨大的影响。"但请等一下，"桑斯坦写道，"奥康纳写了一个（具有特性的）独立的判决意见，认为任何新发展都是小而渐进的。按照她的观点，最高法院的所有判决都不支持自杀的普遍权利。她警告说，最高法院尚未决定有关经历巨大痛苦的有行为能力的人是否有控制即将来临的死亡的宪法权利，这个问题留待以后的日子再做决定。"她倾向于让这个问题在下级法院和立法机构再酝酿一段时间。[32]

2000 年 6 月，《今日美国》称奥康纳是位"解决问题找她准没错的"大法官，该报驻最高法院的资深记者琼·比斯库皮克（后来成为奥康纳的传记作者）写道："在分裂的法官席上，没有其他人会同样投入地塑造法律，或在促成妥协方面发挥如此关键的作用。"爱德华·拉扎勒斯在《洛杉矶时报》上写道："这里的所有都是关于奥康纳的，当大法官奥康纳投票时，最高法院就会紧随其后。"

最高法院的前助理拉扎勒斯撰写了一本讲述最高法院内部运作的书，他指出，1999—2000 年开庭期，在 74 个案件中，有 21 个是 5 比 4 的分裂投票，这在 10 来年中是以一票领先的最高百分比。奥康纳只投了 4 次反对票，与现代记录持平。"奥康纳法院"确实如此，在决定最高法院判决方面，比斯库皮克写道："在她被任命为最高法院第一位女性大法官后的 19 年中，用今天的俗话来说，奥康纳已经变成'男人'。"[33]

"6 月高峰"是最高法院紧张忙乱的时期，因为大法官们和他们超负荷工作的助理们要在传统的开庭期结束前夕，努力完成针对最重大案件的最棘手的判决意见。奥康纳则告诉她的丈夫，她发现 6 月末的状态很放松——她引以为豪的是自己第一个完成了判决意见的撰写，而且基本上是在等待其他大法官跟进。

奥康纳业余喜欢戏剧表演，既观看戏剧，也和约翰一起表演短剧。2000 年 6 月中旬，她和约翰一直在排练一首复杂的二重唱，准备在她的朋友琼·道格拉斯 80 岁生日的惊喜派对上表演。约翰在 6 月 16 日的日记中写道："我个人认为这太复杂了，设计的是我背着手站在前面，桑德拉站在我后面舞动双臂。我们在很多年前有过类似的表演，但这一次更复杂。我们拭目以待。"

约翰甚至比桑德拉还喜欢表演，所以这种古怪的缺乏自信是不正常的，但此刻他极度担心自己的认知状态。他没有告诉桑德拉，就在当天早上，他自己坐出租车去了乔治敦医院，要求看一位神经科医生——任何神经科医生都行，他被安排在下一周的周二就诊。

6月20日下午，约翰见到了保罗·艾森医生，他取代了1997年约翰曾经咨询过的乔治敦医院的神经科医生斯坦利·科汉。科汉医生曾经告诉约翰，他的记忆力衰退可能是因为饮酒过多。现在，约翰记录了艾森医生诊疗的情况："他给我做了一个简短的测试，然后与我进行了一次长时间的、友好的谈话。艾森医生问了很多，他问我的酒精摄入量，我说我并没有喝烈性酒，但是我确实喝了两三杯葡萄酒。简而言之，他委婉地说我应该滴酒不沾……"

"实际上，他说我有一定程度的阿尔茨海默病。正如我告诉他的那样，我忘记了过去多年里不曾忘记的事情。"[34]

2017年，艾森医生告诉我："我第一次见到约翰时，就给了他一个诊断，我对他说，'你可能患有阿尔茨海默病'。要说发生了什么的话，那就是他听到这个消息后松了一口气，他自己也曾这样怀疑过。"[35]

那天晚上是琼·道格拉斯的惊喜生日派对，由奥康纳夫妇联合主持，举办地点是胡普斯夫妇家，"胡普斯乐队"用欢快的百老汇戏曲曲调烘托了奥康纳夫妇的社交圈。[36]桑德拉和她的助理布拉德·朱德普打了一下午高尔夫球，她带着她最喜爱的玉米布丁来到胡普斯家，约翰则吃力地把其他杂物搬进去。安·胡普斯回忆说："约翰气疯了，他说'我一直在做单调枯燥的工作'。他真的气疯了。"奥康纳夫妇的女管家对此很吃惊，约翰"不再是平常那个快活的人"。约翰记录道，晚餐后，"最终，桑德拉和我不得不开始我们的表演，这不是我所期望的，我认为桑德拉选择的节目太难了，事实也的确如此，这不是一个好主意，但是桑德拉不愿接受别的东西。我尝试在适当的时候看上去很有趣，我得到了一些笑声，但我远不是一个快乐的露营者"。[37]

约翰试图继续向桑德拉隐瞒他的病情。弗兰克·苏尔是马里兰一家银行的老板，他和约翰很亲近，并感激约翰为他安排在鹈鹕营地的会员资格，那是约翰在波希米亚格罗夫的营地。苏尔是在奥康纳夫妇到达华盛顿后才认识他们的，他坦率地表达了自己对奥康纳夫妇婚姻的看法，他说："每段婚姻都有弱点，桑德拉主导了他，约翰没有将自己的病情告诉她，是因为她甚至会更多地主导他。"其他朋友认为约翰的回避是一种避免妻子过度焦虑的勇敢尝试。约翰曾大力支持莱塞利·莱法尔获取波希米亚俱乐部的会员资格，他是一位杰出的外科医生，也是鹈鹕营地成员中第一位非洲裔美国人。那年7月，在营地，约翰告诉莱法尔医生："我想我还没有完全准备好，但我不想让桑德拉知道这件事。我认为我能避开它，我认为我能控制住我的病情，我不想让她担心。"[38]

但毫无疑问，她知道（或者强烈地怀疑）她深爱的丈夫出现了一些严重的问题。她知道莱法尔医生将是约翰在鹈鹕营地的客人和室友，所以她悄悄地请他确保约翰从他那儿拿安理申——病人出现认知模糊的情况时会使用这种药物（莱法尔回忆说"这些药片没有真正起作用"）。桑德拉对一些朋友比较隐晦，她请他们在菲尼克斯的老朋友迪克·豪斯沃斯盯住高尔夫球场上约翰的球，她解释说"因为他容易忘记球在哪里"。豪斯沃斯回忆说："这是我第一次意识到有什么地方不对劲。"她对另一位菲尼克斯的老朋友菲尔·施奈德更坦诚，2000年冬，在他们去滑雪的路上，她吐露："我正在和一个失去理智的丈夫打交道。"施奈德回忆说："这是我第一次听到她如此明确地表达这件事。"[39]

露丝·麦格雷戈是桑德拉的第一位法律助理，也是唯一亲密到可以称她为桑德拉的助理。她在切维蔡斯俱乐部的奥康纳家中做客时，目睹了奇怪的一幕。在去乘车的路上，桑德拉的夹克腰带滑落，一时不知所措，她大叫："我的腰带在哪？"约翰变得焦虑不安，说道："真的，桑德拉，这真让人难堪！你刚刚真令人难堪！"麦格雷戈观察到，通常平和、温文尔雅的约翰"就像一个小孩"。约翰变得越发令人捉摸不定，甚至有点儿笨拙。麦格雷戈说："桑德拉不知道约翰在社交场合会做出什么事。"

奥康纳的朋友和前法律助理（刚刚被任命为亚利桑那州最高法

院的法官）说，奥康纳的方法可以恰当地处理这个问题——就像雨降到牧场上，桑德拉开始指派人监视约翰。另一位菲尼克斯的老朋友唐·考夫曼回忆说："她泰然自若地接受这一现实，并说，'就用这种方式，事情就是这样'。"[40]

奥康纳的方法（毫无怨言地做不能做的事，甚至不承认困难）成为她的助理悲喜交加的源泉。2000年冬天的一个深夜，奥康纳在社交活动后返回办公室拿一些文件，偶遇她的助理仍然在辛苦地工作，她说："回家吧，你们工作太辛苦了。"诺厄·莱文回应说："好的，这是不是意味着您明早第一件事不是要这份备忘录？"奥康纳回答说："是的，上午给我这份备忘录就可以。"雪莉·伍德沃德回忆说："然后我们收拾东西和她一起去乘电梯，她下楼到车库取车，我们则走出去绕着街区走了一圈，确认'警报解除'后，立即返回办公室，我们都哈哈大笑。"[41]

可以理解的是，孩子们对父母面对逐渐恶化的痴呆对约翰的影响所表现出的随遇而安并不那么淡定。杰伊说："妈妈会说'哦，你爸爸正在失去记忆'，妈妈会向我们吐露内心的想法……但你不知道应该怎么想，也不知道那是什么，我们认为她在夸大其词。但你自己可以看到他失去了方向或者时常忘记一句妙语。"布莱恩说："我们不会谈论它，我们只是在经历它。再也没有任何大型团体会议或其他活动。"斯科特补充道："爸爸不愿意和我们谈论这件事，他称它为'这事'或者'我的事'，并且不可能使用"阿尔茨海默病"这个词，因为它太可怕了。"[42]

约翰·奥康纳不喜欢艾伯特·戈尔，在克林顿—戈尔政府第二任期期间，他在日记中至少提到并批评了这位副总统六次，评价他"自大""虚伪"。2000年8月17日，在民主党全国代表大会最后一天的晚上，奥康纳夫妇观看了戈尔以民主党总统候选人的身份发表提名感言。"桑德拉接受不了，就去睡觉了。"约翰写道。

10 月 3 日，奥康纳夫妇观看了戈尔与得克萨斯州州长乔治·W.布什之间的首场总统竞选辩论。约翰写道："我发现艾伯特·戈尔是一个毫无吸引力的人，他自以为什么都精通，说起话来没完没了，在不该打断别人时打断别人，我简直受不了这个家伙。"[43] 那些年，约翰越来越清楚自己患上了痴呆，也许他在日记中宣泄情绪是为了缓解自己的焦虑。

桑德拉对戈尔的感受（或者对他的对手乔治·W.布什的感受）很难确定（在第二次和第三次辩论进行到一半时，桑德拉都睡着了，约翰记录道）。她是一位忠诚的共和党人，也是布什家族的朋友。"为布什的获胜祈祷吧。"她在 3 月给亚利桑那州州长简·迪伊·赫尔的信中写道。不过，即便是在自己的家庭内部，她也很小心，不去猛烈抨击那些可能任命她的继任者的政客。1998 年 1 月，总统克林顿与白宫实习生莫妮卡·莱温斯基的婚外情曝光，这是个最好不要谈论的话题。桑德拉在她的助理面前通常掩藏自己的尖刻，尤其是在总统出轨的话题上。1998 年冬，诺厄·莱文刚刚结束他申请助理职位的面试，这时奥康纳的一位秘书走进办公室说："大法官，总统即将发表声明。"奥康纳和莱文走到外边的办公室，看着秘书桌上的小黑白电视机，总统克林顿正在回应媒体关于他与莱温斯基之间性关系的报道。克林顿说："我和那个女人没有性关系。""好啦，没那么有趣吧。"大法官奥康纳说道。莱文回忆说，她突然转身，走回自己的办公室。[44]

11 月 7 日是总统大选日，奥康纳第一次给约翰的神经科医生保罗·艾森打电话，约翰终于向妻子透露了阿尔茨海默病是导致其痴呆的病因。艾森医生的笔记记录："我与大法官奥康纳谈过，并讨论了诊断和治疗情况，她表示希望约翰参与实验研究。"

那天晚上，约翰和桑德拉在一位著名大使的遗孀玛丽·安·斯托塞尔的家中参加一个观看选举直播的聚会。屋内多处摆着电视，奥康纳夫妇在地下室的小房间里看着一台小黑白电视，当时他们刚与其他几位客人一起吃完自助餐。快到晚上 8 点时，戈尔赢得佛罗里达州的消息铺天盖地，此前他已经赢得了关键的摇摆州——伊利诺伊州和密歇根州。奥康纳的朋友保罗·伊格内修斯回忆说，奥康纳看上去"很不高兴，还很烦躁"。辛西娅·赫尔姆斯回忆说，她"很不安，很激动，这是显而易见的"。奥康纳说："太可怕了，这意味着一切都结束了。"她站起来走出房间，约翰则留下来，他对其他人说，他的妻子很不高兴，因为他们想退休并搬回亚利桑那州，但是只要白宫里负责任命她的继任者的总统是民主党人，她就不会离开最高法院。[45]

奥康纳后来解释说，她只是对电视台在加利福尼亚州投票结束前就喊出选举结果感到失望，而不是针对戈尔明显的胜利，但是她的解释并不令人信服。约翰的轻率行为可能是受阿尔茨海默病的影响，但是他的儿子斯科特认为，如果共和党人在 2000 年能够入主白宫，父母会考虑退休，他指出"他们的身体状况都不好"。1996 年，奥康纳在滑雪时摔倒，肩膀骨折，医生说她患有骨质疏松症，这使她的骨骼更加脆弱，可能是因为她曾接受癌症化疗。她因此被迫减少滑雪活动。她向辛西娅·赫尔姆斯诉苦说："我将成为一个弯腰驼背的老太太。"也许，她想在他们中的一人或两人全部衰弱之前一起搬回到亚利桑那州。但斯科特又说："你用一根羽毛就能将她留下来，她热爱自己的工作。"斯科特注意到"她的办公室已经变成了她逃离爸爸的地方"[46]。特别值得注意的是，奥康纳已经推迟雇用下一批法律助理，对最高法院的观察者来说，这是一个信号——大法官正在思忖退休问题。[47]

2000 年总统大选，两位候选人难以置信地打成了平手。他们都没有赢得足够的选举人票，结果是，佛罗里达州并没有向着戈尔，而是向着布什——但是由于票数太少以至于要求自动重新计票。奥康纳并不知道，这场激烈的选举即将把她带入她在最高法院任职期间最具戏剧性和争议性的时期。

大选后的第二天，奥康纳夫妇开车前往殖民地威廉斯堡基金会。奥康纳是该基金会的受托人，她是在 1985 年由刘易斯·鲍威尔引入基金会的，她正在试图邀请大法官肯尼迪或布雷耶接替她的位置。美国公共电视网《新闻一小时》节目主持人、殖民地威廉斯堡基金会资深成员吉姆·莱勒回忆说，"大多数著名的基金会成员都离开了"，该基金会是由洛克菲勒资助的，旨在恢复革命前时代弗吉尼亚首府。殖民地威廉斯堡基金会当时的主管科林·坎贝尔回忆，"奥康纳事无巨细"，在酒店整修期间，她反对淋浴室使用透明玻璃门，"他们最终采用磨砂门"。奥康纳最关心的是如何让孩子们对历史产生兴趣，历史学家戴维·麦卡洛告诉奥康纳，美国学校在公民教育方面做得很差，这让奥康纳很不安。[48]

奥康纳对政治理论无动于衷，但她对历史充满热情，她经常带客人去位于波多马克河弗吉尼亚河岸的乔治·华盛顿的故居——弗农山庄。她的朋友克雷格·乔伊斯回忆说："她从来没有提到过那些奴隶。"乔伊斯每年10月的第一个周一都会来看奥康纳，他接着说，"奥康纳总是有相当积极的心态：这不是好极了吗？这不是好极了吗？"使她深受启发的是开国元勋和制宪者们创建法治社会而非人治社会的方式，以及他们如何构建一个通过制衡实现和平移交权力和维持公民政府的体系。"宪法之父"詹姆斯·麦迪逊是奥康纳最喜欢的开国元勋[49]，她崇拜的另一位英雄是乔治·华盛顿。奥康纳特别注重礼仪，在20世纪90年代中期，当联邦参议院共和党人和民主党人丢弃了传统的礼节并开始人身攻击时，她召集参议院两党领袖——南达科他州民主党人汤姆·达施勒和密西西比州共和党人特伦特·洛特去她的办公室，告诫他们两党政治中民间舆论的重要性。达施勒回忆说："她非常坚定地表达了她的想法，没有人以这种方式联系过我们。"[50]

2000年11月8日，一堂现代公民课不期而遇。当时奥康纳正和殖民地威廉斯堡基金会其他一些受托人站在会议室外，布什和戈尔竞选团队的律师们已经聚集在佛罗里达州，就重新计票唇枪舌剑。有人问奥康纳："你认为会上诉到最高法院吗？"她回答："噢，天哪，不会的。"后来，当她的儿子布莱恩评论说"妈妈，这件事将在最高法院终结"，她回应道"别傻了"。[51]

事件很快证明她错了。旧投票机器、老年选民与政治在佛罗里达州相互碰撞，造成混乱。这些选票把选民们搞糊涂了，尤其是在佛罗里达州南部的退休者公寓里，结果是保守派独立候选人帕特·布坎南获得了数百张（有可能是上千张）选票。几乎可以肯定的是，这些选票都是终身民主党人投错了。计票机也无法统计凹凸不平或打孔时没有打穿的选票。党派争斗使重新计票陷于瘫痪或出现偏差，共和党人希望冻结这一进程，以保持布什的微弱优势；民主党人相信戈尔会赢，主张重新计票。佛罗里达州的共和党人、州务卿凯瑟琳·哈里斯准备证实布什的胜利，而由民主党人控制的州最高法院信誓旦旦地要推翻这一结果。事后看来，美国最高法院被召唤去打破这个僵局在所难免。[52]

通常情况下，联邦最高法院会试图避开选举的"政治丛林"[53]，但是这个被称为"布什诉戈尔案"的案件被提交到国家最高层级的法院。经过整个感恩节，大法官们以 9 比 0 否决了州法院的判决，最高法院的裁定要求佛罗里达州法院澄清他们的理由，但是案子很快又被发回来。12 月 8 日，以党派划线的佛罗里达州最高法院以 4 比 3 的投票结果下令在全州范围内对每一张"选举废票"重新计票——包括那些著名的"打孔时没有打穿"的选票，它们没有被有故障的机器计数（与此同时，州最高法院对联邦最高法院大法官们的问题视而不见）。这样全部重新计票，看上去几乎肯定有利于艾伯特·戈尔，布什阵营立即跑到联邦最高法院请求阻止这一行动。

经过制宪者精心设计的联邦最高法院，即使对其仔细审查，也不像一个党派政治机构。阅读最高法院大法官的法庭卷宗，就像一头扎进一个晦涩难解的法律技术世界。互相投赞成票以通过对彼此都有利的提案、互相支持对方候选人的交换投票、达成交易——这些立法者减少摩擦的因素——如果有的话，在大法官之间的备忘录和判决意见草稿的书面记录中也很罕见。他们的争论是高尚的、披着令人敬重的法律外衣，并被判例引导。"共和党"和"民主党"、"政党"或"党派"等词句从来没有被当作投票决定案件的基本原理或理由。大法官托马斯说，在最高法院的 10 多年里，"我从未听到过有关党派政治的讨论"。他说的是实话，就像大法官布雷耶在 2017 年告诉我的，他在最高法院任职 23 年，"在会议中，我们从来没有因愤怒而提高过嗓门"。[54①]

然而，最终的结果不会说谎：不管怎么说，在重大案件上，意识形态自由主义者和意识形态保守主义者通常会终结于因温和的实用主义者在他们之间穿梭（并维持着权力平衡）所形成的对立面，在"布什诉戈尔案"中，它只不过比平常更加明显罢了。[55]

12 月 8 日，周五的晚上，在国家艺术馆的年度圣诞假日派对上，大法官约翰·保罗·史蒂文斯和斯蒂芬·布雷耶这两位具有高度文明素养的男士碰巧相遇，他们刚刚听说佛罗里达州最高法院的裁决，首席大法官伦奎斯特已经召集大法官们碰面开会，决定该怎么做。布什的竞选团队已经立即向美国最高法院提交了文件，要求"暂缓"并阻止重新计票（从而确保布什的胜利，因为他仍然以微弱的优势领先）。

史蒂文斯后来回忆说："我记得我们两人都猜想我们第二天必须就这个问题见个面，仅需花费 10 分钟，因为它……显然没有价值，因为为了得到一个暂停……申请人必须证明受到了不可弥补的伤害。"史蒂文斯接着说："显然，允许重新计票没有任何不可弥补的伤害。因为最糟糕的情况也不过是得到更精确的选票计数。"[56]

史蒂文斯注定遭受一次突如其来的意外状况。第二天上午 10 点，大法官们相互之间握了握手，相继走进会议室，各就各位，似乎是在

---

① 当然，多年来，最高法院也有它的政客份额，最著名的有首席大法官厄尔·沃伦（加利福尼亚州州长）、大法官雨果（来自亚拉巴马州的联邦参议员）和首席大法官威廉·霍华德·塔夫脱（美国前总统）。一些学者（如法官理查德·波斯纳）认为最高法院本质上是政治性的，最好让更多的大法官接触民意。2018 年，除了一位大法官（埃琳娜·卡根，司法部前副总检察长），最高法院所有在任的大法官都曾是美国上诉法院的法官。竞选总统的政客们经常在竞选时挑选保守派或自由派的大法官人选，一旦当选，就更容易判断潜在提名人是否有司法任职记录。反常的是，最高法院提名的政治化似乎已经排除了前政客。

分道扬镳。在史蒂文斯看来至少是一种令人震惊的政治，五位共和党人（伦奎斯特、托马斯、斯卡利亚、肯尼迪和奥康纳）投票赞成暂停重新计票，由共和党转向自由派而后加入民主党阵营的布雷耶和金斯伯格，再加上史蒂文斯和和苏特，投票反对暂停。没有真正的辩论或讨论。由于这一裁决，无论出于什么意图，选举都结束了，布什赢了。

最高法院恰恰卷入了最原始的权力政治，至少在布雷耶和史蒂文斯看来是这样，除了赤裸裸的党派关系，对大法官们来说，剩下所能做的就是找一个理由证明他们的判决是正确的。

三位保守派大法官伦奎斯特、托马斯和斯卡利亚甚至认为没有进行口头辩论的必要，他们的判决是基于对宪法第二条第一款的狭义字面解读："各州应按其立法机构可能指定的方式指定选举人人数……"宪法提到的是州立法机构，不是法院，佛罗里达州最高法院并没有权利对州立法机构制定的投票规则进行批评（不用担心，正如杰弗里·图宾指出的，法院例行公事地解释州选举法律），根据佛罗里达州立法机构制定的规则，这些投票已经得到州务卿的认证——尘埃落定。

对大法官奥康纳或肯尼迪来说，就技术层面而言，这样的即决审判还不够理想。考虑到全国的广泛关注和巨大风险，这样做有点儿不得体。他们似乎想听审口头辩论，看是否有更具说服力的理由证明最高法院干预州投票程序的正当性。如果戈尔团队能够提出一个有说服力的理由继续重新计票，那么暂停键仍有可能被抬起。

口头辩论定于两天后，即12月11日，周一的上午，预期次日就做出裁定。对最高法院来说，这是极其危险的速度，并且大法官们不可避免地会被几道防护网弹回来，一些人会说他们惨败了。

周日下午，当斯卡利亚出现在切维蔡斯俱乐部的室内网球场，与比尔·莱希医生进行每周一次的比赛时，正处于情绪激动的状态。莱希回忆说："他满脸通红地走进球场，莫琳警告我说'他非常亢奋'，斯卡利亚对我说了几句，比如'佛罗里达州最高法院为什么把这个案件甩给我们？好吧，我们打球吧，没有更多可谈的了'。两个小时，我全程拼尽全力应对他的进攻，累得精疲力竭。我给他买了一瓶酒，说‘这是爱尔兰人处理宪法危机的方式’。”[57]

与此同时，大法官肯尼迪正在进行第二轮思考，在重大案件中他感受到决策的分量。1992年，在肯尼迪进入法庭宣布“凯西案”的判决结果之前，他告诉一位记者：“有时你不知道你是即将渡过卢比孔河的恺撒，还是切断自己的拖绳的奎格船长。”他请记者离开，这样他就能再“沉思”一会儿。[58] 现在，穿过最高法院的大理石走廊，他仍然在纠结是认可现在的结果，还是重新计票。

最高法院就像一座城堡，被护城河环绕，但承受着巨大的压力。奥康纳的二儿子布莱恩问周一能否带几个朋友来旁听口头辩论，布莱恩回忆说：“我们到达法庭后看到一番《现代启示录》的场景，防暴警察严阵以待，示威者正在焚烧大法官的雕像。我们走进妈妈的办公室，俯瞰广场和国会大厦，它出奇地安静，甚至是宁静的。”桑德拉从座位上站起来，热情地招呼朋友们，和他们攀谈起来。望着母亲，布莱恩想：“当你与她说话时，你就是这个房间里最重要的人。”大法官奥康纳对着窗子点了点头，它隔绝了外面的混乱，她微笑着耸了耸肩，说道：“这是不是很疯狂？”[59]

奥康纳像优秀的牧场工人一样，认为摆脱困境和危险很重要。那一年，她的助理斯坦·潘尼科夫斯基回忆起她顽皮的一面，多年来，助理们对墙上那张手掌的复印件（现在有点儿磨损）给予的啬啬赞扬已经不太在乎，潘尼科夫斯基想到可以在墙上贴一张类似的她的脚的图片，写上：“如果你想被踢屁股，就靠在这里。”他犹犹豫豫地问奥康纳，是否可以这样做，她回应道：“这太有趣了！”潘尼科夫斯基说，“我们带她去复印机旁，让她把脚放上去”，她勇敢地爬上一把椅子，伸出一只脚，此时助理们哈哈大笑。潘尼科夫斯基说：“她明白，在内心深处我们都有雄心，又没有安全感。”另一位助理塔玛拉·马修斯-约翰逊当时坐在楼上的办公室里，他回忆说：“我们接到她秘书打来的电话，说：‘请过来把我们从灾难中拯救出来！’大法官正在一把椅子上保持单腿平衡——太可怕了！我们将会受到指责。"[60]

潘尼科夫斯基决定与因"布什诉戈尔案"蜂拥而至的媒体开一些玩笑，12月中旬一个漆黑的夜晚，最高法院被摄像机和电视转播车以及抗议者们用扩音器喊话声包围着，潘尼科夫斯基穿上一件备用的法官长袍，戴上女士假发（每年助理们用于表演滑稽短剧嘲弄大法官的道具），走进大法官空荡荡的办公室，打开灯，站在窗边假装看联邦案例报告，那是一本厚重的棕色皮革面的书。潘尼科夫斯基回忆说："摄像机和灯光立即晃动起来，网络电视报道说奥康纳在她的办公室一直工作到深夜。"第二天早上，潘尼科夫斯基向奥康纳描述了这一情景，而奥康纳前一晚一直在家睡觉，助理说："她觉得很滑稽。"

然而，其他助理注意到奥康纳似乎被媒体圈所困扰，选举僵局持续会出现给法治施加压力的风险。两周前的早些时候，在迈阿密-戴德县的一次选举拉票会上，混战的律师引发了一场令人厌恶的"布鲁克斯骚乱"。这个国家若很长一段时间没有总统竞选的获胜者，媒体就会大肆渲染发生内乱的可能性。在他们的朋友朱莉·福尔杰家的晚宴上，约翰·奥康纳无意中吐露，他和桑德拉被有关戈尔团队从波士顿和芝加哥引进机器黑客试图"窃取"选举的报道所困扰。[61]

12月11日，周一，当布莱恩·奥康纳在大法官家庭包厢预留座位就座，旁听"布什诉戈尔案"的口头辩论时，他对设法挤进法庭的名人感到惊讶。他回忆说："杰西·杰克逊在那里，杰拉尔多（里维拉）也在。"奥康纳完全像一个严肃刻板的女教师，大家都这么认为。当戈尔阵营的律师大卫·博伊斯指出，一些选民感到困惑，正确填写选票却遇到了麻烦时，奥康纳打断了他，说："好吧，看在上帝的分儿上，为什么选民不被指导遵循标准呢？我是说，再清楚不过了，我的意思是我们为什么不促成那个标准呢？"[62]奥康纳没有掩饰她对佛罗里达州最高法院的不满。通常，奥康纳希望最高法院和其他国家机构之间的对话继续下去，让法律随公众观点的演变而演变，但是在这起案件中，佛罗里达州最高法院的法官们基本上忽视了华盛顿的大法官们的温和敦促，没有提出一种公平的计票方法和这样做的理由，现在时间慢慢耗尽。

奥康纳的助理理查德·比尔施巴赫感觉到她熟练且强有力地催促去确定问题并进一步研究。他回忆说："大法官奥康纳喜欢当机立断，不喜欢事情被弄得一团糟且久拖不决。我的印象是她试图结束这一切，这不是政治问题，它是……"比尔施巴赫说话时停顿了一下，"她想要一个确定的结果。"[63]

通过观察她的同事，大法官金斯伯格看到一些相同的动机在起作用。她回忆说："我认为桑德拉在想，如果最高法院对这件事袖手旁观，需要几周才会有结果。"佛罗里达州可能会因党派分歧而陷入僵局，该州可能会选出两组对立的选举人：一组已经得到共和党人、州务卿凯瑟琳·哈里斯的确认，另一组则是民主党人控制的州最高法院下令重新计票的结果。两位候选人都在争夺佛罗里达州选举人票，这场选举将结束于国会。在那里，布什无论如何最终会赢，但这会经历政客们的混乱争斗，而奥康纳开始质疑他们的修养。[①] "桑德拉认为最好是让国家走出痛苦。"金斯伯格说道（金斯伯格不同意桑德拉的观点，她希望重新计票，尤其是她认为历史上被剥夺过选举权的黑人选民被不成比例地少算了）。[65]

口头辩论之后，周一下午，在通常平静、缓慢的法庭上是一场混战。金斯伯格回忆说："那一天！这么一天，当时许多人试图影响其他人。桑德拉知道自己要去哪儿，就是这样，没有可能说服她。"

大法官布雷耶试图使他的朋友转向，但是奥康纳抵挡住了，决心结束重新计票，并宣布获胜者。然而，大法官肯尼迪仍然犹豫不决。

---

① 根据《美国法典》第 3 卷第 15 章，如果有两组选举人，这个事项将提交到国会，由参众两院投票决定接受哪一组。共和党控制的众议院将投票给布什的选举人，而民主党人控制的参议院将投票给戈尔的选举人。《美国法典》第 3 卷第 15 章规定，若两院意见不一致，经州长确认签字的候选人名单将获胜。佛罗里达州州长是杰布·布什——共和党总统候选人乔治·布什的弟弟，可以预见利益冲突和裙带关系的指控会满天飞，这种喧闹将一直持续下去。[64]

布雷耶有了一个想法，肯尼迪喜欢纵观历史产生共鸣的论点，在口头辩论中，布雷耶能看出肯尼迪被佛罗里达州的争论所吸引，佛罗里达州在不同的县（甚至不同的投票站）使用不同的标准计票，违反了《宪法第十四修正案》的平等保护条款，至少从表面上看，这是一个充分的理由，比保守主义者为支持他们的投票而抛出的法律技术更有说服力。布雷耶向肯尼迪建议加入他与史蒂文斯、金斯伯格和苏特大法官（四名自由派大法官）的阵营，裁定佛罗里达州需要建立一个统一的计票标准，然后继续重新计票。

一时间，肯尼迪似乎动摇了，倒向自由派阵营，但后来他又退缩了。现在轮到大法官奥康纳施展她的政治手腕，她与肯尼迪合作，形成一种意见，利用《宪法第十四修正案》的平等保护条款推翻佛罗里达州最高法院的裁定——仅仅为终止重新计票。奥康纳是一个功利主义者，找到恰当的宪法理论来支持一个结果，有点儿像从牧场周边的材料堆里找一个合适的配件，以修复一个支离破碎的风车。如果旧零件坏了，再找另一个。有点儿令人惊讶的是，奥康纳说服了三个保守派——斯卡利亚、伦奎斯特和托马斯，签字同意平等保护基本原理（尽管斯卡利亚私下嘲笑它是"就像我们在布鲁克林说的那样，一坨狗屎"）。使用《宪法第十四修正案》最大的好处在于，它允许最高法院九名大法官中有七名大法官同意推理——即便只有五名大法官同意结果。少数派大法官的异议对多数派提出傲慢的批评，大法官史蒂文斯轻蔑地写道：多数派意见是为了"使对遍及全国的法官的工作最具讽刺意味的评价具有可信度"。但是自由派的解决方案也有问题，如果戈尔最终获胜，最高法院将会成为愤怒的共和党人打击的对象。

不可能有开心的结局，肯尼迪写了一篇措辞华丽的判决意见，奥康纳则插入最平庸但最能说明问题的措辞：最高法院的意见"仅限于目前情况，因为在大选过程中的平等保护通常呈现出诸多复杂之处"。换句话说，最高法院的意见极其狭义，是一张为摆脱困境的一次性门票。[66]

布莱恩回忆说，在宣布判决结果前的周一晚上，桑德拉在家里"给我们倒了一杯苏格兰威士忌"，然后观看美国公共电视网的《新闻一小时》节目。布莱恩说，节目中法律专家对法律论点的分析如此不准确，以至于她明显地"退缩"了。约翰当时在亚利桑那州（在那里，布赖恩律师事务所仍为他保留有一间办公室），所以奥康纳带着儿子和他的两个朋友穿过街道到切维蔡斯俱乐部去吃汉堡。俱乐部内不允许使用手机，但她无视规定接了四个电话。布莱恩上床睡觉时看到母亲仍然穿戴整齐地站在书房，"正在接收大量的传真"。

布莱恩早上 5 点 15 分起床准备搭乘飞机回菲尼克斯时，母亲已经起床，她给儿子烤了一块英式玛芬。她说："好了，我们做我们的决定。"布莱恩知道母亲指的是什么，所以不会追问这个决定是什么。她接着说："这个国家有一半的人会恨我。"大法官的语气是"实事求是"的，布莱恩回忆道。但是，他又说："我能看出她真的担心人们会鄙视她。"[67]

是什么日夜激励着大法官奥康纳做出她一生中最困难也是最重要的案件的决定？她希望布什在大选中战胜戈尔，这是毋庸置疑的事实，但是如果说她是受党派政治的影响，那就错了。更有可能的是，她被在雷兹彼成长中学到的价值观触动——自力更生和担当，勇敢地面对肮脏且艰难的任务，毫不犹豫且毫无怨言。她知道，只要工作，就会溅一身泥。她的动机并不自私，事实上，通过投票来决定确保布什当选的结果，她知道她是在剥夺自己退休的机会，至少立刻显现出的是这样。利用她的帮助推举入主白宫的共和党人将是不体面的——毫无吸引力，正如她使用这个词的最深层含义。如果最高法院允许重新计票，如果布什最终在佛罗里达州或者国会赢了，她会感到可以自由地退下来。可以肯定的是，她在"布什诉戈尔案"中的投票使她不能很快随时退休，这是一个极大的讽刺。

奥康纳的处境艰难，事实上，大法官们都一样。为了更大的利益，她愿意让自己（连同她所珍视的机构）遭受严厉的批评——她希望这是暂时的，以免国家政治陷入混乱。她认为这个国家正面临一场深刻的生存危机，这场危机考验着法治和公民社会。她不相信一个不安分的国会（当然也不相信佛罗里达州法院和政治体系）能够解决这个问题，于是她照着父亲教她的去做。她没有找借口，而是修补轮胎（或者更像是抓住公牛的犄角），然后她继续前进或者试着继续前进。

第十四章

平权运动

女性和儿童的困境触及奥康纳的内心深处，
对少数族裔的歧视也是如此。
思想的力量比肤色更有说服力。

乔治·W.布什举行就职仪式前，约翰与大法官托马斯和斯卡利亚在位于国会大厦的最高法院老法庭。当斯卡利亚向她提出尖锐的异议时，她叹气说："噢，尼诺。"托马斯说"她是黏合剂"，维持着最高法院的团结。

2000 年 12 月 12 日晚 10 点，最高法院新闻办公室发布了法庭对"布什诉戈尔案"的判决结果。最高法院未签署的判决意见连同一堆协同意见和异议，是如此令人费解，以至于在冰冷的大理石台阶上一字排开的记者显然难以在镜头前理解它。在一两分钟内，很显然乔治·W. 布什将是下一任总统。大多数大法官已经从最高法院的地下车库开车离开。

对最高法院的批评接踵而至，并且是残忍的。《华盛顿邮报》的玛丽·麦格罗里称其为"一种嘲弄"。《纽约时报》专栏最犀利的主笔莫琳·多德精心创作了模仿大法官们在法官席上提问的滑稽场景，引用大法官奥康纳在切维蔡斯俱乐部的朋友的话描述她问戈尔阵营的律师大卫·博伊斯："你知道如果我站在你一边，我可能将我丈夫约翰在波希米亚俱乐部的会员资格置于危险境地吗？"约翰在日记中提到多德，称"她攻击了桑德拉和我"。[1]

更严重的问题围绕着最高法院使用《宪法第十四修正案》来证明停止重新计票的合理性，许多评论人士指出，平等保护条款一直是自由派司法人士扩大联邦权力的工具，那么为什么最高法院五名通常只接纳州权力的保守派大法官，这次全部借用这一观点在"布什诉戈尔案"中证明其结果的合理性呢？一些持怀疑态度的最高法院观察人士跨越意识形态界限，给出的答案是"纯政治"。[2]①

　　愤世嫉俗者说得有道理，大法官斯卡利亚告诉他在华盛顿特区上诉法院的盟友劳伦斯·西尔贝曼法官，他签署大法官肯尼迪有关《宪法第十四修正案》的原理阐述是为了防止肯尼迪改变意见，转向自由派，从而丧失保守派主张停止重新计票的多数票。他告诉西尔贝曼："肯尼迪就像准备投放深水炸弹。"对"布什诉戈尔案"的判决也有一些原则性的辩护，最著名的是理查德·波斯纳，他是芝加哥联邦上诉法院杰出的自由市场导向的法官，他赞扬最高法院（和奥康纳）的实用主义，但是来自法律和新闻机构的批评是尖锐和无情的。[4]

　　刚好在判决之后，奥康纳离开前往亚利桑那州。在山谷骑马和马球俱乐部的圣诞晚餐上，她告诉她的朋友贝齐·泰勒："唉，我们永远都忘不了这件事。"泰勒回忆说："她真的很心烦。"[5]然而，在度假期间，她在天堂谷乡村俱乐部第一次取得了一杆进洞的成绩。

　　回到华盛顿，在泛美航空公司前总裁纳吉布·哈拉比举办的新年派对上，大法官奥康纳走到安·胡普斯身后，抓着她的胳膊说："安，大家都恨我。"胡普斯说："我想说——'你活该'。"她的丈夫给桑德拉写了一封言辞激烈的信："我和其他数百万人一样，对最高法院以微弱多数执行的赤裸裸的党派权力游戏感到震惊……而且我对你选择参与其中深感失望。"奥康纳则为最高法院辩护，有一段时间，汤森·胡普斯和桑德拉这对老朋友都躲着对方。[6]

　　前联邦参议员艾伦·辛普森回忆说："'布什诉戈尔案'让她如坐针毡，她会说，'我真的不想谈论这件事'。"正常情况下，她的朋友知道不要问她最高法院的事情，但是"布什诉戈尔案"之后，有些人忍不住询问。如果追问最高法院为什么要这么做，她的标准回答简短、

---

① 根据盖洛普民意调查，"布什诉戈尔案"之后，公众对最高法院的支持率大幅下降，但随即恢复，然后，随着布什总统的支持率下降，又逐渐下滑。[3]

冷静且略带神秘："我们只是必须推进。"她从来没有指明多数派其他四位大法官，也没有为他们的行为进行令人信服的辩护。[7]在公众演讲活动中，她会在问答环节开始时声明："不要问我有关'布什诉戈尔案'的问题。"前总统吉米·卡特告诉他的朋友，他对奥康纳的行为感到愤怒，以至于他决定不与她说话。2002年夏，他们都在蒙大拿州的Silver Tip进行飞蝇钓鱼，那是一座由时代生活公司总裁拉尔夫·戴维森拥有部分产权的原木住宅，前总统卡特的沉默誓言很快就在他与奥康纳一起绑苍蝇时融化了。[8]

奥康纳可以在游戏和娱乐中以快乐和愉悦的方式解除人们的防备。"布什诉戈尔案"后，哈丽雅特·巴比特极度失望，20年前，她曾在奥康纳晋升到亚利桑那州上诉法院中起关键作用，她回忆说："我的情绪从震惊到沮丧再到厌恶，当桑德拉进来时，喜欢她的人都走出房间，不是无礼，他们只是不想面对她。"2001年4月，"布什诉戈尔案"判决四个月后，巴比特夫妇在他们华盛顿的家附近的马扎展览馆看电影《逃狱三王》时偶然遇到奥康纳夫妇，哈丽雅特记得："我们无法避开他们，桑德拉说：'你们来我家吃晚餐吧！'布鲁斯说：'没问题！'于是桑德拉做了晚餐，有菠菜和豌豆沙拉，她知道自己在做什么。聚在一起吃饭是表示了对旧时光的怀念。"哈丽雅特的丈夫、前州长布鲁斯补充道："我们根本没有谈论这个案子，我们谈论的是经营牧场的事情。"[9]

没有人比桑德拉·奥康纳更坚定地要从大大小小的挫折中走出去，在马里兰州东海岸弗兰克·苏尔乡间别墅举行的一年一度的新年前夜聚会上，奥康纳带领参加聚会的人写下那一年他们生活中所有出错的事情，把它们揉成一团，扔进火里。[10]（可能受到约翰的鼓励，她还试图淡化"布什诉戈尔案"的纷扰："愿你在新年从'打孔时没有打穿的票'中解脱出来。"）然而，关于这个案子的问题，多年来一直困扰着她。退休后，她在伦敦经济学院演讲时被问到是否因"布什诉戈尔案"的判决而后悔，她回应道："我做了我必须做的事，这件事结束了。"

美国律师协会负责中欧和东欧法律项目部的马克·埃利斯是奥康纳的同事，他们也是朋友，他回忆说，奥康纳一反常态地为自己辩护，"所有人都很惊讶"。

奥康纳喜欢提到大型媒体组织发起的佛罗里达州重新计票调查显示布什无论如何都会赢，即使戈尔要求佛罗里达州最高法院命令重新计票继续进行也是如此。她在 2009 年对一名听众说："现在，佛罗里达州四个关键县中的三个县单独重新计票……因为所有选票都保存下来了，所以他们可以仔细检查并清点它们，重新计票的结果显示并没有任何改变。所以，你知道，我对这件事再也没有顾虑。好啦，我想如果有什么错事，我们早就知道了，媒体会告诉我们的，对吧？所以我还是别自找麻烦了。"[11]

在判决 10 多年之后，支持重新计票的媒体组织之一——《芝加哥论坛报》的编辑委员会再次向奥康纳提出关于"布什诉戈尔案"的问题。最高法院"受理了这个案件，并在它还是一个重大选举问题的时刻做出判决，也许最高法院应该说'我们不打算受理它，再见'……也许，最高法院在问题结束的那天使问题更加复杂"，奥康纳在一次罕见的事后评价中这样说。奥康纳的一位不愿透露姓名的助理 2016 年告诉我，奥康纳曾经说她对"布什诉戈尔案"感到遗憾。获悉这不寻常的坦白后，大法官史蒂文斯说："她对这（指对最高法院信誉的打击）并没有足够关注，她错误地投票，犯了一个严重的错误。"[12]

2017 年 1 月，奥康纳坐在轮椅上，有人问她是否对"布什诉戈尔案"有任何遗憾，她回答说："我肯定有过，但是重新思考并无裨益。我知道，这看上去像是以党派划线的投票。"她那布满皱纹的脸变得柔和，并且变得悲伤起来。[13]

2001 年 1 月，大法官奥康纳和她的家人没有参加布什总统的就职典礼。她的儿子布莱恩·奥康纳回忆说："布什当选后，她拒绝参加第 43 任总统布什的任何社交活动，她永远不想让人们感到这是礼尚往来。"① 她再也没有提及退休。[15]

* * *

大法官奥康纳的椅子上放着一个靠枕，它是朋友们送给她的搞笑的礼物，上面绣着：也许有错误，但从不怀疑。2001年春，在"布什诉戈尔案"判决几个月后，大法官同意与乔治·华盛顿大学法学院教授杰弗里·罗森见面，他正在为《纽约时报》写一篇有关大法官奥康纳的封面文章。奥康纳对罗森很警觉，因为他曾写过批评她的文章。罗森在早些时候为《时代》周刊撰写的一篇专栏文章里写道："就大法官奥康纳的判例而言，没有任何的温和与克制。律师和法官必须试着读懂她的想法，而不是被一贯的法律规则引导。"在这篇文章的顶部，大法官潦草地写道："保存这篇恶心的文章的复印件。"[16]

婉拒了罗森的采访要求，领他参观了她的办公室后，她正请他出门时，罗森注意到那个靠枕。罗森在2001年6月30日《时代》周刊的封面故事（"一个人的多数"）中写道："奥康纳的刺绣格言——'也许有错误，但从不怀疑'——与司法谦卑等司法传统形成对比。"罗森以这句话对比了莱纳德·汉德的名言："自由的精神是一种不太确定它是否正确的精神。"罗森总结说："奥康纳的判例不是司法克制，而是一种司法专横。总的来说，她将法庭（尤其是她自己）看作决定这个国家每一个政治和宪法问题的专有论坛。"[17]

奥康纳不喜欢封面上的图片，这使她看上去像乔治·华盛顿；她也不喜欢罗森令人感到刺痛的批评。她的秘书琳达·内亚里被告知，以后只要有记者来访，她就得将靠枕拿走。[18] 在奥康纳离开最高法院

---

① 最高法院宣布判决后不到48小时，大法官奥康纳劝说一个共同的朋友向布什的重新计票顾问吉姆·贝克建议：当选总统应"立即表达他有意淡化奢华的就职庆典、提供昂贵餐饮的高规格宴会、花费不菲的异国情调的花车游行等。或许还能以某种方式将用于庆祝活动的资金投入一项针对美国选举缺陷和前后矛盾的广泛研究"。这个建议没有得到回应。[14]

5年后，罗森写了一篇题为"我为什么想念桑德拉·戴·奥康纳"的文章，他热情地赞扬她的温和（相对于新任大法官而言）和务实。2013年，当罗森成为美国国家宪法中心主席时，奥康纳是理事会成员。[19]

但在2001年，罗森用一把锋利的刀对奥康纳进行切割。他对奥康纳判例的质疑得到了其他宪法学者的广泛认同，其中包括她原本给予保护的前法律助理。尽管如此，由于几乎没机会见奥康纳，罗森无法认识她。当然，在后来的生活中，她会给人留下过于自信的印象。但是实际上，她并不是一个傲慢的人，她知道自己扮演着"美国最高法院第一女性"这一重要的公众角色，并且她并不逃避责任。

奥康纳很容易被夸张讽刺地描绘，也很难被理解，她可能会展现令人困惑或矛盾的形象。她可以是迷人的，也可以是粗鲁的；她可以坦率得让人放下戒心，也可能是迂回和狡猾的；"专横"的奥康纳会告诉乘客坐在车里的确切位置，而谦逊的奥康纳践行着司法"最低限度原则"，她坚持事实，让法律慢慢演变，不愿意发表宽泛的声明。这一切很难调和。（一本讨论司法极简主义的书的作者凯斯·桑斯坦打趣地说："我猜想你可以说她是极简主义的专横。"[20]）

奥康纳喜欢掌握局面，她能欣然接受在势均力敌的重大案件中召集多数大法官的挑战。但是"她不喜欢'世界上最有权势的女人'这类文章"，罗纳尔·安德森·琼斯说道，她在2003年开庭期担任奥康纳的助理，是毕业于俄亥俄州立大学法学院的摩门教徒。除了露丝·麦格雷戈，琼斯是最了解奥康纳的人，她看到了即使是最精明的记者也会忽视的微妙和复杂之处。

琼斯否认了"也许有错误，但从不怀疑"靠枕的隐喻。"这误解了脆弱的表层……不是脆弱，而是谦卑，是谦逊。"琼斯说。虽然奥康纳可以以打造多数派为乐——享受自己占据着"具有极大优势的位置"，但就像约翰在日记中写的那样，对于那些带有重大社会分歧的势均力敌的棘手案件，琼斯说："她并没有从她的第五票角色中得到乐趣，我听说她为此感到极度痛苦，她再也不想重复会上所说的话——'我们肯定在驾驶这列火车！'"在重大案件上，琼斯（和其他许多助理）会听到她简单地说："哦，救命！"

正如琼斯对她的了解，奥康纳并没有恳求过她的助理，或者向他们中的任何人寻求过帮助，这更多的是一种存在主义的抗辩。琼斯说："向上帝求助？向宇宙求助？她内心并非满是恐惧，但是她确实发现这项工作很沉重。大法官的态度是'我们有工作要做，我们无论如何都能渡过难关'，这里没有胜利之舞。"

像奥康纳一样，琼斯也是在一个放牛的牧场长大，在那里，希望是万能的奖赏，规则是自力更生。随着时间的推移，她们在谈论她们的父辈时变得亲密起来。她们的父亲都是性格温和、意志坚强的男人，在他们的领地都是温和的独裁者。她们谈论"牧场式心态"，"搞定事情"的责任，相信"工作能够解决一切事情"。[21]

奥康纳不喜欢炫耀，但是她确实想成为榜样（她曾直率地承认这一点），这需要一定程度的炫耀。诀窍是谨慎和谦逊。奥康纳想要讲述她的故事，但要使用经过她自己精心调整的措辞。

巧合的是，2001年春，当杰弗里·罗森为一次简短的非正式访问来到奥康纳的办公室时，她刚刚完成自己在雷兹彼牧场成长回忆录的最后润色。这本回忆录已经写了多年，自20世纪90年代中期以来，兰登书屋的编辑山姆·沃恩就一直追着奥康纳写书。沃恩的作者包括桑德拉·戴在斯坦福大学的写作老师华莱士·斯特格纳，他是普利策奖获得者，也是美国西部文坛大家。[22]1988年，就在约翰·奥康纳开始写自己未出版的回忆录时，桑德拉开始与弟弟艾伦讨论创作讲述雷兹彼牧场的长篇故事。她指示艾伦："写你想写的事情，然后寄给我。"艾伦起初毫无头绪，后来突然萌发了写六个章节的想法：爸爸和妈妈各一章，另外四章是牧场里不同牛仔的故事。艾伦和桑德拉在铁泉度假区待了几天，粗略地写出了大纲。艾伦回忆说："我们拿自己的基因开玩笑，有些很棒，有些却并不想要。"他补充说："桑德拉缩短了有关爸爸的那一章。"[23]

《雷兹彼》这本书的结构是松散的，也许是故意如此。书中有一章被简单地命名为"更多地了解吉姆"（吉姆·布里斯特是一个生活丰富多彩的牛仔），它的内容简单却充满感染力——与华莱士·斯特格纳的风格没有什么不同，并且有令人印象深刻的特点，引导奥康纳透露更多自己的成长经历。实际上，又没有透露过多她内心世界的东西。琳达·格林豪斯在《纽约时报书评》上写道，《雷兹彼》是这位成年作家提供给大家的一部重写本（重写本是一份手稿，原本的字迹已被抹去，为后来的书写腾出空间，但仍留有痕迹）。这本书未做"明确的尝试"来调和公众对桑德拉·戴·奥康纳的认知：拘谨、刻板的菲尼克斯女青年会前主席……她成长后成为美国最高法院第一位女性大法官；小女孩在牧场长大，"不再那么女性化"。但《雷兹彼》仍然是一本"引人入胜的回忆录"，格林豪斯写道，这本书卖得很好，足以登上《纽约时报》畅销书榜。格林豪斯的评论尊重了戴氏家族的孩子们对他们称之为祖国的这个淳朴和高要求国家的崇敬。奥康纳给"亲爱的琳达"写了一封热情洋溢的感谢信，她很欣赏琳达写的关于最高法院的文章，奥康纳写道："没有哪个专栏文章能比这篇更抓住我的心了。"[24]

2001 年 9 月 11 日，当恐怖分子袭击纽约和华盛顿时，大法官奥康纳正在印度传播法治福音。她回到家一个月后，一封沾有炭疽孢子的信件出现在最高法院的收发室，她和其他大法官不得不撤离办公室，挤进位于市中心的联邦法院大楼里上诉法院法官的办公室办公。最高法院的助理米歇尔·弗里德兰（后来成为第九巡回上诉法院的法官）回忆说："她对整件事情非常不满，她坐在一位法官的办公桌前，助理们坐在地板上，这只是权宜之计，她喜欢秩序。她说，'我们不能让这件事分散我们的注意力，我们必须继续专注工作'。"2001 年开庭期的助理安努普·马拉尼回忆说："她有一种说'冷静'的方式，就是不冷静地说。"[25]

助理们以付出更多努力的方式回应，在万圣节雕刻了"乌萨马·本南瓜灯"。助理杰里米·加斯顿回忆说，他"非常担心"再次发生恐怖袭击，"我当时真的很害怕，我们能做的就是继续专注于工作"。加斯顿拥有职业杂耍家和钢琴家的技能（他曾向大法官展示过这两项技能。奥康纳问他："你能同时耍三个甜瓜吗？"），但他当时更像是计算机科学家，而不是宪法学者。他回忆说："我总是担心自己做得不够好，但是她对我有信心，我永远不会忘记她最后给我的那个大大的拥抱。这对我意义非凡，我已经尽力，这就足够了。"[26]

对助理们来说，他们要通过一些例行测试。每年 3 月底的某个上午，他们都会徒步到国会山观赏樱花。凛冽的寒风夹杂着冰雨，助理卡罗琳·弗朗茨（后来成长为微软公司副总法律顾问）对奥康纳的秘书琳达·内亚里说："我们肯定不会去了。"琳达回答说："大法官不会因天气而改变计划，反而天气因她而改变。"弗朗茨回忆说，在下山的路上，"非常滑，我伸出胳膊（想扶稳她），她立即甩掉我的胳膊"[27]，她不想让人记起她的年龄。

她已经成为一位祖母级的人物，但仍然将头发染成金色。2002 年 6 月她入选"女牛仔名人堂"时，谈到自己在雷兹彼学到的自力更生法则。[28]约翰在日记中记录道，去年夏天钓鱼时，她踩在湿漉漉的岩石上滑倒了，手臂受了重伤，"她不想让任何人知道这件事，就让厨房里的一位妇女帮她包扎一下"。[29]

她决心不表现出软弱或脆弱，尤其是在约翰不知不觉地更深地陷入痴呆的时候。给约翰诊疗的乔治敦医院神经学医生保罗·艾森在 2001—2002 年定期与桑德拉夫妇会面，当时约翰的挣扎已经加剧。奥康纳"保持镇静，继续前行"的方法（像往常一样不停地开派对，让约翰自己环城旅游）已经不再可持续。艾森医生回忆说："我从 2001 年开始建议她多参与进来，我劝他戒酒，求他停止开车，她需要看着他吃药。"

2002 年 4 月 22 日，也就是奥康纳在冰冻的赏樱花之旅拒绝助理的帮助不到一个月后，奥康纳夫妇与艾森医生见面，听取了他关于约翰的状况正在变糟的报告。艾森医生在他的笔记中写道："约翰现在很难记录下自己的想法，他记不住自己的话。"桑德拉开始哭着"谈论他的病情"，然后"约翰也哭了"。两周后，5月5日，约翰"报告说他失眠了——每周有几个晚上睡不着"，这是阿尔茨海默病的常见症状。6月26日，桑德拉告诉这位神经科医生，她的丈夫"不能完成简单的指令"。9月，她报告说约翰很沮丧。在10月1日的一次电话交谈中，她说他现在很难做简单的陈述，经常把垃圾放错地方。她因他无法有"亲密行为"而心烦意乱，艾森医生在他的笔记中写道。那时，约翰已经放弃记日记。5月21日，约翰在自己的最后一篇日记中记录，在代表着他们相爱的同一张床上睡觉是更大的挑战。他写道："桑德拉安排了一次低调的晚餐，非常奇妙，我们上床休息，这对我们来说再一次出现困难。我无法入睡，我翻身的动作吵醒了桑德拉，这是非常严重的问题。"但是，他一切如常，仍然欣赏她的厨艺。[30]

大法官奥康纳继续致力于给予她的助理职业指导，2001年夏天，卡罗琳·弗朗茨刚到奥康纳的办公室时，对一位新上任的最高法院助理来说，她的个人形象很普通。她说："我有点儿蛮横无理，我以为我所做的一切都是为了成为智力强者。"但是从她的上司那里，她了解到"社交天赋和人性的重要性"。

弗朗茨在处理一个人身保护令调卷申请案件时，上了一堂简单的人性教育课。她回忆说："这个案件非常复杂、挑战智力。我解析了B小节的规定等内容，然后判定这个囚犯不应该得到援助。"弗朗茨向大法官奥康纳提出了自己的结论意见，她只问了一句："你觉得这样公平吗？"弗朗茨想了一会儿，回答道："嗯，不公平。"[31]

但这样公平吗？这是厄尔·沃伦的著名问题。沃伦法院的首席大法官以通过法律细节和模糊表述切入案件的核心而闻名，特别是通过扩大《宪法第十四修正案》对"正当程序"和"平等保护"的保障方面。奥康纳也许是作为威廉·伦奎斯特的一个盟友进入最高法院，以击退入侵各州权力的联邦权力，但是到了在最高法院的第三个10年开始时，当现实迫使她听起来更像是厄尔·沃伦时，就像他们在2001年春天对"阿特沃特诉拉戈维斯塔案"判决所做的那样。

盖尔·阿特沃特在得克萨斯州拉戈维斯塔镇参加完足球训练后，开车带着两个年幼的孩子回家，这时当地的一名警察把她拦下，因为她和孩子都没有系安全带。阿特沃特被戴上手铐关进监狱一个小时左右，最后交了50美元的罚款。她起诉警察侵犯了她的宪法权利，"足球妈妈"一案被提交到最高法院，多数派大法官（四名保守派加上大法官苏特）裁定她的起诉不成立。大法官肯尼迪在口头辩论中说："对一个浑球儿警官来说，这并不是违反宪法的行为。"奥康纳与自由派的投票一致，她提出的异议慷慨激昂。她的助理詹妮弗·梅森·麦卡沃德回忆说："她真的深入挖掘记录，以了解人类动态。"奥康纳指出，阿特沃特3岁的儿子得知母亲被送进监狱后，受到了"精神上的创伤"，虽然种族问题与本案无关（阿特沃特是一位白人妇女），但是奥康纳指责多数派无意中鼓励警方做种族定性。她问道，法庭给警察传达了什么信息，谁会因为轻微的交通违法行为而拦下车并骚扰年轻的黑人男性呢？自由主义评论员莫莉·艾文斯称赞奥康纳具有现实世界的远见，并为她那份"史上最好的"异议喝彩。[32]

女性和儿童的困境触及奥康纳的内心深处，对少数族裔的歧视也是如此。但是对于社会上的种族主义遗留问题，她仍然认为很难找出答案。种族，或者更确切地说是社会偏好，对奥康纳来说一直是令人苦恼的问题，部分原因是她在希望终结平权运动的保守派与希望保留平权运动的自由派之间占据着一个越来越孤立的真空地带。

奥康纳希望相信种族偏好不再是必须的那一天终会到来。1995年，奥康纳与保守派站在一起投票形成多数派，最高法院否决了佐治亚州立法机构为保证黑人代表而设计的国会选区的努力。《纽约时报》社论版指责最高法院此举是对1965年《投票权法案》的"釜底抽薪"，但是奥康纳因一名黑人共和党议员的反应而振奋，这位黑人议员说自己对最高法院的判决感到"非常兴奋"。约翰·奥康纳描述他的妻子观看美国公共电视网的《新闻一小时》节目对这一案件的报道时的情景，这档节目是她最喜爱的新闻节目。约翰写道，这位议员"所在的选区，90% 是白人"，他的"表达明确有力、友好且尖锐，桑德拉被他的阐释和论点折服。他说，白人会投票给那些与他们观点相似的黑人"。奥康纳坚信思想的力量比肤色更有说服力。[33]

与此同时，现实主义者奥康纳也留心观察更为悲观的观点。她知道，她的老朋友和种族问题导师瑟古德·马歇尔认为，在不再需要以种族偏好来消除种族隔离和种族压迫的历史影响之前，至少还需要经历另外一个世纪（当大法官马歇尔于 1977 年 12 月在大法官会议上做出他的百年预言时，奥康纳的另一位亲密朋友鲍威尔大法官目瞪口呆）。[34]

奥康纳在 1996 年 12 月获得密歇根大学法学院荣誉学位并参观学校时，平权运动进入第 30 个年头。她的向导是法学院副院长肯特·赛弗鲁德，他也曾是奥康纳的助理。当他们走进法律研究主楼的地下室时，奥康纳注意到，走廊的布告板上都是来自不同种族和基于性别的通知：黑人、西班牙语裔、亚裔、女性。赛弗鲁德回忆说："她惊骇不已。"奥康纳问道："这就是多样性的全部所在吗？"赛弗鲁德说，奥康纳不喜欢受害者政治和身份政治，"她对'女人的视角'这一概念很恼怒。她有很多自己的经历，知道比赛场地并不总是平坦的。但她并不喜欢明确承认种族问题"。奥康纳是一个一贯主张取消种族隔离的人，她对大融合深信不疑。对她来说，分离主义和部落主义破坏了她所认为的最伟大的理想——公民理解。

站在地下室里，奥康纳与赛弗鲁德讨论起平权运动。奥康纳想知道："足够长是多长时间？我们如何达到那一点？"她想要一个临时方法来强制种族包容，她愿意采取实践措施来实现她的目标，但是她希望这些措施恰恰是朝着一个更统一的整体前进的步骤。赛弗鲁德把她的观点描述为"补偿？太可怕了！基于受害者的解决方案？啊"。她回忆说，奥康纳"很紧张，也担心平权运动"，部分原因是她知道，过不了多久她将会对平权运动的案件做出裁决。[35]

6年后，2002年12月，密歇根大学的平权运动项目案件提交到最高法院，这实际上是两个案子：一个是质疑大学本科录取规则，另一个是质疑法学院录取规则。[36]

本科生招生系统处理的申请人数远超法学院申请人数，根据年级和班级排名、美国高中毕业生学术能力水平考试（SAT）、课外领导力和是否为校友子女打分，达到100分的申请者会被自动录取。少数族裔的候选人从一开始就带有可观的20分，作为一个实践问题，少数族裔B级成绩的学生可以1 200分的SAT成绩入学，有相同记录的白人学生则不行。在规模更小的法学院，这一体系更全面、更个性化。招生委员会根据每个申请人的优点来考虑是否录取他们，种族是一个因素，但不是决定性的。理论上讲，一年中，51名平均成绩为B级和法学院入学考试（LAST）中得到中上等成绩的白人学生中仅有一名被录取，黑人学生则百分之百地被录取。种族偏好在法学院可能一点儿也不亚于其他学院，它只是不那么明显罢了。[37]

密歇根大学聘请了华盛顿实力强大的威尔默、卡特勒和皮科林律师事务所在最高法院为其平权运动计划辩护，负责此案的律师是奥康纳的前助理斯图尔特·德勒里。当律师们提出自己的论点时，他们经常特别针对特定的大法官。在2002年出版了《雷兹彼》一书后，奥康纳很快就厌倦了涉及牧场生活典故的概要。[38]

很明显，在平权运动案件中，奥康纳的投票至关重要。所以德勒里与威尔默律师事务所的其他律师（他是著名的民权律师约翰·佩顿领导的团队中的一员）精心构思他们的论点时就考虑到了奥康纳。德勒里1995年曾在奥康纳的办公室工作，那年奥康纳撰写了"阿达兰德案"的多数派意见，这个案件的起因是对联邦为少数族裔承包商"预留合同份额"实行严格审查。德勒里知道，奥康纳认为种族偏好适用于"严格审查"，在奥康纳看来，严格审查"实际上并不致命"——上下文的背景总是要紧的。[39] 以奥康纳的老朋友（也是榜样）刘易斯·鲍威尔在"巴基案"中撰写的意见为模本，明确种族配额已经过时。但是将种族作为其他因素之一的整体录取政策，比如鲍威尔推荐的哈佛大学的方法，凭借种族可以在天平上加上砝码，但不能太明显，更有可能通过奥康纳的合宪审查。

德勒里在大法官奥康纳撰写"阿达兰德案"判决意见后不久开始他的助理工作，这是第一批测试州立法机构利用种族划分国会议员选区能够走多远的案件之一。德勒里回忆说："在'肖诉雷诺案'中，所有证据都表明，她恰恰在划分种族界限方面退缩了。种族问题失去了往日的吸引力，它已经显得不合时宜，奥康纳不喜欢将种族作为主要因素。"

德勒里回忆说："我们知道她非常尊重鲍威尔，我们一开始就证明鲍威尔在'巴基案'中的观点是正确的，即多样性对白人和黑人都有好处，并表明种族并不是录取规则的主要因素。所以我们让社会学家讨论多样性的影响，让统计学家揭示种族因素只是众多因素之一。我们知道，如果种族问题主宰一切，那我们就死定了。"

威尔默律师团队采取的一个明智的步骤是，征募密歇根大学法学院前副院长、奥康纳的前助理肯特·赛弗鲁德在初审法庭作为专家证人。由于少数族裔学生的平时成绩和入学考试分数仍然落后于白人学生，所以在像密歇根大学这样的顶尖学院废除平权法案意味着教室里将很难见到少数族裔学生的面孔。的确，在加州大学伯克利分校法学院已经出现了实质上的种族隔离复燃，20世纪90年代中期，一场州公民投票废除了种族优惠政策。赛弗鲁德作证说，提升少数族裔是实现"群聚效应"的唯一途径。他的话是直接针对奥康纳的，她曾对密歇根大学法学院地下室海报栏中身份群体的诉求感到不安。在另一个法学院案件"格鲁特诉博林杰案"中，奥康纳引用赛弗鲁德的专家证词，然后用一种略带吃力的法律论证三段论来总结她的论点："当未被充分代表的少数族裔学生的群聚效应呈现时，种族成见就失去了力量，因为非少数族裔学生当中已经有多样性视角。"赛弗鲁德实际上是在对他的老上司说，如果你要实现让理想比肤色更重要的目标，你就需要加倍支持平权运动，以创造一种"群聚效应"。[40]

也许德勒里和密歇根大学法律团队最聪明的做法是确保奥康纳——用他的话说——做出"所罗门王的审判"。奥康纳的助理们知道，她更喜欢通过拒绝极端来寻求中庸的解决方案，助理们称其为"熊宝宝"，取自寓言《金发姑娘与三只熊》，熊爸爸的粥太热，熊妈妈的粥太凉，而熊宝宝的粥"刚刚好"。[41]

在涉及本科录取的案件中（"格拉茨诉博林格案"），平权运动"太热"——这是根据数量而言的，纯粹因为种族偏好就有高达 20 个百分点（计划招收的 100 个名额中需要留出 20 个名额）的录取量，这听起来就像是一个配额。但是，平权运动也不能完全降温，这样会大幅降低少数族裔的入学率。顶尖的法学院（哈佛、耶鲁、斯坦福）将利用全额奖学金抢夺那些在法学院入学考试中取得高分的相对少量的非洲裔美国人，只剩下像密歇根大学这样优质的法学院，黑人学生数量少得令人无法接受。然而，在"格鲁特案"中，受到质疑的法学院录取系统中，有一个"刚刚好"的公式，即种族作为一个因素，并不作为决定性因素，整个过程被巧妙地模糊为"整体性"。

尽管本科录取争议案件在下级法院并没有经历上诉程序，但是密歇根大学采取了一项战略行动，支持最高法院将两个案件合并审理。奥康纳很有可能甚至在开始认真钻研这个案件之前，就已经本能地看到了一条中间道路。

她并不乐于接受自己作为决定性一票的角色。她知道她独自站在中间，而手握另一张摇摆票的安东尼·肯尼迪将与保守派站在一起，拒绝州立大学的平权运动。奥康纳的助理贾斯汀·纳尔逊回忆说："她把我拉到一边说，'这件事将会落到我头上'。"[42]

在 2002—2003 年担任奥康纳助理的埃米莉·亨回忆说："这些案

件笼罩着我们的办公室，奥康纳不只浏览法律图书和简报，她还时常看报纸，去了解这个国家是如何处理平权运动的。"那年冬天，在口头辩论期间，大批示威者聚集在最高法院外，奥康纳建议贾斯汀·纳尔逊到外面与人们谈谈。2002年开庭期的另一位助理克里斯蒂娜·罗德里格斯回忆说："奥康纳想知道外面的世界在说什么。"

亨指出，在奥康纳自己的办公室，多样化是经过了"不一般的深思熟虑"的。虽然她在雇用助理时没有密切关注意识形态本身，但是奥康纳想从不同角度听取意见。罗德里格斯是毕业于耶鲁大学法学院的西班牙语裔女性，曾获罗德奖学金，她全身心地致力于民权事业，"我起初认为自己进入了一个人权诊所和劳工法诊所，我可能太倾向于自由派了。后来，我意识到她想要平衡"。助理埃利森·牛顿·何是保守派积极分子——芝加哥大学法学院联邦党人协会会长，同期的另外两个助理在那个开庭期滑向左翼阵营。罗德里格斯认为，奥康纳本人比她表现出来的更靠左。罗德里格斯说："'什么是公平？'这无疑激发她的思考。"当被问及奥康纳所声称的"一位聪明的男性和一位聪明的女性"作为一名法官会得出相同的结果时，罗德里格斯回答："法官们必须那么说。对奥康纳来说也没有问题，因为她是一名女性，这贯穿她所做的判决。一位男性不可能写出'霍根案'的判决书（她的第一个性别权利案件），她愿意相信自己是个独立的思考者，她没有性别倾向，但我不知道一位女性怎么能这么严肃地说出来。"

像往常一样，在令人担忧、备受瞩目的案件中，奥康纳小心翼翼地避免向身边的助理透露底牌。罗德里格斯说："我们得到一些提示，她说我们说过这个（狭义的平权运动）在'巴基案'中是可以的。但是她从来没有告诉过我们她在读什么，我记得在她的办公室里有一场旷日持久的争论，她一句话也没说。"

在"格拉茨案"和"格鲁特案"中，几十份法律摘要堆放在她的办公室。罗德里格斯说："有一张图表显示公民投票废除平权法案对加利福尼亚州学校的影响，这正是她所担心的。图表显示少数族裔学生的比例急剧下降，她不能接受这对精英机构的影响。"一份支持平权运动的"法庭之友"简报由许多高级军官签署，其中包括科林·鲍威尔和若干前参谋长联席会议主席。简报争辩道，在军事院校和军官队伍中，平权运动很有必要，以确保不出现令人瞠目结舌的种族军衔差距。军队（实际上，所有的主要机构）一般而言看上去就像社会，平权运动是必要的。埃米莉·亨回忆说："奥康纳有时不看'法庭之友'简报，但我知道她对那份简报很感兴趣，她想知道平权运动如何影响社会和机构。"平权运动的投票数据趋向于模糊，因为答案取决于问题本身。（你赞成配额吗？不赞成。你赞成平权运动吗？赞成。你赞成种族偏好吗？也许不赞成，视情况而定。）但是在建制派精英当中，意见很明确：平权运动是必要的，这使他们的机构"看上去更像美国"。奥康纳经常与公司高管交流，她可能也受到来自大企业支持平权运动简报的影响。[43]

由于需要照顾生病的约翰，大法官奥康纳不能再在周六为助理们烹调一锅辣椒，但是助理们仍然按惯例准备开庭备忘录。他们聚在一起辩论，奥康纳听着，偶尔也插话。罗德里格斯为"格拉茨案"撰写开庭备忘录，她坚定地捍卫平权运动；埃利森·牛顿·何则在"格鲁特案"的开庭备忘录中抨击平权运动。

亨回忆说："埃利森和克里斯蒂娜争吵起来，这是一场漫长且真诚的辩论，这并不是说他们在吵架，也不意味着他们之间的斗争，他们正在做的是为奥康纳立论点，只是等她来决定。"

罗德里格斯回忆说："我们正在为用语而争吵，奥康纳告诉我们就此打住。她说，'这是将要发生的事情，结束它吧'。"[44]

奥康纳转向贾斯汀·纳尔逊，去寻求一个中间路线。在会议上，奥康纳与首席大法官伦奎斯特等保守派大法官投票相同，推翻了"格拉茨案"中僵化的以数字为基础的录取制度。在这个案件中，她同意伦奎斯特的多数派意见，但是在"格鲁特案"中，她又与四名自由派一起投票支持更具灵活性的平权运动计划。在这个案件中，多数派中的资深大法官史蒂文斯将撰写多数派意见的工作分派给奥康纳。（史蒂文斯解释说，他选择奥康纳是因为"我总是把撰写任务分派给与风险相关程度最大的人，如果由奥康纳撰写多数派意见，那么她坚持原来投票立场的可能性就更大"。）

在为最高法院撰写判决意见时，奥康纳在很大程度上依赖大法官鲍威尔在"巴基案"中的折中推理，并引用了军方和商界领袖的简报。她强调：法学院有向国家提供领导人的历史（现今美国参议院中1/4的人毕业于法学院），在"国家公民生活"中包括少数族裔很重要，这是她的圣杯。她采纳了密歇根大学法学院前副院长肯特·赛弗鲁德的观点，"群聚效应"对确保少数族裔不感到孤立或被标记化，以及非少数族裔学生能听到与他们不同的声音来说，很有必要。

在这最后一点上，她也许并没有完全被说服。平权运动成功地增加了顶尖法学院少数族裔的人数，但它难以结束身份政治。少数族裔不断地为他们自己的身份认同和种族研究强烈发声。团结精神很难被植入校园，在那里学生们有时会在餐厅的饭桌上自我隔离。奥康纳赞同把不同的群体包括进来，而且她希望他们融合成一个公民社会。但奥康纳不愿看到的是，在她心爱的斯坦福大学，"西方文明"这门主修课因父权制和霸权主义而被取消，尽管她小心翼翼地掩藏自己的抱怨。[45]

在"格鲁特案"中，奥康纳提出时间限制，这显现出她对种族偏好的矛盾心理。自从大法官鲍威尔在"巴基案"中支持狭义的平权运动，25年来，少数族裔学生接受高等教育的人数和比例大幅增加，以至于少数族裔学生人数甚至在筛选最严格的学校也贴切地反映出整个社会的情况。在她撰写的一份判决意见中——不是助理起草的，奥康纳宣称："我们预计从现在起的25年内，种族偏好将不再有存在的必要。"[46]

不到14年之后，奥康纳告诉我："那可能是一种错误的判断。"[47]她从最高法院退休后不久，她的非洲裔朋友、阿斯彭研究所高级官员埃里克·莫特利请她预测平权运动需要多长时间，她坦率地回答："没有时间表，你只是不知道罢了。"[48]

在大理石殿堂，大法官们有时候会落后于时代一两拍。1986年，当时最高法院支持一项反鸡奸法律，在"鲍尔斯诉哈德威克案"中将同性恋定性为刑事犯罪，第五票（也是决定性的一票）由刘易斯·鲍威尔投出。鲍威尔在另一份协同意见中表示，他被这项法律所困扰，但是他认为这项法律很少针对同性恋。大法官鲍威尔对他的一位负责处理此案的助理说："我不认为我碰到过同性恋。"这位助理就是一名同性恋，他向大法官坦承他是同性恋，只不过大法官不知道。鲍威尔在退休后说他的投票是一个错误。[49]

大法官奥康纳在"鲍尔斯案"中也投票支持反鸡奸法律，但是她对家庭的热爱唤醒了她对同性恋权利的认识。她的助理斯图尔特·德勒里是同性恋，他在2001年收养了一个孩子，当时奥康纳送给这个孩子一件小T恤衫，笑称孩子是她的"孙辈助理"之一。她问助理们："这就好啦，对吧？"她在寻求他们的确认（有点儿不同寻常）。[50] 2003年，最高法院在"劳伦斯诉得克萨斯州案"中再一次对州反鸡奸法做出裁决，这一次奥康纳投票推翻了这项法律。她是基于平等保护条款投的票，她认为区别对待异性恋和同性恋是不公平的，而不是基于《宪法第十四修正案》正当程序条款之上的隐私权分析理论，法庭多数派的其他人是这样推理的。（这些语言让她始终如一，因为她早在"鲍尔斯案"加入保守派时就发现同性恋不受正当程序条款的保护。）

奥康纳对大法官肯尼迪撰写的多数派意见中的一些语言表述并不满意，多数派意见专门讨论了性在人类行为中的重要性。当她读到肯尼迪的意见草稿时，她对她的助理大声说道："这段'性爱乐趣'就要出来了！"[51]

10年后，奥康纳主持了最高法院的首次同性恋集体婚礼（婚礼在律师休息室举行）。杰夫·特拉梅尔是这些夫妇中的一员，他感谢奥康纳在"劳伦斯案"中的投票，用他的话说，"是她让我和我的伴侣在我们的国家不再是罪犯"。奥康纳眨了眨眼睛，笑了。

奥康纳决心用语言和行动向她的助理们表明，拥有一切是有可能的——事业和家庭及健康和幸福，但是当她奋力在自己的生活中平衡工作与家庭的需求时，她开始显得很狂热，这让她的助理们发笑，也引起他们对她的担心。

她看上去像一个自我亢奋的版本，在保护性干涉助理们的生活的同时，教导他们自力更生。埃米莉·亨在2001年计划开始担任她的助理前就怀孕了，她说："我紧张地走到大法官奥康纳面前，询问该怎么做。奥康纳让我与同事们谈谈，然后把问题解决掉。"亨与另一位助理调换了工作，在2002年开庭期报到上班。奥康纳安排亨使用一间空的办公室作母婴室，并免除亨一段时间的早晨健美操课。"到了圣诞节，奥康纳对我说：'我想现在是你加入健美操课的时候了，你不觉得吗？'"

亨在卸任她的助理工作之后，在华盛顿顶级老牌律师事务所卡温顿和博林律师事务所得到一份工作，但是她的丈夫（记者）收到总部位于洛杉矶的公共广播电台《市场》栏目的职位邀请，亨问奥康纳她该怎样做，奥康纳说："你必须去。"亨告诉奥康纳，自己不是很确定。那天晚上，在一个聚会上，奥康纳偶然碰见了卡温顿律师事务所的一位合伙人，奥康纳忙说："你听说埃米莉要搬到洛杉矶去了吗？"第二天早上，亨收到了一封长长的歇斯底里的电子邮件，发件人是那位合伙人，他还没有听说这个消息是因为亨还没有做出决定。与此同时，亨开始收到来自洛杉矶的律师事务所中奥康纳的前助理发出的职位邀请。当亨向奥康纳抗议说她还没有下定决心时，奥康纳坚持说："是你让他（她的丈夫）优先的时候了，你会很好的。"待在华盛顿的亨回忆说："我费了好大劲儿才顶住搬到洛杉矶的压力。"另一位助理罗纳尔·琼斯观察到奥康纳的干涉看起来似乎"很有控制欲，除非你身在其中，你意识到她在为你苦恼"。

大法官奥康纳越来越专注于自己的丈夫，尽管她试图掩饰。2003年年初，约翰·奥康纳开始坐在大法官办公室的沙发上度过他的一天，他在读或者假装在读一份报纸或一本书。有一次他在去自己办公室的路上迷了路，还有一次他怎么也找不到切维蔡斯俱乐部周边的路。贾斯汀·纳尔逊回忆说："他经常加入我们的午餐行列，如果你不知道，你会认为他与我们共事。奥康纳只是做最简短的、不经意的解释，'我在照顾他'。"有些日子，奥康纳会在下午过半的时候带约翰回家。克里斯蒂娜·罗德里格斯回忆说："越来越明显的是，约翰的大脑运转不正常，他很有幽默感，但是会说一些下流的话，他失去了言语过滤器。我从未见过奥康纳畏缩，也没有听她说过什么，她只是顺其自然。"

那年，大法官奥康纳带着一些朋友参观最高法院，她指着首席大法官约翰·马歇尔的画像说，"他是我最喜欢的大法官"——不是因为他伟大的见解，而是"因为他每天晚上都回家给体弱的妻子喂饭"。

埃米莉·亨回忆说："约翰有时很安静，有时神志清醒，有时却说一些莫名其妙的话。大法官奥康纳会说，'哦，约翰，你不是那个意思'。她不会忽视他，但也不会打扰他。他会说一些奇怪的事情，而她尽其所能地做到最好。她有耐心、有爱心。"有几次，约翰在最高法院的大理石走廊里走丢了。之后，大法官奥康纳让一位年轻的助理带着约翰在最高法院四处走走，他高兴地一遍又一遍地向卫兵们介绍自己。

约翰还能跳舞，2003年冬天的一个晚上，埃利森·牛顿·何从工作中抽出身来，偷偷观看一场在最高法院大礼堂举行的舞会。何回忆说："我对礼堂庄严、雄伟的气势充满敬意，在场的人都穿着漂亮的服装。奥康纳一头银发，身着一件色彩鲜艳的女式衬衫，她正和约翰一起跳舞，我隐约看到了那种本应有的样子。"[52]

办公室挤满了来自各地的参观者，那次为期三天的参观，参观者包括一位来自泰国的公主、一位沉默的修女和几位曾经引导奥康纳的儿子布莱恩登上珠穆朗玛峰的夏尔巴人。布莱恩是奥康纳最富有冒险精神的儿子，2003 年 5 月他登上了世界最高峰，那是他最新征服的山峰。他已经登上过其他六大洲的最高峰（也潜入过泰坦尼克号的残骸）。当布莱恩用卫星电话说他已经到达珠穆朗玛峰峰顶、现在返回大本营时，奥康纳正在开会，她的秘书琳达·内亚里决定打破会议"请勿打扰"的规定。"当她的儿子打电话告诉她，他刚刚从珠穆朗玛峰走下来时，这一刻我看到了真实的情感，"露丝·巴德·金斯伯格回忆说，"你能看到她如释重负。"[53]

2004 年 9 月，大法官奥康纳办公室的新助理们都有点儿不知所措，有关竞选资金改革的《麦凯恩-法因戈尔德法案》正在被作为对《宪法第一修正案》关于言论自由的挑战。有人认为，花钱影响政治竞选是言论自由的一种表现，随着 11 月大选临近，最高法院必须迅速做出裁决。[54]

奥康纳的助理们连续数周每天工作 18 个小时，讨论学说，对技术细节的把控一丝不苟。与此同时，奥康纳非常专注，她知道这个案子实际上是关于金钱的可替代性和腐败影响的威胁。在一份由助理们起草的备忘录中，充满了法律术语，夹杂着纷繁难懂的竞选财务立法。奥康纳在上面写道："金钱像流水，总能找到出路。"这句话成为最高法院支持国会在 2002 年通过的以规范所谓的"软钱"捐款、全国性政党筹款、用于规避此前限制向单个候选人捐款的竞选财务等大多数法律判决的核心。

肖恩·格里姆斯利是最直接参与这个案子的助理之一，他回忆说："她想让我们把重要的东西呈现给她，但是她能在我们知道真正最重要的东西之前就确定它是什么。她本可以成为一位非常优秀的领导者——伟大的州长或总统。她能切中要害，把无关紧要的东西放在一边，忽视不相关的细节，优雅地做事。这对她来说似乎毫不费力。"[55]

第十五章

我退休的时间到了，
约翰需要我

她是最高法院真正的领导者，
发挥着保持自由派和保守派之间基本平衡的作用，
但她不得不为了照顾丈夫约翰而选择退休。

桑德拉与朋友威廉·伦奎斯特道别。当时两位大法官正在讨论谁应该先辞职，即使后来，桑德拉也并不清楚首席大法官是否知晓自己的身体状况。

在 2003—2004 年开庭期担任大法官奥康纳的法律助理之前，萨姆·桑卡尔曾经是一名船长，他还当过电焊工，在康奈尔大学获得了工程学学位，在斯坦福大学获得硕士学位，又在加州大学伯克利分校获得法律学位。在面试过程中，奥康纳对他耳朵上的小金耳环没说什么，但是后来她问下级法院的一名法官——桑卡尔当过其助理："他总是戴着耳环吗？"这话传到桑卡尔的耳朵里后，他再也不戴耳环了。

奥康纳在很多方面都不计较——包容、容忍、有教养，雇用桑卡尔就是典型的兼收并蓄的代表，但是大法官也喜欢用特定的方式做事。罗纳尔·安德森·琼斯说："奥康纳举止随和，但很老派和正统。"琼斯是奥康纳 2003 年 10 月开庭期的助理，她为自己的面试第一次涂上口红，她后来建议申请奥康纳助理职位的女性不要穿裤装。琼斯说，奥康纳有自己的行为准则，那是一种正确地把握自己及与其他人打交道的方式：感谢信要按时写；文明，而不是粗鲁，是谈话的基本；任何形式的极端争议都要避免，专制主义是为了蛊惑人心。

2003 年秋，最高法院听证会听取了对《效忠誓词》中"在上帝佑护下"的质疑，孩子们在学校例行背诵这句话。它于 1954 年被国会附加到原始誓词（1892 年）中，是冷战时期双方阵营斗争的遗留。一位家长抗议说，"在上帝佑护下"违反了《宪法第一修正案》禁止确立国教的规定。午餐时，大法官奥康纳与她的助理讨论了这个案子，以及"在上帝佑护下"的意义。奥康纳认为，这句话本质上是一种仪式、一种礼节，是一种庄严的政务表达。萨姆·桑卡尔来自印度的印度教家庭，他鼓起勇气与他的上司争辩，他告诉大法官，"在上帝佑护下"这句话对他来说确实意味着某些东西，他们指的是西方一神论宗教中唯一的神。毕竟，印度教教徒崇拜众神，桑卡尔使用大法官奥康纳的措辞解释说，从他的观点看，誓词"传达了一种信念，即特定的一套信念，就是喜好或偏爱"，因此他同意原告无神论者的观点，认为誓词的语言给他打上了"政治门外汉"的烙印。奥康纳仔细地、礼貌地听着，并最终明确地表示，桑卡尔要按照奥康纳的方式起草协同意见，支持誓词。

桑卡尔回忆说："她的基本方法是'我们就不能和睦相处吗'，我知道她要说什么——'我们真的要为此争吵吗'。国会将'在上帝佑护下'放在《效忠誓词》中，这样我们能够彼此告知，我们不像那些不信仰上帝的人，他们并不是试图要对印度教教徒和无神论者刻薄！我写协同意见时，在脚注中提到印度教，奥康纳则是听其自然。"[1]

奥康纳知道她在最高法院的角色和在美国公众生活中的地位，并且作为一名已任职 22 年的大法官，就像一开始那样，她很享受这些。桑卡尔回忆说："有一次，我们必须穿过法院大厅，你可以绕着走，但是我们还是径直地穿过去，她只是轻轻地把头转向游客，微笑着挥手示意，她很清楚自己是谁。"

奥康纳与大法官斯卡利亚的争吵从未停止，但是以一种礼貌的、几乎是仪式性的方式。斯卡利亚每周的网球搭档比尔·莱希医生回忆说："每个开庭期结束的时候，我都会问'发生了什么'。"2003 年 6月，当大法官奥康纳宣布最高法院支持密歇根大学法学院平权运动的判决时，斯卡利亚愤怒至极。莱希说："他直截了当地对我说，'你知道，我的一位同事是受过法律训练的政客，这（指奥康纳在"格鲁特案"的判决意见）是非常克林顿式的。民意调查说明了什么？这不是最高法院应有的运行方式'。"[2]

在同一个开庭期，两位大法官曾就有关《宪法第六修正案》保障的律师权利问题的案件正面交锋，这是奥康纳在担任初审法院法官时就密切关注的问题。在为法庭撰写 7 比 2 的多数派意见时，奥康纳下令对一名被判谋杀罪的囚犯进行重审，因为法庭为他指定的律师不称职，未能提供减刑证据（被告一直遭受酗酒母亲的毒打和灼烧，还遭到养父母中一人的性虐待）。斯卡利亚在其异议意见书中对奥康纳进行了无情的批评，称奥康纳下令重审的理由"令人难以置信"，而且"毫无根据"。[3]

奥康纳并不喜欢斯卡利亚的无礼，但她决心不表现出来。当塞拉俱乐部以斯卡利亚曾与副总统迪克·切尼一起猎鸭为由，申请取消斯卡利亚对一桩涉及联邦能源政策案件的审理资格时，斯卡利亚拒绝这一回避要求，奥康纳支持了他。然而，当斯卡利亚在法律助理们的年度短剧中被描绘成埃尔默·福德，与"无赖的迪克·切尼"追逐"兔子"时，她狂笑不止。[4]

奥康纳将公开演讲作为宣扬其公民宗教信仰的方式。与瑟古德·马歇尔一样，她喜欢通过讲故事（有时是她自己的故事）来传达道德信息。当她谈到妇女权利时，"她不认为自己是受害者"，2003—2004 年，帮助奥康纳起草多篇演讲稿的罗纳尔·安德森·琼斯说道。奥康纳在讲述她是如何几乎被加州所有大型律师事务所拒绝时，她强调自己是多么"幸运"，能够被迫进入公共部门。

琼斯说，在有关巴里·戈德华特和罗纳德·里根政治遗产的演讲中，奥康纳希望"突出他们的无私奉献、努力工作的精神和寻找解决方案的专注"。里根和戈德华特彼此不同，而且无论如何，两人都不是特别勤奋，但这对这位大法官来说是另一个着力讲述她作为先驱角色的机会。她在里根的葬礼上发表演讲时，强调了保守派总统任命一位女性担任最高法院大法官的意义——这是一个意义深远的决定，打破了障碍，为未来建立了一座桥头堡。

琼斯能够理解，对奥康纳来说，有时要端庄，有时要克制，有时要放手去追求。大法官最喜欢的电影之一是《律政俏佳人》，这部2001年上映的电影讲述的是一个姐妹会的女王颠覆了沉闷的哈佛法学院的故事。瑞茜·威瑟斯彭在剧中忙忙碌碌、好发号施令的角色有点儿像桑德拉·戴·奥康纳。琼斯和她的上司一样都在牧场长大，她很欣赏这位大法官的女牛仔式幽默感。在一份演讲稿中，琼斯加进了一个粗俗的笑话，讲的是柯立芝和胡佛之间的一段对话。（柯立芝说："你不能指望把母牛和公牛放在一起就会有小牛。"胡佛说："但你会看到快乐的母牛。"）其他助理抗议说"大法官不能在演讲中拿母牛的性行为开玩笑"，琼斯回忆道，"但她笑了很久，笑得很开心"。这个笑话留在了演讲稿中。[5]

奥康纳一家与布什一家相处得很融洽，在20世纪80年代，桑德拉与芭芭拉尽可能地安排每周打一次网球。在华盛顿的宴会和官方活动上，乔治·H.W. 布什以他的亲切热情使大法官很愉快，她赞同他的务实、调和的政治作风。

第43任总统进入奥康纳身处的社会和政治环境，也许不可避免地有点儿不太舒适。小布什曾目睹他的父亲因缺乏"远见"而在政治上受到惩罚，他的父亲仅当了一任总统，他决心在言辞上更大胆。"9·11"事件之后，当他猛烈抨击一些国家，并在"反恐战争"中采取强硬路线时，小布什变成了一个极端人物。他的一些男子气概的声明，比如说他希望看到"基地"组织的乌萨马·本·拉登的"活人或死尸"，似乎更适合拉什·林博的脱口秀节目，而不是桑德拉·奥康纳观看的美国公共电视网的《新闻一小时》节目。

在她自己家里，奥康纳毫不掩饰对自从纽特·金里奇和福克斯新闻频道兴起以来共和党选取的方向的失望。她认为，政治正在变得越来越残酷，党派色彩越来越浓。她将小布什政府走强硬路线的司法部部长约翰·阿什克罗夫特视为没有魅力的人。与此同时，在"9·11"

事件后，奥康纳联系了第一夫人劳拉·布什，邀请她到自己的办公室与一些内阁成员的妻子、国会议员的妻子共进午餐，她想表现出正常和团结的样子。

奥康纳觉得太多有权势的人对恐怖主义威胁的迎面而来感到恐慌。2002年10月，一名狙击手在一辆行驶在华盛顿街道上的汽车里随意开枪射击。奥康纳的助理贾斯汀·纳尔逊问她是否打算采取一些保护措施，奥康纳回答："不，我为什么要那样做？当然不需要！你必须继续前行。"[6]

政府处理从美国境外抓获的恐怖分子嫌疑人的方法是把门锁上并扔掉钥匙。在"反恐战争"中，所谓的"非法战斗人员"没有法律权利，他们既不是刑事被告，也不是战俘。就刑事被告而言，他们享有宪法保护的权利，有获得律师辩护的权利及面对指控者的权利；就战俘而言，他们享有国际法下免受严厉审讯的保护权利。然而数百名"非法战斗人员"或被关押在偏远的监狱里，比如关塔那摩监狱，那里是美国在古巴海军基地设置的军事监狱，或在中情局的"黑牢"里，在那里有些人忍受着酷刑。

奥康纳对布什政府的绝对主义立场感到不适。2004年春，在"亚瑟·哈姆迪案"中，她被分派撰写判决意见。哈姆迪是一名生活在沙特阿拉伯的美国公民，在阿富汗塔利班占领区被当地的军阀逮捕并转交给美军。美国政府辩称哈姆迪本质上是一个"没有法律地位的人"，没有被赋予其享有任何正当程序。在战争时期，政府必须得到极大的授权来保护国家安全。[7]

几乎没有判例。一个案例是林肯在美国南北战争期间暂停了人身保护令，另一个案例是臭名昭著的"是松丰三郎诉美国政府案"，最高法院支持在第二次世界大战期间拘留日裔美国人。[8]因此，助理们很难知道法官该问什么问题。在口头辩论那天，奥康纳的一名助理告诉她，她认为她们不能去上健美操课了。大法官回应道："我们当然会去，最重要的是坚持常规，照顾好自己。"

但是，在"9·11"事件后的几个月甚至几年里，似乎没有什么常规。2003年10月开庭期，奥康纳的助理们从她的秘书琳达·内亚里那里听说了炭疽的恐慌，内亚里一想起这件事就哽咽不已。在6月初开庭期末的一个上午，当时奥康纳正在处理"哈姆迪诉拉姆斯菲尔德案"，可怕的警报——墙上的红色应急灯开始闪烁，其中一位法警跑进大法官奥康纳的办公室，抓住她并用力地把她推出门外。

走下最高法院车库的楼梯，黑色的厢式轿车呼啸着冲了上来，然后急刹车停下，车门猛地打开，法警将大法官们推挤进车里（一位助理冲上来，也试图跳进去）。回到办公室，助理们都猜测华盛顿受到了攻击。

这是一个错误的警报，一架载有肯塔基州州长前往国家大教堂参加前总统罗纳德·里根悼念仪式的飞机闯进了禁飞区，并且没有回应控制塔台的询问，这架飞机似乎正飞往国会大厦，或是最高法院，国民警卫队的喷气式飞机时刻准备将其击落。[9]在最高法院紧张的几分钟里，"9·11"事件的慌乱再一次上演。

"那是这座建筑的基调，"罗纳尔·安德森·琼斯回忆道，"国家安全不是一些抽象的、遥远的原则，是将大法官奥康纳塞进一辆超速的厢式轿车里。"当天晚些时候，当奥康纳回到最高法院时，她讲述了她的车呼啸而去，全速行驶，直到抵达马里兰州边界才停下。

奥康纳像以往一样镇定自若，在"哈姆迪案"中，她又回到寻找中间道路。法庭在不同方向是分裂的，大法官托马斯一路都支持政府，其走强硬路线的前助理曾在布什政府的司法部工作；大法官史蒂文斯希望给予哈姆迪与其他被指控犯罪的美国公民一样的正当程序；大法官斯卡利亚也是如此，他的"原意主义"（他聚焦宪法字面的原始意思）让他表示，只有国会而不是行政部门可以暂停人身保护令。奥康纳致力于寻求一种折中方案，以得到其他大法官的投票支持，她懂得在战场上给"敌方战斗人员"一个完整的证据听证会是不现实的，但是她相信这些人有权利在初级军事法庭受到某种正当程序的保护。奥康纳深受行政部门"要么全有，要么全无"的草率的困扰，从一开始，她就围绕着一项对她来说非同寻常的令人难忘的宣言提出了这一观点："战争状态对总统来说并不是一张空白支票，因为它涉及国家公民的权利。" [10]

奥康纳的判决重申了司法机构在宪法权力平衡中的作用，即使在战争期间也是如此。2004 年 6 月末，开庭期的最后一天，"哈姆迪案"与其他两起因犯权利案一同宣判，这一判决巩固了奥康纳作为最高法院真正舵手的地位。[11]

最高法院的观察者注意到，首席大法官伦奎斯特在尼克松政府的司法部任高级官员时曾大力提倡行政权力，这次他只是在奥康纳斥责小布什政府的意见上签了个名。[12] 更多的人认为奥康纳应该担任首席大法官，因为她似乎在起首席大法官的作用。唐纳德·韦里利是一位经常出席最高法院口头辩论的律师（后来担任美国司法部副部长），他从大法官奥康纳那里得到启发，他记得："其他大法官试图让你偏离航向，但是她给予你参与的机会。她非常务实，她在说：'在这里，让我们打开天窗说亮话，你想要什么？或者这不是你想要的？'" [13]

助理们看着约翰的身体日渐虚弱，罗纳尔·安德森·琼斯回忆："每天，他都和我们一起吃午餐。年初，他认识我们；年底，他认为他应该认识我们。他会说，'很好，有熟悉的面孔'。"

大法官奥康纳选择每天带着她的丈夫到最高法院，下午 3 点左右离开。琼斯说，照顾约翰是大法官奥康纳"生活中很重要的一部分，在某种程度上，约翰非常幸运，有多少人能带着患有阿尔茨海默病的配偶来上班？在其他方面，情况恰恰相反，她是最高法院关键的第五票，世界的重量压在她的身上"。琼斯和其他助理都能看出她有多么可爱，琼斯说："疯狂、深刻、纯粹。" [14]

约翰的神经科医生保罗·艾森在 5 月见到他后，在笔记中写道："他处于病情恶化的阶段，但是本性善良、友好、合作，这些品质一定是根深蒂固的。这个阶段很不寻常，他没有能力自己穿衣服，她把他的衣服摆放好，他满足于花时间阅读或看一本打开的书，他没有能力阅读了。"

艾森医生现在更担心桑德拉，他写道："她拒绝服用抗抑郁药物。" [15]

桑德拉竭尽全力向她的朋友隐瞒痛苦，她固定的网球搭档金尼·丘回忆说："约翰会四处游荡，她可能对他很严厉，她会说：'约翰！到回家的时间了！'对我们来说，它是一种玩笑，我们不知道，这是由心理创伤造成的精神异常，她做的一切都很完美。" [16]

随着时间的推移，朋友们不禁注意到约翰的古怪行为。在一次宴会上，桑德拉不得不阻止他吃一根黄油棒，因为他误以为那是奶酪。在网球场上，桑德拉必须谨慎地指导："约翰！球！都在！你的口袋里！" [17]

想方设法临时凑合，奥康纳招募了一些朋友在她工作时照顾约翰，但这是个不容易分担的负担。2004年1月，密友克莱尔·考克斯领约翰去最高法院口头辩论的听审现场，在辩论过程中，一位信使带着一张纸条过来，说他应该和另一位朋友去大都会俱乐部吃午餐。考克斯回忆说："约翰的头脑相当混乱，他说'我在这里，我不能去那里'。"约翰恳求地望着他的妻子，她正坐在50英尺开外的高背皮椅上。考克斯接着说："我能看见她在法官席上注意到约翰朝她张望。"另一张纸条来了，解释说约翰应该找个司机送他去俱乐部。克莱尔要求看那张纸条，并解释说这一切都不是问题。约翰只是一遍又一遍地说"我不想去"。 [18]

约翰与桑德拉分离时变得越来越焦虑不安，即使只有几分钟时间。5月一个晴朗的日子，当桑德拉在乔和露西亚·亨德森的谢楠多哈山谷农场散步时，约翰坐在门廊上不停地哭着说："桑德拉在哪儿？桑德拉在哪儿？" [19]

一年一度的波希米亚俱乐部朝圣之旅曾经带给约翰的是具有仪式感的喜悦，现在却变成了一种折磨，尽管他下决心要忍受下去。晚上在他的小屋里，约翰每隔 20 分钟就醒来，询问他在哪儿？他的儿子布莱恩不得不盖着一条毯子睡在他旁边的地板上。[20]

约翰的社交调节能力正在下降，在晚餐开始前的鸡尾酒时间，他可以突然未加思索地脱口说出："该死的，餐食在哪儿呢？"坐在联邦上诉法院法官梅里克·加兰的妻子林恩·加兰的旁边，约翰只能重复地说（就像一首歌的副歌部分）："我娶了世界上最有权势的女人。"不过，他身上还是有一种甜蜜的味道，在 2003 年的太阳谷作家大会上，约翰和他的朋友、乔治·H.W. 布什政府经济顾问委员会前主席迈克尔·博斯金散步时说："我们以前不是经常互相讲笑话吗？"博斯金哽咽了。2002 年，在全家去爱尔兰旅行的途中，当约翰与他的儿媳妇、斯科特的妻子琼尼道别时，他对琼尼说"琼尼，我非常爱你"，并把她搂在怀里。桑德拉看着，不禁潸然泪下。[21]

身体和精神方面受到的影响在加大，在他们旅行或去剧院的时候，桑德拉有时不得不和约翰一起等候在男厕所门口，直到有人来带他进去。[22] 约翰开始在夜里醒来后漫无目的地闲逛，有一次他大叫屋里有贼。奥康纳的儿子们越发为父母担心，大儿子斯科特在网上搜索发现哈佛大学医学院的一项研究表明，照顾重病患者的人的死亡率更高，死亡率最高的是照顾阿尔茨海默病患者的家庭成员。"妈妈，这简直要了你的命。"斯科特劝说母亲为父亲寻找可以照顾阿尔茨海默病患者的机构，但她听不进去这一劝告。[23]

2004 年的一天，桑德拉带着约翰去位于乔治敦的美发沙龙，华盛顿教育电视管理局（WETA）所属的华盛顿公共电视台总裁莎伦·洛克菲勒也在沙龙做头发，她是奥康纳在斯坦福大学信托董事会的老朋友。洛克菲勒回忆说："我说，'你可以找人来照顾约翰，我可以帮你找'。"洛克菲勒有为她父亲安排看护人员的经验，她父亲是伊利诺伊州前参议员查尔斯·查克·珀西（也是约翰在波希米亚俱乐部鹈鹕营地的营友），也患有阿尔茨海默病。"奥康纳说她不想花这笔钱，我想也许她对约翰有深深的内疚感。"洛克菲勒回忆说。

奥康纳夫妇的老朋友、来自菲尼克斯的贝齐·泰勒和她的女儿苏珊（她被奥康纳说服担任斯坦福大学校友会主席）也尝试着提供帮助。苏珊的教母是查克·珀西的妻子洛林·珀西，苏珊回忆说："到了这个阶段，桑德拉为他洗澡、穿衣，照顾他的日常需求。洛林同样面对过查克的问题，所以我们一起找到桑德拉，洛林建议桑德拉找帮手，但桑德拉对我说，'这行不通，除了我，约翰不会容忍任何人'。"[24]

大法官奥康纳决心继续亲自照顾约翰，她告诉另一个朋友，她曾担心自己没有足够的时间陪伴孩子们成长，同样她也不打算牺牲或轻视约翰。

虽然奥康纳是一个现实主义者，但她还是要与现实抗争。她比任何人都清楚，照顾约翰和做最高法院的工作，兼顾两者多么困难。带着约翰到最高法院上班已经很难，就像她曾经面对佛罗里达州投票僵局时说的"一团糟"。约翰有时看报纸会把报纸拿倒，甚至常常躺在琳达·内亚里办公桌旁的长凳上睡着。[25]最高法院的参观者都不禁注意到了。当桑德拉在法院忙工作的时候，约翰几次离家去找她，有一次在交通高峰期危险地从切维蔡斯俱乐部穿过康涅狄格大道。每周有三天的上午，约翰参加一个名为"朋友俱乐部"的阿尔茨海默病患者团体活动，而在其余的白天时间，以及漫长的、断断续续睡眠的夜晚，桑德拉一直扮演着照料者的角色。

2004 年 8 月 9 日，也就是最高法院宣布对"哈姆迪案"判决后不到六周的时间，奥康纳与她的朋友、她表姐弗卢努瓦的女婿克雷格·乔伊斯在埃尔帕索机场的一家墨西哥餐厅用餐，他们看着约翰·奥康纳凝视着不远处，奥康纳用平静的声音告诉乔伊斯"我不得不辞职了"，她朝约翰点点头。[26]

尽管如此，奥康纳还是坚持下来。多年来他们在夏季旅行时都会安排一位当年新来的助理代为照看他们位于马里兰州的房子。2004 年夏，照看房屋的助理是泰恩·伊万杰丽斯，她是一位移民的女儿（她父亲拥有一座加油站），她在纽约大学法学院就读时是班上的第一名。伊万杰丽斯回忆说，尽管"奥康纳先生"（助理们在场时，桑德拉总是这样称呼约翰）的情况相当糟糕，但是大法官并未表现出不堪重负，"她告诉我：'我们都敞开着门睡觉。'很明显，她在规定怎样做每件事。实际上，我穿着衣服睡觉，我不想让她看到我穿着睡衣"。

第二天早上 6 点，大法官奥康纳敲了敲她的门（门是开着的），宣布"30 分钟后吃早餐"。伊万杰丽斯回忆说："到时间了，我下楼，烤箱里已经烤好新鲜的松饼，她还切好了一份水果沙拉。到早上 7 点，她在看调卷令请愿书。我想谈谈'超级女人'，在这里，她让玛莎·斯图尔特蒙羞，并决定着我们国家最重要的问题。我对此只有敬畏。"

奥康纳一家离开去旅行后，伊万杰丽斯在宽敞的房子里逛了逛，房屋装饰的主色调是柔和的沙漠色，壁炉上方挂着桑德拉父亲哈里·戴的画像。"我害怕打碎什么东西，这台真空吸尘器看上去是里根总统提名她的时期买的，已经不能用了。我告诉她吸尘器坏了，她说：'好的，修一修吧。'于是我找到可能是最后一个能修理伊莱克斯牌老古董的地方。"

另一位助理塔利·法哈迪安回忆说："在 10 月开庭期初始，大法官奥康纳与金斯伯格在进行一场发出第一份判决意见的争夺战。"当时法哈迪安正在处理一件早期的案子，奥康纳告诉她："拿上你的外套，我们去国家美术馆看丹·弗莱文的展览（一种荧光灯装饰艺术）。"法哈迪安说："我知道您想要出第一份判决意见，但您又要我去看展览，您要优先哪一个？"奥康纳回答说："两个都要。"法哈迪安拿上她的外套去看展了，奥康纳也如愿提交了开庭期第一份判决意见。法哈迪安回忆说："她希望我们拥有生活中的一切。"[27]

首席大法官伦奎斯特的影响力正在减弱，而且这种趋势越来越明显。尽管他仍然潇洒地穿着长袍，并且每只袖子上都带有四道金色的条纹（他说，这是他从吉尔伯特和沙利文那里借用的主意），享受着带领歌诵会。但是他似乎是个宿命论者，多年来，一直试图领导一次反对沃伦法院激进主义的反革命运动。然而后来他写了一份判决意见，重申警方逮捕嫌疑人必须遵守的"米兰达警告"（"你有权保持沉默……"）。大法官斯卡利亚和托马斯一起写了一份义愤填膺的异议意见书，谴责他背叛了保守主义事业。伦奎斯特的意见（奥康纳也加入了进来）很简明，他承认这个"警告"变成了例行公事的程序，取消它将会造成破坏。在许多最高法院的观察者看来，伦奎斯特甚至没有尝试成为法庭上一股智慧的力量。人们普遍注意到，他的判决意见越来越短、越来越少，好像他觉得不值得在得出结果的过程中费心去解释原因。[28]

2004 年开庭期开始时，伦奎斯特感觉身体不适，喉咙痛得厉害，迟迟无法痊愈。在教堂，他发现自己再也唱不出喜欢的赞美诗了。[29] 10 月末，伦奎斯特宣布他将去医院做甲状腺癌手术，他接受了气管切开术，将一根管子穿过喉咙上的一个洞来帮助呼吸。[30]

伦奎斯特返回最高法院的时间一再推迟，1 月，他见证了乔治·W. 布什总统第二任期的宣誓，化疗后的他只剩下几缕稀疏的头发，并且声音微弱且沙哑。大部分时间他都待在家里，听法庭口头辩论的录音并投票，他通过备忘录分派撰写判决意见的任务。最高法院仅有两名成员获准见他，一位是最资深的大法官约翰·保罗·史蒂文斯，另一位是桑德拉·奥康纳。[31]

身为鳏夫的伦奎斯特开始与图书编辑帕特·哈斯交往，她也是奥康纳的朋友。那年冬天，当奥康纳和伦奎斯特在他位于弗吉尼亚郊区的房子里谈论他们在最高法院的未来时，哈斯多次到访。两位偶尔被称为"亚利桑那双胞胎"的大法官的谈话既亲密又谨慎。哈斯回忆说："两个人都认为对方的状态每况愈下，应该退休了。"他们也都认同两人不能同时退休，最高法院同时有两个空缺不是件好事。两个老朋友小心翼翼地在这个问题上绕起圈子：谁应该先退休呢？[32]

2 月 1 日，周二，在去旧金山的途中，奥康纳与她的飞钓伙伴查尔斯和芭芭拉·伦弗鲁夫妇共进晚餐。他们之间的友谊纽带很牢固，查尔斯·伦弗鲁曾是联邦法院法官、卡特执政时期的司法部副部长。20 世纪 70 年代，当奥康纳开始出席法律会议时，查尔斯是关注奥康纳的众多法律机构律师中的一位。

晚餐是在伦弗鲁位于太平洋高地的优雅的联邦主义风格的房子里进行的，奥康纳告诉伦弗鲁，为了约翰，她一直在与首席大法官伦奎斯特谈论从最高法院退休的事情，但是她接着说，为了最高法院的利益，先退的应该是她的老朋友威廉·伦奎斯特。

奥康纳对伦奎斯特很热情，也很保护他。露丝·巴德·金斯伯格观察到"她和首席大法官有着很好的关系"，但是在餐桌上，奥康纳与伦弗鲁私下谈话时，她很坦率。伦弗鲁回想起那次谈话，奥康纳告诉他，首席大法官"处于衰退状态"，对伦奎斯特来说，继续留在最高法院"对其他大法官或整个法律体系都是不公平的"。

但她并没有确定要做什么，假如伦奎斯特决定留下来，那么也许她该退休了。

"我说：'你太重要了，不能退休。'"伦弗鲁回忆说。他强调她是最高法院真正的领导者，发挥着保持自由派和保守派之间基本平衡的作用。伦弗鲁说："她有几分认同。"当她被需要的时候，奥康纳可能神秘莫测。伦弗鲁不能确定自己能读懂她，他在 2017 年接受访谈时告诉我："实际上，我有一种感觉，她不同意我的分析。但是我还有一种感觉，没有这次与我的进一步交谈，她是不会退休的。"[33]

3 月 1 日，当大法官肯尼迪宣布对"罗珀诉西蒙斯案"的判决结果，推翻了对青少年的死刑判决时，国会中的共和党右翼火冒三丈。像奥康纳一样经常出国旅行的肯尼迪在他的判决意见中指出，只有少数几个国家（包括沙特阿拉伯和巴基斯坦）处决青少年，并且甚至连他们也否认这种做法；民主政体（包括欧盟国家）基本上已经不再处决任何人。

在众议院，82 名共和党人发起一项动议，批评最高法院依赖外国法律——这些国家的法律对美国法院的判决意见并不起作用。众议院议员史蒂夫·金发起了一项对大法官海外旅行史的调查（1998—2003年有 93 次）。[34]

大法官奥康纳没有站在肯尼迪一边，在"罗珀案"上提出了异议，考虑到在敏感的社会问题上公众意见的重要性，她没有察觉出全国就废除对 17 岁青少年的死刑判决达成共识。尽管她的个人观点是 18 岁也许是适用死刑判决的最低年龄，但是她在异议意见书中写道，这是由立法机构而不是法院决定的。然而，她对国会针对司法系统的攻击感到不安。一个月后，她由担忧转向了警惕，当时政府各部门在一个高度情绪化的"死亡权利"案件上纠缠不清。

到 2005 年，特丽·夏沃处于"持续植物人状态"已经 15 年，在她昏迷后的第 8 年，她丈夫决定移除她的喂食管，但她的父母表示反对。由于夏沃没有生前遗嘱，这个案件在州和联邦法院中的多起诉讼陷入了诉讼旋涡。2005 年，一位州法官再次站在她的丈夫一边后，国会在休会后迅速复会，通过了一项一次性法律，赋予联邦法院对这个案件的管辖权。与此同时，小布什总统从他的得克萨斯州农场飞回华盛顿，签署了这项法案。

联邦和州法官均拒绝重新插入喂食管，并且最高法院再次拒绝审理此案，特丽·夏沃于 3 月 31 日去世。国会议员汤姆·迪莱是被称为"铁锤"的党派色彩强烈的众议院多数党领袖，他立即威胁要惩罚所有涉案法官。大约在同一时间，在没有关联的案件中，芝加哥和亚特兰大的法官和他们的家人遭到了凶残的报复性攻击。得克萨斯州的联邦参议员约翰·康宁不顾一切地走上参议院讲台，用他自己的话说，他想知道在某些地方、在某些法官做出政治决定却不对公众负责的情况下，人们的看法如何。他说："人们的怨恨积累、积累、持续积累到一些人使用暴力的程度。"他不是在纵容暴力行为，但他似乎在暗示这是可以预料的。[35]

大法官奥康纳看着这一切，越发感到惊愕。她一直是无数威胁的目标，在互联网上，一名"杀手"发誓要射杀她，并且在那年4月，她的办公室收到一盒掺有毒药的饼干。她被康宁的评论深深地困扰，后来对一些上诉法院的法官说："当一位高调的参议员暗示暴力侵害法官与参议员不同意的判决之间可能存在关联时，这没有任何帮助。"[36]然而她对事态的担心胜过对个人安全的担忧。

奥康纳相信，民主不仅仅因为一页纸上的一些规则而存在，要让这些规则发挥作用，领导人必须表现出忍耐和宽容。一个国家可以有一部精心制定的宪法，但是如果统治者不限制自己的权力，宪法就没有任何意义。法官没有军队，他们依靠的是尊重和服从。从她到国外访问的个人经历中，她对"电话司法"有了大范围的了解。在某些国家，"电话司法"实行的是由党的领导们拿起电话告诉法官如何判决案件。目光转向国内，在亚利桑那州，奥康纳曾在州法院系统担任法官，一切正要开始改革，从那种借助政治式任人唯亲的恩惠筹码，到建立以业绩为基础的系统。对法治来说，文明是必不可少的，而文明需要自我控制。

奥康纳曾看到她的母亲通过拒绝被激怒的方式对付她那脾气暴躁的父亲。当然，把时间推回到过去，她曾在亚利桑那州立法机构处理过醉酒的托马斯·古德温，当时他威胁要用拳头重击她的鼻子，她以巧妙地嘲笑他的男子汉气概的方式化解。但是，政党需要知道什么时候妥协，他们永远也不应该试图恐吓那些保障个人权利和法律面前人人平等的司法机关。奥康纳喜欢说："法令和宪法并不保护司法独立，只有人可以做到。"4月14日，也就是参议员康宁发表挑衅性演讲后的第10天，奥康纳在给联邦上诉法院法官辛西娅·霍尔库姆·霍尔的信中写道："我这一辈子从来没有见过国家机构的第三分支与国会之间的关系这么糟糕。"[37]

奥康纳一边想着自己的政治遗产，一边尝试着不让它显得沉重。

菲尼克斯联邦法院建筑物上已经刻上她的名字；她正襟危坐，供画师画一幅官方版的最高法院大法官肖像，以备在她退休时悬挂。在菲尼克斯的法院建筑的玻璃中庭，有一座9英尺高的青铜雕像——她穿着法袍站在破碎的玻璃上，象征着她打破了天花板。她看似恼怒地抱怨，雕像使她看上去头太小，而脚和手又显得太大，但这也许只是她与肖像画师丹尼·道森开的玩笑，这两个女人喜欢互相调侃。道森回忆说："雕像就像是她的女朋友，她抱怨说'你没有试着塑造我的法国指甲'，我告诉她它们在20年内就会过时。事实上，我真的很想把注意力从她手上移开，她有一双卡车司机般的大手。" [38]

约翰的情况持续恶化，3月，在奥古斯塔国家高尔夫球俱乐部的球场观看桑德拉打球时，约翰开着一辆高尔夫球车穿过球道，桑德拉的弟弟艾伦不得不跑着跳上车去把钥匙拔下来。半夜，艾伦醒来，看到约翰站在自己床前，艾伦回忆说："这令人毛骨悚然，令人不安。"就在1月，桑德拉在写给朋友欧文·派普的信中说："看到约翰失去交谈和讲笑话的能力，我很难过。没有幸福的结局。"3月她写信给佩姬·洛德说："考虑到约翰的身体情况，我不打算组织今年夏季的'流动派对团队'活动了，没有人能照顾他。" [39]

那年春末，大法官奥康纳在一个鸡尾酒派对上遇到丹尼·道森，她对道森说："你将能欣赏到你为我画的肖像，因为我要辞职了。"道森是个据理力争、直言不讳的朋友，她回答道："这是一个错误的决定。"大法官愁眉不展地说："我到这里来是为了将这件事告诉那些喜欢我的人。"道森催促奥康纳为约翰寻求专业护理，但大法官"并不想听我的"，道森说，"她只是看着我，什么也没说"。和其他提出类似建议的人一样，道森感到沮丧，她认为她的朋友很固执，受责任引发的内疚感的驱动，胜过常识。

辛西娅·赫尔姆斯和奥康纳家庭以外的人一样，也相信她的朋友被内疚撕裂了，因为桑德拉把约翰从菲尼克斯、从正在腾飞的事业中拔了出来，使他成为华盛顿的二流人物，尽管是非常出色的二流人物。

赫尔姆斯说:"她从未原谅自己,虽然她从未这样说过,但是我能感觉到。"[40]

6月23日,大法官伦奎斯特呼吸困难,他的声音因喉咙部位插入了管子而有些异样,他宣布由大法官史蒂文斯宣布最高法院对"凯洛诉新伦敦市案"的判决结果,最高法院裁定新伦敦市可以使用土地征用权,强迫私人房主将财产出售给私营公司,以推进该市的经济再开发计划。这个案件似乎是渐进式的,除了大法官奥康纳提出的不同意见,在房地产行业外可能基本没有人会注意到它。奥康纳提出的不同意见开始时并未产生多大影响,后来逐渐演变成对政府不受约束的权力的有力攻击。

奥康纳注意到一个遭到驱逐的房主——威廉明娜·德瑞,这个家庭居住的老宅房龄已经超过一个世纪(与戴氏家族拥有雷兹彼牧场的时间差不多长)。她写道:"打着发展经济的旗号,私人财产很容易被夺走并转移给另一个私人所有者,只要它可以升值……没有什么能阻止国家用丽思卡尔顿酒店取代一家 Motel 6 汽车旅馆、用购物中心取代一幢住宅,或者用工厂取代一家农场。"(出于类似的原因,奥康纳夫妇在 20 世纪 60 年代曾致力于阻止菲尼克斯吞并天堂谷。)

奥康纳在与公众情绪同步上再一次比她的大法官同人们更胜一筹。政治上左右两派都立即出现强烈的反弹:几年内,全国几乎每个州都通过法律,宣布这类出于私人目的的"公共征收"违法。[41]

宣布"凯洛案"判决结果的当天下午,大法官奥康纳打电话给辛西娅·赫尔姆斯,请她第二天上午来首席大法官的办公室一起打桥牌,第四位牌手是海军上将泰兹韦尔·谢泼德,他曾是美国前总统肯尼迪的前海军助手。

10 点,四人聚在一起,玩了一个小时,首席大法官伦奎斯特显得瘦弱又苍老,他宣布"我受够了",他指的是桥牌。他明确表示他决心在他的岗位上再干一年。赫尔姆斯回忆说:"他告诉我们,'我已经决定再待一个开庭期'。"

桥牌聚会结束后，随着伦奎斯特的话在奥康纳的脑海里回响，两个女人掉头朝奥康纳的办公室走去。赫尔姆斯夫人能看出她的朋友十分紧张："她转向我说，'如果他要留下，好吧，那么我可以走了'。"[42]

奥康纳陆续告诉一些朋友，比如丹尼·道森和法官伦弗鲁，她打算辞职。她一直悄悄为退休做着准备：她让朋友、房地产销售金妮·周为她在切维蔡斯俱乐部的房子寻找买家；她聘用了三人，而不是四人，担任下一开庭期的法律助理。一个名为"在他们的法袍之下"的法律博客注意到她没有满额雇用助理，但是猜测她计划挑选伦奎斯特的一个助理，大概是位女性，作为她的第四位助理。[43] 但她一直以来没有下定决心，伦奎斯特打算再待一年的声明明确了她的决定。

在她的办公室，奥康纳给布什总统写了一封信，说她将要退休。这封信计划在一周后寄出，也就是她计划离开城里的那一天。她也写了给她三个儿子的信，发出时间定在同一天——7月1日周五寄出。周一，她带着助理们最后一次外出，在西弗吉尼亚州哈珀斯费里历史遗迹附近的山丘上徒步旅行。大法官自带午餐，塔利·法哈迪安回忆说："那是华盛顿特区令人作呕的一天，空气浑浊，闻起来使人难受。对20多岁的我来说，徒步旅行是一项挑战。奥康纳先生和我们一起徒步旅行，并不显得吃力，他的体能并没有衰退。"

乔治·克莱因回忆说："天气很热，她带我们外出徒步旅行。"在开车回华盛顿的途中，她请助理们到她家里喝杯葡萄酒。泰恩·伊万杰丽斯回忆说："回到家里，她给我们每人倒了一杯酒，让我们坐下来，她有事告诉我们，她还没有告诉总统。"

大法官用一种平静的声音说："我退休的时间到了，约翰需要我。"

"我当时很想哭，"伊万杰丽斯回忆说，"我尽量不在她面前哭。她是决定性的一票，是第一女性。我想到了她的重要性，想到了她对最高法院和我们国家的意义。她非常实事求是，我有感觉，她还没有完全准备好，但这么做对约翰来说是正确的。"

当目瞪口呆的助理们起身离开时，约翰说："她本应该是总统。"[44]

周五，其他大法官都收到了奥康纳的信，其中还包括一首诗、一则古老的故事——《不可或缺的人》，它论证说没有这样的人。大法官们开始给她打电话，大法官肯尼迪打电话与她道别，她则说起他的保守主义助理们，他们把她视为联邦主义者协会纯粹的障碍，"你能听见酒瓶软木塞在办公室里崩出的声音"。挂断肯尼迪的电话后，她还与大法官史蒂文斯交谈，史蒂文斯说："我现在感受到的是大法官鲍威尔退休时你肯定有的那种感觉。"在她的助理们面前，奥康纳哽咽了。

在白宫，小布什总统打开信，打电话给奥康纳，邀请她过去坐坐。她礼貌地拒绝了，如实告诉他，她要赶飞机。（当消息传出时，她想离开华盛顿；记者们已经在伦奎斯特的房子外等候了好几天，预计他会辞职。）

总统说："对一位老牧场女孩来说，你相当出色，大家有目共睹，你是伟大的美国人之一。"奥康纳后来告诉了她的朋友——《芝加哥论坛报》的记者简·克劳福德·格林伯格，她当时情绪激动并有些哽咽。小布什总统说："我希望我在你身边拥抱你。"

在最高法院的办公室，露丝·巴德·金斯伯格拿起笔给她的朋友桑德拉写信："我一直强忍着泪水。"斯卡利亚热情地写道，"我一直把你当作好朋友（尽管我有时持尖锐的不同意见），并且事实上把你当作维系最高法院团结的社交纽带的锻造者"，他很想知道"你走了之后，谁将承担这个角色"。首席大法官在他的病榻上口述了一份隐晦但带有暗示的笔记："我们半个多世纪前在法学院相见，你能相信这一切吗？我钦佩你不止一个原因……我会非常想念你。"45

法官伦弗鲁是从收音机里得知大法官奥康纳退休的消息的，他回忆说："我打电话给她说'我们谈过这件事'，她说，'我不知道这么做是对是错，但是我必须这么做。约翰为我放弃了他的事业，我们想共度最后的日子'。"奥康纳想在约翰不再能认出家门前把他带回亚利桑那。46

大法官奥康纳尽职尽责地告诉总统，在继任者得到确认之前，她不会离开。因预期伦奎斯特会退休，白宫已经对候选人进行了两个月的审查。7月19日，小布什总统提名联邦上诉法院法官约翰·罗伯茨填补奥康纳的空缺，他的确认听证会定于9月6日举行。

奥康纳对选择罗伯茨感到满意，"这太棒了"，当她结束钓鱼旅行返程途中听到这个消息时，她用她那标志性的热情告诉记者："他各方面都很优秀，除了不是女性这一点。"[47]与她的助理在一起时，奥康纳用她最喜欢的词——"有吸引力"——形容罗伯茨。他曾在老布什总统手下担任过司法部副部长和私人律师，在最高法院辩论过近40起案件。他到最高法院出庭前总是做好充分的准备，反应总是非常敏捷，并且总是与她合拍。罗伯茨在2017年告诉我，在最高法院第一位女性大法官面前和她的决定性投票上，他并没有明确提出自己的观点，因为"如果你聚焦摇摆票，马上就有八个人不喜欢你"。但是他知道，奥康纳通常会提第一个问题，这个问题直接触及案件的核心，他总是有备而来。罗伯茨说："我会准备好我认为重要的一句话。"[48]奥康纳对罗伯茨的评价很高，认为他是哈佛大学教育出的棱角分明的中西部人。奥康纳对朋友珍妮特和雷·布罗菲说："罗伯茨生来就是首席大法官。"[49]

奥康纳的这句话是脱口而出的，但结果证明是很有先见之明的。首席大法官伦奎斯特再多任职一个开庭期的决心因他的身体受甲状腺癌影响而无法实现。8月底，生病的首席大法官被紧急送往医院，伦奎斯特将他淘气的幽默感一直保持到最后。在急诊室里，当被问及他的初级保健医生时，他回答说"我的牙医"。9月3日，伦奎斯特去世。

9月8日，伦奎斯特的家人邀请大法官奥康纳在圣马修大教堂发表悼词。她用了一个牛仔的比喻，盛赞首席大法官的领导能力，她说："在一个案件上，他从不扭着别人的手臂投票，相反，他用宽松的缰绳引导我们，很少用马刺。"[50]

面对教堂外的记者，大法官奥康纳只说了一个词："悲伤。"望着她的旧情人的棺木沿着最高法院大理石台阶被抬下时，她显得不同寻常的憔悴，并且弯着腰。她告诉她的朋友和前助理们："就像地震来袭一样。"[51]

据两位非常熟悉奥康纳的朋友说，她被一个令人不安的想法困扰着：在他们关于谁应该先退休的痛苦对话中，首席大法官对她是否完全诚实？[52] 他没有告诉她自己的病情有多么严重。当他在 2004 年 10 月被确诊时，她不知道他的医生宣告他只剩不到一年的生命。在她致的悼词中，奥康纳深情地、切中要害地调侃了伦奎斯特喜欢下赌注的性格："我认为首席大法官赌他能活到下一个开庭期，尽管他身患疾病。但他和我们所有人一样都输了。但是他赢得了幸福生活所有的奖项。"不过，奥康纳也许想知道：她是不是被巧妙的计谋所击败？ 2016 年，大法官史蒂文斯在与我交谈时，小心谨慎地回忆奥康纳曾经与他谈论过她的疑虑，"她表示遗憾，希望能从头再来一遍"。史蒂文斯表达了自己的观点，但是也许是奥康纳的观点，他接着说："她对威廉·伦奎斯特太恭顺了，她应该继续留下来，那是一个并不愉快的决定。"这位在最高法院服务良久的资深自由派大法官多少有些悲伤地补充道："最高法院从来没有向右偏得这么远。"[53]

2005 年夏，在国会山，一群支持堕胎的女性参议员担心奥康纳的离开和伦奎斯特的离世会导致斯卡利亚被任命为首席大法官。6 月，随着伦奎斯特陨落的相关报道传播开来，越来越多的人猜测斯卡利亚正在寻求机会登上首席大法官之位，并得到了保守派的强力支持。《华盛顿邮报》驻最高法院记者查尔斯·莱恩写道："一个非正式的斯卡利亚小热潮正在兴起——斯卡利亚可能正在领导它。"[54] 斯卡利亚得到了深植于白宫和司法部的强硬的联邦主义者协会积极分子的支持，这些人看到了一个意想不到的机会，把这个运动的英雄安插到司法分支的顶端。（斯卡利亚的妻子莫琳后来告诉我，她已故的丈夫"从来没有期望成为首席大法官，这不是他的专长"。）7 月 14 日，加利福尼亚州民主党联邦参议员芭芭拉·柏克瑟和缅因州共和党联邦参议员苏珊·科林斯写信给大法官奥康纳，请她重新考虑退休的决定，这样如果伦奎斯特让位，她可以回到最高法院担任首席大法官，奥康纳没有回复这封信。[55]

参议员们不需要担心形成斯卡利亚法院，在去世前，伦奎斯特曾向小布什总统建议任命约翰·罗伯茨为首席大法官——他曾是伦奎斯特的法律助理——并另找其他人填补奥康纳的职位。9 月初，总统宣布罗伯茨将成为第 17 任首席大法官。一个月后，小布什总统又选择他的私人律师、白宫法律顾问哈里特·迈尔斯来填补奥康纳的位置空缺。

奥康纳赞美罗伯茨，但没有提到迈尔斯。总统的法律顾问的主要优点是对乔治·W. 布什忠诚，迈尔斯很勤奋，但是眼光狭隘，而且对国会强硬派来说，她还不够保守。她缺乏约翰·罗伯茨或者桑德拉·奥康纳那样的魅力。参议院民主党人私下恳请布什提名一个没有争议的中间派——不要再提名更多类似罗伯特·博克的人。当迈尔斯在国会山对参议员做巡回拜访时，她倾尽全力要给人留下深刻的印象。经受23 天不友好的筛查和令人不舒服的盘问后，迈尔斯打电话给总统，请求他撤回提名。白宫开始重新寻找人选。[56]

奥康纳的朋友们仍在疑惑并担心她是否做了正确的决定，埃里克·莫特利问她："难道就没有别的办法可以照顾约翰，让你留在最高法院工作吗？"她回答说："在某种程度上，你必须做你应该做的事情。"然后，她问埃里克，谁照顾他的祖父。"我的祖母啊！"埃里克回答道。奥康纳说："这就是责任。"

露丝·麦格雷戈是奥康纳的第一个助理，她们保持着长久的友谊，她记得在约翰患痴呆的前几年，大法官曾经对一位处于同样窘境的朋友说："你不能把他留在自己家里。"然而，准确地说，这正是她打算为约翰做的事。麦格雷戈说："我想，她认为她能继续照顾他。"她原计划部分时间住在菲尼克斯的小房子里，它是在 20 世纪 90 年代中期卖掉雷兹彼牧场后作为在亚利桑那州的临时住所买的，另一部分时间则住在华盛顿一个名叫"柱廊"的公寓综合楼（里根总统的礼宾部部长塞瓦尔·罗斯福曾经在华盛顿找到了这个地方）。奥康纳事先没有看就买下了柱廊公寓。"它有衣橱吗？"这是她问的唯一的问题。

她一直勇往直前。时代集团前首席执行官拉尔夫·戴维森（也是斯坦福大学校友）的妻子卢·戴维森回忆说，我们会在附近的"大厨杰夫"餐厅吃午餐，"她表现得好像一切都同以往一样，对我来说，这令人崩溃，约翰坐在那儿，他不能自己切食物。她一切如常，好像这是世界上最自然的事情"。[57]

回到最高法院，奥康纳仍然是一名在职大法官，在她持续等待她的继任者的同时，继续审理案件。她的法律助理本·霍里奇回忆说："那是一个奇怪的时期，似乎大法官距离退休总是保持六周的时间。"因为她也无能为力，所以奥康纳的情绪总是夹杂着一点儿恼怒，"但只能接受，实在没有办法"。

霍里奇曾经是《斯坦福法律评论》的编辑，像奥康纳之前的助理一样，霍里奇也带着满脑子抽象的法律条文和复杂的教义走进奥康纳的办公室，他最终在人类经验的领域上了一课。桑德拉·戴·奥康纳在现实世界中占据了有力的、决定性的地位。

在最高法院的大部分时间里，奥康纳抵制国会打着"联邦主义"的旗号干涉本应由州控制更合适的事务，她加入了保守派阵营。各州通常享有"主权豁免"，这是一个古老的学说，是英国长时期保护王权的普通法的一部分，这一学说主张主权国家或者州不可能犯下法律错误，因此免于民事诉讼或刑事起诉。根据宪法的破产条款，在一个考验国会能否推翻州主权豁免原则，允许破产受托人起诉州政府的案件中，霍里奇认为奥康纳会遵循判例和保守主义原则——说"不"，但是相反，她说"是"。她与自由派站在一起，以 5 比 4 裁决对涉及一所社区大学和一家破产书店的案件允许起诉州政府。[58] 她的理由很简单，而且像以往一样务实：除非各州像其他债权人那样被对待，否则破产条款就不起作用。霍里奇回忆说："连一个成绩为 C 的学生都能想出一长串判例（支持主权豁免），而她却问'这有什么意义呢'。她能估计这件事的大小，比她的助理反应更快。"奥康纳让助理们了解实际的业务问题，因为她已经理解自己的角色并实践了近 1/4 个世纪。"等一下，我们不是在做智力练习，我们这样做是为了管理社会，这恰恰是我们这些人从事的事情。"霍里奇说道。

奥康纳在 24 年的大法官生涯当中第 330 次扮演摇摆票的角色，她敏捷、快乐、实事求是。一位助理说："她没有架子，和我们坐在一起，她很惬意地快速处理了这个案子。她只是说，我们以一种恰当的方式'不去做那件事（遵循主权豁免判例）'，她不需要一种冗长的哲学讨论。"

大法官奥康纳的最后一个多数派意见涉及堕胎主题是恰当的，在"阿约特诉北新英格兰计划生育案"中，奥康纳组合了一个意见一致的法庭，即尽可能地少干预。[59] 联邦上诉法院推翻了一项州法律，该法律要求未成年人在堕胎之前通知他们的父母。霍里奇说，由于这项法律缺乏对胎儿母亲健康适当例外条款，奥康纳通过指示下级法院制定一项不涉及废除整部法令的补救措施，"卓有成效地将清除障碍"。她不想让最高法院再次对堕胎限制是否合宪的裁决进行检验，并且其他大法官也倾向于回避这个问题。在践行她自己的"结果主义"法学体系时，她再一次说，对艰难的宪法问题，答案只能依赖于案件背景。[60]

霍里奇像许多在最高法院幕后工作感到兴奋的助理一样，最初对最高法院没有直接受理一起大型堕胎案件感到失望，这个案件是五年来的第一次，但是他从他的上司那里学到了更有价值的东西。他回忆说："一个避免做出重大决定的决定，当然，有些人会认为这是空洞的，但是如果你能够让九个人决定不做决定，那就很了不起了。"他指出，受教条驱使的法学家喜欢发表将被刻在他们墓碑上的声明，或者至少在法律评论上被引用。霍里奇说："那些墨守成规的人追求的是不朽，奥康纳认识到我们只是在应付着过日子，我觉得这与她对死亡和死亡率的洞悉有关（霍里奇读过《雷兹彼》一书）。她说，我们不能总是解决这些大问题。我意识到我正在学习一些东西——一门道德课，它不是被教授的，而是被观察到的，决定你必须决定的东西，然后继续前进。"

2006年1月18日上午，奥康纳宣布了最高法院对"阿约特案"的判决结果，不到两周后，1月31日上午11点30分，美国参议院确认美国上诉法院法官塞缪尔·阿利托出任最高法院大法官，填补奥康纳的职位空缺。在国会大厦对面广场高圆柱状的建筑物中，一股旋风从大理石走廊刮来，霍里奇回忆说："排成队的手推车突然造访我们的办公室，他们取下奥康纳的门牌，换上了阿利托的门牌。这很突然，但似乎并没有惹恼她。"[61]

当晚，总统乔治·W.布什计划在国会参众两院联席会议上发表年度国情咨文，白宫打电话给大法官奥康纳，询问她是否愿意和第一夫人坐在旁听席上，她谢绝了。她说，就像六个月前一样，她要赶飞机。白宫说，在总统演讲结束后可以提供总统专机送她飞往亚利桑那，奥康纳礼貌地再次谢绝。第二天上午，在菲尼克斯，她有一场演讲，为亚利桑那州立大学巴里·戈德华特系列讲座做演讲。她要继续享受生活。①

---

① 伦奎斯特去世、罗伯茨被提拔后，布什总统个人请求大法官奥康纳在他寻找她的接任者时留在最高法院，她没有宪法义务填补这个职位，但是总统恳请她承担起责任。奥康纳退休后，布什总统在白宫为她举办了一场奢华的私人晚宴以示感谢，大部分内阁成员都出席了晚宴（餐桌中央的摆件是镂空的法律书籍，里面填满了鲜花。菜单是"全农场"，甜点是一块天平形状的"正义蛋糕"）。第一夫人劳拉·布什的父亲也患有阿尔茨海默病，她用手牵着约翰，整个晚宴都与他待在一起。[62]

第十六章

值得做的工作

通往幸福的道路
就是将"值得做的工作"做到底。

桥梁建造师：桑德拉与大法官索托马约尔、金斯伯格和卡根在一起。索托马约尔说，
作为最高法院第一女性，奥康纳"改变了一切"。

2 月 1 日，也就是奥康纳从最高法院退下来的第二天，在菲尼克斯发表演讲时，她遇到了老朋友苏·赫克。她对赫克解释说："约翰曾放弃他在菲尼克斯的职位，和我一起前往华盛顿，所以现在我要放弃我的工作照顾他。"但是，这已经太迟。

　　4 月末，奥康纳夫妇和 5 个朋友乘坐一艘 50 英尺长的摩托艇在土耳其海岸外巡游。早些年他们在菲尼克斯的朋友唐·考夫曼回忆说："约翰从来不知道自己身在何处，他会半夜起床，与桑德拉争论，他不明白自己在干什么。"约翰原来的法律合伙人弗兰克·沃利斯是奥康纳夫妇的财产规划师，他回忆说，约翰"在凌晨两三点起床，要去参加社交活动"，他们的朋友睡眼惺忪地帮助桑德拉把约翰哄回他们的小屋。

　　阿尔茨海默病的患者晚期可能会变得易怒，甚至暴躁，还好到当时为止，约翰还没有表现出这一面。大多数时候，他静静地坐着，茫然地盯着一本书，偶尔会抱怨没能得到安慰。[1]

　　斯科特·奥康纳回忆说："去土耳其旅行是一场'灾难'，他们担心他会从船上跳下去。"桑德拉长期抗拒的时刻最终到来了，她再也无力照顾约翰。斯科特接着回忆说："她回来时哭了，她说，'我准备好了，给我看看你们的调查成果'。"斯科特和妻子琼尼在菲尼克斯选定了一家照料阿尔茨海默病患者的机构——大慈生活中心。7 月，奥康纳的家人将约翰送到了他的新家。斯科特的妻子琼尼·奥康纳回忆说，桑德拉不能忍受一起去，"我撒了一个善意而令人痛心的谎，我对约翰说：'桑德拉去钓鱼期间，我们带你去宾馆住。'他讨厌钓鱼，所以他不想同去"。为了让病人适应新环境，大慈生活中心的病人家属在前两周不被允许探视。琼尼回忆说："我让我的一位朋友去给约翰读书，看看他在那里的情况。约翰对她说，'你很正常，其余这些人都是怪人'。"当桑德拉终于获准探视时，约翰揪心地恳求说："不要离开我。"[2]

一切太糟糕了，桑德拉打电话给她在菲尼克斯的老朋友贝齐·泰勒说："我需要逃离，让我去你那里（一座位于皮恩托普的登山营地）躲起来。"泰勒回忆说，她"大约10分钟后"就召集了一群朋友——"流动派对团队"。佩姬·洛德从东海岸飞了过来，她回忆说："桑德拉泪流满面，心烦意乱，她睡了两天。"[3]

"我自己要做点儿什么？"桑德拉在9月返回华盛顿后问她的朋友朱迪·霍普。作为一位退休大法官，她在最高法院还有办公室，并且保留一名工作人员、两名秘书和一位兼职助理。起初，她感到无所事事，而且一反常态地感到后悔。她向霍普坦言，从最高法院退下来是我"做过的最愚蠢的事情"，她烦躁地说，"我没有任何重要的事情可做"。

她的儿子杰伊回忆说："她退休后，确实面临一段低谷期。以前总是有新的挑战，一旦退下来，她意识到自己在走下坡路，再也不会有相同水平的专业参与程度。对她来说，调整是艰难的，她对此很伤心。"[4]

她可能会很暴躁，3月，她加入了伊拉克研究小组，这是一个由国会委任的由两党领导人组成的小组，负责评估长期停滞的伊拉克战争。两位主席分别是前国务卿詹姆斯·贝克和众议院外交事务委员会主席李·汉密尔顿，其他成员包括里根政府的司法部部长埃德温·米斯、克林顿政府的白宫幕僚长莱昂·帕内塔、卡特政府的国防部部长威廉·佩里和怀俄明州联邦参议员艾伦·辛普森。詹姆斯·贝克回忆说，大法官奥康纳强烈批评小布什总统的伊拉克政策，她的态度是"如果做不到直言不讳，那么毫无效果"。她一如既往地务实和敏锐，却少了像往常那样的外交辞令。11 月，正在编辑这份报告时，她批评由委员会撰写的报告乏味，并向报告的作者之一、亲密的老朋友辛普森抱怨说："这是我见过的最糟糕的报告。"著名杂志封面摄影师安妮·莱博维茨过来拍摄集体照时，奥康纳犹豫了一下，说"我不会为那个女人的拍摄摆姿势"。几年前，她与莱博维茨一起为《时尚》杂志拍摄照片期间就曾不耐烦，并且她也不想利用《名利场》的手法来美化研究小组的工作。[5]

她对她的继任者塞缪尔·阿利托很恼怒。2007 年 4 月 28 日晚，在接受美国艺术与科学院颁发的终身成就奖时，她向颁奖人、克林顿政府的司法部副部长沃尔特·德林杰抱怨阿利托，谈话是私下进行的，对奥康纳来说，她一直努力避免一不留神说其他大法官的坏话。在奥康纳看来，阿利托是安东宁·斯卡利亚模式的保守主义法理教条的顽固信徒。奥康纳认为，阿利托的投票将破坏她在堕胎、平权运动、宗教自由等重要问题上的务实妥协。奥康纳的朋友德林杰说："她认为阿利托背叛了她所有的成就。她说，'你最不需要的就是第五个天主教徒'。"（其他四位是罗伯茨、斯卡利亚、肯尼迪和托马斯。）[6]

奥康纳的言论在政治上是不正确的，但它触及了一个古老的紧张关系：奥康纳把天主教大法官们认作因它的固定教义而妨碍他们信仰的规则约束，斯卡利亚、阿利托和托马斯及程度较轻的罗伯茨和肯尼迪则将奥康纳认作对赋予法律一致性和可预测性的规则关注不够（斯卡利亚大法官说"法律的规则就是规则的法律"）。奥康纳就像她的榜样刘易斯·鲍威尔一样，经常用看似中性的平衡测试来终结问题。在大法官阿利托心目中的英雄斯卡利亚于 2016 年去世后，他对联邦主义者协会追随者开玩笑说："就像尼诺不止一次地告诉我们的那样，如果一个法官采用了一种平衡测试，那种平衡几乎总是按照法官希望的方式恰好出现。"斯卡利亚和阿利托没有说的是，通过削弱下级法院法官判决的灵活性，保守主义大法官们正试图以某种方式——他们自己的方式来冻结法律。[7]

有些人在阿利托身上看到的害羞被奥康纳视为冷漠，甚至激怒了她。她对老朋友吉姆·托德说阿利托没有幽默感[8]，阿利托的朋友则说阿利托是一个冷幽默的人。奥康纳不喜欢阿利托，这必须结合她过早地辞职、她的后悔及她因等待确认她的继任者而失去了6个月与约翰在一起的时间等背景来看。德林杰并不是唯一一个听到她谴责最高法院在她离开后突然向右倾斜的朋友（甚至是熟人）。

2007年一个温暖的春日，奥康纳和助理贾斯汀·德赖弗坐在最高法院一个私密的露台上聊天，带着一丝向往的心情，谈论着她作为大法官的时光。她赞许地指着最高法院室外路灯底座周围的一圈装饰性海龟，正如德赖弗所了解的，这些海龟是法律进程缓慢、步伐深思熟虑的象征（在最高法院的石头装饰上也刻有海龟）。德赖弗说："她担心她的政治遗产，她用了那个词。"2006—2007年开庭期的最后一天，斯蒂芬·布雷耶在公开法庭上异乎寻常地表示："很少有人在法律上做出如此快的改变，这是不正常的。"他提及的是接替奥康纳的阿利托，以及新任首席大法官的倾向。令布雷耶和奥康纳都感到沮丧的是，这位新任首席大法官似乎比他的前任更倾向于推动保守议程，仅在一年内，最高法院就裁决维持对反对堕胎人士所说的"部分堕胎"的禁令。最高法院还放松了对竞选支出的管制，并在一起学校融合案中削弱了奥康纳在平权运动案件中的平衡措施。

那年夏天，在一次飞蝇钓鱼之旅结束后，在驱车前往蒙大拿州米苏拉机场的路上，奥康纳对在斯坦福大学就读时曾经的室友玛提卡·鲁姆·索文说："我所坚持的全部正在被毁掉。"奥康纳说得有点儿夸张，或者说至少在当时看是这样。在最具有争议的问题上——堕胎和平权运动，其判决的精华仍然稳固。尽管是海龟，最高法院在其漫长的历史中向右摇摆，向左摇摆，然后再摇摆回来。20多年来，在动荡的年代，奥康纳保持着最高法院的中心地位。当然，是凭借着她敏锐的政治直觉。她似乎已经意识到，在一个日益两极分化的年代，新任命的大法官不太可能是中间派。[9]

朋友们试图帮助她找到一份事业，以安放她那仍然充沛的精力。当奥康纳对他们位于丹顿巷的旧土砖房将被拆除并被巨无霸豪宅所取代而悲伤时，有钱的朋友们捐款将整栋房子的一砖一瓦完全搬到了位于坦佩的亚利桑那历史与社会博物馆旁边的公园里，希望这座20世纪中期的现代风格土砖房屋能够成为一个放松的地方。在那里，民主党人和共和党人能够会面，拉近距离，喝啤酒、吃墨西哥食物，就像奥康纳作为州议会多数党领袖时那样快乐。但是几次聚会后，在"奥康纳家"的"聊天和吃玉米卷饼（查鲁帕斯）"逐渐消失，21世纪的议会党徒们更感兴趣的是互相攻击。[10]

奥康纳明白，她的名气是一笔逐渐递减的资产，她本来可以选择利用自己的名望在董事会任职或发表有偿演讲挣钱，但是她想专注于公益事业。她经常对朋友和家人说："我还有五年时间，在这段时间里，我仍然很重要。"但是怎样才能最有效地创造差异呢？早在她作为州议员的日子里，她就一直发表演讲，警告司法独立被侵袭，这个问题引起了后冷战世界新兴民主国家的共鸣。在美国国内，也呈现出新的紧迫性。对奥康纳来说，支持国家机构第三个分支的完整性，并教育年轻人了解为什么宪法事件会成为最后的欢呼，也是她自己公民宗教的信仰见证。

从杰克逊时代的民选州法官到20世纪早期和中期以品德功绩为基础的司法选拔制度的逐渐转变，在20世纪八九十年代停滞不前，甚至出现逆转。越来越多的州又开启选举法官的制度，并且这个问题变得党派化。共和党人支持普选（这令奥康纳沮丧），民主党人则支持任命程序。金钱开始涌入州司法竞选，有时结果令人发指。在西弗吉尼亚州，一家煤炭公司被指控用竞选捐款在州最高法院买了一个有利的结果，当案件提交到最高法院时，大法官奥康纳已经退休，她走出她的办公室，在公共旁听席上引人注目地坐着，以免其他大法官对她在这个问题上的观点有任何怀疑。美国法律制度促进协会会长、奥康纳亲密的朋友贝姬·库利斯说："她会说，金钱不应被放置在法庭里，你最不希望看到的事情是，各方都在担心对方给法官捐了多少钱。"[11]

在安东尼·肯尼迪撰写的一份判决意见中，罗伯茨法院的保守主义多数派在"联合公民诉联邦选举委员会案"中为公司支付选举开支打开了闸门，奥康纳对此非常失望。[12]肯尼迪写道，公司和其他组织也有言论自由的权利，影响选举的支出受《宪法第一修正案》的保护。奥康纳认为，肯尼迪太天真了，允许最高法院充当一种政治武器。与最高法院其他大法官不同，奥康纳在金钱和政治的十字路口有过实战经验，她既当过州议员也当过被选举出来的州法官。"布什诉戈尔案"使她对法官与投票箱之间的分隔更加敏感，她认为法官不应该与政客们混淆：一个是公正的，另一个则是党派的。2010年10月开庭期，也就是"联合公民案"落幕后的那个开庭期，奥康纳的助理克里斯滕·艾肯塞尔说："她不想将最高法院当作一个党派的政治机构，这一理念真的驱动着她，她对法院被这样看待有一种过敏的反应。"

早在2006年，奥康纳就与乔治敦法律中心合作举办了三次强调司法独立问题的年度会议。奥康纳是一位重量级出席者，她很荣幸在乔治敦举行的会议是以她的名义召开的。毕业于哈佛大学法学院、正担任奥康纳助理的阿比·泰勒回忆说："很多人在问，'哦，我们能做什么？'奥康纳不易滑向绝望，她喜欢投入地完成事情，而不是只说给自己听。'好吧，我们要做什么？'"

泰勒说，阻止竞选资金流向法官"在政治上是不可行的，但是大法官相信我们至少可以教育下一代"，奥康纳全身心地扮演教师的角色，她希望年轻的美国人了解国家机构有三个分支，制衡、法治及为什么他们的自由取决于体制的运作。

奥康纳面对的是冷漠的几代人，亚利桑那州立大学法学院在2006

年更名为桑德拉·戴·奥康纳法学院，院长帕特里夏·怀特说："很明显，学校对公民教育漠不关心，知道"活宝三人组"的孩子比知道国家机构三个分支名字的孩子要多。"（奥康纳喜欢说，能说出《美国偶像》中三个法官名字的孩子比说出美国最高法院任何三个大法官名字的孩子要多。）传统高中的公民教育课本《我们人民》显得陈旧、落伍，它的封面是向很久以前戴着假发的白人致敬的图片。阿比·泰勒回忆说："人们说它过时了，大法官说，'好吧，这就是我们必须争取的'。"

很明显，较好的教科书不是标准答案，奥康纳绝对不是一个技术专家，与她那个时代最高法院的大多数大法官一样，她基本上避免使用互联网，不能处理自己的电子邮件。但是亚利桑那州立大学教授詹姆斯·吉提出一个建议：为什么不使用像电子游戏那样的形式教授公民教育课程呢？吉曾经获得麦克阿瑟基金会的资助，并写了一本书——《游戏改变学习：游戏素养、批判性思维与未来教育》。

奥康纳起初高度怀疑，吉回忆说："她因为电子游戏的琐碎和暴力而排斥它。"她不喜欢"游戏"这个词，吉建议说："互动学习怎么样？"他开始为那些不喜欢读书的中学生开发他们可能喜欢玩的在线互动游戏。奥康纳被迷住了，并迫切希望了解更多。吉回忆说："她表现得就像'我就是一个老牛仔'，但是其中传达的信息非常明确——失败不是一种选项。"在肖托夸，奥康纳喜欢在夏季花一两周沉浸在这个高档的纽约州度假胜地的文化中。在那里，大法官寻求邻居的儿子、11岁的男孩查理·多兰的帮助。多兰回忆说："她不断地用迷你高尔夫球和冰激凌吸引我，让我检验她的网站。"两个人很快成为好朋友，多兰给奥康纳上了一堂关于早期青春期男孩学习习惯的短期课程。

2009年，奥康纳成立了一个非营利组织，开发免费的电子游戏，为中学生提供公民教育课程。阿比·泰勒建议起名为iCivics。奥康纳说："好吧，我想这些日子每件事都有一个'i'。"经过一些调试和重启，iCivics获得了关注，并成为全美许多中学课程中的固定课程。佛罗里达州通过了"桑德拉·戴·奥康纳教育法案"，要求公立学校开设公民教育课程。到 2017 年，美国一半的中学生（大约 500 万学生）都在玩像"赢在白宫""行政命令""我有权利吗？"这样的游戏。

奥康纳感到很兴奋，南希·伊格内修斯回忆起她的朋友昂首走进位于华盛顿西北部她喜爱的意大利餐厅迪卡洛斯，滔滔不绝地讲述 iCivics 向全国学校传播的最新统计数据。辛西娅·赫尔姆斯说："她一遍又一遍地对我说 iCivics 是她做过的最好的事情，比她在最高法院做过的更重要"。赫尔姆斯认为她的老朋友"有点儿言过其实"，她认为这位退休大法官真正想说的是她已经找到继续前进的道路。但是 iCivics 对奥康纳来说远不止一种安慰，当她目睹公民话语的粗鄙化、两极分化的加剧，以及国家大部分人与公共机构疏远时，奥康纳意识到青年人需接受公民教育以使他们成为更好的公民具有紧迫性。凯西·斯莫利曾经是奥康纳的助理，后来加入了 iCivics 理事会，她说："奥康纳想在孩子们很小的时候就向他们展示国家系统是如何运作的，这样他们就可以参与进来。以为奥康纳认为 iCivics 事业比第一女性大法官更重要肯定是违反直觉的，但是在某种程度上是真实的。奥康纳认为，对每年 500 万儿童来说，学习如何参与公共生活比让一位女性大法官工作 25 年更重要。她相信，公民意识教育将永远持续下去。"一位大法官的法学体系可能会黯然失色，但是对于 iCivics，奥康纳相信自己正在建造一座永久的桥梁。[13]

奥康纳打算在菲尼克斯度过一段美好时光，在那里，她可以去探视约翰，但是一个令人悲伤的现实正等待着她。阿尔茨海默病患者在晚期有时会形成"错误的依恋关系"，痴呆患者会与其他患者"坠入爱河"。[①]2007 年秋，当地一家电视台的记者得到一则小道消息，在大慈生活中心，两名患者形成了浪漫的依恋，其中一位就是约翰·奥康纳。

1994 年，大法官奥康纳在美国国家癌症幸存者联盟发表了令人信

---

① 这种错误的依恋在 2006 年由朱莉·克里斯蒂主演的电影《远离她》中被戏剧化了。

服的演讲，她把自己遭遇可怕疾病的经历变成了令人信服的演讲，现在她勇敢地用同样的方式对待阿尔茨海默病。她的大儿子斯科特带着菲尼克斯电视台记者和摄制组去拍摄约翰，约翰正与一名女性牵着手，她被确认为"凯"。斯科特告诉记者，他父亲一直很沮丧，现在他变得快乐。他说，看到约翰的精神恢复了，他的母亲"很激动"。[14]

桑德拉对朋友卢·戴维森等人说："让约翰高兴的事也令我高兴。"与斯坦福大学布兰纳宿舍的室友黛安·库利在一起时，奥康纳描述了约翰和他的新恋人坐在门廊秋千上的情景。库利回忆说，桑德拉笑着问"你能相信吗"。走进大慈生活中心，发现约翰高兴地牵着那个女人的手，桑德拉适应了，她坐下，握住了约翰的另一只手。[15]

另一次探视之后，桑德拉打电话给她的朋友、房地产律师弗兰克·沃利斯说："我去看了约翰，他坐在那里牵着一个女人的手，他对我说，'来见见我的妻子'。"沃利斯想了想，回答道："这是极大的赞美，意味着他觉得自己的婚姻很幸福。"桑德拉"可能会一笑置之，但这很难"，沃利斯说。

在有关约翰错误依恋的故事见诸报端（该故事上了世界各地报纸的头条）的几个月前，桑德拉曾在位于佛罗里达州霍布桑德社区的佩姬·洛德家中出席"流动派对团队"的聚会，桑德拉与朋友卡罗尔·比亚吉奥蒂同住一个房间。比亚吉奥蒂说："她告诉我，她很伤心、很心疼，约翰不得不以这种方式结束自己的生命，这是个悲剧。"[16]

桑德拉探视过约翰后，有时会去桑德拉·戴·奥康纳法学院院长帕特里夏·怀特的办公室坐坐。怀特回忆说："对她来说，这是一段令人沮丧的时光。她的声音平淡，不带感情。她说，约翰的新生活对他来说是一件好事，但对她来说是无尽的悲伤和沮丧，她不想回家，不想独自待着，她坐在前厅阅读《纽约时报》。"

按怀特所说，奥康纳安排的旅行太多，几乎任何组织提出邀请，她都愿意参加，怀特的说法得到了奥康纳的朋友们的确认。怀特说：

"她的做法有点荒唐，她答应了太多的事情。"

在这一时期，她就像当今的西奥多·罗斯福——一个对一切事物好奇的速读者。罗斯福生性直率、老练，他一生都在工作和服务，并且他喜欢西部。当他的母亲和妻子在同一所房子、同一个晚上不幸去世后，他逃到了西部，开办了一个养牛场。西奥多·罗斯福曾写道："黑衣骑士很少会居于步伐够快的骑手后面。"[17]

奥康纳设定了一个快节奏——艰难的节奏。她从不挥霍，总是坐经济舱。她不检查自己的行李，而且在某种程度上她把自己的行程安排得太满，这让她的员工精疲力竭，如果不是她这样的话，是不至于的。她喜欢被关注，但是当介绍她的时间过长时，她会不耐烦，抱怨说："哦，他们就不能进入正题吗？"她是一个名声不好的后座司机，她告诉她的司机——通常是美国法警：要开多快，要在哪儿转弯（有时还会转错方向）。

作为一位具有"资深地位"的大法官，奥康纳被授予"巡回法官"的资格，可以在联邦上诉法院法官合议庭任职，审理全国各地的案件。在她70多岁时，她仍然一如既往地尽职尽责。然而在她将注意力转向 iCivics 后，她展现给助理们的是，她对展示自己的标志更感兴趣，而不是实际裁决复杂的案件。在2009—2010年开庭期担任她的助理的乔希·迪尔说："她不想要棘手的案件，她只想与法官们碰面打招呼，而不想被困住。"在2006—2007年开庭期担任她的助理的贾斯汀·德赖弗回忆说："上诉法院会为她保留一些有趣的案件，她会看简报并惊呼'天哪'。"德赖弗补充说："当聚光灯照射她时，她会发光。在她下车之前，她会挺直背。她有一种皱鼻子和眨眼睛的方式。像出色的政治家，她会根据我们所处的环境调整重音：'不是吗？能认得出来吗？'"[18]

约翰·奥康纳于2009年11月11日在菲尼克斯去世，那天上午，迪尔走进大法官奥康纳在华盛顿的办公室时，她正在哭泣。前一天，她被告知约翰已进入弥留状态，有人提议用私人飞机送她到临终的约翰的床边，她悲伤地婉言谢绝了。迪尔说："她也许在想'这有什么意义呢'，她深爱的丈夫早就不认识她了。"

约翰的悼念仪式充满了深情的回忆，充满了他的儿子们和前联邦参议员、鹈鹕营地的兄弟艾伦·辛普森带来的幽默趣味。桑德拉没有说话，但在早些时候，在一个约翰总是津津乐道的饮酒会上，暨位于华盛顿阿尔法俱乐部的年度晚宴上，她给约翰讲了一段充满爱意的祝酒词。阿尔法俱乐部是一个由250位产业和政界奇才组成的集体，包括总统和他的内阁成员，以及美国参谋长联席会议成员和最高法院成员。他们每年聚会一次，互相打趣。2007年1月，大法官奥康纳被提名为阿尔法俱乐部第一位女性主席（1994年，她成为阿尔法俱乐部第一批女性成员之一），她以咯咯笑的方式，借用老掉牙的笑话善意地戏弄她的阿尔法伙伴们，然后开始严肃地谈起她"亲爱的约翰"，谈到他多么享受这种友情和良好的联谊，谈到他多么乐于看到桑德拉成为阿尔法俱乐部的主席。在约翰去世的第二年，她又向他敬酒，她在讲话结束时引用约翰最喜欢的一句妙语博得在场的这些具有影响力的人的满堂喝彩："正如我亲爱的丈夫约翰经常说的那样，你不必为取乐而喝酒，但是为什么不抓住机会呢？"在她之后走上讲台的、仍然掩不住笑容的奥巴马总统问道："有谁不爱这个女人？"众人起身喝彩。[19]

荣誉像雪片般飞来：荣誉学位和终身成就奖，以及2009年8月12日颁发的总统自由勋章。奥康纳起初面无表情地看着，奥巴马总统向观众讲述她的故事，让她笑了起来：这位女士在斯坦福大学以近乎班级第一的成绩毕业后，在她的一次（也是唯一一次）律师事务所面试时，她被问到打字水平如何。奥巴马说："我不知道若成为一名法律秘书，她会走向何方，但是她成了最高法院杰出的大法官、州法官、亚利桑那州议员、癌症幸存者、得克萨斯平原（埃尔帕索）的孩子，桑德拉·戴·奥康纳就像她有时引用的诗中的朝圣者那样，为她身后所有的青年女性开辟了一条新的道路，架起一座新的桥梁。"奥康纳很享受与其他自由勋章获得者聊天，这些人包括比利·琼·金、德斯蒙德·图图及参议员爱德华·肯尼迪，并把他们介绍给她的儿子们，斯科特回忆说："她很从容地接受这一切。"[20]

因此，她决心在离开最高法院后，继续保持自己的"影响力"五年时间，然后又坚持了五年。她继续在全美国和世界各地"战斗"，成为一名公民美德的推销员，而当她的生命迈入第90个年头的时候，她成了女性进步事业鲜活的纪念碑。如果可能的话，她比以往更有活力。她可能天马行空，也热情、善解人意，并且有点儿俏皮。华盛顿高级人权律师、iCivics理事会成员汤姆·维尔纳说："她太难相处了。"维尔纳曾与奥康纳一起旅行，并曾在台上采访过她。"她会说'我不想回答这个问题'，或者只回答一个词。在宴会上，我说：'你把事情搞得这么难！'她会说：'我正努力提高你的考试水平。'她很强硬，容易伤人感情，但也很有趣和甜蜜，她很会调情。"

她在国外度假时，不断地向新兴民主国家的法官宣讲法治。曾与奥康纳一起出游并成为亲密朋友的美国国务院官员约翰·贾西克回忆说："她并不羞于斥责那些家伙，她会让他们对'电话司法'提一些不同的看法。"[21]"她是这个世界最有爱心的人，除非你惹恼了她。"贾西克说。奥康纳喜欢与学生们交流，向他们解释她从法学院毕业后是如何去地方检察官办公室免费为他们工作的，并且永远感激自己能接触到公共服务生活。当他们在中东或亚洲旅行时，奥康纳会热情地累坏东道主。贾西克回忆说："奥康纳真的喜欢体验当地的习俗，她有冒险精神，也喜欢好酒，是的，'大使，你有苏格兰威士忌吗'。她不呆板，她可以是一个快活的查理，而且对每个人都一视同仁，不管是总统还是看门人。他们爱她，人们会含着眼泪为我们送行。"[22]

2011年夏，奥康纳与儿媳希瑟（杰伊的妻子）及其他几个朋友去博茨瓦纳旅行。希瑟笑着回忆，导游安东尼·班尼特"是一个负责任的人，奥康纳对此做出了回应"，奥康纳像个女学生一样逗弄他，"在吉普车里，当我们轧过一棵树去看狮子时，她会说：'安东尼，不！停车！哦！安东尼，你太可怕了！'她喜欢这样"。"她有很坚强的意志，我必须压制她，她愿意做任何事情。"班尼特回忆说。当旅行结束时，她向蓝蛋群落的猴子颁发证书，以对她最喜爱的猴子表达敬意——一只有铁蓝色睾丸的雄性猴王。[23]

当服务慢的时候，她可能等很久都得不到帮助，但是她会阻止辱骂服务员的偏执狂。在一家私人俱乐部的酒吧里，一个刻薄的客人让服务员给他拿杯酒，"我要的是曼哈顿鸡尾酒，不是古典鸡尾酒"，并嘀咕了一句有地域歧视的咒骂。房间里突然安静下来。奥康纳站起来，说道："先生，你不属于人类，你应该为自己感到羞愧。"

她像以往那样，匆忙、任性、一碰就炸。2011年秋，她与朋友、肖像画师丹尼·道森一起去参观新落成的马丁·路德·金纪念堂，它位于杰斐逊纪念堂旁的潮汐湖畔。他们的朋友乔·亨德森去取车送她们回家，商场里车满为患，亨德森去了很久，奥康纳问"他还回来吗"，然后对道森说"我们搭便车吧"。她看见一辆红色汽车驶来，看起来像亨德森的车，奥康纳走到街上，提起她的裙子，竖起大拇指，这不是亨德森的车。司机停了下来，稍作停顿，然后开走了，他可能在想自己刚刚是不是看到了美国最高法院第一位女性大法官想搭便车。[24]

她和以前一样喜欢运动，在一次演讲之旅中，奥康纳参观了纳斯卡赛车的一个赛道，她跳上一辆赛车，命令那个被派来保护她并为她开车的美国法警："油门踩到底！"在阿拉斯加钓鱼时，她曾用一罐防熊喷雾驱赶一头笨拙的灰熊。琳达·韦伯斯特回忆说："导游说，'在我一生中，从来没有这样害怕过'。奥康纳则说，'哦，我不害怕'。"[25]

但是她行走越来越困难，当她坐在一个内胎里钓鱼时，她不耐烦的表现越来越明显，有时甚至令人尴尬。

2013年3月28日，奥康纳与前国务卿马德琳·奥尔布赖特在纽约公共图书馆的一大群人面前接受采访，主持人是普林斯顿大学教授、国务院政策和规划部前主任安妮-玛丽·斯劳特。斯劳特询问家庭在她们职业生涯中的地位，大法官奥康纳说："我的丈夫得了阿尔茨海默病，这很难搞懂，是不是？远离它吧。这是我经受的最难受的事情，远离它吧。"

在讨论过程中，斯劳特注意到奥康纳的回答越来越短。斯劳特问女性是否会给她们的工作带来与男性不同的看法，奥康纳给出了否定的答案。斯劳特追问："没有区别？"奥康纳回答："很少。"

采访过程中，奥康纳还宣布："安妮-玛丽，你没时间了。"斯劳特吃了一惊，说："是吗？"奥康纳说："我认为你最好在发起另一个话题之前考虑一下。"节目还有半个小时才结束，斯劳特竭尽全力保持优雅的姿态，竭力继续谈话。

大约在同一时期，奥康纳出席了菲尼克斯一位主教的葬礼。当风琴师不停演奏的时候，奥康纳突然在人群中喊道："够了！"大家都笑了起来，但一些人交换了一下眼神。[26]

奥康纳的工作人员注意到她正在变得健忘，并且脾气暴躁。梅丽尔·切尔托夫不知道她是不是被接连不断的行程弄得"晕头转向"。吉姆·吉注意到，她在 iCivics 的理事会会议上不停地重复自己的话，但是吉为奥康纳找借口："嗯，我们都在重复做事情。"

2013 年春，她在美国佛罗里达州的劳德代尔堡登上前往秘鲁的"海上学府"游轮，在那里，她将爬上马丘比丘的古代遗址。她告诉导游："我一直想登上这艘船。"两年前，她也在同一艘船上。主管转向她的朋友、弗吉尼亚大学的政治学家吉姆·托德，问道："我们这里有问题吗？"琳达·韦伯斯回忆说："她不记得前一天和你说过的话。"即便如此，她还是长途跋涉登上了秘鲁的山峰。[27]

她长期以来毫不动摇的信心开始减弱，辛西娅·赫尔姆斯回忆说："我第一次注意到她开始变得谨慎，她会只坚持进行日常对话。我看得出，她意识到有些不对劲，她说话更简短，也更犹豫。"[28]

2013年9月17日，奥康纳计划在科罗拉多大学法学院面向千人做演讲，该演讲是"约翰·保罗·史蒂文斯讲座"的一部分。那天早些时候，她参观了一所市内学校，回答问题时有些困难。在拜伦·怀特大法官礼堂的后台，她转向朋友贝姬·库利斯，问道："我在说什么？"她邀请库利斯和露丝·麦格雷戈与她一同上场，坐在两把匆忙添加的椅子上，两个人在艰难的对话中全程提示她。麦格雷戈回忆说："她知道发生了什么，但是她还没有准备好面对现实，有时她会不屑一顾——'我什么都记不得了'。其他时候，她更认真——'我只是不能记起一些事情'。"

桑德拉很清楚，她自己的母亲和她母亲的姐姐伊芙琳患有阿尔茨海默病，她的弟弟艾伦说："她最大的恐惧就是她会患上这种病。"

她抗拒正式诊断——痴呆，当最终结果出来时，很可能是阿尔茨海默病。她的儿子斯科特回忆说："她对医生发火，并说她想换一个医生——一个知道自己该做什么的医生。医生开始给我打电话，因为她拒绝听他的话。"她气急败坏地拒绝了一段时间，接着只能是焦躁不安地接受。她告诉贝姬·库利斯："我现在就将要逐渐淡出公众的视野了。"库利斯是奥康纳支持司法独立阵营的伙伴，奥康纳对她说"你要继续下去"。因为背部问题，奥康纳只能坐在轮椅上，还搬到了有辅助生活设施的地方，但是她仍在公共事件中露面。2017年3月，87岁的她坐着轮椅出现在亚利桑那州参议院的议员席上，她坐在她作为多数党领袖的老位置上，说了几句精心斟酌的心里话，以支持一项声援iCivics的决议。民主党多数党前领袖阿尔弗雷多·古铁雷斯坐在过道对面他熟悉的位置上，两位宿敌握手言和。[29]

那年夏天晚些时候，奥康纳在她的两名前助理凯西·斯莫利和简·费伊的陪同下，悄悄地进入亚利桑那州立大学桑德拉·戴·奥康纳法学院的礼堂。那里正在为秋季入学的学生开办导学课程。在问候过大法官后，管理人员问她是否想讲几句话，奥康纳说"当然"。费伊回忆说，我们"交换了一下担忧的眼神"，但是仍然推着她上台，递给她麦克风，奥康纳用依然坚定的声音讲话。她祝贺学生们决定继续接受法律教育，并说他们将有从事一种职业的特权，在这一职业中，一个人可以真正改变整个体系，使这个体系及他所在的社区变得更好。费伊回忆说："这是经典的奥康纳思想，法治的重要性，做出真正改变的机会，谦逊地开始自己的职业生涯，也包括挂出自己招牌的鼓舞人心的例子，这一切都呈现出来。她在这些年轻人身上看到了像她自己一样的潜在桥梁建造者的身影，她鼓励他们充分利用大好时光。"30

2016 年，在最终离开华盛顿前，奥康纳和辛西娅·赫尔姆斯一起出去吃晚餐。她在车里，像往常一样在后座指挥驾驶后转向赫尔姆斯说，她想让她知道，这么多年来有她做朋友是多么幸福。赫尔姆斯回忆说："她泪流满面，我觉得她知道下坡正在来临。我觉得她自己已经迎来这一刻，事情正在改变。事情将要结束。"

2017 年秋，在菲尼克斯，露丝·麦格雷戈谈到她的良师益友时表示："她变得更爱生气，也更充满爱。她告诉人们，她爱他们。"31

20 世纪 70 年代末，索尼娅·索托马约尔还是耶鲁大学法律专业的学生，那时，她常坐在咖啡馆，看到墙上挂满白人男子的画像。"我们会猜测，最高法院会有女性大法官吗？1981 年对奥康纳的任命改变了这一切。"大法官索托马约尔于 2017 年 12 月对我说："奥康纳如此高大——这样一位大人物，对像我这样的人来说，她是非凡的女性。我因此有可能拥有完整的职业生涯，在其中做任何我想做的事，这已变成现实。是的，还有其他障碍——种族、宗教等，但是首先也是最重要的是作为一名女性。"2009 年 10 月，索托马约尔成为美国最高法院大法官的第一天，奥康纳来到她的办公室，告诉她："你能做的最糟糕的事情就是不做决定。做一个决定，不管对错。如果你给人优柔寡断的印象，那你永远不会完全融入这里。"索托马约尔很快意识到，她不是第一个体验到奥康纳严厉之爱的新任大法官。

首席大法官罗伯茨 2005 年到最高法院任职后，奥康纳告诉他，他有责任出席每一次法庭午餐会，并确保其他大法官出席。索托马约尔说："我听说如果其他大法官不去，她就会坐在他们的办公室，询问他们为什么会怠慢。"

在 1987 年 10 月开庭期，埃琳娜·卡根担任大法官瑟古德·马歇尔的助理。她常去打篮球，因而耽误了奥康纳组织的健美操课。在她的膝盖韧带拉伤并拄着拐杖走路后，难为情的卡根在走廊遇到了大法官奥康纳，"她以一种（假装的）非常悲伤的表情看着我，她说'如果你来上我的健美操课，就不会发生这种事情了'"。大法官卡根 2017 年回忆道。

大法官卡根坐在自己的办公室里笑着讲述这个故事，这间办公室曾经属于桑德拉·戴·奥康纳，它是一间可以俯瞰最高法院大厦对面的美国国会大厦的豪华套房。卡根说，大法官奥康纳"对公民能够接受什么有一种准确无误的直觉，是一种中间派的本能。作为一个持温和政治观点的人，每一个问题，她都会找到最佳点，难以置信的困难问题都可以被解决。在当时，这就是她的智慧，是一名法官所能做的最好的事情。没有人能做得更好，结果是国家变得更强大了"[32]。

1981 年 7 月 4 日，当桑德拉·戴·奥康纳在亚利桑那州的铁泉向一小群朋友朗读《独立宣言》时，距离她被提名为最高法院大法官仅三天。她的讲话发自内心，她忠实于国父们的工作，她的手提包里装着一本美国宪法。斯科特·奥康纳在 2018 年他母亲 88 岁时说："她现在仍然这样做。"

她是个从不滔滔不绝地谈论爱国主义的爱国者。作为实用主义者，她从个人经历中认识到，要充分理解国父们的文献承诺的完整含义要花费很长时间。

奥康纳不是一个为哲学化和智识化而工作的人，她是个实干家。她认为，通往幸福的道路就是将"值得做的工作"做到底，这是她最喜欢的话。对奥康纳来说，通过 iCivics 向成千上万的儿童教授美国国家机构体系的价值，是一项充满爱的工作。[33]

在严厉的父爱下，她变得更有韧性。奥康纳学会了不找借口，无论是面对亚利桑那州立法机构的醉鬼还是安东宁·斯卡利亚以高人一等的态度对待她时，奥康纳都能灵巧地避开他们的挑衅。殉道是一种自我放任，她明白，为了所有希望追随她的女性，她必须成功。随着年龄的增长和病痛的加重，她可能变得烦躁，甚至是暴躁，但在很大程度上，她是重压之下优雅应对的化身。

美国宪法不是一份自动执行的文件，自治需要克制、忍耐和对妥协的意愿。正如约翰·亚当斯所言，国父们想要创造一个"法治政府，而不是人治政府"，因为他们认识到了人性的弱点。与大多数人相比，桑德拉·戴·奥康纳对这些弱点很敏感，但并没有因它们而仓皇失措。适应不合理期望的方法就是投入进去，尽自己最大的努力，绝不回头。

虽然她的自我意识很强，但她是一个无私的化身。尽管她不是某个特定法律原则的信徒，但她是这个体系本身的守护者。她最大的信念就是对自由民主的集体努力。一个国家机构各分支之间正在进行的沟通，随着时间的推移（有时是很长一段时间），能保护每个个体的价值。你可以说，她的一生就是这个过程的体现。

她不止一次地说，她想以"这里躺着一位好法官"作为她的墓志铭。但是她更知道，她的角色远远超出她的判断。虽然她的法学体系和她的性格一样，本质上是谦逊的，但她非常清楚自己在历史上的地位。她知道罗纳德·里根选择她（和另外两个人①）在他的葬礼上致辞，不是因为她是他的朋友，或者她对他特别了解，而是因为他想把她称为一个划时代的成就，就像杰基·罗宾森一样，他打破了棒球界的肤色障碍。她明白，作为第一位女性大法官，所有的目光都集中在她身上——永远如此，就像罗宾森一样，她带给自己的是一种自觉而自然的尊严。

----

① 另外两个人是时任英国首相的玛格丽特·撒切尔和时任美国总统的乔治·H.W. 布什。[34]

她很谦逊，她的谦逊源于自信。第四巡回上诉法院的法官 J. 哈维·威尔金森三世（他的名字经常出现在最高法院大法官候选人的短名单上）睿智地指出："具有讽刺意味的是，更传统的女性对提升女性权利方面比更热心的女权主义者的贡献更大。"奥康纳永远不会这么直白地说出来，但是由于不构成对男性的威胁，她更容易取代他们。她偏好的比喻来自她喜欢引用的关于朝圣者的诗，这位朝圣者想的是为后继者造桥。法官威尔金森说："大法官奥康纳是一座完美的桥梁，比她更右或更左的人，如果没有她那样坚定的实用主义和不知疲倦的公共精力，不可能如此顺利地完成这一转变。"[35]

当你走上最高法院宽阔的台阶时，你会经过两尊巨大的大理石雕像，右边是一个男人（象征法律权威），左边是一个女人（象征正义的思考）。在桑德拉·奥康纳到最高法院上任之前，大法官都是男性，她知道自己肩负这样一种责任：她必须是一个远不止具有法律敏锐度的模范，国家想要的是这样的一位女性，就像她所说的那样，是"有吸引力"的人。她不仅是一位女权活动家，她还必须扮演正义女神的角色，手擎天平。她给自己的工作带来智慧：一种来自个人所遭痛苦的智慧、一种来自伟大的爱和失去的爱的智慧、一种来自作为女儿和母亲及作为数百万女性榜样的智慧。

1987 年 7 月，尽管她当时仅 57 岁、在最高法院工作，但还是为公开的葬礼写下了一些事项，以防在为最高法院服务期间死亡。在这份文件的结尾，她对她的三个儿子说：

> 我的人生经历给了我最大的恩赐，我深爱的丈夫、我的孩子们、琼尼（她的儿媳）、我的朋友和家人，我希望我能为选择从事这一职业的其他女性铺平道路，我们的人生目标是帮助一路同行的人。愿你们每个人都努力去做这样的事。

两年后，当奥康纳将父母的骨灰一起葬在雷兹彼的园山山顶时，她告诉家人，当她生命结束时，"这就是我想去的地方"。[36]

随着时间的流逝，在雷兹彼被卖掉很久以后，在经历了约翰多年的病痛和她自己身体每况愈下的痛苦折磨之后，她仍不厌其烦地讲述她在牧场度过的童年时光，她说"那是最好的生活"。2016年春，她和我一起坐在菲尼克斯一家购物中心的餐厅里，她一直指着高速公路对面那些被落日照亮的干燥却异常美丽的山峦。她上了年纪，虽然有点儿糊涂，但并不气馁。她想回家，她的梦中充满造就她的那片土地。

在菲尼克斯桑德拉·戴·奥康纳美国法院大楼

致　谢

我的妻子奥斯卡对本书至关重要。她几乎陪伴我进行了每一次采访，她花费很多时间与我一起在最高法院大法官办公室和国会图书馆麦迪逊大厦阅览室阅读文件。我们不知疲惫地讨论本书，她逐字逐句地彻底检查了手稿上的每一个字。我们一起去菲尼克斯拜访大法官，并跑遍全美许多地方与大法官奥康纳的助理们和朋友们交谈。奥斯卡曾经以编辑和合作研究者的身份深度参与了我的大部分著作，但本书不同之处在于她对大法官奥康纳的理解方式是我所不具备的。这本刻画大法官的作品是两个人的成果，随着时间的流逝变得越来越紧密。这是一个共同的项目，也是一份爱的劳动成果。

创作本书的想法来自兰登书屋的传奇编辑凯特·梅迪纳，她曾是奥康纳记述牧场成长经历的畅销回忆录《雷兹彼》一书的编辑，也是大法官奥康纳撰写的另外两本关于最高法院和法律的图书的编辑。2016年2月，我飞到菲尼克斯去看望大法官奥康纳和她的儿子斯科特，以及斯科特的妻子琼尼；2014年年末，大法官奥康纳被诊断患有痴呆，在我们谈话时，她仍然保持着警觉和活力，并且保留着一些长期的记忆。但是很明显，她不可能是本书内容的主要讲述者。在接下来的一年里，我们交谈了六次，但她大多只是笼统地谈论自己在最高法院的时光。她对自己的法学体系的主题不太感兴趣，她眼中的光芒并没有因为年龄和疾病而黯淡，她把自己的法学体系的学术理论斥为"那些古怪的想法"。

大法官奥康纳给她的同事、朋友和法律助理们写了一封信，请求他们与我交谈并就本书给予配合。七名大法官在他们的办公室接受了我们的访谈，他们是约翰·保罗·史蒂文斯、露丝·巴德·金斯伯格、斯蒂芬·布雷耶、克拉伦斯·托马斯、约翰·罗伯茨、索尼娅·索托马约尔和埃琳娜·卡根。我们采访了大法官奥康纳108名法律助理中的94位，几乎都记录在册，我们感谢他们所有人。我们要特别感谢露丝·麦格雷戈、德博拉·梅里特、简·费伊、凯西·斯莫利、朱莉·奥沙利文、肯特·赛弗鲁德、丹·巴塞尔、史蒂夫·吉勒斯、丽莎·克恩·格里芬和罗纳尔·安德森·琼斯，他们都阅读了手稿并做出评论。还要感谢第四巡回上诉法院的法官J.哈维·威尔金森三世、第二巡回上诉法院的法官约翰·沃克，以及弗吉尼亚大学法学院院长约翰·杰弗里斯和教授保罗·斯蒂芬阅读并分享了他们对手稿全部或部分内容的看法。法官威尔金森于1975年在弗吉尼亚大学教授宪法，我和奥斯卡都听过他的课，保罗·斯蒂芬和我同在我的第一学年学习小组，所以这是一次愉快的重聚，也是一次小小的补习课程。

大法官奥康纳允许我查阅她的文件，其中大部分在国会图书馆，并不对公众开放。私人文件则存放在她在最高法院的办公室里，包括私人信件、记录、口述历史、她在最高法院早期偶尔记的日记、她的丈夫约翰未出版的个人回忆录，以及约翰从她1981年加入最高法院到2002年约翰被阿尔茨海默病击倒期间每天的日记。使用奥康纳夫妇日记中的材料，我需要得到她的儿子杰伊，也就是她的文稿遗嘱执行人的同意。为此，我要感谢杰伊。对允许我引用大法官伦奎斯特信件中的内容，我特向珍妮特·伦奎斯特表示感谢。

大法官奥康纳在国会图书馆的文件包括她从事大法官工作后的所有文

件：她起草的判决意见、会议记录及与其他大法官来来往往的备忘录。我得到了完全的许可，可查阅 1981—1982 年她在最高法院第一个开庭期的文件及 1990—1991 年开庭期的文件，当时大法官克拉伦斯·托马斯已经到最高法院任职（大法官奥康纳希望不公开任何涉及现任大法官的开庭期中有关她的法庭文件）。

我花了很多时间与大法官奥康纳的三个儿子斯科特、布莱恩和杰伊交谈，还与斯科特的妻子琼尼、杰伊的妻子希瑟，以及桑德拉的弟弟艾伦·戴交谈，他们分享了自己的观察和温馨的回忆，还有更多的笑声。为了本书，奥斯卡和我做了超过 350 次的采访，我感谢菲尼克斯的菲尔·施奈德和菲尔·埃德隆德主动提出帮助寻找奥康纳夫妇的老朋友和熟人；也感谢菲尼克斯奥康纳研究所所长萨拉·萨格斯，她自始至终给予我支持。阿尔弗雷多·古铁雷斯帮助我们了解亚利桑那州立法机构丰富多彩的世界；我们还从奥康纳当时的助手和同事那里了解了更多的情况，我们感谢他们所有人。桑德拉·奥康纳有着广泛而重叠的朋友圈，从她的斯坦福大学时光到菲尼克斯，再到华盛顿，直至遍及全世界。感谢美国律师协会负责中欧和东欧法律项目部的马克·埃利斯，感谢美国国务院的约翰·贾西克，也要感谢桑德拉亲密的女性朋友们——斯坦福大学布兰纳宿舍的女同学和"流动派对团队"的女友（以及她们的下一代苏珊·J. 泰勒）分享她们的回忆。我们可以看出比阿特丽斯·查利斯·劳斯是桑德拉在法学院最好的朋友，并非常感谢她允许我们浏览她吸引人的相册。在华盛顿，桑德拉的朋友辛西娅·赫尔姆斯、朱迪·霍普、比尔和琳达·韦伯斯特及阿德里安娜·阿尔什特给予了特别的帮助。我想感谢艾伦·柯克几次邀请我在阿利比俱乐部共进午餐，这个俱乐部是约翰·奥康纳喜爱的（桑德拉·奥康纳欣赏的）地方。我们与华盛顿法律机构的一些栋梁交谈，我们特别感谢唐·韦里利、特德·奥尔森和肯·斯塔尔。在资深的法庭观察员中，我们特别感谢妮娜·托滕伯格、吉姆·牛顿和《大法官奥康纳传》的作者琼·比斯丘皮克。在奥康纳家人的允许下，乔治敦大学医院的马克·李普曼医生回答了我们关于大法官奥康纳所患乳腺癌的问题，保罗·艾森医生耐心地与我们讨论了约翰·奥康纳的阿尔茨海默病，我们对两位医生表示感谢。

在大法官奥康纳的办公室，琳达·内亚里和玛丽莲·乌玛丽亲切且不知疲倦地通过提供珍贵的图片和文件帮助我们工作。在国会图书馆，手稿部门的索引与读者服务主管杰夫·弗兰纳里提供了令人惊喜的帮助（和他共事很有趣），他的优秀员工（弗德雷·奥古斯汀、约瑟夫·杰克逊、帕特里克·克温、布鲁斯·柯比、伊迪丝·桑德勒和劳拉·西萨克）提供了大量的信息。还要感谢国会图书馆的贾尼斯·露丝和最高法院的伊桑托里帮助我们协调整个许可问题。最高法院公共信息办公室的凯西·阿尔贝格和泰勒·洛佩斯一直对我们很好。在馆长办公室，凯瑟琳·菲茨、弗朗茨·詹特森和弗雷德·席林耐心地解答我们的疑问，并且在照片拍摄上给予我们巨大的帮助。

我们的朋友迈克·希尔研究了几本我早期的书，在网络上及华盛顿与李大学存放的刘易斯·鲍威尔的论文中做了一些有价值的挖掘，他加入了奥斯卡和我与雷兹彼神奇王国的艾伦·戴一起的迷人之旅。感谢牧场的新业主克里斯汀·索伦森招待了我们。在菲尼克斯，保罗·贝格林耐心且细致地研究了桑德拉·奥康纳的立法记录。还要感谢妮莎·诺利，我们借鉴了她关于奥康纳在菲尼克斯岁月的背景论文。我们要感谢华盛顿国家大教堂的大师级研究者玛格丽特·香农。

在兰登书屋，我们得到了凯特·梅迪纳和她的优秀助手、资深编辑安娜·皮托亚克及助理编辑艾丽卡·冈萨雷斯的专业指导。作为一位编辑，凯特是每位作家的追求：既热情又坦诚，既睿智又乐于助人。安娜本身就是一位才华横溢的年轻作家，她帮助我们更清晰地认识了桑德拉·奥康纳。艾丽卡则是一位慷慨大方、对所有出版事务都很有自信的向导。对于封面设计，我非常感谢保罗·佩佩和安娜·鲍尔。对于图书内文设计，我要感谢西豪·沙利文。图片研究员卡罗·波蒂奇尼找到了几十张照片。文字编辑埃米莉·德霍夫与排版编辑史蒂夫·安德里亚一起工作，使手稿更加清晰，并进行必要的校正。在市场营销方面，安德里亚·德维尔德和凯蒂·塔尔做了大量的工作，这些都得到了代理出版商阿维德·巴什尔拉德的支持。我们得到了伦敦·金、马蒂亚·布塞克尔、格雷格·库比及兰登书屋的优秀律师马修·马丁的建议。

我很幸运地成为三位伟大的在当代受欢迎的历史学家约翰·米尚、迈克尔·贝斯克劳斯和沃尔特·艾萨克森的朋友，是约翰把我带到了兰登书屋，还有吉娜·森特雷洛。奥斯卡和我与乔恩和他的妻子基斯一起度过了快乐时光，谈论本书、所有的书、种类繁多的书。安·麦克丹尼尔从我最初当记者时就是我们的朋友，他一直是睿智且敏感的参谋。史蒂夫·史密斯教我如何以最重要的方式写作。斯文·霍姆斯和我一直在谈论"时局"，几乎已经有 50 年了，并且他仍然在教我有关《宪法第十四修正案》的内容。我们的女儿路易莎和玛丽充满爱心地尝试把我引入正道，或者至少让我避开迎面而来的车流。

我的经纪人是阿曼达·厄本，给予你最衷心的感谢。

埃文·托马斯
于华盛顿特区

注 释

序言
1. *Time,* July 20, 1981; Bill Kenyon interview.
2. "Sandra Day O'Connor, random notes fall 1981," SOCP, SC; "First Day of Work for Supreme Court Justice Sandra Day O'Connor," Carl Stern, Correspondent, *NBC Nightly News,* October 5, 1981, NBC Learn Web, January 18, 2015; *Watt v. Energy Action,* Oral Argument Transcript, October 5, 1981, SC Public Information Office (tape of the argument can be heard at National Archives II, College Park, MD); Lewis F. Powell to his children, October 24, 1981, PP, WLU.
3. SOC interview; Silvija Strikis, Justice Sonia Sotomayor, Justice Clarence Thomas, Lisa Kern Griffin, Daniel Bussel, RonNell Andersen Jones, Jim Todd interviews. O'Connor included the poem *The Bridge Builder,* by Will Allen Dromgoole, in her 2004 commencement address, *Stanford Report,* June 13, 2004.

第一章　雷兹彼
1. SOC interview.
2. *LB,* vii, 7, 9, 18, 234; author trip to Lazy B Ranch with Alan Day, March 2017.
3. *LB,* viii; SOC interview.
4. Judge J. Harvie Wilkinson III interview.
5. *LB,* 203–208, 213–25.
6. Ibid., 231.
7. Ibid., 29, 44.
8. Ibid., 53–59. Rastus is sometimes spelled Rastas.
9. Ibid., 229–30.
10. Ibid., 33.
11. Ibid., 23, 27–28, 140; Alan Day interview.
12. Ibid., 190, 193.
13. Ibid., 69–71, 275.
14. Alan Day interview.
15. SOC interview.
16. *LB,* 5, 131–34.
17. Ibid., 7–8, 24.
18. Ibid., 25.
19. Alan Day interview.
20. *LB,* 23–24; Harry Day to Eleanor Day, November 19, 1919, SOCP, AHS.
21. *LB,* 30.
22. Harry Day to Ada Mae Wilkey, August 13, 1927, July 7, 1927; AMW to HD, July 15, 1927, SOCP, SC; *LB,* 37.
23. *LB,* 43, 94.
24. Ibid., 43–44.
25. Ibid., 26, 43, 98, 234; Alan Day interview.
26. Ibid., 49; Alan Day interview.

27. Ibid., 29.
28. SOC interview.
29. SOC to Verla Sorenson, June 6, 2005, SOCP, LOC.
30. Harry Day to Ada Mae Wilkey, September 17, 1928, SOCP, SC.
31. *LB,* 115; SOC interview.
32. Alan Day, Molly Joyce interviews.
33. Scott O'Connor, Molly Joyce interviews.
34. SOC oral history by Eugene Griessman, December 12, 1986, SOCP, LOC (hereinafter Griessman OH); SOC interview; SOC oral history by Sarah Wilson, September 18, 1995, SOCP, LOC (hereinafter Wilson OH).
35. Alan Day, Molly Joyce interviews.
36. SOC oral history by James Simon, November 16, 1992, SOCP, LOC (hereinafter Simon OH).
37. *LB,* 40, 45; Wilson OH.
38. Beverly Timberlake interview.
39. *LB,* 116.
40. SOC interview, *Utah Bar Journal,* vol. 22, issue 5, September/October 2009, SOCP, LOC.
41. SOC oral history, *Phoenix Oral History Project,* January 31, 1980, SOCP, LOC (hereinafter Phoenix OH).
42. *LB,* 41.
43. Griessman OH.
44. Beverly Timberlake interview.
45. Molly Joyce interview.
46. *LB,* 46.
47. Ibid., 177–78.
48. "Justice Sandra Day O'Connor," *People,* October 21, 1981; in a letter to an author of children's books, SOC also said her father lassoed her to send her back to school. SOC to Norman Macht, March 19, 1991, SOCP, LOC.
49. *LB,* 117–19; SOC interview.
50. *LB,* 165–70.
51. Alan Day interview.
52. *LB,* 96; Simon OH; "Justice Sandra Day O'Connor," *People,* October 12, 1981.
53. *LB,* 239–44; Allison Beard, "Life's Work: An Interview with Sandra Day O'Connor," *Harvard Business Review,* December 2013.
54. *LB,* 244.
55. See, for example, Beard, "Life's Work."
56. Ruth McGregor interview.
57. RonNell Andersen Jones interview.
58. Newspaper clipping, undated, probably 1945, SOCP, SC.
59. SOC interview; Simon OH; graduation exercises, Austin High School, El Paso, Texas, May 22, 1946, SOCP, LOC.
60. Simon OH; SOC interviewed by Kevin Cool, *Stanford Magazine,* January/February 2006. In SOC's papers is a ticket for the College Board exams administered in El Paso on June 1, 1946; she may have been referring to other placement tests administered by Stanford, SOCP, SC.

第二章　斯坦福

1. Sandra O'Connor, "Harry's Last Lecture," Stanford University, April 28, 2008, youtube.com; Jocas, Neuman, and Turner, *Stanford University: An Architectural Guide;* SOC's answers to 1986 questionnaire from *The Stanford Daily,* SOCP, LOC.
2. Roth, *American Pastoral,* 40; David Kennedy interview.
3. "Regulations for Women Students, Stanford University, 1946–47," SOCP, SC.
4. Sandra Day to Harry and Ada Mae Day, undated, probably 1949, SOCP, SC.
5. Diane Porter Cooley, Nina van Rensselaer, Martica Ruhm Sawin interviews.
6. Andy Campbell interview.
7. SOC interview; Colin Campbell interview; "History 12: History of Western Civilization: A Syllabus" (1943), Stanford University Archives.
8. SOC interview; SOC delivers "Harry's Last Lecture," April 22, 2008, stanford.edu.
9. Martica Ruhm Sawin, Beth Harrelson Growden interviews; Wilson OH.
10. *Lazy B,* 142.
11. SOC interviewed by Kevin Cool, *Stanford Magazine,* January/February 2006; "Harry Rathbun," *Stanford Business School Magazine,* February 1988.
12. Hirshman, *Sisters in Law,* 7–9.
13. Diane Cooley interview; Charles Lane, "Courting O'Connor," *Washington Post Magazine,* July 4, 2004.
14. Sandra Day to Harry and Ada Mae Day, undated, probably spring 1947, SOCP, SC.

15. Graduation Exercises, Austin High School, May 22, 1946, SOCP, LOC; Stanford Yearbooks 1947–1952, Stanford University Archives.
16. SOC interview; SOC to Thomas Lemann, May 8, 2003, SOCP, LOC.
17. Sandra Day to Harry and Ada Mae Day, undated, probably spring 1947, SOCP, LOC; SOC interview; Beth Harrelson Growden interview.
18. Chad Graham, "O'Connor Adds a Light Touch to Economic Event," *Arizona Republic,* January 16, 1991; Alan Day interview.
19. Sandra Day to Harry and Ada Mae Day, undated, probably fall 1948 and winter 1949, SOCP, SC.
20. Sandra Day to Harry and Ada Mae Day, undated, probably spring 1949, SOCP, SC.
21. Simon OH; Beverly Timberlake, Alan Day interviews.
22. Diane Cooley, Martica Ruhm Sawin interviews.
23. SOC was proposed to by Andy Campbell, John Hamilton, William Rehnquist, and John O'Connor; formally engaged to Hamilton and O'Connor; and "loosely engaged" to Richard Knight, according to Beatrice Challis Laws.
24. Sandra Day to Harry and Ada Mae Day, January 28, 1950; Sandra Day to Edith Wilkey, undated, probably winter 1950, SOCP, SC.
25. Craig Joyce oral history of Harry and Ada Mae Day, May 1983, SOCP, LOC (hereinafter Joyce OH).
26. Beatrice Challis Laws interview.
27. "Chronology of Legal Education at Stanford University, 1885–2006," legal research paper, Stanford Law School; David Lempert, "After Five Decades: Stanford Law School's Class of 1952," Legal Studies Forum 2003, law.stanford.edu.
28. *Stanford Daily,* May 17, 1950.
29. Miles Rubin interview.
30. SOC interview; Beatrice Challis Laws interview; Wilson OH; SOC "Fiftieth Anniversary Remarks," 50 *Stanford Law Review* 1 (1997).
31. Charles Lane, "Head of the Class," *Stanford Magazine,* July/August 2005; Jenkins, *The Partisan,* 14–24.
32. William Rehnquist to Sandra Day, March 29, 1952, SOCP, SC.
33. Alan Day, Molly Joyce, Pat Hass interviews.
34. "One-on-One with the Chief," *Stanford Lawyer,* Spring 2005; Beatrice Challis Laws, Diane Porter Cooley interviews.
35. Sandra Day to Harry and Ada Mae Day, undated, probably winter 1952, SOCP, SC.
36. Donald Querio, "Alan Fink," *Stanford Lawyer,* fall 2013.
37. Sandra Day to Harry and Ada Mae Day, undated, probably January 1952, SOCP, SC.
38. Jim Watkinson interview.
39. John O'Connor Memoir, 20–21, 41–42, SOCP, Family Archives.
40. Beth Harrelson Growden interview.
41. Beatrice Challis Laws, Diane Cooley interviews.
42. Ann Day to Sandra Day, undated, probably April 1952, SOCP, SC.
43. Rehnquist Notebooks, 1951, William Rehnquist Papers, Hoover Institute.
44. William Rehnquist to Sandra Day, January 28, February 21, March 11, 29, April 11, 22, 29, May 19, 1952, SOCP, SC.
45. Simon OH.
46. David Gergen, "Still Supreme," *Parade,* September 30, 2012; SOC oral history by Victoria Lawford, July 17, 1987 (hereinafter Lawford OH); Wilson OH 9, SOCP, LOC.
47. NPR interview by Terry Gross, March 5, 2013.
48. SOC interview.
49. Beatrice Challis Laws interview.
50. Simon OH.
51. John O'Connor Memoir, 43, SOCP, Family Archives.
52. Sandra Day to John O'Connor, June 21, 1952, SOCP, SC.
53. William Rehnquist to Sandra Day, June 25, July 11, 19, 23, August 26, 1952, SOCP, SC.
54. Pat Hass interview.
55. John O'Connor Memoir, 77, SOCP, Family Archives.

第三章 黄金夫妇

1. Ada Mae Day to John O'Connor, September 8, 1952, SOCP, SC.
2. Joyce OH.
3. John O'Connor Memoir, 46, SOCP, Family Archives.
4. Ibid., 8–9.
5. Diane Porter Cooley, Beatrice Challis Laws, SOC interviews.
6. Sandra Day to Harry and Ada Mae Day, undated, probably September 1952, SOCP, SC.
7. Sandra Day to John O'Connor, undated, probably September 1952, SOCP, SC.

注释

8. SOC to Harry and Ada Mae Day, undated, probably January 1953, SOCP, SC.
9. Correspondence between Sandra Day and John O'Connor, undated, probably October–December 1952, SOCP, SC.
10. Gergen, "Still Supreme."
11. *LB*, 285.
12. John O'Connor Memoir, 47–49, SOCP, Family Archives.
13. Lawford OH, SOCP, LOC.
14. SOC to Harry and Ada Mae Day, undated, probably January 1953, SOCP, SC.
15. SOC interview; SOC oral history by Mauree Jane Perry, Women's Forum West Legacy Foundation Project, "Pioneering Women of the 20th Century," April 4, 2001, SOCP, SC (hereinafter Perry OH).
16. John O'Connor Memoir, 56, SOCP, Family Archives.
17. SOC to Harry and Ada Mae Day, undated, probably 1955, Phoenix OH, SOCP, SC.
18. John O'Connor Memoir, 70–72, SOCP, Family Archives.
19. Wilson OH; SOC to Harry and Ada Mae Day, undated, probably 1956, SOCP, SC.
20. Harry Day to SOC, January 5, May 2, 1956, SOCP, SC.
21. Harry Day to SOC, August 29, November 24, 1955; SOC to Harry and Ada Mae Day, September 9, 1955, and undated, probably 1955, SOCP, SC.
22. Diane Porter Cooley interview; Harry Day to SOC, undated, probably 1955, SOCP, SOC.
23. SOC to Harry Day, September 9, 1955, SOCP, SC.
24. Konrad Staudinger interview.
25. Lois Driggs Cannon Aldrin interview.
26. SOC to Harry and Ada Mae Day, September 18, 1956, SOCP, SC.
27. Simon OH; John O'Connor Memoir, 75, SOCP, Family Archives.
28. Diane Porter Cooley interview.
29. Jason La Bau, "Phoenix Rising: Arizona and the Origins of Modern Conservative Politics," Ph.D. dissertation, University of Southern California, August 2010, 72, AHS.
30. William Rehnquist to SOC, December 15, 1955, SOCP, SC.
31. SOC interview.
32. John O'Connor Memoir, 76–77, 98–99, SOCP, Family Archives.
33. Don Kauffman interview.
34. John O'Connor Memoir, 77, SOCP, Family Archives.
35. Pat Smith, "Magazine Cupid for Lawyer Couple," *Arizona Republic,* September 27, 1957.
36. SOC interview; Simon OH; Craig Joyce, "A Good Judge," *Journal of Supreme Court History,* vol. 31, issue 2, 105, 2006. The forged check story may be slightly exaggerated; it seems hard to believe that even the inexperienced O'Connor would use an expert witness to give testimony adverse to her client.
37. Lawford OH; SOC to Elizabeth Marshall White, December 2, 1998, SOCP, LOC.
38. Sue Huck, Patty Simmons, Beatrice Challis Laws interviews.
39. Scott O'Connor, SOC interviews.
40. Craig Joyce, Tim Berg, Tim Burke, Jerry Lewkowitz interviews.
41. Dick Houseworth interview.
42. Tom Zoellner interview.
43. Elva Coor interview.
44. Gay Firestone Wray, Dick Houseworth interviews.
45. Diane McCarthy, Marshall Trimble interviews; David Berman, *Arizona Politics and Government,* passim; Rick Pearlstein, *Before the Storm,* 23–24; La Bau, "Phoenix Rising," passim.
46. Patty Simmons, Sue Huck, Gail Driggs interviews.
47. Elva Coor, Gay Wray, Paul Eckstein, Patty Simmons interviews.
48. Gayle Wilson interview.
49. Don Kauffman, Richard Houseworth interviews.
50. Julie Folger, Gay Wray, Diane Porter Cooley, Susan and Betsy Taylor interviews.
51. Diana Holman interview.
52. Denise Dravo Eliot interview.
53. Jan Crawford Greenburg, "One Woman's Path to the U.S. Supreme Court," *Chicago Tribune,* July 2, 2004.
54. Brian, Scott, Jay O'Connor interviews; Alan Day interview.
55. Steve Savage interview.
56. Mary Schroeder interview.
57. Friedan, *Feminine Mystique;* Lady Fare, *Arizona Republic,* July 3, 1966.
58. Jordan Green interview.
59. Joyce OH.
60. Simon OH; Wilson OH.
61. Perry OH.

62. SOC interview; Jerry Lewkowitz interview.

第四章　女性权利

1. SOC, speech to Arizona Women's Hall of Fame, June 12, 1982, SOCP, LOC.
2. Rory Hays interview.
3. Carol Palmer, "Challenging Tradition: Arizona Women Fight for the ERA," Ph.D. dissertation, Arizona State University, September 2007, 45–47.
4. Alfredo Gutierrez, Bette DeGraw, Joe Anderson interviews.
5. Dickson Hartwell, "Sandra," *Phoenix,* February 1971.
6. John Casey to SOC, November 4, 1969, SOCP, LOC.
7. Alfredo Gutierrez, Leo Corbet interviews.
8. Bette DeGraw, Bruce Babbitt interviews.
9. *Time,* March 10, 1967.
10. Simon OH; Wilson OH.
11. Alfredo Gutierrez, George Cunningham, Fred Koory interviews.
12. VanderMeer, *Burton Barr,* 6.
13. Leo Corbet interview.
14. Ned Creighton interview.
15. *Time,* November 1, 1971; Jenkins, 108–109.
16. SOC to William Rehnquist, October 27, 1971; handwritten "assignment" undated, SOCP, ASLA.
17. Scott O'Connor interview; John O'Connor Memoir, 124, SOCP, Family Archives.
18. SOC to William Rehnquist, October 26, 1971; William Rehnquist to SOC, November 16, 1971, SOCP, ASLA.
19. William Rehnquist to John and Sandra O'Connor, November 10, 1971, SOCP, ASLA.
20. Gail Driggs interview.
21. SOC speech to Camelback Kiwanis Club, October 28, 1971, SOCP, ASLA.
22. SOC to Richard Nixon, October 1, 1971, SOCP, ASLA.
23. Barbara Hope Franklin interview.
24. "Dunagin," *Orlando Sentinel,* November 10, 1971, SOCP, ASLA.
25. Abigail Adams to John Adams, March 31, 1776, Adams Papers, Massachusetts Historical Society.
26. "State Senate Votes to Repeal 8-Hour Work Day Law for Women," *Phoenix Gazette,* February 28, 1970.
27. "Laws Affecting Women," handwritten notes, undated, probably 1972, SOCP, ASLA.
28. "Sen. O'Connor Authors Bill to Equalize Status," *Phoenix Gazette,* February 8, 1972; Nisha Norian, SOC Research Document, 10, SOCP, SC.
29. "Woman Director: Mrs. O'Connor Is Bank's First," *Arizona Republic,* January 24, 1971.
30. Hirshman, 46.
31. Palmer, 68.
32. Ned Creighton, Rory Hays interviews.
33. "Senate Maneuvers into Equal Rights Debate," *Phoenix Gazette,* March 24, 1972.
34. Palmer, 71; Irene Rasmussen Oral History, ASLA.
35. Stanley Lubin, Shirley Odegaard interviews.
36. Barry Goldwater to SOC, April 10, 1972, SOCP, ASLA.
37. SOC remarks, Arizona State University, May 7, 1970, SOCP, ASLA.
38. Diane McCarthy, Mark Spitzer, Rick DeGraw, Bette DeGraw, Rory Hays, Athia Hardt, Peter Kay, Alan Maguire interviews.
39. John O'Connor Memoir, 152, SOCP, Family Archives.
40. Scott O'Connor interview.
41. Palmer, 55, 66–67; La Bau, 141.
42. Barbara Barrett interview.
43. George Cunningham, Bette DeGraw, Louise Barr interviews; "Akers Named House Speaker; O'Connor Gets New Role," *Arizona Republic,* November 9, 1972.
44. Bernie Wynn, "One Man's Opinion," *Arizona Republic,* November 12, 1972.
45. "Democrat, 24, to Wait for Seat in House," *Arizona Republic,* January 9, 1973; Alfredo Gutierrez, Leo Corbet interviews.
46. Mark Kiefer, "The Work of Art Hamilton," *Phoenix New Times,* October 1, 1998. Art Hamilton said that in later years, he and Akers were friendly and would laugh about it.
47. Art Hamilton interview.
48. Alfredo Gutierrez, Barbara Barrett, Leo Corbet interviews.
49. SOC interview; Margaret Thomas, "Bridge Over the River O'Connor," *Arizona Republic,* February 2, 1972.
50. Alfredo Gutierrez, Athia Hardt interviews.
51. "Floor Debate Tests Sen. Majority Chief," *Arizona Republic,* February 5, 1973; Mark Spitzer, George

Cunningham, Bette DeGraw interviews; Lawford OH, SOCP, LOC; Donna Carlson West oral history, ASLA.

52. SOC to Rob Schmults, March 1, 1987, SOCP, LOC.
53. Rick DeGraw interview.
54. Ron Carmichael, oral history, ASLA; Alfredo Gutierrez interview.
55. Mark Spitzer interview.
56. Alan Maguire, Art Hamilton, George Cunningham interviews.
57. Leo Corbet, Rick DeGraw interviews.
58. Bette DeGraw interview.
59. Diane McCarthy interview; Craig Joyce, "A Good Judge," *Journal of Supreme Court History,* vol. 31, issue 2, 2006.
60. "Seesawing Senators Spell Death of Equal Rights Bill," *Arizona Republic,* March 6, 1973.
61. Palmer, 77; notes of interview with Marcia Weeks, courtesy Carol Palmer.
62. Leo Corbet interview.
63. Jay O'Connor interview.
64. Simon OH.
65. Ken Starr to Attorney General William French Smith, July 6, 1981, RL.
66. "Abortion Bill Clears Sen. Judiciary Panel," *Arizona Republic,* April 30, 1970; "Senate Rules Next: Committee Moves on Abortion Bill," *Phoenix Gazette,* April 29, 1970.
67. "Three Catholic Bishops Issue Statement Calling Abortion Bill 'Moral Evil,'" *Arizona Republic,* February 23, 1970; "Clergymen Seek Open Hearings on Abortion Bill," *Arizona Republic,* March 25, 1970.
68. *Engel v. Vitale,* 370 U.S. 421 (1962); Randall Balmer, "The Real Origins of the Religious Right," politico.com, May 27, 2014; Nomination of Sandra Day O'Connor, *Hearing Record,* September 9, 1981, 94–101, SOCP, LOC. As a reporter for the *Chattanooga Times,* Jon Meacham witnessed the rally in North Georgia in 1992.
69. George Cunningham interview; Kathy Smalley interview.
70. Tom Skelly, oral history, ASLA.
71. George Cunningham, Bette DeGraw, Keven Willey interviews.
72. Hirshman, *Sisters in Law,* 50; Irene Rasmussen oral history, ASLA.
73. Diane McCarthy, Art Hamilton interviews; Palmer, "Challenging Tradition," 74–76.
74. Scott O'Connor interview.
75. Simon OH.
76. "Limit on State Income Tax Under Consideration," *Phoenix Gazette,* August 28, 1973.
77. "Taxpayer's Sweetheart," *Phoenix Gazette,* September 4, 1973.
78. "Spending Limit Pressure Reported," *Arizona Republic,* April 16, 1974.
79. Diane McCarthy interview.
80. John Kolbe, "Sandbagging by 'Friends' Dazed Bill to Limit State Spending," *Phoenix Gazette,* April 29, 1974.
81. SOC to Barry Goldwater, March 25, 1974, ASLA.
82. Norian, 14.
83. "A Friend Recalls Legislative Past of a Woman Judge," *Arizona Republic,* July 8, 1981.
84. William Moyers oral history of SOC, SOCP, LOC; Simon OH.
85. "Re-election Ruled Out by Senator," *Arizona Republic,* April 24, 1974; Ron Carmichael, Chris Herstam, Alfredo Gutierrez interviews.
86. Cory Franklin, "The Other Man in Nancy Reagan's Life," *Chicago Tribune,* March 8, 2016.
87. Biskupic, *Sandra Day O'Connor,* 53–54.

第五章 公民领袖

1. Wilson OH.
2. Bill Jones interview.
3. Scott Bales interview; "Merit Selection Offers Chance to Lift Judges Out of Politics," *Arizona Republic,* November 1, 1974.
4. Simon OH.
5. Rick DeGraw interview; Joyce OH; Norian, 18–19; Scott O'Connor interview.
6. Susan Taylor interview.
7. Simon OH.
8. John Crewdson, "Nominee for High Court: A Record Defying Labels," *New York Times,* July 12, 1981.
9. Steven Brill, "The High Court's New Justice Is Actually One Tough Cookie," *Washington Post,* November 1, 1981.
10. Andy Hurwitz, Bill Jones interviews.
11. Brill, "High Court's New Justice"; Jack Lasota, Hattie Babbitt interviews.

12. Bill Jones interview; Linda Kauss, "A Day in the Court with Judge Sandra Day O'Connor," *Phoenix Gazette,* September 18, 1975.
13. Simon OH.
14. Huber, *Sandra Day O'Connor,* 48.
15. Simon OH; Huber, *Sandra Day O'Connor,* 49; Barbara Woodhouse interview.
16. Simon OH.
17. "Sobbing Mom Is Ordered to Prison for Bad Checks," *Arizona Republic,* August 2, 1978; Huber, *Sandra Day O'Connor,* 46.
18. Dick Houseworth interview.
19. Robert McConnell, Leo Corbet interviews.
20. Chris Herstam, Peter Kay, Barbara Bentley interviews.
21. Scott O'Connor interview.
22. Gary Driggs interview; "Sandra O'Connor to Run for Governor—with 3 Ifs," *Arizona Republic,* March 31, 1978.
23. Robert McConnell interview.
24. SOC to John Rhodes, April 7, 1978; SOC to Sam Steiger, April 13, 1978, SOCP, LOC.
25. Scott O'Connor interview; "Evan Mecham, 83, Was Removed as Arizona Governor," *Washington Post,* February 23, 2008.
26. "Judge Says No to Race for Governor," *Arizona Republic,* October 18, 1977.
27. SOC to Barry Goldwater, April 6, 1978; SOC to Rob Schmults, March 1, 1987, SOCP, LOC; Walter Dellinger interview.
28. SOC to Hattie Babbitt, September 11, 1975, SOCP, LOC.
29. Hattie Babbitt, Bruce Babbitt, Jack LaSota interviews.
30. Simon OH.
31. Ruth McGregor, Judy Hope interviews.
32. Hattie Babbitt, Andy Hurwitz, Fred DuVal, Mary Schroeder interviews.
33. SOC to Hattie Babbitt, July 21, 1981, courtesy Hattie Babbitt.
34. Sharon Percy Rockefeller interview.
35. Mark Cannon, Lois Aldrich, Gail Driggs, Gary Driggs interviews.
36. Gwyneth Kelly, "Jimmy Carter's Most Important Legacy: Female Judges," *New Republic,* August 13, 2015.
37. Mark Cannon interview; SOC speech to Rotary Club of Phoenix, April 3, 1981; SOC, Diary of Anglo-American Exchange, July 6–7, 1980, SOCP, LOC.
38. John O'Connor Memoir, 164, SOCP, Family Archive.
39. "999 Tips," undated, speech file, SOCP, LOC; Betsy and Susan Taylor, Dick Houseworth interviews.
40. Rotary wanted poster, ca. 1977, SOCP, AHS; Alan Day interview.
41. Jim Kolbe interview.
42. Alan Day, Nina van Rensselaer interviews.
43. Lawford OH.
44. Undated memo [ca. 1978], SOCP, LOC.
45. Kenneth Cribb interview; "Reagan Pledges He Would Name a Woman to the Supreme Court," *Washington Post,* October 15, 1980.

第六章 总统来电

1. Kenneth Starr, Jonathan Rose, Hank Habicht, Kenneth Cribb interviews.
2. Hank Habicht, Kenneth Starr interviews.
3. Smith, *Law and Justice in the Reagan Administration,* 64; "History of the Nomination of Sandra Day O'Connor," William French Smith to SOC, April 4, 1984, SOCP, SC; "A Conversation with Ken Starr," JOCD, February 24, 1982, SOCP, LOC. Asked about the appointment process by John O'Connor in February 1982, Starr told John that Smith "does not believe that any real direction was given by the president as to any kind of person to be selected or whether it was to be a sitting judge, a female etc." At the time, Starr may not have wanted to talk frankly to the candidate's husband about inside-the-administration deliberations.
4. "FFF" [White House legal counsel Fred F. Fielding], June 18, 1981, Margaret Tutweiler files, RL.
5. Hank Habicht, Kenneth Starr interviews; "Conversation with Ken Starr," JOCD, February 24, 1982, SOCP, LOC. According to Justice Department aide Robert McConnell, Smith told him that Reagan himself put O'Connor on the list. Robert McConnell interview.
6. "Sandra O'Connor: A Life in the Law," *Wake Forest Jurist,* winter 2007.
7. Hank Habicht, Robert McConnell interviews.
8. Carolyn Kuhl interview.
9. Smith, *Law and Justice,* 66; "History of the Nomination," SOCP, SC; Simon OH.
10. Charles Munger interview.

11. Dennis DeConcini interview. It was long and incorrectly rumored in Phoenix legal circles that Goldwater single-handedly secured O'Connor's nomination. RonNell Andersen Jones interview.
12. Mark Cannon, Fred Fielding interviews.
13. Bill Franke interview.
14. James Baker interview; "A Conversation with Ken Starr," JOCD, February 24, 1982, SOCP, LOC.
15. Kenneth Starr, Jonathan Rose interviews; JOC, "Contacts leading up to appointment," undated, probably July 1981, JOCD, SOCP, LOC.
16. Charles Renfrew interview.
17. JOC, "Contacts," JOCD, SOCP, LOC.
18. Simon OH.
19. See, for instance, "Conversation with Sandra Day O'Connor," *Bulletin of American College of Trial Lawyers,* summer 2012.
20. Brett Dunkelman interview.
21. SOC Journal, June 29, 1981, SOCP, SC.
22. Kenneth Cribb interview.
23. JOC, "Contacts," JOCD; SOC Journal, June 30, 1981, SOCP, SC; Simon OH.
24. Simon OH.
25. Ruth McGregor interview.
26. JOC, "Contacts," JOCD, SOCP, SC; Jim and Diana Holman interview.
27. "O'Connor Adds a Light Touch to Economic Event," *Arizona Republic,* January 16, 2008; SOC interviewed by Rebecca Blumenstein, *Wall Street Journal,* April 11, 2011.
28. Jay O'Connor interview.
29. Peter Roussel interview; "Honored by Post, Nominee Declares," *New York Times,* July 8, 1981; "A Friend Recalls Legislative Past of a Woman Judge," *Arizona Republic,* July 8, 1981.
30. Ruth McGregor, Molly Powell Sumner, Eric Motley, Michelle Friedland interviews.
31. "Rancher Reflects on Early Years of Girl Who Became a Judge," *Arizona Republic,* July, 16, 1981.
32. JOC, "Contacts," JOCD, SOCP, SC.
33. Max Friedersdorf to Jim Baker, Ed Meese, Mike Deaver, Fred Fielding, Pen James, July 6, 1981, Fred Fielding Files, RL; Fred Fielding interview.
34. Peter Ross Range, "Thunder from the Right," *New York Times Magazine,* February 8, 1981.
35. Fred Fielding to Jim Baker, "Supreme Court Nominee: Game Plan," July 6, 1981, Fred Fielding files, RL.
36. See John Wilke to President Reagan, July 3, 1981, Margaret Tutweiler files, RL.
37. Hank Habicht, Leo Corbet interviews.
38. Kenneth Starr interview; Ken Starr to William French Smith, July 6, 1981, Margaret Tutweiler file, RL.
39. "The Judge Gets Rave Reviews on the Hill," *Washington Post,* July 15, 1981.
40. Robert McConnell interview.
41. Max Friedersdorf to Jim Baker, Ed Meese, Mike Deaver, Fred Fielding, July 14, 1981, Fred Fielding files, RL.
42. Powell Moore interview.
43. Max Friedersdorf to President Reagan, July 18, 1981, Fred Fielding files, RL. Reagan sent her nomination to the Senate August 19, 1981. archives.gov.
44. Carolyn Kuhl, Ruth McGregor interviews.
45. Chief Justice John Roberts interview.
46. Mary Schroeder interview.
47. Greenburg, *Supreme Conflict,* 14.
48. Richard Hauser interview.
49. Bill Kenyon, David Hume Kennerly interview.
50. Patrick Leahy interview.
51. *Hearing Record,* 86–89, SOCP, LOC.
52. Mary McGrory, "Cautious," *Washington Post,* September 10, 1981.
53. Carolyn Kuhl, Robert McConnell interviews.
54. "Here Comes La Judge," *Time,* September 21, 1981; *Hearing Record,* 11–12, SOCP, LOC.
55. JOC, "Contacts," JOCD, SOCP, LOC.
56. "O'Connor's Senate Trial," *Newsweek,* September 21, 1981.
57. JOC, "Contacts," JOCD, SOCP, LOC; she never played the course. Scott O'Connor interview.
58. "Recommended phone call to Sen. Jeremiah Denton," September 16, 1981, Edwin Meese Papers, RL.
59. "O'Connor Confirmed for High Court Seat," *Washington Post,* September 22, 1981; *Hearing Record,* 112.
60. Alan Simpson interview.
61. Ronald Reagan to Harold Brown, August 3, 1981, Reagan, *A Life in Letters;* Rich Williamson to James Baker, July 31, 1981, office/desk files, Baker Papers, PUL; Scott O'Connor interview. Nancy Reagan's parents lived near the Biltmore Hotel in Phoenix. SOC to Nancy Reagan, November 12, 1987, SOCP,

LOC.
62. James Baker notes, office/desk files, undated [probably 1984], Baker Papers, PUL.
63. "Justice Sandra Day O'Connor," *People,* October 12, 1981; see Edmund Morris, *Dutch,* 450–51.
64. Scott O'Connor interview.

第七章　进入大理石殿堂
1. Harry Blackmun to Warren Burger, November 17, 1980, BP, LOC. Lewis Powell to Warren Burger, November 17, 1980; Warren Burger, "Memo to the Conference," November 20, 1980, PP, WLU.
2. Justice John Paul Stevens interview.
3. Linda Blandford to Harry Blackmun, November 2, 1981, BP, LOC.
4. Rosen, *Supreme Court,* 14.
5. Woodward and Armstrong, *The Brethren,* 315; Lewis Powell to William Rehnquist, January 18, 1985, PP, WLU.
6. Warren Burger, "Memorandum to the Conference," September 22, 1981; Harry Blackmun to Marshal Wong, September 10, 11, 1981, BP, LOC.
7. Steve Wermiel, "The Burger Years," *Wall Street Journal,* June 14, 1984.
8. DeNeen Brown, "Thurgood Marshall Asked Ex-Klan Member to Help Him Make Supreme Court History," *Washington Post,* November 1, 2017.
9. Supreme Court Information Sheet, Office of the Curator, U.S. Supreme Court.
10. Dan Bussel interview.
11. "O'Connor Takes Oath as Justice," *Washington Post,* September 26, 1981.
12. Scott O'Connor interview.
13. Newton, *Justice for All,* 344.
14. JOCD, September 25, 1981; SOC Journal, September 25, 1981, SOCP, SC; Alan Day interview.
15. *LB,* 299; Alan Day interview.
16. Debra Merritt interview; Stern and Wermiel, *Justice Brennan,* 274; *Jacobellis v. Ohio,* 378 U.S. 184 (1964).
17. Nina Totenberg, "The Supreme Court: The Last Plantation," *New York Times,* July 26, 1974; Robert Fabrikant, "From Warren to Burger: Race Relations Inside the Court," *Mitchell Hamline Law Review* 43: 6, 2017.
18. JOCD, September 24–25, 1981, SOCP, LOC.
19. Deborah Merritt, Ruth McGregor interviews; JOCD, September 24, 1981.
20. Stern and Wermiel, *Justice Brennan,* 410.
21. Justice John Paul Stevens interview.
22. Deborah Merritt interview; SOC interviewed by Terry Gross, *Fresh Air,* NPR, March 5, 2013.
23. Hutchinson, *The Man Who Was Once Whizzer White,* 157–62.
24. "A Life in the Law: Sandra Day O'Connor," *Wake Forest Jurist,* winter 2007.
25. SOC Journal, "Fall 1981 Random Notes," SOCP, SC.
26. Scott O'Connor interview.
27. Ruth McGregor interview.
28. Simon OH; Greenburg, *Supreme Conflict,* 67.
29. Bradford Berenson interview.
30. Stern and Wermiel, *Justice Brennan,* 267.
31. Rosen, *Supreme Court,* 6, 9.
32. Ibid., 145; for a history of the period, see Simon, *The Antagonists.*
33. Stern and Wermiel, *Justice Brennan,* 463. Justice Clarence Thomas told the author that when he arrived at the Court in 1981, a decade later, the justices were still recovering from *The Brethren.*
34. Stephen McAllister, "Justice Byron White and *The Brethren,*" *Green Bag,* winter 2012.
35. JOC to William Rehnquist, January 3, 1980, Rehnquist Papers, Hoover Institution.
36. Warren Burger to SOC, November 25, 1981, SOCP, LOC; Carol Wolman and Hal Frank, "The Solo Woman in a Professional Peer Group," Working Paper No. 13 (1972), Wharton School of Management, University of Pennsylvania. Burger received the paper from Dr. Walter Menninger of the Menninger Foundation during O'Connor's nomination hearings. The paper, which was published with a revised abstract by the *American Journal of Orthopsychiatry* in January 1975, focused on helping a woman avoid depression while working in an entirely male workplace.
37. Greenburg, *Supreme Conflict,* 67.
38. SOC Journal, "Fall 1981 Random Notes," SOCP, SC.
39. Betsy Taylor, Cynthia Helms interviews.
40. SOC was aware that Rehnquist was suffering from side effects of medication. Beatsie Laws to SOC, January 28, 1982, SOCP, SC.

41. Brett Dunkelman interview.
42. Vera Glaser, "She's a Lady—and She's Tough, Smart, Funny and the First Woman on the Supreme Court," *Washingtonian,* May 1984.
43. Gail Galloway to SOC, December 11, 1981, SOCP, SC.
44. Deborah Merritt, Ruth McGregor interviews; "30 Years Ago: the Nomination of Sandra Day O'Connor to the Supreme Court," *Huffington Post,* July 6, 2001.
45. Molly Powell Sumner interview; Simon OH; SOC, "A Tribute to Justice Lewis F. Powell, Jr.," *Harvard Law Review,* 101:2, December 1987, 395; in later years, SOC tried to help new justices as Powell had helped her. See SOC to Tony Kennedy, January 28, 1988, SOCP, SC ("There is no 'how to do it' manual for the new Justices").
46. John Jeffries interview; SOC to Betty Friedan, November 5, 1981, SOCP, LOC.
47. Evan Thomas and Stuart Taylor, "The Swing Vote," *Newsweek,* July 4, 2005.
48. John Wiley interview.
49. Jeffries, *Justice Lewis F. Powell, Jr.,* 131–82.
50. Judge J. Harvie Wilkinson interview.
51. Lewis Powell to family, October 24, December 6, 1981, PP, WLU.
52. Fred Barbash, "O'Connor Proves Justices Can Be Popular," *Washington Post,* November 30, 1981, in files of BP, LOC.
53. Lazarus, *Closed Chambers,* 272.
54. Brian Cartwright interview.
55. Thurgood Marshall, Jr., interview.
56. Deborah Merritt interview.
57. Mary Mikva interview.
58. Diane DiMarco interview; Toobin, *The Nine,* 46.
59. Peppers and Ward, *In Chambers,* 180, 192; Stern and Wermiel, *Justice Brennan,* 84.
60. SOC interview.
61. Brian Cartwright, Deborah Merritt interviews.
62. SOC interviewed by Kevin Cool, *Stanford Magazine,* January/February 2006.
63. See *Dickerson v. U.S.,* 530 U.S. 428 (2000), and *Patterson v. McLean Credit Union,* 491 U.S. 164 (1989) at 172–75, declining to overrule *Runyon v. McRary.*
64. White, *Justice Oliver Wendell Holmes: Law and the Inner Self,* 487.
65. *Marbury v. Madison,* 5 U.S. 137 (1803).
66. See White, *Justice Oliver Wendell Holmes,* 148–224; Holmes, *The Common Law.*
67. Rosen, *Supreme Court,* 190–91; Jack Balkin, "*Bush v. Gore* and the Boundary Between Law and Politics," *Yale Law Journal* 110: 1447 (2001).
68. See *Lochner v. New York,* 198 U.S. 45 (1905). The reach of the Fourteenth Amendment was sharply limited by the famous Slaughterhouse cases, 83 U.S. 36 (1873), which held that the amendment only protected the rights of federal citizenship—at the time, very few—not the rights of state citizenship.
69. *West Coast Hotel Co. v. Parrish,* 300 U.S. 379 (1937). Historians now dispute the causal link. John Jeffries interview.
70. See, most notably, *New York Times v. Sullivan,* 376 U.S. 254 (1964) (free press); *Engel v. Vitale,* 370 U.S. 421 (1962) (school prayer); *Mapp v. Ohio,* 367 U.S. 643 (1961) (unlawful search); *Gideon v. Wainwright,* 372 U.S. 335 (1963) (right to counsel); *Griswold v. Connecticut,* 381 U.S. 479 (1965) (sexual privacy); *Brown v. Board of Education,* 347 U.S. 483 (1954) (school segregation); *Baker v. Carr,* 369 U.S. 186 (1962) (voter redistricting).
71. Evan Thomas, "Have the Judges Done Too Much?" *Time,* January 22, 1979.
72. Adam Liptak, "New Look at an Old Memo Casts More Doubt on Rehnquist," *New York Times,* March 19, 2012.
73. *Furman v. Georgia,* 408 U.S. 238 (1972); *Gregg v Georgia,* 428 U.S. 153 (1976).
74. Fred Barbash, "Court's Rulings Hinged on the Middle Faction," *Washington Post,* July 4, 1982.
75. 457 U.S. 202 (1982).
76. Justice Brennan kept private histories of each Court term, which were made available to the author through an anonymous source. OT 1981, x–xi.
77. Stern and Wermiel, *Justice Brennan,* 183; Tushnet, *A Court Divided,* 35.
78. Mary Mikva interview; Peppers and Ward, *In Chambers,* 406.
79. Mary Mikva, Clifton Elgarten interviews.
80. "Washington Briefing," *New York Times,* May 18, 1982; "Where the Justices Adjourn for Lunch," *New York Times,* July 15, 1979.
81. 457 U.S. 957 (1982).
82. SOC to William Brennan, May 4, 1982, SOCP, LOC; Clifton Elgarten, Howard Gutman, Ruth McGregor, Deborah Merritt interviews.
83. Brennan history, OT 1981, vi.

84. *Engle v. Isaac,* 456 U.S. 107 (1982); *Fay v. Noia,* 372 U.S. 391 (1963).
85. Stern and Wermiel, *Justice Brennan,* 479.
86. SOC Journal, March 26, 1982, SOCP, SC.
87. *Engle v. Isaac* file, PP, WLU and BP, LOC.
88. SOC Journal, January 27, 1982.
89. SOC, "Trends in the Relationship Between the Federal and State Courts from the Perspective of a State Court Judge," *William & Mary Law Review* 22:801 (1981); David O'Brien, Mark Cannon interviews.
90. *National League of Cities v. Usery,* 426 U.S. 833 (1976); *FERC v. Mississippi,* 456 U.S. 742 (1982); Blackmun, "Chronology of Significant Events," April 16, 1982, BP, LOC.
91. *Ford Motor Co. v. EEOC,* 458 U.S. 219 (1982), Blackmun draft opinion in *Ford v. EEOC* case file in SOCP, LOC.
92. Deborah Merritt interview. When Blackmun switched his vote to upend her majority opinion in a death penalty case the same month, O'Connor wrote her friend Lewis Powell, "In this business one must learn to grin and bear it." SOC to Lewis Powell, June 23, 1982, SOCP, LOC; *Enmund v. Florida,* 458 U.S. 782 (1982).
93. SOC Journal, June 21, 1982, SOCP, SC.
94. SOC to Harry Blackmun, July 1, 1982, SOCP, LOC.
95. SOC to William Brennan, June 28, 1982, SOCP, LOC.
96. William Brennan to SOC, undated, probably June 1982, SOCP, SC.
97. SOC Journal, June 25, 1982, SOCP, SC.

第八章　堕胎法案

1. Barbara Babcock interview.
2. Perry OH.
3. Hirshman, 45–125.
4. *Craig v. Boren,* 429 U.S. 190 (1976).
5. *Mississippi University for Women v. Hogan,* 458 U.S. 718 (1982).
6. *MUW v. Hogan* oral argument, March 22, 1982, at oyez.org.
7. The famous Footnote Four in *United States v. Carolene Products Co.,* 304 U.S. 144 (1938), introduced the idea of heightened scrutiny; *Brown v. Board of Education,* 347 U.S. 483 (1954) outlawed school segregation (though the Court did not use the term "strict scrutiny"). See Adam Winkler, "Fatal in Theory and Strict in Fact: An Empirical Analysis of Strict Scrutiny in the Federal Courts," *Vanderbilt Law Review* 59:793 (2006).
8. Biskupic, *Sandra Day O'Connor,* 135.
9. SOC Conference notes in *MUW v. Hogan* file (OT 1981), SOCP, LOC.
10. See footnote 9, page 724, *Mississippi University for Women v. Hogan,* 458 U.S. 718 (1982); Deborah Merritt interview.
11. John Wiley interview; Wiley to Lewis Powell, March 21, 1982; LP memo to file, June 7, 1982 ("The court, in this case, may have departed farther from the intent and purpose of the equal protection clause than in any other case"), PP, WLU.
12. SOC Journal, June 21, 1982, SOCP, SC.
13. Deborah Merritt, Ruth McGregor interviews.
14. Justice Ruth Bader Ginsburg interview.
15. Brian O'Connor interview.
16. Jay O'Connor interview; John O'Connor Memoir, 180–82, SOCP, Family Archives.
17. Frank Saul interview.
18. Betsy Taylor, Charles Renfrew interviews; Joan Myers to Harry Day, July 10, 1981, Harry Day papers, AHS.
19. Ginny Chew interview.
20. Homer Moyer interview.
21. Nancy Kauffman, Ann Hoopes interviews.
22. JOCD, April 19, 1983, SOCP, LOC.
23. Ibid., May 6, 1982, February 26, 1983, SOCP, LOC.
24. Brian Cartwright interview; JOCD, "Conversation with Lewis Powell," February 6, 1982, SOCP, LOC.
25. William Draper, SOC interviews.
26. JOCD, April 15, October 18, 1982; May 1, 1983; November 10, 1982, SOCP, LOC.
27. JOCD, January 26–30, 1982, SOCP, LOC.
28. *Arizona Republic,* November 11, 1982.
29. Ibid., April 22, May 4, 1983, SOCP, LOC; Lois Romano, "Justice on the Party Circuit," *Washington Post,* May 4, 1983.
30. JOCD, December 11, 13, 1982, SOCP, LOC.
31. "Vignette," December 1982, JOCD, SOCP, LOC.

32. Gary Francione interview.
33. Stewart Schwab interview; *Hishon v. King & Spalding,* 467 U.S. 69 (1984); Hirshman, 157.
34. *City of Akron v. Akron Center for Reproductive Health, Inc.,* 462 U.S. 416 (1983). Oral argument November 30, 1982, at oyez.org.
35. Greenhouse, *Becoming Justice Blackmun,* 91–92; *Roe v. Wade,* 410 U.S. 113 (1973).
36. SOC, Gary Francione, Jane Fahey interviews; John Hart Ely, "The Wages of Crying Wolf: A Comment on *Roe v. Wade,*" *Yale Law Journal* 82:935 (1973).
37. SOC Conference notes, *Roe v. Wade* file (OT 1982), SOCP, LOC.
38. Greenhouse, *Becoming Justice Blackmun,* 145.
39. SOC first draft of dissent on May 5, 1983, *Akron v. Akron Center for Reproductive Health* file, SOCP, LOC; law clerk to Harry Blackmun, May 12, 1983, BP, LOC; Gary Francione interview.
40. Stewart Schwab, Gary Francione interviews.
41. JOCD, July 1, June 9, 1983, SOCP, LOC.
42. Peggy Lord interview.

第九章　第一女性

1. JOCD, January 18, 1983, SOCP, LOC.
2. See, for example, SOC to William Rehnquist, Lewis Powell, John Stevens, undated, probably November 1986 (betting pool), PP, WLU.
3. William Draper, Ruth McGregor, Cynthia Helms, Frank Saul interviews.
4. JOCD, April 26, May 12, 1983, SOCP, LOC.
5. Clark, *Washingtonian,* May 1984; Diane DiMarco interview.
6. Jim Lehrer, Jim and Diana Holman, Ann Hoopes, James Symington, Leonard Bickwit interviews.
7. JOCD, November 26, 1985, November 19, 1986, SOCP, LOC.
8. Peggy Lord interview.
9. Carl Kunasek interview.
10. JOCD, October 31, 1984, SOCP, LOC; "High Court's 'Nine Men' Were a Surprise to One," *New York Times,* October 12, 1983.
11. JOCD, April 10–12, 1984, SOCP, LOC.
12. SOC to Jay O'Connor, April 16, 1984, SOCP, SC.
13. Iman Anabtawi, Viet Dinh interviews. The clerk who was disabled was Leslie Hakala; the clerk who was blind was Isaac Lidsky.
14. Shirley Woodward, Judge J. Harvie Wilkinson III, Judge Sri Srinivasan interviews.
15. Kent Syverud interview; Syverud, "Lessons from Working for Sandra Day O'Connor," *Stanford Law Review* 58:6, April 2010.
16. Maggie Dupree, Julie O'Sullivan interviews; SOC Journal, March 12, 1985, SOCP, Family Archives.
17. Scott Bales interview; JOCD, January 30, 1985, SOCP, LOC; Elizabeth Kastor, "John Riggins' Big Sleep: He Came, He Jawed, He Conked Out," *Washington Post,* February 1, 1985; Scott O'Connor interview.
18. Chris Cerf, John Setear, Julie O'Sullivan, Stephen Gilles interviews.
19. Stewart and Norma Schwab interview.
20. Kathy Smalley, Barbara Woodhouse interviews.
21. Don Verrilli interview.
22. Stern and Wermiel, 486–89.
23. Gail Agrawal interview.
24. *Garcia v. San Antonio Metropolitan Transit Authority,* 469 U.S. 528 (1985).
25. Blackmun to all Justices, June 11, 1984, PP, WLU; Brennan history, OT '83, 38; SOC Journal, July, 1984, SOCP, Family Archives.
26. *National League of Cities v. Usery,* 426 U.S. 833 (1976); JOCD, February 28, 1985, SOCP, LOC.
27. Gail Agrawal interview.
28. JOC to William Brennan and Lewis Powell, March 26, 1984; JOC to William Brennan, May 7, 1985, William Brennan to JOC, May 9, 1985, JOC to William Brennan, May 14, 1985, SOCP, LOC; JOCD, March 8, 1987, SOCP, LOC.
29. *United States v. Carolene Products Co.,* 304 U.S. 144 (1938).
30. Gary Francione interview.
31. Julie O'Sullivan interview. For an example of Brennan wooing a wary O'Connor, see William Brennan to SOC, March 16, 1982, SOC to WB, March 18, 1982, WB to SOC, March 19, 1982, SOC to WB, April 12, 1982 in *Karcher v. Daggett* case file, OT 1982, SOCP, LOC.
32. Rosen, *Supreme Court,* 164; Tushnet, 182; *Engel v. Vitale,* 370 U.S. 430 (1962).
33. *Wallace v. Jaffree,* 472 U.S. 38 (1985).
34. SOC Journal, April 12, 1985, SOCP, SC; Kent Syverud, Barbara Woodhouse interviews.
35. Jim Todd, Scott Bales interviews.

36. Theane Evangelis interview.
37. *Lynch v. Donnelly,* 465 U.S. 668 (1984).
38. RonNell Andersen Jones interview.
39. Warren Burger to SOC, November 29, 1983, SOC to WB, November 28, 1983, *Lynch v. Donnelly* file, OT 1983, SOCP, LOC.
40. Barbara Woodhouse, Steve Gilles interviews.
41. JOCD, June 18, 1985, SOCP, LOC.
42. JOCD, February 19, 1985, June 17, 1985, May 28, 1986, June 12, 1986, SOCP, LOC.
43. JOCD, April 30, June 11, June 17, 1986; October 19, 1987, SOCP, LOC; Ken Cribb [Meese aide] interview.
44. Robert Huffman interview.
45. Glenn Nager interview.
46. Brian Hoffstadt, Daniel Bussel interview; Thurgood Marshall to William Rehnquist, December 14, 1988; petition to the chief justice signed by sixteen clerks, November 21, 1988, LOC.
47. Susan Creighton interview.
48. JOCD, September 29, 1986, SOCP, LOC.
49. Steve Gilles interview.
50. Bill Nardini interview.
51. SOC to William Rehnquist, June 1993, William Rehnquist papers, Hoover Institute.
52. SOC Journal, January 2, 1987, SOCP, Family Archives.
53. Simon Hoggart, "First Lady of the Law," *Times* (London), June 25, 1983.
54. Scott Bales interview.
55. Dan Bussel interview.
56. Viet Dinh interview.
57. Susan Creighton interview.
58. JOCD, December 17, 1984, SOCP, LOC; Buzz Lewis interview.
59. Voting statistics courtesy Lee Epstein, Washington University Law School.
60. Andrew McBride interview.
61. 476 U.S. 747 (1986).
62. SOC to Harry Blackmun, March 14, 1985, Thornburgh opinion draft file, OT 1985, BP, LOC.
63. Greenhouse, *Becoming Justice Blackmun,* 182; JOCD, May 7, 1986, SOCP, LOC.
64. Steve Gilles interview; *City of Akron v. Akron Center for Reproductive Health, Inc.,* 462 U.S. 416 (1983).
65. Thomas Grey, "Holmes and Legal Pragmatism," *Stanford Law Review* 41:4, April 1989.
66. William Webster interview.
67. Robert Huffman interview. The abortion rate dropped by half between 1981 and 2018. Belluck, Pam, and Jan Hoffman, "Medical Gains Are Reshaping Abortion Fight," *New York Times,* July 2, 2018.
68. Williams, *Thurgood Marshall,* 387.
69. SOC notes on Conference, *McCleskey v. Kemp,* 481 U.S. 279 (1987), SOCP, LOC.
70. SOC, "Thurgood Marshall: The Influence of a Raconteur," *Stanford Law Review* 44:1217, summer 1992; Williams, 375.
71. Peppers and Ward, *In Chambers,* 315.
72. Justice Stephen Breyer interview.
73. Handwritten note on "A Funeral Service for the Honorable Thurgood Marshall, 1908–93," SOCP, SC.

第十章　不让癌症定义自己

1. See Susan Behuniak Long, "Justice Sandra Day O'Connor and the Power of Maternal Legal Thinking," *Review of Politics* 54:3, 429, summer 1992; Judge J. Harvie Wilkinson III interview.
2. *Plessy v. Ferguson,* 163 U.S. 537 (1896).
3. *Regents of the University of California v. Bakke,* 438 U.S. 265 (1978); Jeffries, *Justice Lewis F. Powell,* 455–501.
4. *Wygant v. Jackson Board of Education,* 476 U.S. 267 (1986).
5. Harry Blackmun Conference notes, November 5, 1985, BP, LOC; Stuart Taylor, "Swing Vote on the Constitution," *American Lawyer,* June 1989.
6. Julie O'Sullivan interview.
7. Judge Learned Hand gave his famous "Spirit of Liberty" speech at a patriotic rally in New York in 1944. The author is indebted to UCLA professor and O'Connor clerk Dan Bussel for this analysis of O'Connor's jurisprudence.
8. SOC to LP, December 19, 1985, SOCP, LOC: *Fullilove v. Klutznick,* 448 U.S. 448 (1980).
9. *Wygant v. Jackson Board of Education* file, OT 1985; Lewis Powell to SOC, November 19, 1985; SOC to LP, December 19, 1985; LP to SOC, March 19, 1986; SOC to LP, March 28, 1986; LP to SOC, April 8, 1986, SOCP, LOC.
10. Jeffries, 535–45.

11. JOCD, June 26, July 1, 1987, SOCP, LOC; Ken Cribbs interview.
12. SOC Journal, January 2, 1987, SOCP, Family Archives.
13. Nina Selin, Maureen Scalia interviews.
14. JOCD, October 8, 1986, SOCP, LOC.
15. Biskupic, *American Original,* 23; Jeffries, 534.
16. Dan Bussel interview.
17. Clerk for another justice who asked to remain anonymous.
18. Steven Catlett interview.
19. Maureen Scalia interview.
20. JOCD, December 24, 1986, SOCP, LOC.
21. Ibid., April 22, 1988.
22. Nelson Lund interview.
23. JOCD, December 29, 1987, SOCP, SOC.
24. Ibid., September 19, 1987.
25. Ibid., November 5, 1987.
26. Ibid., May 7, 1987.
27. Ibid., November 6, 1987.
28. Maureen Scalia interview.
29. Homer Moyer interview.
30. JOCD, June 3, 1988, March 11, 1983, March 9, 1986, SOCP, LOC.
31. Rawdon Dalrymple interview.
32. Charles and Barbara Renfrew interview.
33. JOCD, May 4, 1985, March 29, 1986, SOCP, LOC.
34. Nelson Lund, Diane DiMarco interviews.
35. JOCD, March 7, July 4, 1988, SOCP, LOC.
36. Ibid., month of October 1988; for the cancer narrative, SOCP, LOC.
37. Ibid., August 4, 1988.
38. Dr. Marc Lippman, Nancy Ignatius interviews.
39. Jay O'Connor interview.
40. JOCD, November 5, 6, 1988, SOCP, LOC.
41. See SOC Speech to National Coalition for Cancer Survivorship, November 3, 1994, SOCP, LOC.
42. John Kolbe interview.
43. Leonard Bickwit interview; Leonard Bodine, "Sandra Day O'Connor," *ABA Journal* 69:1394 (1983); Alan Day interview.
44. "Without my religious faith, my recovery would have taken a different turn," she wrote a friend. "It has been my daily source of strength." SOC to Mrs. John Eden, February 14, 1989, SOCP, LOC.
45. SOC to John Driggs, November 23, 1988, courtesy Gail Driggs.
46. JOCD, November 15, 25, 26, 1988, SOCP, LOC.
47. Eivand Bjerke interview.
48. JOCD, November 26, 1988, SOCP, LOC. According to George H. W. Bush's biographer, Jon Meacham, Bush mentioned SOC in his diary as a possible running mate.
49. SOC to justices, October 21, 1988, BP, LOC.
50. JOCD, October 28, 1988, SOCP, LOC.
51. Diana DiMarco interview; see SOC, "Surviving Cancer: A Private Person's Public Tale," *Washington Post,* November 8, 1994.
52. Brian O'Connor interview.
53. To view the video, search "Sandra O'Connor, National Coalition for Cancer Survivorship, November 3, 1994" or go to https://www.c-span.org/video/?61342-1 /surviving-cancer/.

第十一章 被看见的女性

1. Judge Adalberto Jordan, Daniel Mandil, Jane Stromseth interviews.
2. Randy E. Barnett and Evan Bernick, "The Letter and the Spirit: A Unified Theory of Originalism," *Georgetown Law and Faculty Publications and Other Works,* 2018.
3. Andrew McBride, Judge Adalberto Jordan interviews; Lazarus, *Closed Chambers,* 261–66, 419.
4. *Texas v. Johnson,* 491 U.S. 397 (1989). SOC tentatively voted to strike down the statute at conference but later changed her vote to join Rehnquist and White to uphold the statute. SOC conference notes, *Texas v. Johnson* file, OT 1988, SOCP, LOC.
5. SOC to William Brennan, December 13, 1988; WB to SOC, January 6, 1988, BP, LOC; *Price Waterhouse v. Hopkins,* 490 U.S. 228 (1989). Ann Hopkins won her partnership and worked for the firm until she retired in 2002. Her daughter said, "You either loved her fiercely or you couldn't stand being in the same room with her." "Ann Hopkins, Who Struck an Early Blow to the Glass Ceiling, Dies at 74," *New York Times,* July 18, 2018.

6. *Wards Cove Packing Co. v. Antonio,* 490 U.S. 642 (1989); *Patterson v. McLean Credit Union,* 485 U.S. 617 (1989); Biskupic, *Sandra Day O'Connor,* 198.

7. Kent Syverud interview.

8. SOC to Barry Goldwater, November 1, 1988, Barry Goldwater papers, AHS.

9. Barry Goldwater to SOC, January 25, 1995; SOC to BG, undated; Goldwater papers, AHS.

10. JOCD, January 20, 1988, SOCP, LOC.

11. *Johnson v. Santa Clara Transportation Agency,* 480 U.S. 616 (1987); Linda Greenhouse, "Name Calling at the Supreme Court," *New York Times,* July 28, 1989.

12. Andrew McBride interview; see Richard Barnes, "A Woman of the West, but Not of the Tribes: Justice Sandra Day O'Connor and the State-Tribe Relationship," *Loyola Law Review* 58:1, 39 (2012).

13. *City of Richmond v. J. A. Croson Company,* 488 U.S. 469 (1989); *Croson* file, OT 1988, BP, LOC.

14. Judge Adalberto Jordan, Andrew McBride interviews; *Grutter v. Bollinger,* 539 U.S. 306 (2003).

15. "Bush Cites Abortion 'Tragedy,' " *Washington Post,* January 24, 1989.

16. 492 U.S. 490 (1989).

17. Harry Blackmun, "Chronology of Significant Events," 1989, BP, LOC. Blackmun was remarkably emotional about the case in conference. SOC handwritten notes capture his almost stream-of-consciousness resentment: "Overruling Roe directly—media out of control. W[ou]ld not do so. Is a personal attack on me. Roe was correct. I resent fact that media says is a Blackmun op[eration]. 16 years have passed. I don't understand CJ's pos[ition]. Stick with it." SOC conference notes, *Webster v. Reproductive Health Services,* OT 1988, SOCP, LOC.

18. *Newsweek,* May 1, 1989.

19. JOCD, April 20, 1989, SOCP, LOC.

20. See *Michael H. v. Gerald D.,* 491 U.S. 110 (1989).

21. SOC interview.

22. Andrew McBride interview.

23. Jane Stromseth interview.

24. JOCD, May 14, 1989, SOCP, LOC.

25. Ed Lazarus to Justice Blackmun, May 1, 1989, June 22, 1989, BP, LOC.

26. Daniel Mandil interview.

27. Lazarus, 419; Judge Adalberto Jordan interview.

28. JOCD, July 3, 1989, SOCP, LOC.

29. Lewis Powell to SOC, July 10, 1989, PP, WLU.

30. JOCD, September 5, 1989, SOCP, LOC.

31. SOC interview.

32. SOC to Katharine Graham, November 9, 1989, SOCP, LOC.

33. JOCD, December 8, 1989, SOCP, LOC.

34. JOCD, October 7, 13, 1989; SOC to Robert MacNally, December 14, 1989, SOCP, LOC.

35. *Hodgson v. Minnesota,* 497 U.S. 417 (1990).

36. Marci Hamilton interview. See Marci Hamilton to SOC, March 21, 1990, *Hodgson v. Minnesota* file, OT 1989, SOCP, LOC

37. *Maryland v. Craig,* 497 U.S. 836 (1990); Ivan Fong interview.

38. Suzanna Sherry, "Civic Virtue and the Feminine Voice in Constitutional Adjudication," *Virginia Law Review* 72:543 (1986); Ellen Goodman, "O'Connor Tries to Be the Supreme Court's 'Mom,' " *Boston Globe,* July 11, 1989.

39. SOC, "Portia's Progress," *N.Y.U. Law Review* 66: 1546 (1992); Nat Hentoff, "Justice O'Connor and the Myth of the 'True Woman,' " *Washington Post,* November 23, 1991; Linda Meyer interview.

40. See SOC, *Majesty of the Law,* 166–67, 192–93.

41. Tushnet, 124; *J.E.B. v. Alabama* ex rel. T.B., 511 U.S. 127 (1994).

42. SOC Journal, July 1984, SOCP, Family Archives.

43. "She's No Gentleman," *Legal Times,* November 25, 1991.

44. Ruth Bader Ginsburg, "A Tribute to Justice Sandra Day O'Connor," *Harvard Law Review* 119:1240 (2006).

45. JOCD, May 5, 1990, SOCP, LOC; *ABA Journal,* July 26, 2009; Ted Olson interview.

46. Magee Dupree interview.

47. Stuart Banner, "Speeding Up to Smell the Roses," *Stanford Law Review* 58:1713 (2006).

48. Mary Adams interview.

49. Ivan Fong interview.

50. Stern and Wermiel, 537.

51. Greenburg, 102–103.

52. Toobin, *The Nine,* 51–52; Lynda Webster interview.

53. Lynda and William Webster interview.

54. Molly Sumner interview.

55. JOCD, November 22, 1990, SOCP, LOC.
56. Ibid., April 23, June 2, 1992, SOCP, LOC.
57. Author was at the dinner. Linda Greenhouse, "Another Frantic Finish Looms for the Supreme Court," *New York Times,* May 15, 1991.
58. JOCD, October 9, 1991, SOCP, LOC.
59. Toobin, *The Nine,* 123–24.
60. Vaughn Dunnigan interview.
61. Toobin, *The Nine,* 117–20.
62. Justice Clarence Thomas interview; *Wright v. West,* 505 U.S. 277 (1992).
63. Kathy Smalley interview. SOC's favorite holiday was Thanksgiving. SOC, "The Blessedness of Thanksgiving," *Cathedral Age,* spring 1998, 12–13, courtesy Margaret Shannon.
64. JOCD, July 18, 1997, SOCP, LOC.
65. Ibid., June 23, 1994, SOCP, LOC.
66. Crystal Nix-Hines interview.
67. James Forman, Jr., interview.
68. *LB,* 307–11.
69. Alan Day interview.
70. "Sandra O'Connor," *Army Magazine,* April 1990.
71. 505 U.S. 833 (1992).
72. JOCD, April 21–22, 1992, SOCP, LOC.
73. *University of Pennsylvania Law Review* 138:119 (1989).
74. *Planned Parenthood v. Casey* oral argument, April 22, 1992, oyez.org.
75. Chief Justice Rehnquist's draft opinion in *Planned Parenthood v. Casey*, Anthony Kennedy to Harry Blackmun, May 29, 1992, BP, LOC.
76. Murphy, *Scalia,* 192.
77. Maureen Scalia interview.
78. Brad Berenson, Michael Dorf interviews.
79. For an argument that the "undue burden" standard was so squishy that it left the door open to further undermining a woman's constitutional right to an abortion, see Linda Hirshman, "Sandra Day O'Connor and the Fate of Abortion Rights," *Los Angeles Times,* February 28, 2016, and Meaghan Winter, "Roe v. Wade Was Lost in 1992," *Slate,* March 27, 2016.

第十二章　你能做一切

1. Charles and Barbara Renfrew, Justice Ruth Bader Ginsburg interviews.
2. Greenburg, 220.
3. Patricia White, Romeo Cruz, Justice Ruth Bader Ginsburg interviews. See "Sandra Day O'Connor," Ruth Bader Ginsburg, *My Own Words,* 89–93. For Ginsburg's cautious jurisprudence, see Jill Lepore, "Ruth Bader Ginsburg's Unlikely Path to the Supreme Court," *New Yorker,* October 8, 2018, reviewing a new biography of Ginsburg by Jane Sherron De Hart.
4. SOC to Ruth Ginsburg, September 20, 1999, SOCP, SC.
5. Hirshman, xxiii.
6. JOCD, November 6, 1990, April 4, 1994, SOCP, LOC.
7. Justice Ruth Bader Ginsburg interview.
8. JOCD, November 8, 1993, SOCP, LOC.
9. Biskupic, *Sandra Day O'Connor,* 261.
10. Hirshman, 215–19; *Harris v. Forklift Systems,* 510 U.S. 17 (1993).
11. Justice Ruth Bader Ginsburg interview; *United States v. Virginia,* 518 U.S. 515 (1996).
12. SOC Journal, July 1984, SOCP, Family Archives.
13. Jim Todd, Scott O'Connor interviews.
14. Homer Moyer, Mary Noel Pepys, Mark Ellis interviews.
15. JOCD, November 1, 1993, SOCP, LOC.
16. SOC to A. E. Dick Howard, October, 17, 2002, SOCP, LOC.
17. Mary Noel Pepys, Mark Ellis interviews.
18. SOC, *Majesty of the Law,* 269.
19. Carol Biagiotti interview.
20. Romeo Cruz interview.
21. Ann Hoopes interview.
22. John Macomber interview.
23. Judy Hope interview.
24. JOCD, February 26, 1994, SOCP, LOC.
25. Adrienne Arsht, Raquel Matas interviews.
26. Adrienne Arsht, Carol Biagiotti interviews.

27. JOCD, October 22, 1997, SOCP, LOC.
28. Charles and Barbara Renfrew interview.
29. Silvija Strikis interview.
30. Lynda Webster, Sarah Suggs interviews.
31. Kevin Kelly interview.
32. Silvija Strikis, Viet Dinh, Jane Fahey, Brian Hoffstadt, Matt Stowe interviews.
33. Lisa Kern Griffin interview.
34. Julie O'Sullivan interview.
35. SOC interview.
36. Kate Adams, Lisa Kern Griffin, Viet Dinh, Kathy Smalley, Mark Perry interviews.
37. Elizabeth Earle Beske interview; *Florida Bar v. Went for It Inc.,* 515 U.S. 618 (1995), oral argument, January 11, 1995, oyez.org.
38. JOCD, May 13, 1994, SOCP, LOC.
39. Tushnet, 197.
40. JOCD, January 24, 1995, SOCP, LOC.
41. Cynthia Helms interview.
42. Toobin, *The Nine,* 94.
43. Kate Adams interview.
44. Justice Stephen Breyer interview.
45. See her concurring opinion in a complex tax case, *Commissioner v. Tufts,* 461 U.S. 300 (1983).
46. *Babbitt v. Sweet Home Chapter, Communities for a Great Oregon,* 515 U.S. 687 (1995).
47. Elizabeth Earle Beske interview.
48. Justice Ruth Bader Ginsburg interview.
49. Dr. William Leahy, Maureen Scalia interviews.
50. Justice Clarence Thomas interview.
51. *Green v. County School Board of New Kent County,* 391 U.S. 430 (1968), *Swann v. Charlotte-Mecklenberg Board of Education,* 402 U.S. 1 (1971). For an excellent analysis, see Jeffries, 282–332.
52. *Metro Broadcasting v. FCC,* 497 U.S. 547 (1990); *Adarand Constructors, Inc. v. Peña,* 515 U.S. 200 (1995); Walter Dellinger interview.
53. Stuart Delery, David Ellen, David Kravitz, Walter Dellinger interviews.
54. *Shaw v. Reno,* 509 U.S. 630 (1993); Simon Steel, Sean Gallagher interviews. See *Miller v. Johnson,* 515 U.S. 900 (1995).
55. Sylvia Blake interview; SOC to William Rehnquist, October 16, 1995, William Rehnquist papers, Hoover Institute.
56. JOC binders, SOCP, SC.
57. Alan Kirk interview.
58. Cynthia Helms interview.
59. JOCD, July 15, 1995, July 4, 1996, SOCP, LOC.
60. Anderson OH.
61. Linda Neary interview.

第十三章　布什诉戈尔案
1. Scott O'Connor interview.
2. SOC interview. See also SOC interviewed by Charlie Rose, March 5, 2013, youtube.com.
3. Lynda Webster, Joe and Lucia Henderson interviews.
4. JOCD, January 28–February 2, 1996, SOCP, LOC; Skip Nalen interview.
5. Silvija Strikis, Julia Ambrose interviews.
6. Skip Nalen, Jim Holman interviews.
7. Ray Brophy, Ivan Selin, Gail Driggs interviews.
8. Adrienne Arsht interview; JOCD, January 18, 1998, SOCP, LOC.
9. JOCD, December 4, 1994, SOCP, LOC; Tim Burke, Frank Wallis interviews.
10. SOC interview.
11. Alan Kirk, James Symington, Alan Simpson interviews.
12. Phil Schneider, Alan Simpson interviews.
13. JOCD, August 19, 1997, SOCP, LOC.
14. Dr. Robert Stern interview.
15. Dr. Tab Moore, Dr. Stanley Cohan, Dr. Paul Aisen interviews; JOCD, May 20, June 12, 1997, January 28, 1999, SOCP, LOC.
16. Lazarus, *Closed Chambers,* 147–65.
17. Brad Joondeph interview.
18. Shirley Woodward interview.
19. *Allegheny County v. ACLU,* 492 U.S. 573 (1989); Dahlia Lithwick, "Crèche Test Dummies," *Slate,*

December 21, 2001. As Kennedy chose more clerks with doctrinaire Federalist Society backgrounds, his chambers became philosophically oppositional with O'Connor's chambers, where the clerks arrived as liberals or conservatives but usually ended up appreciating her pragmatic approach.

20. Justice Ruth Bader Ginsburg interview.
21. SOC, Justice Steven Breyer interviews.
22. *Apprendi v. New Jersey,* 530 U.S. 466 (2000); Noah Levine interview.
23. Robert Smith, "Antonin Scalia's Other Legacy: He Was Often a Friend of Criminal Defendants," *Slate,* February 15, 2016.
24. Martin Quinn scores courtesy Lee Epstein, Washington University Law School. See Lee Epstein, Andrew Martin, Kevin Quinn, and Jeffrey Segal, "Ideological Drift Among Supreme Court Justices: Who, When, and How Important?" *Northwestern University Law Review* 101:1481 (2007). SOC moved with the times. On the death penalty, notes her friend Professor Craig Joyce of the University of Houston Law School, she paid heed to evolving public attitudes, which gradually liberalized on the question of what is "cruel and unusual" punishment banned by the Eighth Amendment.
25. Judge Laurence Silberman interview; "Press Is Condemned by Federal Judge for Court Coverage," *New York Times,* June 14, 1992.
26. Adam Bonica, Adam Chilton, Jacob Goldin, Kyle Rozema, and Maya Sen, "Do Law Clerks Influence Voting on the Supreme Court?" unpublished paper, January 5, 2017, courtesy of Adam Chilton, University of Chicago Law School.
27. Justice John Paul Stevens interview.
28. For a case in which O'Connor's personal experience (as a child living for many years with her grandmother) may have informed her judgment, see her opinion giving parents a constitutional right to stop grandparents from visiting a grandchild, *Troxel v. Granville,* 530 U.S. 57 (2000); for a last blow in favor of federalism, see her dissent in *Gonzalez v. Raich,* 545 U.S. 1 (2005), in which she argued that Congress should not be permitted to enforce the federal marijuana laws against those who, under state law, legally possess it for medical use—even though she, personally, would vote against the state law.
29. *Davis v. Monroe County Board of Education,* 526 U.S. 629 (1999), announced May 24, 1999, oyez.org.
30. Toobin, *The Nine,* 156–61; *Stenberg v. Carhart,* 530 U.S. 914 (2000).
31. *Gonzalez v. Carhart,* 550 U.S. 124 (2007); oral argument in *Stenberg v. Carhart,* April 25, 2000, oyez.org.
32. Brad Joondeph interview; Cass Sunstein, "In the Court of Cautious Opinions," *Washington Post,* July 14, 1997; *Vacco v. Quill,* 521 U.S. 793 (1997).
33. Joan Biskupic, "O'Connor the 'Go-To Justice,'" *USA Today,* July 12, 2000; Edward Lazarus, "It's All About O'Connor," *Los Angeles Times,* July 9, 2000.
34. JOCD, June 16–20, 2000, SOCP, LOC.
35. Dr. Paul Aisen interview.
36. SOC office calendar June 20, 2000, SOCP, SC.
37. Ann Hoopes interview; JOCD, June 20, 2000, SOCP, LOC.
38. Frank Saul, Dr. LaSalle Leffall interviews.
39. Dick Houseworth, Phil Schneider interviews.
40. Ruth McGregor, Don Kauffman interviews.
41. Shirley Woodward interview.
42. Scott, Brian, and Jay O'Connor interviews.
43. JOCD, August 17, 2000, October 3, 1996, SOCP, LOC.
44. SOC to Jane Dee Hull, March 2000, SOCP, LOC; Leslie Hakala, Noah Levine interviews.
45. Dr. Paul Aisen interview; Cynthia Helms, Paul and Nancy Ignatius interviews; Michael Isikoff, "The Truth Behind the Pillars," *Newsweek,* December 24, 2000.
46. Scott O'Connor, Cynthia Helms interviews.
47. Justin Nelson interview.
48. Jim Lehrer, Colin Campbell interviews.
49. Craig Joyce, Colin Campbell, Gordon Wood interviews.
50. Tom Daschle interview.
51. Alan Day, Brian O'Connor interviews.
52. Richard Posner, *Breaking the Deadlock.*
53. The famous exception is the one-man, one-vote case, *Baker v. Carr,* 369 U.S. 186 (1962).
54. Charles Zelden, *Bush v. Gore,* 197; Justice Steven Breyer interview.
55. *Bush v. Gore,* 531 U.S. 98 (2000).
56. Justice John Paul Stevens interview; Justice Stevens interviewed by Scott Pelley, *60 Minutes,* November 28, 2010; Stevens, *Five Chiefs,* 198–99.
57. Dr. Bill Leahy interview.
58. Terry Carter, "Crossing the Rubicon," *California Lawyer,* October 1992.
59. Brian O'Connor interview.
60. Stan Panikowski, Tamarra Matthews Johnson interviews.

61. Julie Folger interview; Toobin, *Too Close to Call*, 248; for other narratives, see David Margolick, "The Path to Florida," *Vanity Fair*, March 19, 2014, and Linda Greenhouse, "Bush v. Gore: Election Case a Test and a Trauma for Justices," *New York Times*, February 20, 2001.
62. *Bush v. Gore*, oral argument, December 11, 2000, oyez.org.
63. Richard Bierschbach interview.
64. Zelden, 194.
65. Justice Ruth Bader Ginsburg interview.
66. This reconstruction is based on on-the-record interviews with Justices Stevens and Ginsburg, Judge Laurence Silberman (who spoke to Scalia about the case), and Theodore Olson (the Bush campaign's lawyer), and background interviews with knowledgeable sources involved in the case. The best analysis of motivation and reasoning is found in Charles Zelden's *Bush v. Gore*, 189–229.
67. Brian O'Connor interview.

第十四章　平权运动

1. Mary McGrory, "Supreme Travesty of Justice," *Washington Post*, December 14, 2000; Maureen Dowd, "The Bloom Is Off the Robe," *New York Times*, December 14, 2000; JOCD, December 14, 2000, SOCP, LOC.
2. See Jack Balkin, "*Bush v. Gore* and the Boundary Between Law and Politics," *Yale Law Journal* 110: 1407 (2001).
3. "Do you approve or disapprove of the way the Supreme Court is handling its job?" news.gallup.com.
4. Judge Laurence Silberman interview; Posner, *Breaking the Deadlock*.
5. Betsy Taylor interview.
6. Ann Hoopes interview; Townsend Hoopes to SOC, January 22, 2001; SOC to Townsend Hoopes, February 13, 2001 (O'Connor wrote Hoopes, "I was surprised, and unhappily so, to receive your highly critical letter..." She defended the Court, saying there was no choice but to intervene, that political chaos had beckoned if the battle was allowed to go on). Townsend Hoopes papers, Gottlieb Archival Research Center, Boston University.
7. Alan Simpson, Jim Holman interviews.
8. Lou Davidson, Carol Butler interviews.
9. Hattie and Bruce Babbitt interview.
10. Jack and Donna Pfleiger interview.
11. Mark Ellis, Scott O'Connor interviews; Ford Fessenden and Jonathan Broder, "Examining the Vote: The Overview; Study of Disputed Florida Ballots Finds Justices Did Not Cast the Deciding Vote," *New York Times*, November 12, 2001; Sandra Day O'Connor, "Judicial Independence and Civics Education," *Utah Bar Journal*, September/October, 2009. Gore might have eked out a win if every single vote in the state had been recounted, but that process would have taken months.
12. "O'Connor Questions Court's Decision to Take Bush v. Gore," *Chicago Tribune*, April 27, 2013; Justice John Paul Stevens interview; see Linda Greenhouse, "Who's Sorry Now?" *New York Times*, May 1, 2013.
13. SOC interview.
14. Craig Nalen to James Baker, December 13, 2000, courtesy Craig Nalen.
15. Brian O'Connor interview.
16. Jeffrey Rosen, "Make Up Your Mind, Justice O'Connor," *New York Times*, December 26, 1995, SOCP, LOC.
17. Jeffrey Rosen, "A Majority of One," *New York Times Magazine*, June 3, 2001.
18. Peggy Lord, Linda Neary interviews.
19. Jeffrey Rosen, "Why I Miss Sandra Day O'Connor," *New Republic*, July 1, 2011; Jeffrey Rosen interview.
20. Cass Sunstein, Mark Perry interviews.
21. RonNell Andersen Jones interview.
22. Sam Vaughan to SOC, March 5, 1996; SOC to Sam Vaughan, January 15, 1999, SOCP, LOC.
23. Alan Day interview.
24. Linda Greenhouse, "Happy Trails," *New York Times Book Review*, February 3, 2002; SOC to Linda Greenhouse, February 14, 2002, SOCP, LOC.
25. Judge Michelle Friedland, Anup Malani interviews.
26. Jeremy Gaston interview.
27. Carolyn Frantz interview.
28. "Cowgirl Hall of Fame," NPR, June 2, 2002.
29. JOCD, August 9, 2001, SOCP, LOC.
30. Dr. Paul Aisen, interview; JOCD, May 21, 2002, SOCP, LOC.
31. Carolyn Frantz interview.
32. Jennifer Mason McAward interview; *Atwater v. Lago Vista*, 532 U.S. 318 (2001); oral argument, December 4, 2000, oyez.org; Molly Ivins, "Hey, All of You Petty Criminals, You're Going Straight to Jail," *Chicago Tribune*, May 30, 2001.

33. JOCD, June 29, 1995, SOCP, LOC; *Miller v. Johnson,* 515 U.S. 900 (1995).
34. Jeffries, 487–88.
35. Kent Syverud interview. Michigan Law School had informally practiced affirmative action since the early 1970s; its formal program went into effect in 1992.
36. *Gratz v. Bollinger,* 539 U.S. 244; *Grutter v. Bollinger,* 539 U.S. 306 (2003).
37. Nicholas Lemann, "The Empathy Defense," *New Yorker,* December 18, 2000.
38. Allyson Newton Ho interview.
39. Adam Winkler, "Fatal in Theory and Strict in Fact: An Empirical Analysis of Strict Scrutiny in the Federal Courts," *Vanderbilt Law Review* 59:793 (2006). In about 30 percent of cases, strict scrutiny is not fatal.
40. Stuart Delery interview; expert report of Kent Syverud in *Grutter v. Bollinger, Peabody Journal of Education* 79:136–40 (2004).
41. RonNell Andersen Jones interview.
42. Justin Nelson interview.
43. Emily Henn, Cristina Rodriguez, Stuart Delery, Kent Syverud interviews.
44. Emily Henn, Cristina Rodriguez interviews.
45. Colin Campbell, Gordon Wood interviews.
46. *Grutter v. Bollinger,* 539 U.S. 306 (2003).
47. SOC interview. Cass Sunstein makes the interesting argument that by being so uncertain and conflicted—and confusing—about affirmative action, the Court stimulated democratic public debate, which should properly determine the future of affirmative action. Sunstein, *One Case at a Time,* 117–36.
48. Eric Motley interview.
49. Jeffries, 521; *Bowers v. Hardwick,* 478 U.S. 186 (1986); Ruth Marcus, "Justice Powell Regrets Backing Sodomy Law," *Washington Post,* October 26, 1990.
50. Stuart Delery interview.
51. *Lawrence v. Texas,* 539 U.S. 558 (2003).
52. Emily Henn, Judd Nelson, Cristina Rodriguez, Allyson Newton Ho, Beverly Gunther interviews.
53. Justice Ruth Bader Ginsburg interview.
54. *McConnell v. Federal Election Commission,* 540 U.S. 93 (2003).
55. Sean Grimsley interview.

第十五章　我退休的时间到了，约翰需要我

1. RonNell Andersen Jones, Sam Sankar interviews; *Elk Grove Unified School District v. Newdow,* 542 U.S. 1 (2004).
2. Dr. William Leahy interview.
3. Cristina Rodriguez interview; *Wiggins v. Smith,* 539 U.S. 510 (2003). O'Connor's opinion was based on her earlier opinion in *Strickland v. Washington,* 466 U.S. 669 (1984), which the justice often said was her decision "with the greatest effect." *The BLT: The Blog of Legal Times,* November 7, 2007.
4. "Scalia Angrily Defends His Duck Hunt with Cheney," *New York Times,* March 18, 2004; Biskupic, *American Original,* 259.
5. RonNell Andersen Jones interview.
6. Jay and Scott O'Connor, Justin Nelson interviews.
7. *Hamdi v. Rumsfeld,* 542 U.S. 507 (2004).
8. 323 U.S. 214 (1944); overturned in *Trump v. Hawaii,* 17–965, 585 U.S.___(2018).
9. Spencer Hsu, "Plane That Caused Capitol Evacuation Nearly Shot Down," *Washington Post,* July 8, 2004.
10. RonNell Andersen Jones interview.
11. *Rasul v. Bush,* 542 U.S. 466 (2004); *Rumsfeld v. Padilla,* 542 U.S. 426 (2004).
12. Linda Greenhouse, "The Year Rehnquist May Have Lost His Court," *New York Times,* July 4, 2004; Toobin, *The Nine,* 276.
13. Don Verrilli interview.
14. RonNell Andersen Jones interview.
15. Dr. Paul Aisen interview.
16. Virginia Chew interview.
17. Joe and Lucia Henderson interviews; Jack and Donna Pfleiger interviews.
18. Claire Cox interview.
19. Joe and Lucia Henderson interview.
20. Brian O'Connor interview.
21. Danni Dawson, Lynn Garland, Michael Boskin, Scott and Joanie O'Connor interviews.
22. Judy Hope interview.
23. Scott and Jay O'Connor interviews.
24. Sharon Rockefeller, Betsy and Susan Taylor interviews.
25. Danni Dawson interview.

26. Craig Joyce interview.
27. Theane Evangelis, Tali Farhadian Weinstein interviews.
28. Craig Timberg, "Rehnquist's Inclusion of 'Dixie' Strikes a Sour Note," *Washington Post,* July 21, 1999; *Dickerson v. United States,* 530 U.S. 428 (2000); Toobin, *The Nine,* 144–46.
29. Charles Lane, "Rehnquist Eulogies Look Beyond the Bench," *Washington Post,* September 9, 2005.
30. Lawrence Altman, "Prognosis for Rehnquist Depends on Which Type of Thyroid Cancer He Has," *New York Times,* October 26, 2004.
31. Toobin, *The Nine,* 282.
32. Pat Hass interview.
33. Charles and Barbara Renfrew interview. SOC also told Judy Hope that Rehnquist should resign.
34. Jeffrey Toobin, "Swing Shift," *New Yorker,* September 12, 2005; *Roper v. Simmons,* 543 U.S. 551 (2005). Two Democrats also sponsored the resolution, H. Res. 97.
35. Toobin, *The Nine,* 287–91; Charles Babington, "Senator Links Violence to 'Political Decisions,' " *Washington Post,* April 5, 2005.
36. Nina Totenberg, "O'Connor Decries Republican Attacks on Courts," NPR, March 10, 2006.
37. Julian Borger, "Former Top Judge Says U.S. Risks Edging Near to Dictatorship," *The Guardian,* March 13, 2006; SOC to Cynthia Holcomb Hall, April 14, 2005, SOCP, LOC.
38. Danni Dawson interview.
39. Alan Day interview; SOC to Owen Paepke, January 18, 2005; SOC to Peggy Lord, March 12, 2005, SOCP, LOC.
40. Danni Dawson, Cynthia Helms interviews.
41. *Kelo v. New London,* 545 U.S. 469 (2005); Ilya Somin, "The Political and Judicial Reaction to Kelo," *Washington Post,* June 4, 2005.
42. Cynthia Helms interview.
43. Ginny Chew, Sasha Volokh interviews.
44. Tali Farhadian Weinstein, Josh Klein, Theane Evangelis interviews.
45. Greenburg, *Supreme Conflict,* 22–23; Ruth Bader Ginsburg to SOC; Antonin Scalia to SOC; William Rehnquist to SOC, July 1, 2005, SOCP, SC.
46. Charles Renfrew interview.
47. Rich Landers, "O'Connor," *Spokesman Review* (Spokane, WA), July 20, 2005.
48. Chief Justice John Roberts interview.
49. Jeanette and Ray Brophy interview.
50. Charles Lane, "Rehnquist Eulogies Look Beyond the Bench," *Washington Post,* September 9, 2005.
51. Lisa Kern Griffin interview.
52. Anonymous sources.
53. Justice John Paul Stevens interview.
54. Charles Lane, "Former Clerks Pay Tribute to the Chief," *Washington Post,* June 18, 2005.
55. Charles Lane, "Rehnquist Says He Has No Plans to Leave the Supreme Court," *Washington Post,* July 15, 2005; Maureen Scalia, Sen. Barbara Boxer interviews.
56. Toobin, *The Nine,* 330–45.
57. Eric Motley, Ruth McGregor, Ben Horwich, Lou Davidson interviews.
58. *Central Virginia Community College v. Katz,* 546 U.S. 356 (2006).
59. 546 U.S. 320 (2006).
60. Ben Horwich, Justice Ruth Bader Ginsburg, Steve Gilles interviews.
61. Ben Horwich interview.
62. Scott and Brian O'Connor interviews.

第十六章　值得做的工作

1. Sue Huck, Frank Wallis, Don Kauffman interviews.
2. Joanie and Scott O'Connor interviews.
3. Betsy Taylor, Peggy Lord interviews.
4. Judy Hope, Jay O'Connor interviews.
5. James Baker, Rich Williamson interviews.
6. Walter Dellinger interview.
7. Adam Liptak, "A Potential Agenda for the Supreme Court in the Era of Trump," *New York Times,* November 29, 2016.
8. Jim Todd interview.
9. Justin Driver interview; Linda Greenhouse, "In Steps Big and Small, Supreme Court Moved Right," *New York Times,* July 1, 2007; Martica Ruhm Sawin interview.
10. Gay Wray, Lattie Coor, Lela Alston interviews.
11. Patricia White, Becky Kourlis, Meryl Chertoff interviews; *Caperton v. A.T. Massey Coal Co.,* 556 U.S. 868 (2009); Josh Deahl interview; Toobin, *The Oath,* 212.

12. *Citizens United v. Federal Election Commission,* 558 U.S. 310 (2010).
13. Meryl Chertoff, Patricia White, Kristen Eichensehr, Abby Taylor, Julie O'Sullivan, James Gee, Charlie Dolan, Louise Dube, Nancy Ignatius, Cynthia Helms, Kathy Smalley interviews; Leslie Brody, "Civics Game Advanced by Former Justice Is Classroom Hit," *Wall Street Journal,* November 13, 2016; Natasha Singer, "A Supreme Court Pioneer, Now Making Her Mark on Video Games," *New York Times,* March 27, 2016.
14. Al Tompkins, "Behind the O'Connor Love Story," *Poynter Institute,* November 16, 2007; Kate Zernike, "Love in the Time of Dementia," *New York Times,* November 17, 2007. Six months later, Justice O'Connor spoke movingly about the ordeal of Alzheimer's disease in a hearing before the U.S. Senate's Special Committee on Aging. She incorrectly testified that her husband had been diagnosed with Alzheimer's in 1990, ten years before he actually was. After the publicity and attention to John's mistaken attachment, it may have seemed to her that his illness had gone on even longer than it had. "Sandra Day O'Connor Makes Alzheimer's Plea," NPR, May 14, 2008; Scott O'Connor, Veronica Sanchez interviews.
15. Lou Davidson, Diane Cooley, Jack Connolly interviews.
16. Frank Wallis, Carol Biagiotti interviews.
17. Patricia White, Abby Taylor interviews; Dalton, *Theodore Roosevelt,* 90.
18. Justin Driver interview.
19. Scott and Brian O'Connor interviews; Lynn Duke, "Court to Jester," *Washington Post,* January 28, 2007; Bill and Lynda Webster interview; SOC Alfalfa acceptance speech courtesy Greg Platts.
20. Medal of Freedom ceremony, August 12, 2009, C-SPAN; Scott O'Connor interview.
21. Robert Henry, John Walker interviews.
22. Tom Wilner, John Jasik interviews.
23. Heather O'Connor, Ant Bennett interviews.
24. Danni Dawson, Christian Thorin interviews.
25. Becky Kourlis, Lynda Webster interviews.
26. Anne Marie Slaughter interview; "Live from the New York Public Library," March 28, 2013, youtube.com; Jerry Lewkowitz interview.
27. Jim Todd, Lynda and Bill Webster interviews.
28. Cynthia Helms interview.
29. Alan Day, Ruth McGregor, Becky Kourlis interviews; the author was at the Arizona legislature.
30. Jane Fahey interview.
31. Cynthia Helms, Ruth McGregor interviews.
32. Justice Sonia Sotomayor, Justice Elena Kagan interviews.
33. Scott O'Connor interview.
34. "A Nation Bids Reagan Farewell," CBS News, June 5, 2004.
35. Judge J. Harvie Wilkinson III interview.
36. Scott and Jay O'Connor interviews.

参考文献

Berlin, Isaiah. *The Proper Study of Mankind: An Anthology of Essays.* New York: Farrar, Straus and Giroux, 1998.

Berman, David. *Arizona Politics and Government.* Lincoln: University of Nebraska Press, 1998.

Biskupic, Joan. *American Original: The Life and Constitution of Supreme Court Justice Antonin Scalia.* New York: Farrar, Straus and Giroux, 2009.

———. *Sandra Day O'Connor: How the First Woman on the Court Became Its Most Influential Justice.* New York: Harper Perennial, 2006.

Carmon, Irin, and Shana Knizhnick. *Notorious RBG: The Life and Times of Ruth Bader Ginsburg.* New York: HarperCollins, 2015.

Dalton, Kathleen. *Theodore Roosevelt: A Strenuous Life.* New York: Knopf, 2002.

Day, H. Alan. *Cowboy Up! Life Lessons from the Lazy B.* New York: Morgan James, 2018.

De Geest, Gerritt, and Boudewijn Bouckaert, eds. *Encyclopedia of Law and Economics.* London: Edward Elgar, 2000.

Friedan, Betty. *The Feminine Mystique.* New York: W. W. Norton, 1963.

Garrow, David. *Liberty and Sexuality: The Right to Privacy and the Making of* Roe v. Wade. Berkeley: University of California Press, 1994.

Ginsburg, Ruth Bader. *My Own Words.* New York: Simon and Schuster, 2016.

Graetz, Michael J., and Linda Greenhouse. *The Burger Court and the Rise of the Judicial Right.* New York: Simon and Schuster, 2016.

Greenburg, Jan Crawford. *Supreme Conflict: The Inside Story of the Struggle for Control of the United States Supreme Court.* New York: Penguin, 2007.

Greenhouse, Linda. *Becoming Justice Blackmun: Harry Blackmun's Supreme Court Journey.* New York: Times Books, 2005.

Hirshman, Linda. *Sisters in Law: How Sandra Day O'Connor and Ruth Bader Ginsburg Went to the Supreme Court and Changed the World.* New York: HarperCollins, 2015.

Holmes, Oliver Wendell, Jr. *The Common Law.* Boston: Little, Brown, 1881.

Huber, Peter. *Sandra Day O'Connor: Supreme Court Justice.* New York: Chelsea House, 1990.

Hutchinson, Dennis. *The Man Who Was Once Whizzer White.* New York: Free Press, 1990.

Jeffries, John. *Justice Lewis F. Powell, Jr.: A Biography.* New York: Fordham University Press, 2001.

Jenkins, John. *The Partisan: The Life of William Rehnquist.* New York: PublicAffairs, 2012.

Jocas, Richard, David Neuman, and Paul Turner. *Stanford University: An Architectural Guide.* New York: Princeton Architectural Press, 2006.

Lazarus, Edward. *Closed Chambers: The Rise, Fall, and Future of the Modern Supreme Court.* New York: Penguin, 1998.

Maveety, Nancy. *Justice Sandra Day O'Connor: Strategist on the Supreme Court.* Lanham, MD: Rowman and Littlefield, 1996.

Morris, Edmund. *Dutch: A Memoir of Ronald Reagan.* New York: Random House, 1999.

Murphy, Bruce Allen. *Scalia: A Court of One.* New York: Simon and Schuster, 2014.

Newton, Jim. *Justice for All: Earl Warren and the Nation He Made.* New York: Riverhead Books, 2008.

O'Brien, David. *Storm Center: The Supreme Court in American Politics*. New York: W. W. Norton, 2011.

O'Connor, Sandra Day. *Majesty of the Law: Reflections of a Supreme Court Justice*. New York: Random House, 2004.

———. *Out of Order: Stories from the History of the Supreme Court*. New York: Random House, 2013.

O'Connor, Sandra Day, and H. Alan Day. *Lazy B: Growing Up on a Cattle Ranch in the American Southwest*. New York: Random House, 2002.

Pearlstein, Rick. *Before the Storm: Barry Goldwater and the Unmaking of the American Consensus*. New York: Hill and Wang, 2002.

Peppers, Todd, and Artemus Ward, eds. *In Chambers: Stories of Supreme Court Law Clerks and Their Justices*. Charlottesville: University of Virginia Press, 2012.

Peppers, Todd, and Clare Cushman, eds. *Of Courtiers and Kings: More Stories of Supreme Court Law Clerks and Their Justices*. Charlottesville: University of Virginia Press, 2015.

Posner, Richard. *Breaking the Deadlock: The 2000 Election, the Constitution, and the Courts*. Princeton, NJ: Princeton University Press, 2001.

Rosen, Jeffrey. *The Supreme Court: The Personalities and Rivalries that Defined America*. New York: Times Books, 2007.

Roth, Philip. *American Pastoral*. New York: Houghton Mifflin, 1997.

Simon, James. *The Antagonists: Hugo Black, Felix Frankfurter, and Civil Liberties in Modern America*. New York: Simon and Schuster, 1989.

———. *The Center Holds: The Power Struggles Inside the Rehnquist Court*. New York: Simon and Schuster, 1995.

Skinner, Kiron, Annelise Anderson, and Martin Anderson. *Reagan: A Life in Letters*. New York: Simon and Schuster, 2003.

Smith, William French. *Law and Justice in the Reagan Administration: Memoirs of an Attorney General*. Stanford, CA: Hoover Institution Press, 1991.

Starr, Kenneth. *First Among Equals: The Supreme Court in American Life*. New York: Warner Books, 2002.

Stegner, Wallace. *Crossing to Safety*. New York: Modern Library, 2002.

Stern, Seth, and Stephen Wermiel. *Justice Brennan: Liberal Champion*. New York: Houghton Mifflin, 2010.

Stevens, John Paul. *Five Chiefs: A Supreme Court Memoir*. New York: Little, Brown, 2011.

Stout, Lee. *A Matter of Simple Justice: The Untold Story of Barbara Hope Franklin and a Few Good Women*. University Park: Pennsylvania State University Libraries, 2012.

Sunstein, Cass. *One Case at a Time: Judicial Minimalism on the Supreme Court*. Cambridge, MA: Harvard University Press, 1999.

Toobin, Jeffrey. *The Nine: Inside the Secret World of the Supreme Court*. New York: Anchor Books, 2007.

———. *The Oath: The Obama White House and the Supreme Court*. New York: Anchor Books, 2013.

———. *Too Close to Call: The Thirty-Six-Day Battle to Decide the 2000 Election*. New York: Random House, 2001.

Tribe, Laurence, and Joshua Matz. *Uncertain Justice: The Roberts Court and the Constitution*. New York: Henry Holt, 2014.

Tucker, Lisa McElroy (with Courtney O'Connor). *Meet My Grandmother, She's a Supreme Court Justice*. New York: Millbrook Press, 2000.

Tushnet, Mark. *A Court Divided: The Rehnquist Court and the Future of Constitutional Law*. New York: W. W. Norton, 2006.

VanderMeer, Philip. *Burton Barr: Political Leadership and the Transformation of Arizona*. Tucson: University of Arizona Press, 2014.

White, G. Edward. *Justice Oliver Wendell Holmes: Law and the Inner Self*. New York: Oxford University Press, 1993.

Williams, Juan. *Thurgood Marshall: American Revolutionary*. New York: Three Rivers Press, 1998.

Winkler, Adam. *Gun Fight: The Battle over the Right to Bear Arms*. New York: W. W. Norton, 2013.

Woodward, Bob, and Scott Armstrong. *The Brethren: Inside the Supreme Court*. New York: Simon and Schuster, 1979.

Yarborough, Tinsley. *Harry A. Blackmun: The Outsider Justice*. New York: Oxford University Press, 2008.

Zelden, Charles. *Bush v. Gore: Exposing the Hidden Crisis in Democracy*. Lawrence: University Press of Kansas, 2010.